공동주택 리모델링 길라잡이

추진위원회부터 조합 해산까지

공동주택 리모델링 길라잡이

발행일   2021년 5월 7일

지은이   법무법인 을지
펴낸이   손형국
펴낸곳   (주)북랩
편집인   선일영   편집   정두철, 윤성아, 배진용, 김현아, 박준
디자인   이현수, 한수희, 김윤주, 허지혜   제작   박기성, 황동현, 구성우, 권태련
마케팅   김회란, 박진관
출판등록 2004. 12. 1(제2012-000051호)
주소   서울특별시 금천구 가산디지털 1로 168, 우림라이온스밸리 B동 B113~114호, C동 B101호
홈페이지 www.book.co.kr
전화번호 (02)2026-5777   팩스   (02)2026-5747

ISBN   979-11-6539-734-0 03360 (종이책)   979-11-6539-735-7 05360 (전자책)

공동주택
리모델링
길라잡이

추진위원회부터 조합 해산까지

법무법인 을지

재건축에 비해 진입장벽이 낮고 사업기간이 짧아
공사비도 아낄 수 있는 **공동주택 리모델링.**

하지만 무턱대고 뛰어들었다가는 뜻밖의 낭패를 겪을 수 있다.
법무법인 을지의 공동주택 리모델링 TF팀이 알려주는
관련법 및 법적 준수사항의 이론과 실제.

북랩 book Lab

머리말

—

 정부는 2000년 이전까지 국민의 주거안정을 위하여 주택보급률 확대를 꾀해 왔고 신규 주택의 공급은 성장을 거듭해 왔습니다. 이때에 공급된 공동주택들의 배선·배관 등 시설이 노후화되고 주차장의 부족·에너지 성능의 문제 등이 발생하였고, 사회·문화적 트렌드가 변화하고 아울러 주거에 대한 국민의 취향도 변화하여, 기존에 거주하던 주거환경의 개선이 필요하게 되었습니다.

오래된 공동주택의 주거환경을 개선하는 대표적인 방법이 재건축 사업과 리모델링 사업이라 할 것입니다. 재건축 사업과 리모델링 사업은 모두 양질의 공급을 확보하는 도시재생의 주요 수단입니다. 리모델링 사업과 재건축 사업은 동일 영역에서 대립·경쟁하는 관계로 인식되기도 하나, 공동주택은 신축-리모델링-재건축의 순서로 진행되는 것이 바람직한 건축물의 생애 주기이며, 양자의 관계는 상호 보완적이어야 합니다.

서울시의 2015년 자료에 의하면 1990년에서 1998년 사이에 준공된 공동주택 중 법적 용적률 초과로 재건축이 어려운 공동주택이 다수 분포하고, 서울시 4,136개 주택단지 중 재건축 예상 단지가 721개 단지, 세대수 증가형 리모델링 추정 단지가 168개 단지, 맞춤형 리모델링 가능 단지가 1,870개 단지, 일반유지관리 추정 단지가 1,377개 단지라고 합니다. 맞춤형 리모델링은 기존 주거의 성능 유지 및 선택적 향상을 위해 대수선, 수평증축을 통한 세대 확장 및 구분형 개조를 곁들이는 방식의 리모델링을 말합니다.

이와 같이 공동주택 거주자의 입장에서 리모델링의 필요성이 작지 않다고 할 수 있음에도 그동안 리모델링 사업이 활성화되지 못한 원인의 하나로 경제성(사업성)을 꼽을 수 있습니다. 건설사의 입장에서 일반 분양 가구 수가 많아야 사업성(수익성·경제성)이 높은데, 리모델링은 수직증축이 3개 층 이내로 제한되고 늘어나는 세대수도 기존 세대수의 15퍼센트로 제한되어, 대형 건설사의 참가를 유도하기에 부족하였습니다. 그러나 최근 정부가 재개발·재건축에 대한 규제 정책을 강화하면서 정비사업 물량이 줄어들자 대형사들이 리모델링 시장으로 눈을 돌리고 있고, 각 사들은 리모델링 시장 주도권 경쟁을 위해 인력과 조직 확충에도 앞다퉈 나서고 있습니다.

그동안 정부는 2001년 건축법 시행령에서 리모델링의 개념을 도입하고 건축위원회의 심의를 거쳐 용적률, 건폐율, 대지 내 조경면적의 비율, 공개공지의 확보, 높이 제한 등에 관한 완화를 가능하게 하고, 2003년 주택법에 리모델링 제도를 도입한 이후, 2005년 주거전용면적의 30퍼센트 이내에서 증축을 허용하고 2007년 공동주택 증축 리모델링 허용 연한을 20년에서 15년으로 단축하고, 2012년 세대별 증축 가능 면적의 범위에서 세대수가 10퍼센트 증가하는 리모델링을 허용하고, 2013년 수직증축 리모델링을 허용하고 세대수 증가 범위를 15퍼센트로 확대하고, 2020년 리모델링주택조합이 그 리모델링 결의에 찬성하지 아니하는 자의 주택 및 토지에 대하여 매도청구를 하는 경우에는 주택건설사업계획승인 시 해당 주택건설대지의 소유권을 확보하지 않아도 되도록 개정하는 등 리모델링 사업의 확대를 위한 정책을 꾸준히 해 온 것이 사실입니다.

그러나 수직증축형 리모델링과 관련한 수차례의 안전진단 및 안전성 검토로 인해 사업이 지연되고 금융 비용이 발생하는 문제의 해결, 거주자가 요구하는 평면계획으로 리모델링을 할 수 있도록 세대 간 내력벽 부분 철거 문제의 해결 등 리모델링의 장애가 될 수 있는 문제들이 많이 남아 있는 것도 사실이며, 맞춤형 리모델링을 유도하기 위한 행정적·금융적 지원 제도가 부족하다는 것도 사실입니다.

앞으로 리모델링의 안전성 확보와 사업의 활성화로 인한 공동주택 입주자의 주거환경 개선을 위한 정책의 발전이 있을 것이라 기대합니다.

본 책은 건축 관련 법률 문제를 오랫동안 다루어온 법무법인 을지의 리모델링 TaskForce가 연구와 토론을 거쳐 집필한 것으로, 주택법, 건축법 등 리모델링 관련 법령의 해석 및 방향을 제시하고, 리모델링과 관계 있는 모든 주체, 즉 리모델링조합, 시공자, 협력업체, 공무원 등에게 도움을 주고자 하였습니다.

공동주택 리모델링과 관련하여 참고할 만한 정보와 전문서적이 부족하고 법원의 판결 및 정부의 유권해석도 많지 않아 집필에 어려움이 많았고, 내용에 부족함이 있을 것으로 생각됩니다. 이와 관련된 비판과 채찍은 달게 받을 것이며, 추후 조사와 연구를 통하여 질적·양적으로 향상된 개정판을 낼 것임을 약속드립니다.

2021년 3월
법무법인 을지
공동주택 리모델링 *TaskForce* 일동

머리말 4

제1장 총설 - 박종국 변호사

제2장 리모델링 기본계획 - 김시격 변호사

제3장 증축형 리모델링 - 김시격 변호사

제4장 추진위원회 – 진청아 변호사

제5장 건축기준 적용의 완화요청 – 진청아 변호사

제6장　리모델링주택조합　- 노영언 변호사

제7장 안전진단 및 안전성 검토 － 홍석진 변호사

제8장 시공자 선정 - 차홍권 변호사

제10장 리모델링의 사업계획승인 및 행위허가 - 김시격 변호사

제11장 신탁등기 - 박종국 변호사

제12장 리모델링 사업과 주민이주 - 박종국 변호사

제13장 건축물 철거 및 착공 - 박종국 변호사

제14장 리모델링 사업에서의 일반분양 - 박종국 변호사

제15장 리모델링과 감리 - 김시격 변호사

 **제16장** 사용검사 및 입주 등 – 오동준 변호사

제17장 하자보수 등 - 오동준 변호사

제18장 조합의 해산 - 홍석진 변호사

제19장 벌칙 및 과태료 - 홍석진 변호사

제1장

총설

——

박종국 변호사

1
리모델링의 개념 및 연혁

가. 리모델링의 개념

리모델링(remodeling)[1]은 건물의 성능을 유지하고 향상시키기 위한 건축행위이다. 리모델링이 신축이나 재건축과 구별되는 가장 큰 차이는 기존 건물을 허물지 않고 보존하면서 성능을 유지하고 향상시키는 데 있다. 구체적으로 리모델링은 사용 중인 건물의 물리적 성능을 유지하는 한편, 사회적 성능을 향상시키는 두 가지 활동을 포함한다. 건물의 물리적 성능을 유지한다는 것은 준공 당시에 설정된 성능 수준을 저하시키지 않고 회복시키는 제반 활동을 의미한다. 이에 비하여 사회적 성능 향상은 건물에 대하여 새롭게 요구되는 성능 수준을 충족시키기 위한 활동을 의미한다.

주택법 제2조 제25호에는 "리모델링"이란 제66조 제1항 및 제2항에 따라 건축물의 노후화 억제 또는 기능향상 등을 위한 다음 각 목의 어느 하나에 해당하는 행위라고 하면서, 리모델링의 유형으로 대수선, 증축형 리모델링, 세대수 증가형 리모델링, 수직증축형 리모델링을 규정하고, 건축법 제2조 제1항 제10호에는 "리모델링"이란 건축물의 노후화를 억제하거나 기능향상 등을 위하여 대수선하거나 건축물의 일부를 증축 또는 개축하는 행위라고 규정하고 있다. 따라서 현행 법률에서 정의하는 리모델링이란 공동주택[2]의 대수선 또는 증축과 같은 건축행위이어야 하며, 건축물의 노후화 억제 또는 기능향상 등의 목적이 있어야 한다.

한편 건축법 제2조 제1항 제8호에는 "건축"이란 건축물을 신축·증축·개축·재축(再築)하거나 건축물을 이전하는 것을 말한다고 규정하고, 건축법 시행령 제2조에는 "신축"이란 건

---

1) 리모델링이라는 용어는 학술적으로 엄밀하게 정의된 용어는 아니나 우리나라에서는 법적 용어로 규정됨에 따라 널리 사용되고 있다. 일반적으로 설비기능향상을 위한 성능개선 활동을 리노베이션(renovation)이라 부르는데 리모델링과 유사한 개념으로 이해할 수 있다. 미국의 경우에도 리모델링이라는 용어가 가장 보편적으로 사용되고 있으며 리모델링의 다음 단계로 증, 개축(addition & alterations)과 유지, 보수(maintenance & repair)로 구분하고 있다. 일본은 우리의 리모델링에 해당하는 용어로 리폼(reform)과 리뉴얼(renewal)이라는 용어를 주로 사용한다. 그리고 유럽에서는 모더니제이션(modernization)이라는 용어가 주로 사용되고 있다. 또한 싱가포르는 아파트 성능 향상을 위한 사업으로 업그레이딩(upgrading)이란 용어를 사용한다. 이와 같이 나라마다 사용하는 용어는 상이하나 공통적으로 노후화된 기존 건물의 성능을 향상시키는 활동을 지칭하는 것으로 우리의 리모델링과 유사한 용어로 이해할 수 있다.

2) 본고에서 기술되는 범위는 공동주택의 리모델링에 한정하도록 한다.

축물이 없는 대지(기존 건축물이 철거되거나 멸실된 대지를 포함한다)에 새로 건축물을 축조(築造)하는 것[부속건축물만 있는 대지에 새로 주된 건축물을 축조하는 것을 포함하되, 개축(改築) 또는 재축(再築)하는 것은 제외한다], "증축"이란 기존 건축물이 있는 대지에서 건축물의 건축면적, 연면적, 층수 또는 높이를 늘리는 것, "개축"이란 기존 건축물의 전부 또는 일부[내력벽·기둥·보·지붕틀(제16호에 따른 한옥의 경우에는 지붕틀의 범위에서 서까래는 제외한다) 중 셋 이상이 포함되는 경우를 말한다]를 철거하고 그 대지에 종전과 같은 규모의 범위에서 건축물을 다시 축조하는 것, "재축"이란 건축물이 천재지변이나 그 밖의 재해(災害)로 멸실된 경우 그 대지에 종전과 같은 규모의 범위에서 다시 축조하는 것이라고 각 규정하고 있다.

그리고 건축법 제2조 제1항 제9호 및 동법 시행령 제3조의2에는 "대수선"이란 건축물의 기둥, 보, 내력벽, 주계단 등의 구조나 외부 형태를 수선·변경하거나 증설하면서 증축·개축 또는 재축에 해당하지 아니하는 것으로서, ① 내력벽을 증설 또는 해체하거나 그 벽면적을 30제곱미터 이상 수선 또는 변경하는 것, ② 기둥을 증설 또는 해체하거나 세 개 이상 수선 또는 변경하는 것, ③ 보를 증설 또는 해체하거나 세 개 이상 수선 또는 변경하는 것, ④ 지붕틀(한옥의 경우에는 지붕틀의 범위에서 서까래는 제외한다)을 증설 또는 해체하거나 세 개 이상 수선 또는 변경하는 것, ⑤ 방화벽 또는 방화구획을 위한 바닥 또는 벽을 증설 또는 해체하거나 수선 또는 변경하는 것, ⑥ 주계단·피난계단 또는 특별피난계단을 증설 또는 해체하거나 수선 또는 변경하는 것, ⑦ 다가구주택의 가구 간 경계벽 또는 다세대주택의 세대 간 경계벽을 증설 또는 해체하거나 수선 또는 변경하는 것, ⑧ 건축물의 외벽에 사용하는 마감재료(법 제52조 제2항에 따른 마감재료를 말한다)를 증설 또는 해체하거나 벽면적 30제곱미터 이상 수선 또는 변경하는 것이라고 규정하고 있다.

위에서 언급한 건축의 정의와 리모델링을 연결지어 생각해 보면 리모델링은 기존 건물의 실체가 이미 존재함을 기초로 하므로 건축 행위 중 신축 또는 재축이 리모델링에 해당하지 않는 것은 명백하다. 한편 개축은 기존 건축물의 전부 또는 일부를 철거하고 그 대지 안에 종전과 동일한 규모의 범위 안에서 건축물을 다시 축조하는 것인데 기존 건축물의 일부가 아닌 전부를 철거하는 경우는 리모델링의 범주에 포함시킬 수 없다.

따라서 리모델링이란 기존 건축물이 존재함을 전제로 하여 행하여지는 건축행위 중 증축, 건축물 일부에 대한 개축과 대수선을 말한다고 할 수도 있으나[3]현행 주택법에서는 리모델링의 정의에서 개축이라는 용어를 사용하고 있지 않으므로 리모델링이란 결국 증축

---

3) 2003. 5. 29. 법률 제6916호로 전부개정된 주택법 제2조 제13호에는 "리모델링"이라 함은 제42조 제2항 및 제3항의 규정에 의하여 건축물의 노후화 억제 또는 기능향상 등을 위하여 증축·개축 또는 대수선을 하는 행위라고 규정하였는바, 증축을 리모델링의 개념에 포함하고 있었다.

리모델링과 대수선 리모델링으로 크게 대별될 수 있을 것이다.

그런데, 위에서 본 바와 같이 현행 주택법과 건축법의 리모델링 및 건축의 정의 규정을 단순히 더하여 공동주택에 대한 리모델링의 개념을 '건축물의 노후화를 억제하거나 기능 향상 등을 위하여 대수선하거나 기존 건축물이 있는 대지에서 건축물의 건축면적, 연면적, 층수 또는 높이를 늘리는 행위'라고 정의할 수 있겠으나, 이렇게 정의하면 공동주택을 리모델링하면서 별동 건물을 건축하는 별도 동 건축형 리모델링의 경우를 포괄하지 못하게 되는 문제가 생기게 된다.

결국 별도 동 건축형 리모델링의 경우를 포괄하기 위해서는 리모델링을 「공동주택의 노후화를 억제하거나 기능향상 등을 위하여 주택법이 허용하는 범위 내에서, 대수선하거나 기존 건축물이 있는 대지에서 대지 내의 건축면적, 연면적, 층수 또는 높이 등을 증가시키는 일련의 건축행위」라고 개념지어야 할 것으로 보인다.[4]

나. 리모델링의 연혁

(1) 리모델링의 도입배경

우리나라에서는 2000년 초반까지 공동주택을 유지관리 및 개수·개선하여 내구연한 및 성능을 강화하고 가치를 높여 건축물의 수명을 연장하는 방법을 선택하지 않고, 물리적 수명보다는 사회적 또는 기능적 요인으로 20년이 경과하면 구조물을 해제하는 재건축 사업이 진행되어 왔다. 그 이유는 거주수준의 향상, 생활양식의 변화, 설비의 현대화, 용적률 증가로 인한 시공사의 개발이익과 입주자의 수익성 기대심리가 일치하여 왔기 때문이었다.

그런데 건축 기술이 발전한 1980년대 후반부터 건설된 국내 고층아파트는 1980년대 초반에 건설된 저층아파트에 비해 물리적 노후화는 비교적 양호할 뿐만 아니라 경과년수도 짧기 때문에 노후화 현상에 대해 큰 문제가 발생하지 않는다고 할 수 있으나 일반적으로 건축물 신축 후 10~15년이 경과하면 설비를 중심으로 노후화가 빠르게 진행되기 때문에

---

4) 한편 공동주택의 경우 대수선 리모델링이나 별도 동 건축형 리모델링이 이루어진 사례가 많지 않고 현실적으로도 그 필요성이 높지 않다고 보이는바, 공동주택 리모델링은 대부분 공동주택의 증축형 리모델링에 해당하게 될 것이다. 따라서 리모델링의 개념에서 대수선하는 경우를 제외하면 증축형 리모델링이란 "공동주택의 노후화를 억제하거나 기능향상 등을 위하여 기존 건축물이 있는 대지에서 주택법이 허용하는 범위 내에서 대지 내의 건축면적, 연면적, 층수 또는 높이 등을 증가시키는 일련의 건축행위"라고 정의할 수 있다.

2000년 이후부터는 본격적인 노후화가 진행된다. 하지만 1980년대 후반부터 2000년 이전에 집중 건축된 고층아파트는 사업성 결여 즉, 아래 표와 같이 300%에 달하는 용적률로 인해 재건축에 따른 수익성을 기대하기 힘들 것으로 보여 사실상 재건축 추진이 쉽지 않을 것으로 판단된다.

서울시 일반주거지역 용적률 변화와 아파트 건설실적 추이

구분	~1979	1980~1985	1986~1990	1991~1998	1999~2000	2000 이후
용적률(%)	200	180	300	400	300	250
주택건설실적(천호)		178	238	432	126	39

또한 선진국에 비하여 재건축에 따른 건설자원의 낭비가 너무 많고 이러한 이유로 향후 건설자원이 부족하게 되면 국가건설 경쟁력이 저하되어 개개인의 재산관리 측면에서도 많은 손해를 볼 수 있고 우리나라가 1996년 이후 추진한 재건축 및 재개발을 통한 주택공급 정책은 주택보급률이 2002년에 100%를 넘어섰기 때문에 이러한 공급 위주의 주택공급정책에서 전환하여야 할 필요성이 제기되었는데, 일본의 경우 주택보급율 100% 달성 이후에 주택의 노후화, 주택의 질 저하 등이 사회문제가 되어 주택정책의 변화를 가져온 점을 볼 때 우리나라도 신규수요보다는 주택의 노후화, 폐기비용의 증가, 주거수준 향상 요구를 반영한 주택정책으로 점차 변화가 요구되었다.

그래서 2000년대에 들어와서 공동주택 리모델링의 필요성이 대두되었는바, 리모델링의 필요성이 제기된 주된 배경으로는 다음과 같은 요인을 들 수 있다.

첫째, 건물의 노후화에 따른 설비 교체 필요성을 들 수 있다. 전기, 가스, 급수, 배수, 환기, 소화, 승강기, 피뢰침, 통신 설비 등은 신축 후 10~15년이 지나면 대대적 수선이 필요하거나 교체를 해야 한다. 마모에 대응할 수 있는 예방적 차원의 관리가 이루어지지 않으면 내구성, 기능성, 더 나아가 안전성에 문제가 생기게 된다.

둘째, 노후화된 아파트 문제에 대응할 수 있는 방안으로서 재건축 접근이 문제점과 한계를 나타내고 있기 때문이다. 지나친 재건축은 주택 투기를 초래하는 한편, 주택의 수명을 단축시키고 과다한 폐기물을 발생시킴과 동시에 주거지의 과밀화를 유도함으로써 각종 사회적 비용을 증가시킨다는 비판을 받아 왔다. 현행 철근콘크리트 구조로 건설되고 있는 아파트의 수명은 일반적으로 최소 50년 이상 유지되는 것으로 알려져 있으나 우리나라의 경우 준공 후 20년을 전후하여 재건축이 이루어지고 있는 게 현실이다. 즉 재건축이 건축물의 구조적 위험성이 아닌 소유자들의 경제적 욕구에 따라 무분별하게 추진되어 왔다는 점이다. 이러한 문제 이외에도 고밀화되고 있는 노후 아파트를 재건축방식으로 처리하는 것은 근본적으로 한계가 있다. 리모델링은 이러한 재건축의 문제점 내지 한계에 대응하는 방안이 될 수 있다.

셋째, 전반적인 주택공급의 여건을 종합적으로 감안할 때 우리나라도 선진국형의 주택 유지관리 및 개선이 필요한 시점에 도달하게 되었는바, 기존 공동주택 건축물에 대한 체계적인 유지관리를 통해 경제적 낭비를 최소화하고, 건축물의 기능 및 사회적 가치를 제고시키는 것은 물론 공동주택의 성능 저하와 슬럼화를 막아 거주자의 삶의 질을 확보해줄 수 있는 방안이 필요하게 되었다.

이에 따라 우리나라도 주택법이 2003. 5. 29. 법률 제6919호로 전부개정되면서 동법에 처음으로 리모델링 제도를 도입하게 되었고[5][6], 2005. 7. 13. 법률 제7600호로 개정되면서 리모델링 증축의 범위를 정하게 되었으며, 2013. 12. 24. 법률 제12115호로 개정되면서 수직증축 리모델링을 허용하게 되었는바, 리모델링 관련 주택법령의 개정연혁 및 주요내용은 아래 항에서 살펴보기로 한다.

(2) 리모델링 관련 주택법령 개정연혁 및 주요내용

리모델링 관련 주택법 개정연혁 및 주요내용은 아래와 같다.

☐ 2003. 5. 29. 법률 제6919호로 주택법 전부개정(시행 2003. 11. 30.)

○ 리모델링을 추진하기 위한 기준·절차 등을 규정하고, 국민주택의 리모델링에 대하여는 국민주택기금에서 지원할 수 있도록 근거를 마련함(법 제2조, 제42조, 제63조)
- 주택법에 리모델링 제도 도입
- 리모델링 주택조합제도 도입
- 행위허가 기준 마련
- 동별 리모델링 및 전체 리모델링 모두 인정
- 리모델링 동의율 80%로 개정

---

5) 주택법에 리모델링 제도가 도입되기 전에 우리나라 제1호 공동주택 리모델링으로는 마포구 용강동 시범아파트 리모델링이 있다(2001. 12. 16. 안전진단 D급 판정, 2001. 8. 25. 조합창립총회, 2002. 4. 15. 건축허가 완료, 2002. 6. 29. 이주 및 착공, 2003. 7. 28. 준공 및 입주).

6) 주택법의 리모델링 제도가 적용된 공동주택 리모델링으로는 서초구 방배동 궁전아파트가 있다(2004년 1월 조합설립인가, 2004년 3월 건축심의 완료, 2004년 11월 행위허가 완료, 2005년 7월 착공, 2006년 12월 준공, 2007년 1월 입주, 2007년 2월 조합해산).

□ 2003. 11. 30. 대통령령 제18146호로 **주택법 시행령 전부개정**(시행 2003. 11. 30.)

○ 공동주택의 무분별한 재건축을 방지하고 리모델링을 활성화하기 위하여 리모델링주택조합의 설립방법·절차 및 조합원의 자격 등을 구체적으로 정함(영 제37조 및 제38조)
○ 대한주택보증주식회사가 행할 수 있는 조합주택 시공보증의 대상에 리모델링주택조합을 추가함(영 제106조 제1항 제4호)

□ 2003. 12. 15. 건설교통부령 제382호로 **주택법 시행규칙 전부개정**(시행 2003. 12. 15.)

○ 리모델링 행위허가 신청 시 필요한 서류를 규정(규칙 제20조)
  •주택법으로 전문개정(2003. 5. 29, 법률 제6916호)되면서 리모델링제도가 도입됨에 따라 리모델링과 관련하여 동법 및 동법시행령에서 위임된 사항과 그 시행에 관하여 필요한 사항을 정함

□ 2005. 7. 13. 법률 제7600호로 **주택법 일부개정**(시행 2005. 7. 13.)

○ 시장·군수·구청장이 리모델링의 허가를 한 때에도 주택건설 사업계획승인을 한 때와 마찬가지로「건축사법」에 의한 건축사 또는「건설기술관리법」에 의한 감리전문회사 등을 당해 주택건설공사의 감리자로 지정하도록 의무화함
○ 공동주택 리모델링의 증축범위(증축의 범위를 대통령령으로 정함) 제한 및 안전기준 강화(법 제2조 제13호, 법 제42조 제2항 단서 신설)
  •건축물의 리모델링 가운데 증축을 하는 경우에는 대통령령에서 그 범위를 제한하도록 하고, 안전진단의 결과 건축물의 구조안전에 위험이 있다고 평가되어 주택재건축사업의 시행이 필요하다고 결정된 공동주택의 경우에는 증축을 하는 리모델링은 이를 허가할 수 없도록 함

□ 2005. 9. 16. 대통령령 제19053호로 **주택법 시행령 일부개정**(시행 2005. 9. 16.)

○ 건축물을 리모델링하는 경우의 증축범위(영 제4조의 2 신설)
  •공동주택의 구조적 안전과 주거환경이 열악해지는 것을 방지하기 위하여 증축을 일정 범위에서 제한할 필요가 있음
  •건축물을 리모델링하는 경우「주택법」에 의한 사용검사일 또는「건축법」에 의한 사용승인일부터 20년이 경과된 공동주택에 한하여 증축을 허용하되, 그 증축의 범위를 주거전용면적의 10분의 3 이내로 제한함
  •필로티 구조의 인정 및 최상층 상부 증축허용
  •공동주택의 과도한 증축을 방지하여 구조적 안전을 확보하고 주거환경이 악화되는 것을 방지할 수 있을 것으로 기대됨

□ 2005. 9. 16. 건설교통부령 제469호로 주택법 시행규칙 일부개정(시행 2005. 9. 16.)

○ 「주택법」이 개정(법률 제7600호, 2005. 7. 13. 공포·시행)됨에 따라 증축을 수반하는 리모델링
  을 하는 경우에는 구조계획서·지질조사서 및 시방서 등을 제출하도록 함(규칙 제20조 제3항 제
  5호)
 • 구조적 안전여부를 사전에 검토하도록 하는 등 현행 제도의 운영상 나타난 일부 미비점을 개
  선·보완하려는 것임

□ 2006. 6. 24. 대통령령 제19356호로 주택법 시행령 일부개정(시행 2006. 6. 24.)

○ 리모델링주택조합의 설립인가 필요 동의율의 완화(영 제37조 제1항 제1호 나목)
 • 자원낭비를 방지하고 공동주택의 장기사용을 위하여 공동주택의 조기 재건축보다는 리모델링
  을 활성화할 필요가 있음
 • 리모델링주택조합의 설립인가의 경우 주택단지 전체를 리모델링하는 때에는 주택단지 전체 구
  분소유자 및 의결권의 각 5분의 4 이상과 각 동별 구분소유자 및 의결권의 각 3분의 2 이상의
  결의를 필요로 하던 것을 모두 각 3분의 2 이상의 결의로 완화함
 • 리모델링 사업이 활성화될 것으로 기대됨

□ 2007. 3. 16. 대통령령 제19935호로 주택법 시행령 일부개정(시행 2007. 3. 16.)

○ 증축을 위한 리모델링주택조합의 설립요건 완화(영 제4조의 2, 제37조 제1항 제1호)
 • 증축의 경우 사용검사를 받은 후 20년 이상의 기간이 경과되어야 리모델링주택조합을 설립할
  수 있도록 하고 공동주택의 급수·위생설비 등의 교체와 병행하여 증축을 위한 리모델링을 할
  수 없는 문제가 있음
 • 급수·위생설비 등이 설치 후 15년이 경과되면 누후화로 교체가 필요한 실정임을 고려하여 사용
  검사를 받은 후 15년(15년 이상 20년 미만의 연수중 시·도조례가 정하는 경우 그 연수)이 경과
  되면 증축을 위한 리모델링주택조합을 설립할 수 있도록 함
 • 주택건설기술 변화에 대응하고 주택관리사의 전문성 향상으로 보다 효율적인 주택관리를 도모
  할 수 있을 것으로 기대됨

□ 2009. 3. 18. 대통령령 제21358호로 주택법 시행령 일부개정(시행 2009. 3. 18.)

○ 리모델링 가능 연한 산정기준 합리화(영 제4조의2)
 • 현재 리모델링 가능 연한을 사용검사일부터 산정하고 있으나, 사용검사 전에 임시사용승인을
  받은 경우에는 공동주택을 실제로 사용하기 시작하는 시점부터 리모델링 가능 연한을 산정할
  필요가 있음
 • 사용검사를 받기 전에 주택단지 안의 공동주택 전부에 대하여 임시사용승인을 받은 경우에는
  그 임시사용승인일부터 리모델링 가능 연한을 산정하도록 함

□ 2011. 9. 16. 법률 제11061호로 주택법 일부개정(시행 2012. 3. 17.)

○ 리모델링주택조합이 리모델링을 시행하는 경우에는 설립인가를, 입주자대표회의가 시행하는 경우에는 소유자 전원의 동의를 받은 후에 리모델링주택조합의 총회 또는 입주자대표회의에서 건설업자 등을 시공자로 선정하도록 하되, 경쟁입찰의 방법으로 선정하도록 하고, 이를 위반한 경우에는 3년 이하의 징역 또는 3천만원 이하의 벌금에 처함(법 제42조 제4항·제5항 및 제96조 제3호·제4호 신설)

□ 2012. 3. 13. 대통령령 제23665호로 주택법 시행령 일부개정(시행 2012. 3. 17.)

○ 리모델링 사업 시에 주민 사이에 발생하는 분쟁을 미연에 방지하기 위하여 리모델링사업을 위한 시공자 선정방법을 명확히 하는 등의 내용으로 「주택법」이 개정(법률 제11061호, 2011. 9. 16. 공포, 2012. 3. 17. 시행)됨에 따라 법률에서 위임된 사항과 그 시행에 필요한 사항을 정함
• 경쟁입찰방법으로 시공자를 선정하는 것이 곤란한 경우를 시공자 선정을 위하여 2회 이상 경쟁입찰을 실시하였으나 입찰자가 하나이거나 입찰자가 없어 경쟁입찰의 방법으로 시공자를 선정할 수 없게 된 것을 규정(영 제47조의 2)

□ 2012. 1. 26. 법률 제11243호로 주택법 일부개정(시행 2012. 7. 27.)

○ 세대수를 증가시키는 수평·별동 증축 및 세대분할 행위를 리모델링의 범위에 포함함(제2조15호)
• 세대수를 증가시키는 행위를 금지하고 있는 현행의 리모델링제도는 과도한 비용부담을 수반하여 제도의 실효성 확보가 어렵기 때문에 리모델링에 의하여 증가되는 면적의 일부를 세대수를 증가시키는 데 활용할 수 있도록 함으로써 리모델링을 활성화시키고 주민의 비용부담을 완화(수평·별동증축·세대분할로 한정하여 기존 세대수의 10% 내에서 허용)
• 85㎡미만의 증축범위를 30%에서 40%로 확대
• 세대수 증가 리모델링 시 도시계획심의 신설

□ 2012. 7. 24. 대통령령 제23988호로 주택법 시행령 일부개정(시행 2012. 7. 27.)

○ 리모델링 관련 규정 정비(현행 제4조의2 삭제, 영 제15조 제1항, 제24조 제1항 및 제40조 제1항, 제47조의3 신설)
• 세대수를 증가시키는 리모델링이 허용됨에 따라 세대수가 증가하는 리모델링 시 수립하는 권리변동계획에 리모델링 전후의 대지와 건축물의 권리변동 명세, 조합원의 비용 분담, 사업비 등을 포함하도록 하고, 20세대 이상 세대수가 증가하는 리모델링은 사업계획승인 대상으로 하며, 20세대 이상 세대수가 증가하는 리모델링을 추진하는 리모델링주택조합은 설립인가 후 2년 이내에 사업계획승인을 신청하도록 하고, 100세대 이상 세대수가 증가하는 리모델링 사업은 간선시설(幹線施設) 설치의무 대상사업으로 함

□ 2012. 7. 26. 국토해양부령 제502호로 주택법 시행규칙 일부개정(시행 2012. 7. 27.)

○ 세대수 증가 리모델링 허용에 따른 행위허가신청서 첨부서류 보완(제20조 제3항 제5호 다목)
• 리모델링 중 세대 분할 등 세대수를 증가시키는 행위를 하는 경우에도 해당 동의 변경 전과 변경 후의 평면도를 행위허가 신청서에 첨부하도록 함

□ 2013. 12. 24. 법률 제12115호로 주택법 일부개정(시행 2014. 4. 25.)

○ 리모델링 시 세대수 증가 범위 확대 및 수직증축 허용
• 리모델링 시 세대수 증가를 기존 세대수의 10퍼센트에서 15퍼센트로 확대하고, 최대 3개 층까지 수직증축을 허용함(제2조 제15호 다목)
• 수직증축형 리모델링의 감리자는 감리업무 수행 중에 수직증축형 리모델링 허가 시 제출한 구조도와 다르게 시공하고자 하는 사항 등 건축물의 구조에 영향을 미치는 사항이 확인된 경우에는 건축구조기술사의 협력을 받도록 함(제24조의3 신설)
• 시장·군수·구청장이 세대수 증가형 리모델링을 허가하는 경우에는 리모델링 기본계획에 부합하는 범위에서 허가하도록 함(제42조 제10항 신설)
• 시장·군수·구청장은 증축형 리모델링에 대하여 해당 건축물의 증축 가능 여부와 구조안전에 대한 상세 확인 등을 위하여 안전진단기관에 의뢰하여 안전진단을 실시하도록 함(제42조의3 신설)
• 수직증축형 리모델링을 하는 경우 구조계획상 증축범위의 적정성 및 설계도서상 구조안전의 적정성 여부 등 건축물의 안전성에 대해 전문기관의 검토를 받도록 함(제42조의4 신설)
• 특별시장·광역시장 및 대도시의 시장은 세대수 증가형 리모델링으로 인한 도시과밀 및 이주수요 집중 등을 계획적으로 관리하기 위하여 리모델링 기본계획을 수립하도록 하되, 대도시의 시장이 리모델링 기본계획을 수립하는 경우에는 도지사의 승인을 받도록 함(제42조의6, 제42조의7 및 제42조의8 신설)
• 시장·군수·구청장은 리모델링의 원활한 추진을 지원하기 위하여 리모델링 지원센터를 설치하여 운영할 수 있도록 함(제42조의10 신설)
• 국민주택규모 이하인 주택을 리모델링하는 경우 국민주택기금에서 지원할 수 있도록 함(제63조 제1항 제17호)
• 건축구조기술사 협력 규정 및 리모델링 구조기준 위반자 등에 대한 처벌 규정을 둠(제94조 제1항, 제98조 제4호의2 및 제101조 제2항 제1호 신설)

□ 2014. 4. 24. 대통령령 제25320호로 주택법 시행령 일부개정(시행 2014. 4. 25.)

○ 수직증축형 리모델링의 허용 요건(제4조의2 신설)
• 건축 당시의 구조도를 보유하고 있는 건축물인 경우에는 기존 층수가 15층 이상인 경우에는 최대 3개층까지, 14층 이하인 경우에는 최대 2개층까지 수직증축을 허용하도록 함
○ 증축형 리모델링에 대한 안전진단(제47조의4 신설)
• 대상 건축물의 증축 가능 여부 확인 등을 위한 안전진단을 실시할 수 있는 기관을 안전진단전문기관, 한국시설안전공단, 한국건설기술연구원으로 정하고, 시장·군수·구청장은 수직증축형 리모델링을 허가한 후 원칙적으로 1차 안전진단을 실시한 기관 외의 기관에 건축물의 구조안전성 등에 대한 상세 확인을 위한 안전진단을 실시하도록 하여 건축물의 구조안전성을 확보할 수 있도록 함
○ 리모델링 기본계획의 수립 제외 등(제47조의6 신설)
• 세대수 증가형 리모델링에 따른 도시과밀이나 이주수요의 일시집중 우려가 적은 경우로서 시·도 도시계획위원회의 심의를 거친 경우에는 리모델링 기본계획을 수립하지 아니할 수 있도록 하고, 세대수 증가형 리모델링의 수요가 감소하거나 10퍼센트 범위에서 증가하는 등의 경우에는 리모델링 기본계획의 변경 시 주민공람 및 지방의회 의견청취 절차를 생략할 수 있도록 하여 리모델링 기본계획의 수립 또는 변경과 관련된 지방자치단체의 부담을 완화함

□ 2014. 4. 25. 국토교통부령 제88호로 주택법 시행규칙 일부개정(시행 2014. 4. 25.)

○ 건축구조기술사와의 협력(규칙 제13조의2 신설)
• 수직증축형 리모델링의 감리자가 건축구조기술사의 협력을 받아야 하는 경우를 건축물 주요 구조부에 대한 철거나 보강 공사를 하는 경우로서 공법의 변경이 필요한 경우 또는 건축물 주변의 굴착공사로 구조안전에 영향을 주는 경우 등으로 구체적으로 정함
○ 세대수 증가형 리모델링의 시기 조정(규칙 제20조의3 신설)
• 법률에서 세대수 증가형 리모델링으로 인한 주택시장 불안정 등의 우려가 있는 경우 국토교통부장관은 특별시장, 광역시장, 대도시의 시장 또는 시장·군수·구청장에게 리모델링 기본계획의 변경 또는 리모델링 사업계획승인이나 허가의 시기를 조정할 수 있도록 함에 따라 그 요청을 받은 특별시장, 광역시장 등은 요청을 받은 날부터 30일 이내에 조치계획을 국토교통부장관에게 보고하도록 함

한편, 리모델링과 관련하여, 2013. 12. 24. 법률 제12115호로 일부개정된 주택법과 2014. 4. 24. 대통령령 20320호로 일부개정된 주택법 시행령의 주요내용을 다시 한번 정리하면 아래와 같다.

① 세대수 증가 수직증축 리모델링 허용
- 세대수 증가 리모델링 허용 대상에 수직증축을 포함
- 최대 3개층 이하로서 건축물의 안전성 등을 고려하여 대통령령으로 정하는 범위 및 요건을 갖춘 경우로 한정(건축 당시의 구조도를 보유하고 있는 건축물인 경우에는 기존 층수가 15층 이상인 경우에는 최대 3개층까지, 14층 이하인 경우에는 최대 2개층까지 수직증축을 허용하도록 함)
- 기존에는 수평·별동증축, 세대분할에 한해 세대수 증가 리모델링 허용

② 세대수 증가 허용범위 확대
- 리모델링 시 기존 세대수의 10%에서 15%까지 세대수 증가 허용
- 지역별 기반시설 여건에 맞게 세대수 증가를 탄력적으로 적용할 수 있도록 세대수 증가범위를 확대

③ 수직증축 리모델링 허용에 따른 단계별 안전성 확보방안
- (안전진단) 리모델링 대상 주택에 대한 정밀 안전진단을 통해 대상 건축물의 수직증축 적합성 및 범위 등을 체계적으로 검토·조사
- (전문기관 검토) 건축심의 전후 구조설계도서 등에 대한 전문기관 검토절차를 마련하여 수직증축의 구조 안전성을 상세 확인. 검토 전문기관은 건설기술연구원 및 시설안전공단으로 규정
- (구조기술사 협력) 수직증축시 공사감리자가 건축물의 구조영향에 미치는 사항이 확인된 경우 구조기술사의 협력을 의무화

④ 도시과밀 방지 등을 위한 리모델링 기본계획 수립
- (수립대상) 리모델링 일시집중에 따른 부작용 방지를 위해 특별시·광역시, 50만 이상 대도시에 대해 리모델링 기본계획 수립을 의무화
  다만, 리모델링으로 도시과밀 우려가 적은 경우 등은 자체 심의 또는 도지사 인정 절차를 거쳐 수립대상에서 제외
  수립대상이 아닌 시(市)도 도지사가 일시집중 등의 우려가 있어 계획수립의 필요성을 인정한 경우는 기본계획을 수립
- (수립절차) 주민공람(14일) → 의회의견 청취(30일) → 관계기관 협의 → 도시계획위원회 심의 → 도지사 승인(대도시)
- (수립내용) 세대수 증가 리모델링 수요, 일시집중 방지 등 단계별 시행방안, 기반시설의 영향 검토 등

⑤ 리모델링 지원 강화
- (지원센터) 지자체는 리모델링의 원활한 추진을 지원하기 위해 필요한 경우 리모델링지원센터를 설치·운영
- (주택기금) 국민주택규모 이하의 리모델링을 주택기금 지원대상으로 확대하여 리모델링 활성화 지원

□ 2016. 1. 19. 법률 제13805호로 **주택법 전부개정**(시행 2016. 8. 12.)

○ 공동주택 리모델링 추진과정에서 세입자의 이주 거부로 인한 사업지연을 방지하기 위하여 임대차계약 체결 당시 리모델링주택조합 설립인가를 받는 경우 등 리모델링 추진 사실을 인지할 수 있는 상태에서 임대차계약을 체결한 경우에는 「주택임대차보호법」 및 「상가건물 임대차보호법」 상의 임대차의무기간을 적용받지 아니하도록 함(제76조 제4항)

□ 2016. 8. 12. 대통령령 제27444호로 **주택법 시행령 전부개정**(시행 2016. 8. 12.)

○ 주택조합의 회계감사를 강화하고, 리모델링 허가 기준을 완화하는 등 현행 제도의 운영상 나타난 일부 미비점을 개선·보완
  • 종전에는 주택조합이 사업계획승인을 받거나 리모델링 허가를 받은 경우 또는 사용검사를 신청한 경우에만 회계감사를 받도록 하던 것을, 조합비 집행·관리의 투명성 강화를 위하여 주택조합 설립 단계에서도 회계감사를 받도록 함(제26조 제1항 제1호)
  • 수직증축 리모델링이 최대 3개층까지만 허용되는 점을 고려하여 층수나 높이 제한을 위한 도시경관 관리방안을 리모델링 기본계획 내용에서 제외함(제80조 제2항)
  • 종전에는 주택단지 전체를 리모델링하는 경우 주택단지 전체 구분소유자 및 의결권의 각 80퍼센트 이상의 동의와 각 동별 구분소유자 및 의결권의 3분의 2 이상 동의를 받도록 하던 것을, 주택단지 전체 구분소유자 및 의결권의 동의비율은 그대로 유지하되, 각 동별 구분소유자 및 의결권의 동의비율은 50퍼센트로 완화하고, 리모델링하지 아니하는 별동(別棟)의 복리시설 소유자는 동의 대상에서 제외함(별표 4)

□ 2016. 8. 12. 국토교통부령 제353호로 **주택법 시행규칙 전부개정**(시행 2016. 8. 12.)

○ 주택건설 사업계획승인시 리모델링 허가절차를 함께 처리할 수 있도록 사업계획승인신청서류에 리모델링 허가 신청서류도 함께 제출하도록 하는 등 현행 제도의 운영상 나타난 일부 미비점을 개선·보완하려는 것임(제12조 제4항 제7호)

□ 2017. 2. 13. 대통령령 제27860호로 주택법 시행령 일부개정(시행 2017. 2. 13.)

○ 공동주택 리모델링 시공자는 국토교통부장관이 정하는 경쟁입찰의 방법으로 선정하되, 2회 이상의 경쟁입찰에서 입찰자가 하나이거나 없는 경우에는 경쟁입찰의 방법으로 선정하는 것이 곤란한 경우로 보아 경쟁입찰이 아닌 방법으로 선정할 수 있도록 하고 있으나, 경쟁입찰의 방법을 국토교통부장관이 정하도록 한 데에 맞추어 경쟁입찰의 방법으로 선정하는 것이 곤란한 경우의 최저 입찰자 수를 경쟁입찰의 종류에 따라 국토교통부장관이 달리 정할 수 있도록 하는 한편, 리모델링주택조합이 주택단지 전체를 리모델링하거나 동(棟)을 리모델링하려는 경우의 동의비율을 80퍼센트에서 75퍼센트로 완화하여 리모델링 활성화를 도모하려는 것임(제76조 제1항, 별표 4)

□ 2018. 5. 21. 국토교통부령 제515호로 주택법 시행규칙 일부개정(시행 2018. 5. 21.)

○ 공동주택의 수직증축형 리모델링의 구조설계에 신기술·신공법이 적용됨에 따라 그 시공의 안전성 등에 대한 전문적 검토가 필요한바, 건축물의 주요 구조부 보강 공사에 신기술 또는 신공법을 적용하는 경우로서 전문기관의 안전성 검토결과 건축구조기술사의 협력을 받을 필요가 있다고 인정되는 경우에는 해당 건축물의 감리업무 수행에 건축구조기술사의 협력을 받도록 함(제19조 제1항 제3호 신설)

□ 2018. 6. 5. 대통령령 제28942호로 주택법 시행령 일부개정(시행 2018. 6. 5.)

○ 공동주택의 수직증축형 리모델링의 구조설계에 새로운 기술과 공법이 적용되어 구조안전 및 시공성능 검증 등 그 안전성 검토의 범위가 확대됨에 따라, 검토 의뢰를 받은 전문기관이 부득이하게 안전성 검토기간의 연장이 필요하다고 인정하는 경우에는 20일의 범위에서 그 기간을 한 차례 연장할 수 있도록 하는 한편, 안전성 검토기간을 산정할 때 서류의 보완기간과 공휴일·토요일이 제외됨을 명확하게 하려는 것임(제79조 제2항, 제4항)

□ 2020. 1. 23. 법률 제16870호로 주택법 일부개정(시행 2020. 7. 24.)

○ 현행법은 리모델링 시 해당 주택건설대지의 소유권 확보 규정이 명확하지 않는 등 관련 규정의 미비로 인하여 리모델링를 추진하는 데 어려운 부분이 있는바, 이를 보완함으로써 공동주택 리모델링이 원활하게 추진될 수 있도록 함
  • 리모델링의 허가를 신청하기 위한 동의율을 확보하여 리모델링 결의를 한 리모델링주택조합이 그 리모델링 결의에 찬성하지 아니하는 자의 주택 및 토지에 대하여 매도청구를 하는 경우에는 주택건설사업계획승인 시 해당 주택건설대지의 소유권을 확보하지 않아도 되도록 명확히 규정함(제21조 제1항 제4호 신설, 제22조 제2항 및 제66조 제2항)
  • 리모델링주택조합의 법인격과 권리변동계획에 따라 소유권이 이전되는 토지 또는 건축물에 대한 권리의 확정 등에 관하여는 「도시 및 주거환경정비법」을 준용하도록 함(제76조 제5항 및 제6항 신설)

(3) 리모델링 대상 15년 이상 경과 공동주택 현황

국토교통부에서 2013. 12. 31.기준으로 발표한 리모델링 대상 15년 이상 경과한 공동주택의 현황은 아래 표와 같다.

구분	동수	호수			
		계	아파트	다세대	연립주택
전국	193,137	5,591,016	4,429,780	755,511	405,725
수도권	116,029	2,772,133	1,993,594	552,216	226,323
서울	51,107	1,082,166	749,863	214,470	117,833
경기	46,354	1,261,499	949,519	220,364	91,616
인천	18,568	428,468	294,212	117,382	16,874
지방	77,108	2,818,883	2,436,186	203,295	179,402
부산	15,663	456,480	373,739	56,560	26,181
대구	8,201	284,750	250,982	24,932	8,836
광주	2,959	198,132	190,477	608	7,047
대전	5,836	205,131	171,958	25,227	7,946
울산	3,411	142,076	126,200	9,965	5,911
세종	210	5,949	4,561	799	589
강원	4,602	168,442	144,907	5,061	18,474
충북	4,230	170,326	149,629	8,382	12,315
충남	5,595	181,545	147,623	19,506	14,416
전북	4,280	210,375	194,744	2,881	12,750
전남	3,342	164,267	151,489	3,734	9,044
경북	8,171	267,687	218,500	19,645	29,542
경남	8,016	326,268	290,928	16,041	19,299
제주	2,592	37,455	20,449	9,954	7,052

2
리모델링의 유형

가. 증축의 유무에 따른 구분

(1) 대수선 리모델링

공동주택의 노후화를 억제하거나 기능향상 등을 위하여 기존 건축물이 있는 대지에서 각 세대의 주거전용 면적의 증축 없이 기둥, 보, 내력벽, 주계단 등의 구조나 외부 형태를 수선·변경하는 리모델링을 말한다.

(2) 증축형 리모델링

공동주택의 노후화를 억제하거나 기능향상 등을 위하여 기존 건축물이 있는 대지에서 주택법이 허용하는 범위 내에서 대지 내의 건축면적, 연면적, 층수 또는 높이 등을 증가시키는 리모델링을 말한다.

나. 증축형 리모델링의 유형

증축형 리모델링의 유형은 증축의 방향, 세대수 증가의 유무, 별도 동의 건축 여부, 세대 분할 여부에 따라 다음과 같이 나누어볼 수 있다.

(1) 증축의 방향에 따른 구분

공동주택을 주택법이 허용하는 범위 내에서 층수나 높이의 변화 없이 수평으로 건축면적, 연면적을 늘리는 '수평증축형 리모델링'과 공동주택을 주택법이 허용하는 범위 내에서 건축면적, 연면적을 늘리고 층수 또는 높이를 늘리는 '수직증축형 리모델링'이 있다.

(2) 세대수 증가에 따른 구분

공동주택 각 세대의 주거전용면적을 주택법이 허용하는 범위 내에서 늘리고 세대의 증가가 없는 '기존 세대 면적 확장형 리모델링'과 공동주택의 세대수를 주택법이 허용하는 범위 내에서 증가시키는 '세대수 증가형 리모델링'이 있다.

(3) 별도 동의 건축에 따른 구분

공동주택을 주택법이 허용하는 범위 내에서 건축면적, 연면적, 층수 또는 높이를 늘리고 별동의 건물을 건축하지 아니하는 '기존 건물 증축형 리모델링'과 공동주택을 리모델링하면서 주택법이 허용하는 범위 내에서 기존에 없던 새로운 건축물을 건축하는 '별도 동 건축형 리모델링'이 있다.

(4) 세대 분할 유무에 따른 구분

공동주택을 리모델링하면서 주택법이 허용하는 범위 내에서 기존 세대를 분할하는 '세대 분할형 리모델링'과 공동주택을 리모델링하면서 기존 세대를 분할하지 아니하는 '세대 불분할형 리모델링'이 있다.

3
리모델링 시행자

주택법 제66조 제1항은 공동주택(부대시설과 복리시설을 포함한다)의 입주자·사용자 또는 관리주체가 공동주택을 리모델링하려고 하는 경우에는 허가와 관련된 면적, 세대수 또는 입주자 등의 동의 비율에 관하여 대통령령으로 정하는 기준 및 절차 등에 따라 시장·군수·구청장의 허가를 받아야 한다고 규정하고 있고, 제2항은 제1항에도 불구하고 대통령령으로 정하는 기준 및 절차 등에 따라 리모델링 결의를 한 리모델링주택조합이나 소유자 전원의 동의를 받은 입주자대표회의(「공동주택관리법」 제2조 제1항 제8호에 따른 입주자대표회의를 말하며, 이하 "입주자대표회의"라 한다)가 시장·군수·구청장의 허가를 받아 리모델링을 할 수 있다고 규정하고 있다.

가. 입주자

주택법상 입주자란 ① 주택을 공급받는 자 ② 주택의 소유자 ③ 주택의 소유자 또는 그 소유자를 대리하는 배우자 및 직계 존·비속을 말하는 경우로 구분되는데, 주택법 제66조에서 규정하고 있는 입주자는 "주택의 소유자 또는 그 소유자를 대리하는 배우자 및 직계 존·비속"을 말한다(주택법 제2조 제27호 나목).

주택법에서는 아파트 1개의 동 또는 주택단지의 리모델링을 허용하고 있는데(주택법 시행령 별표 4 공동주택 리모델링의 허가 기준), 이 경우 1개의 동 또는 주택단지 전체 입주자들의 공동시행자가 되어야 한다. 하지만, 1개의 동 또는 주택단지 전체 입주자가 100%의 동의를 얻는 것이 현실적으로 어려움이 많아 입주자가 리모델링 사업의 시행자가 되는 경우는 드물 것으로 생각된다.

나. 사용자, 관리주체

주택법상 사용자란 공동주택을 임차하여 사용하는 사람(임대주택의 임차인은 제외한다) 등을 말하고(주택법 제2조 제28호, 공동주택관리법 제2조 제6호), 관리주체란 공동주택을 관리하는 자치관리기구의 대표자인 공동주택의 관리사무소장, 관리업무를 인계하기 전의 사업주체, 주택관리업자, 임대사업자, 「민간임대주택에 관한 특별법」 제2조 제11호에 따른 주택임대관리업자(시설물 유지·보수·개량 및 그 밖의 주택관리 업무를 수행하는 경우에 한정한다)를 말한다(주택법 제2조 제29호, 공동주택관리법 제2조 제10호).

하지만, 사용자나 관리주체가 단순한 주택의 사용 또는 유지·관리가 아니라 대수선 또는 증축을 수반하는 리모델링을 시행할 수는 없을 것으로 생각된다.

다. 입주자대표회의

입주자대표회의는 공동주택의 입주자등을 대표하여 관리에 관한 주요사항을 결정하기 위하여 공동주택관리법 제14조에 따라 구성하는 자치 의결기구를 말한다(공동주택관리법 제2조 제8호, 제14조). 입주자대표회의는 소유자 전원의 동의를 받아야만 리모델링 사업 시행자가 될 수 있다. 그러므로 동별 리모델링에 있어서는 입주자대표회의가 리모델링 사업 시행자가 될 수는 없을 것으로 생각된다.

특히, 입주자대표회의가 시행하는 리모델링 사업은 경제적 능력이 없는 경우, 리모델링 사업을 반대하는 경우, 임차인들이 많이 거주하는 주택단지라서 소유자의 소재 파악이 힘든 경우 등의 많은 어려움이 있어 입주자대표회의가 사업시행자로서 시행하는 것은 드물 것으로 생각된다.

라. 리모델링주택조합

주택법은 주택단지 전체를 리모델링하고자 하는 경우에는 주택단지 전체의 구분소유자와 의결권의 각 3분의 2 이상의 결의 및 각 동의 구분소유자와 의결권의 각 과반수의 결의가 있어야 하고, 동을 리모델링하고자 하는 경우에는 그 동의 구분소유자 및 의결권의 각

3분의 2 이상의 결의가 있으면 리모델링 주택조합 설립을 인정하고 있다(주택법 제11조 제3항).

리모델링주택조합은 리모델링에 찬성하지 않는 자를 상대로 매도청구권을 행사하여 리모델링 사업을 원활하게 수행할 수 있으므로 리모델링 사업의 시행자로 리모델링주택조합이 일반적인 형태가 될 것으로 생각된다.

4
증축형 리모델링 추진절차

현행 주택법령에 따라 증축형 리모델링 추진절차를 정리하면 아래 표와 같다.

증축형 리모델링 추진절차[7]

절차	주요내용	비고
추진제안	입주자대표회의에서 리모델링 추진제안 또는 리모델링주택조합설립추진위원회 구성	
리모델링 주택조합설립	리모델링 주택조합의 소재지를 관할하는 시장·군수 또는 구청장에게 설립 등 인가 ○ 전체 : 주택단지 전체의 구분소유자와 의결권의 각 3분의 2 이상의 결의 및 각 동의 구분소유자와 의결권의 각 과반수의 결의 ○ 동별 : 동별 구분소유자 및 의결권의 각 2/3 이상 결의	
안전진단(1차)	구조안정성을 평가하여 수직증축의 가능여부 등 증축 리모델링 가능여부를 판정	○ 안전진단결과 재건축사업의 시행이 필요하다고 결정된 경우는 증축형 리모델링 불가
건축심의	용적률 특례 등 증축 허용범위 결정	○ 전문기관 안전성 검토(기본설계)
행위허가 (사업계획승인)	조합 또는 입주자대표회의가 시장·군수·구청장의 허가를 받아 시행 ○ 전체 : 주택단지 전체 구분소유자 및 의결권의 각 75퍼센트 이상의 동의와 각 동별 구분소유자 및 의결권의 각 50퍼센트 이상의 동의 ○ 동별 : 그 동의 구분소유자 및 의결권의 각 75퍼센트 이상의 동의	○ 전문기관 안전성 검토(실시설계) ○ 50세대 이상 증가 시 기반 시설영향 등에 대해 별도 도시계획심의 및 30세대 이상 증가 시에는 별도 사업계획승인 절차 이행(세대수 증가 시 권리변동계획 수립하여 사업계획승인 또는 행위허가를 받아야 함)
이주	분담금 확정 및 총회, 이주	
안전진단(2차)	수직증축 리모델링의 경우 주민 이주 후 구조안전에 대한 상세확인을 위해 안전진단 실시	1차 안전진단 적합성 확인 등
착공, 입주, 해산	착공, 사용검사 등	

---

7) 증축형 리모델링의 일반적인 추진절차이다. 다만, 세대수 증가형 리모델링의 경우 리모델링이 추진되기 위해서는 원칙적으로 특별시장·광역시장 및 대도시의 시장이 관할구역에 대하여 리모델링 기본계획을 수립하여야 한다(주택법 제2조 제26호, 제71조).

5
리모델링과 주택재건축사업의 비교

리모델링은 개발이익환수, 기반시설부담금 및 소형평형 의무 비율 등 아파트 재건축에 대한 각종 규제로부터 자유로우면서도 적은 비용으로 그것도 상대적으로 짧은 기간에 재산 가치를 높일 수 있다는 점이 재건축과의 가장 큰 차이라 할 수 있다. 재건축의 경우 대지지분의 영향에 따라 사업성이 결정되어 저층 저밀도 단지일 경우에만 사업성이 있으나, 리모델링은 재건축과 달리 고밀도에서도 가능하며 저층과 고층을 가리지 않고 시행이 가능한 장점이 있다. 따라서 제1기 신도시와 같은 고밀도 아파트를 새 아파트로 만들 수 있는 유일한 방법은 리모델링밖에 없다고 할 수 있다. 더구나 주택법 개정으로 증축 리모델링 가능연한이 기존 20년에서 15년으로 완화되었을 뿐만 아니라 세대수 증가 수직증축 리모델링이 허용되어 분당, 일산, 평촌, 산본, 중동 등 제1기 신도시 아파트들이 리모델링에 적극 나설 것으로 보인다. 다만, 리모델링의 경우 국내 아파트 리모델링 시공실적이 미미한 상황으로 시공능력에 대한 검증절차가 이루어지지 못한 단점이 있다.

한편 도시 및 주거환경정비법의 시행으로 주택재건축사업은 많은 절차적 변화를 겪게 되었다. 이는 주택재건축사업이 도시계획사업으로써 공법적 통제를 많이 받게 된 결과이다. 그러나 리모델링 사업은 도시 및 주거환경정비법상의 주택재건축사업과는 달리 주택법 내에 규정되어 공법적 통제가 느슨하다. 따라서 조합설립의 인가, 안전진단과 행위허가 등을 제외하고는 법률의 규정이 아닌 리모델링주택조합 자체의 규약에 따라 주로 사업이 진행되며, 대부분의 법률관계가 민사상 쟁송을 통하여 해결되어야 한다.

아래 표는 현행 주택법의 리모델링 사업과 도시 및 주거환경정비법의 주택재건축사업에 대한 차이점을 비교한 것이다.

리모델링 사업과 주택재건축사업의 비교

구분	리모델링	재건축
기본개념	노후아파트의 기능개선	노후아파트 철거 후 신축
근거법률	주택법	도시 및 주거환경정비법
법규적 측면	증축, 대수선	신축
기본계획	리모델링 기본계획[8]	도시·주거환경정비 기본계획
정비구역지정	규정없음	적용
추진위원회	임의단체	법적단체
시행자	입주자대표회의(100%동의) 또는 리모델링주택조합	재건축조합(예외적으로 시장·군수 또는 주택공사 등과 공동 시행)
조합의 법적 성격	법인	법인
사업근거	행위허가(또는 사업계획승인)	사업시행인가
동별 사업 가능 여부	가능	원칙적으로 불가
안전진단	2회[9]	1회
관리처분계획	임의	행정청 인가 필요
철거	일부철거	전면철거
소유권변동	규정없음	이전고시
폐기물발생량	일부벽체제거, 배관교체, 마감재 교체 등에 따른 폐기물이 재건축보다 적음	기존 건축물의 완전철거에 따른 건축폐자재 및 폐기물의 다량발생

---

8) 세대수 증가형 리모델링에만 적용된다.

9) 증축형 리모델링의 경우 원칙적으로 1차 안전진단으로 족하나 수직증축형 리모델링의 경우 안전진단이 1회 더 필요하다.

리모델링 기본계획

김시격 변호사

1
개요

가. 의의

"리모델링 기본계획"이란 세대수 증가형 리모델링으로 인한 도시과밀, 이주수요 집중 등을 체계적으로 관리하기 위하여 수립하는 계획을 말한다(주택법 제2조 제26호).

세대수 증가형 리모델링이란 각 세대의 증축 가능 면적을 합산한 면적의 범위에서 기존 세대수의 15퍼센트 이내에서 세대수를 증가하는 증축 행위를 말하는데(주택법 제2조 제25호 다목), 세대수 증가형 리모델링으로 해당 공동주택단지로의 인구 유입이 발생하고, 이로 인하여 도시 과밀·인구의 일시 집중·기반시설의 부족 등의 문제가 발생하므로, 도시계획을 수립하여 위와 같은 문제를 해결하고 도시환경 및 주거환경의 개선에 기여하고자 한 것이다.

국토의 계획 및 이용에 관한 법률(이하 '국토계획법'이라 한다)이 제정·시행될 당시 도시관리계획으로서 용도지구의 하나로 리모델링지구를 지정할 수 있었고, 리모델링지구에 지구단위계획을 수립하는 때에는 국토계획법 시행령 제83조 제2항의 규정에 의한 건축물의 높이·규모의 완화범위와 건축법 등 관계 법령에 의한 건폐율·용적률·높이 제한 등의 완화범위를 포함하도록 하고 있었는데(국토계획법 제37조 제1항 제11호, 구 국토계획법 시행령 제31조 제1항 제3호, 제48조), 국토계획법 시행령이 2008. 9. 25. 대통령령 제21038호로 일부개정되면서 용도지구에서 리모델링지구가 삭제되었다.

건축법은 건축 허가권자(특별자치시장·특별자치도지사 또는 시장·군수·구청장)가 리모델링 활성화가 필요하다고 인정하는 경우 '리모델링 활성화 구역'을 지정할 수 있고, 이 구역의 리모델링은 건축법상의 건축 기준을 완화하여 적용할 수 있다(건축법 제5조 제1항, 시행령 제6조 제6호 가목).[10] 완화하여 적용할 수 있는 건축기준은 대지의 조경, 공개공지등의 확보, 건축선의 지정, 건축물의 건폐율, 건축물의 용적률, 대지 안의 공지, 건축물의 높이 제한, 공동주택의 채광 확보를 위한 건축물의 높이 제한 등의 건축법 규정이다.

---

10) 건축법 시행령이 2016. 7. 19, 대통령령 제27365호로 개정되기 이전에도 사용승인 후 일정기간이 경과하여 리모델링이 필요한 건축물인 경우에 건축법상 기준을 완화하여 적용할 수 있었다.

나. 기능

리모델링 기본계획은 향후 지속적으로 늘어나는 노후 공동주택의 원활한 리모델링 추진을 통하여 도시의 주거환경을 개선하고 거주민의 삶의 질 향상을 위한 목표와 기본방향을 명확하게 제시하고(목표와 기본방향 제시 기능), 생활권별 리모델링 대상 공동주택 및 기반시설 현황 파악 등을 통하여 유형별 리모델링 수요를 과학적으로 분석·예측하고, 세대수 증가형 리모델링으로 인한 도시과밀 및 이주수요 집중을 체계적으로 관리할 수 있는 방안을 제시하고(수요 예측 및 도시과밀 관리기능), 노후 공동주택의 효율적인 관리를 위하여 지방자치단체 여건에 맞는 효과적인 성능개선과 장수명화 방안 등 노후 공동주택의 유지관리 방향을 제시하는 기능(노후 공동주택 유지 관리 기능)을 한다.

다. 체계상 지위 및 성격

리모델링 기본계획은 주택법에 근거한 법정계획이고, 시도 주거종합계획[11], 도시기본계획의 하위 계획이다. 따라서 위 상위 계획과 정합성을 유지하여야 한다.

또한 위 상위 계획 및 도시 및 주거환경정비 기본계획 등과 연계·수용하여 노후 공동주택의 바람직한 주거환경 개선 및 관리 방향을 제시하는 지침적 계획이다. 따라서 개별 리모델링 사업이나 관련 계획 수립은 기본계획의 내용에 적합하게 추진되어야 한다.

---

11) 리모델링 기본계획 수립지침에는 주택종합계획으로 표현되어 있다. 과거에 주택법 제7조, 제8조에서 주택종합계획을 수립하도록 규정하고 있었으나, 주거기본법이 제정되면서 주택법의 해당 규정이 삭제되었고, 국토교통부 장관 및 시·도지사가 주거종합계획을 수립하는 것으로 규정하였다.

2
리모델링 기본계획의 수립

가. 리모델링 기본계획의 수립권자 및 대상지역

(1) 수립권자

리모델링 기본계획의 수립권자는 특별시장·광역시장 및 대도시의 시장이다. 특별시장·광역시장 및 대도시의 시장은 관할구역에 대하여 리모델링 기본계획을 10년 단위로 수립하여야 한다. 다만, 세대수 증가형 리모델링에 따른 도시과밀의 우려가 적은 경우 등 대통령령으로 정하는 경우에는 리모델링 기본계획을 수립하지 아니할 수 있다(주택법 제71조 제1항). 여기에서 말하는 대도시는 지방자치법 제175조[12]에 따라 서울특별시·광역시 및 특별자치시를 제외한 인구 50만 이상의 대도시를 말한다.

대도시가 아닌 시의 시장은 세대수 증가형 리모델링에 따른 도시과밀이나 일시집중 등이 우려되어 도지사가 리모델링 기본계획의 수립이 필요하다고 인정한 경우 리모델링 기본계획을 수립하여야 한다(주택법 제71조 제2항).

(2) 대상지역

리모델링 기본계획 수립권자는 관할구역에 대하여 리모델링 기본계획을 수립하여야 한다. 다만, 세대수 증가형 리모델링에 따른 도시과밀의 우려가 적은 경우 등에는 리모델링 기본계획을 수립하지 아니할 수 있다(주택법 제71조 제1항. 시행령 제80조 제1항). 주택법 시행령이 규정하고 있는 도시과밀의 우려가 적은 경우 등은 다음과 같다.

---

12) 지방자치법 제175조 : 서울특별시·광역시 및 특별자치시를 제외한 인구 50만 이상 대도시의 행정, 재정운영 및 국가의 지도·감독에 대하여는 그 특성을 고려하여 관계 법률로 정하는 바에 따라 특례를 둘 수 있다.

○ 특별시·광역시 : 세대수 증가형 리모델링에 따른 도시 과밀이나 이주수요의 일시 집중 우려가 적은 경우로서 특별시장·광역시장이 시·도도시계획위원회의 심의를 거쳐 리모델링 기본계획을 수립할 필요가 없다고 인정하는 경우
○ 대도시(서울특별시와 광역시를 제외한 인구 50만 이상의 대도시) : 세대수 증가형 리모델링에 따른 도시 과밀이나 이주수요의 일시 집중 우려가 적은 경우로서 대도시 시장의 요청으로 도지사가 시·도도시계획위원회의 심의를 거쳐 리모델링 기본계획을 수립할 필요가 없다고 인정하는 경우

나. 리모델링 기본계획의 수립기간

리모델링 기본계획은 10년 단위로 수립하여야 한다(주택법 제71조 제1항). 리모델링 기본계획의 기준연도는 계획의 수립에 착수하여 공동주택현황 등 기초조사를 시작하는 시점으로 하고, 목표연도는 기준연도로부터 10년을 기준으로 한다. 다만, 최초로 수립하는 기본계획의 목표연도는 2025년으로 한다(리모델링기본계획 수립지침 1-6-1. 이하 '수립지침'이라 한다).

리모델링 기본계획 수립권자는 5년마다 리모델링 기본계획의 타당성 여부를 검토하여 그 결과를 리모델링 기본계획에 반영하여야 한다(주택법 제73조 제2항).

다. 리모델링 기본계획의 내용

주택법 및 주택법 시행령은 기본계획에 포함될 사항을 다음과 같이 정하고 있다(법 제71조 제1항, 시행령 80조 제2항).

○ 계획의 목표 및 기본방향
○ 도시기본계획 등 관련 계획 검토
○ 리모델링 대상 공동주택 현황 및 세대수 증가형 리모델링 수요 예측
○ 세대수 증가에 따른 기반시설의 영향 검토
○ 일시집중 방지 등을 위한 단계별 리모델링 시행방안
○ 그 밖에 대통령령으로 정하는 사항(도시과밀 방지 등을 위한 계획적 관리와 리모델링의 원활한 추진을 지원하기 위한 사항으로서 특별시·광역시 또는 대도시의 조례로 정하는 사항)

리모델링 기본계획 수립지침은 이외에도 필요한 경우에 다음과 같은 사항을 포함하여 수립하도록 하고 있다.

○ 특정 지역의 기반시설 영향 검토
○ 공동주택 저에너지·장수명화 방안
○ 리모델링 지원방안

라. 리모델링 기본계획의 작성기준 및 작성방법

국토교통부장관은 리모델링 기본계획의 작성기준 및 작성방법 등을 정하도록 되어 있다 (주택법 제71조 제3항). 현재 시행되는 수립지침(국토교통부훈령 제1350호)은 2021. 1. 1.부터 시행되며, 국토교통부장관은 이 날짜를 기준으로 3년이 되는 시점에 그 타당성을 검토하여 개선 등의 조치를 하여야 한다.

마. 리모델링 기본계획의 수립 절차

(1) 리모델링 기본계획의 입안

기본계획은 계획의 종합성과 집행성을 확보하기 위하여 도시·주택 관계부서 및 기획·예산·집행부서간의 긴밀한 협의에 의하여 수립될 수 있도록 하고, 기본계획의 입안은 시의 게시판 및 인터넷 홈페이지 등을 통하여 주민에게 널리 알려 주민이 참여할 수 있게 하여야 하며, 각 유관기관 및 관련부서는 개별 법률에 따라 수립되는 계획들과 리모델링 기본계획과의 연계성을 위하여 사전에 협의하여야 한다(수립지침 5-1-1 내지 5-1-3).

(2) 주민공람 및 지방의회 의견 청취

리모델링 기본계획 수립권자는 리모델링 기본계획을 수립하거나 변경하려면 14일 이상 주민에게 공람하고, 지방의회의 의견을 들어야 한다(주택법 법 72조 제1항).

리모델링 기본계획 수립권자는 주민공람을 실시할 때에는 미리 공람의 요지 및 장소를 해당 지방자치단체의 공보 및 인터넷 홈페이지에 공고하고, 공람 장소에 관계 서류를 갖추어 두어야 한다(주택법 시행령 제80조 제4항). 필요한 경우 관련 분야 전문가와 주민대표 및 관계기관이 참석하는 공청회를 개최할 수 있으며, 주민공람을 통하여 수렴한 의견은 필요한 리모델링 기본계획에 반영한다.

지방의회는 의견제시를 요청받은 날부터 30일 이내에 의견을 제시하여야 하며, 30일 이내에 의견을 제시하지 아니하는 경우에는 이의가 없는 것으로 본다(주택법 법 72조 제1항).

리모델링 기본계획승인을 신청할 때에 공람·공청회 등에 제안된 의견에 대하여는 조치 결과·미조치 사유 등을 의견 청취에 대하여는 결과 요지를 첨부한다(수립지침 5-2-4).

리모델링 기본계획의 다음과 같은 경미한 변경인 경우에는 주민공람 및 지방의회 의견 청취 절차를 거치지 아니할 수 있다.

○ 세대수 증가형 리모델링 수요 예측 결과에 따른 세대수 증가형 리모델링 수요(세대수 증가형 리모델링을 하려는 주택의 총 세대수)가 감소하거나 10퍼센트 범위에서 증가하는 경우
○ 세대수 증가형 리모델링 수요의 변동으로 기반시설의 영향 검토나 단계별 리모델링 시행방안이 변경되는 경우
○ 도시·군기본계획 등 관련 계획의 변경에 따라 리모델링 기본계획이 변경되는 경우

---

(3) 관계 행정기관의 장과의 협의 및 도시계획위원회 심의

리모델링 기본계획 수립권자는 리모델링 기본계획을 수립하거나 변경하려면 관계 행정기관의 장과 협의하여야 하고, 협의를 요청받은 관계 행정기관의 장은 특별한 사유가 없으면 그 요청을 받은 날부터 30일 이내에 의견을 제시하여야 한다(주택법 법 72조 제2항, 제3항).

관계 행정기관의 장과 협의를 마친 후에는 시·도도시계획위원회 또는 시·군·구도시계획위원회의 심의를 거쳐야 한다(주택법 법 72조 제2항).

(4) 승인

대도시의 시장은 리모델링 기본계획을 수립하거나 변경하려면 도지사의 승인을 받아야 하며, 도지사는 리모델링 기본계획을 승인하려면 시·도도시계획위원회의 심의를 거쳐야 한다(주택법 제72조 제4항).

기본계획 수립지침에서 정하고 있는 승인신청 서류는 다음과 같다.

○ 기본계획승인 신청서 (공문)
○ 기본계획(안) 20부
○ 기초조사 자료 및 계획수립을 위한 산출근거에 관한 자료집 각 20부
○ 주민의견청취 서류 1부
○ 지방의회의견서 1부

(5) 리모델링 기본계획의 고시

특별시장·광역시장 및 대도시의 시장은 리모델링 기본계획을 수립하거나 변경한 때에는 이를 지체 없이 해당 지방자치단체의 공보에 고시하여야 한다(주택법 제73조 제1항).

3
리모델링 기본계획의 변경 요청

　세대수 증가형 리모델링의 시행으로 주변 지역에 현저한 주택부족이나 주택시장의 불안정 등이 발생될 우려가 발생할 수 있다. 이 경우 국토부장관은 주거정책심의위원회의 심의를 거쳐 특별시장, 광역시장, 대도시의 시장에게, 시·도지사는 시·도 주거정책심의위원회의 심의를 거쳐 대도시의 시장에게 리모델링 기본계획을 변경하도록 요청할 수 있다.

　요청을 받은 특별시장, 광역시장, 대도시의 시장 또는 시장·군수·구청장은 특별한 사유가 없으면 그 요청에 따라야 한다.

4
리모델링 기본계획과 사업계획승인

리모델링 기본계획 수립 대상지역에서 세대수 증가형 리모델링을 허가하려는 시장·군수·구청장은 해당 리모델링 기본계획에 부합하는 범위에서 허가하여야 한다(주택법 제66조 제9항). 주택법은 '허가'라는 표현을 사용하는데, 여기에는 사업계획승인 및 행위허가가 모두 포함되는 것으로 보아야 한다.

주택법은 리모델링 기본계획을 세대수 증가형 리모델링으로 인한 도시과밀, 이주수요 집중 등을 체계적으로 관리하기 위하여 수립하고, 세대수 증가형 리모델링을 허가하려는 경우 리모델링 기본계획에 부합하여야 한다고 하면서, 세대수가 증가하지 않는 리모델링에 관하여는 언급하지 않고 있다.

세대수가 증가하지 않는 리모델링도 해당 주택 거주자들의 이주로 인한 인근 지역의 주택공급 부족 및 인구 과밀을 초래하고, 이주수요의 집중 및 인구 과밀의 정도는 리모델링을 하는 주택의 규모에 따라 달라지는 것이므로, 리모델링 기본계획의 대상이 되는 리모델링 사업 및 동 계획에 의하여 허가가 제한되는 리모델링 사업의 범위를 확대할 필요성이 있다.[13]

---

13) 리모델링 기본계획 수립 지침 제4장 제3절은 '일시집중 방지 등을 위한 단계별 리모델링 시행방안'이라는 제목하에 '권역별로 구분하여 단계별 계획기간 내에 일시적 이주를 유발하는 리모델링의 허가 총량을 검토하여 제시한다. 이 경우 리모델링 공사기간을 고려하여 일시적 이주 후에 다시 입주하는 시기 등을 종합적으로 고려하여 동시에 일시 이주가 발생하는 세대수의 총량을 규제할 수 있도록 한다'고 규정하고 있는데, 반드시 세대수 증가형 리모델링과 관련하여서만 리모델링 기본계획을 수립하는 것이 아니라는 취지로 해석될 수도 있다.

제3장

증축형 리모델링

김시격 변호사

1
공동주택 증축형 리모델링[14]의 개념

증축형 리모델링은 '공동주택의 노후화를 억제하거나 기능향상 등을 위하여 기존 건축물이 있는 대지에서 주택법이 허용하는 범위 내에서 대지 내의 건축면적, 연면적을 증가시키는 일련의 건축행위'이다.

주택법은 리모델링을 '주택법 규정에 따라 건축물의 노후화 억제 또는 기능향상 등을 위한 다음 각 목의 어느 하나에 해당하는 행위'라고 정의하고, 리모델링의 유형으로 대수선[15], 증축형 리모델링, 세대수 증가형 리모델링, 수직증축형 리모델링을 제시하면서 증축의 범위 및 허용 요건을 정하고 있을 뿐 증축형 리모델링에 관하여 적극적으로 정의하고 있지 아니하다(주택법 제2조 제25호). 주택법상 공동주택 리모델링의 규정과 건축행정의 일반법인 건축법의 건축 행위에 관한 규정으로 증축형 리모델링의 개념을 도출해야 할 것으로 보인다.

건축법은 '건축'을 건축물을 신축·증축·개축·재축[16]하거나 건축물을 이전하는 것이라 정의하고, '리모델링'을 '건축물의 노후화를 억제하거나 기능향상 등을 위하여 대수선하거나 건축물의 일부를 증축 또는 개축하는 행위'라 정의하고, 증축을 '기존 건축물이 있는 대지에서 건축물의 건축면적, 연면적, 층수 또는 높이를 늘리는 것'이라 정의하고 있다(건축법 시행령 제2조 제2호). 건축법상의 증축과 주택법의 리모델링의 정의 규정을 단순히 더하여 증축형 리모델링의 개념을 정의할 수 있겠으나, 이 게 정의하면 공동주택을 리모델링

---

14) 본고에서 기술되는 범위는 공동주택의 리모델링이므로, 이하에서는 '공동주택의 증축형 리모델링'이라는 문구 대신 단순히 '증축형 리모델링'이라고만 한다.

15) 건축법 제2조 제9호는 대수선이란 건축물의 기둥, 보, 내력벽, 주계단 등의 구조나 외부 형태를 수선·변경하거나 증설하는 것으로서 대통령령으로 정하는 것을 말한다고 정의하고 있다.

16) 주택법 시행령 제2조는 다음과 같이 정의하고 있다.
   1. "신축"이란 건축물이 없는 대지(기존 건축물이 철거되거나 멸실된 대지를 포함한다)에 새로 건축물을 축조(築造)하는 것[부속건축물만 있는 대지에 새로 주된 건축물을 축조하는 것을 포함하되, 개축(改築) 또는 재축(再築)하는 것은 제외한다]을 말한다.
   2. "증축"이란 기존 건축물이 있는 대지에서 건축물의 건축면적, 연면적, 층수 또는 높이를 늘리는 것을 말한다.
   3. "개축"이란 기존 건축물의 전부 또는 일부[내력벽·기둥·보·지붕틀(제16호에 따른 한옥의 경우에는 지붕틀의 범위에서 서까래는 제외한다) 중 셋 이상이 포함되는 경우를 말한다]를 철거하고 그 대지에 종전과 같은 규모의 범위에서 건축물을 다시 축조하는 것을 말한다.
   4. "재축"이란 건축물이 천재지변이나 그 밖의 재해로 멸실된 경우 그 대지에 다음 각 목의 요건을 모두 갖추어 다시 축조하는 것을 말한다.
   5. "이전"이란 건축물의 주요구조부를 해체하지 아니하고 같은 대지의 다른 위치로 옮기는 것을 말한다.

하면서 별동 건물을 건축하는 경우를 포괄하지 못하게 되는 약점이 있다[17]. 별동 건물을 건축하는 경우를 포괄하기 위하여는 '공동주택의 노후화를 억제하거나 기능향상 등을 위하여 기존 건축물이 있는 대지에서 주택법이 허용하는 범위 내에서 대지 내의 건축면적, 연면적을 증가시키는 일련의 건축행위'라고 정의하여야 할 것이다.

---

17) 건축법상의 증축과 주택법의 리모델링의 정의 규정을 단순히 더하여, 주택법상 증축형 리모델링을 '건축물의 노후화를 억제하거나 기능향상 등을 위하여 대수선하거나 기존 건축물이 있는 대지에서 건축물의 건축면적, 연면적, 층수 또는 높이를 늘리는 행위'라고 하면 별도의 건축물을 건축하는 별도 동 건축형 리모델링은 여기에 해당하지 않는다.

2
증축형 리모델링의 유형

증축형 리모델링의 유형은 증축의 방향, 세대수 증가의 유무, 별도 동의 건축 여부, 세대 분할 여부에 따라 다음과 같이 나누어볼 수 있다.

가. 증축의 방향에 따른 유형 구분

(1) 수평증축형 리모델링

공동주택을 주택법이 허용하는 범위 내에서 층수나 높이의 변화 없이 수평으로 건축면적, 연면적을 늘리는 리모델링.

(2) 수직증축형 리모델링

공동주택을 주택법이 허용하는 범위 내에서 건축면적, 연면적을 늘리고 층수 또는 높이를 늘리는 리모델링. 수직증축형 리모델링은 수직으로 층수 또는 높이만 늘리는 수직증축 행위만을 하는 경우뿐만 아니라 수직증축을 하면서 수평 방향으로 증축하는 행위도 포함한다.

나. 세대수 증가에 따른 유형 구분

(1) 기존 세대 면적 확장형 리모델링

공동주택 각 세대의 주거전용면적을 주택법이 허용하는 범위 내에서 늘리고 세대의 증가가 없는 리모델링.

(2) 세대수 증가형 리모델링

공동주택의 세대수를 주택법이 허용하는 범위 내에서 증가시키는 리모델링. 세대수 증가형 리모델링은 세대수를 증가시키면서 기존 세대의 주거전용면적을 늘릴 수 있다.

다. 별도 동의 건축에 따른 유형 구분[18]

(1) 기존 건물 증축형 리모델링

공동주택을 주택법이 허용하는 범위 내에서 건축면적, 연면적, 층수 또는 높이를 늘리고 별동의 건물을 건축하지 아니하는 리모델링.

---

18) 별도 동 건축형 리모델링이 허용될 수 있는지는 의문이 있다.
주택법은 2012. 1. 26. 개정되면서 세대수 증가형 리모델링을 일부 인정하면서 세대수 증가형 리모델링의 하나로 별도 동 증축 리모델링이 가능하도록 명문으로 규정하였는데, 2013. 12. 24. 개정되면서 세대수 증가형 리모델링을 광범위하게 인정하면서 별도 동에 관한 규정을 삭제하고 수직증축형 리모델링의 요건을 추가하였다(현재 시행되고 있는 주택법의 규정도 같다).
사전적 의미에서, 증축(extension)이란 같은 지붕마루 내에서 건축물의 바닥 면적을 늘리는 것을 말하고(건축용어사전, 2011, 성안당), 신축(new construction)이란 새로 건축물을 대지에 건축하는 것을 말한다.
별도 동을 건축하는 것은 기존에 없던 새로운 건축물을 건축하는 것이므로, 별도 동을 건축하는 것은 신축행위에 속한다고 보는 것이 일반의 관념에 부합한다.
물론 건축법은 '증축이란 기존 건축물이 있는 대지에서 건축물의 건축면적, 연면적, 층수 또는 높이를 늘리는 것을 말한다'고 정의하고 있으므로, 기존의 대지 위에 별도 동을 건축하는 행위도 증축이라고 말할 수 있을지는 모른다. 그러나 이는 증축은 기존 건축물의 바닥 면적을 늘리는 행위이고, 신축은 새로운 건축물을 축조하는 행위라는 일반적 개념에 부합하지는 않는다.

(2) 별도 동 건축형 리모델링

공동주택을 리모델링하면서 기존에 없던 새로운 건축물을 건축하는 리모델링.

라. 세대 분할 유무에 따른 유형 구분

(1) 세대 분할형 리모델링

공동주택을 리모델링하면서 주택법이 허용하는 범위 내에서 기존 세대를 분할하는 리모델링. 증축형 리모델링은 공동주택 전체의 연면적 등이 증가하므로 분할되는 세대의 면적이 증가할 수도 있다.

(2) 세대 불분할형 리모델링

공동주택을 리모델링하면서 기존 세대를 분할하지 아니하는 리모델링.

3
증축형 리모델링과 주택법령의 변천

주택건설촉진법이 전부개정되면서 주택법으로 법명을 변경할 당시 주택법은 '리모델링이라 함은 건축물의 노후화 억제 또는 기능향상 등을 위하여 증축·개축 또는 대수선을 하는 행위를 말한다'고 정의하면서 증축을 허용하지 아니하였는데, 주택법이 2005. 7. 13. 법률 제7600호로 개정되면서 '리모델링이라 함은 건축물의 노후화 억제 또는 기능향상 등을 위하여 대수선 또는 대통령령이 정하는 범위 내에서 증축을 하는 행위를 말한다'고 규정하여 증축형 리모델링을 인정한 이래 증축형 리모델링은 아래 표[19]와 같이 변천되어 왔다.

개정일 (시행일)	개정법령	주요내용
2003. 5. 29. (2003. 11. 30.)	주택법 전부개정	○ 주택법에 리모델링 제도 도입 ○ 리모델링 주택조합제도 도입 ○ 행위허가 기준 마련 ○ 동별 리모델링 및 전체 리모델링 모두 인정 ○ 리모델링 동의율 80%로 개정
2005. 7. 13. (2005. 7. 13.)	주택법 제2조	○ 리모델링 용어 정의 개정(증축의 범위를 대통령령으로 정함) * 공동주택의 구조적 안전과 주거환경이 열악해지는 것을 방지하기 위하여 증축을 일정범위에서 제한
2005. 9. 16. (2005. 9. 16.)	주택법 시행령 제4조의2. 별표 3	○ 대통령령에서 주거전용면적의 10분의 3 이내 증축 허용함을 규정 ○ 필로티 구조의 인정 및 최상층 상부 증축허용
2007. 3. 16. (2007. 3. 16.)	주택법 시행령 제4조의2	○ 공동주택 증축 리모델링 허용 연한을 20년에서 15년으로 단축(15년~20년 미만 기간 내 조례로 규정) * 공동주택의 급수·위생설비 등의 교체와 병행하여 증축을 위한 리모델링을 할 수 없는 문제 감안
2007. 7. 6. (2007. 7. 6.)	주택법 시행령 제47조	○ 재건축 대상 건축물에 대한 리모델링에 동의한 입주자는 리모델링 주택조합 또는 입주자대표회의에서 허가신청서를 제출하기 전까지 서면으로 그 동의를 철회할 수 있음

---

19) 국토교통부 2014.4.21.자 보도자료 7쪽. 붙임 2 리모델링 관련 법령개정 연혁

2012. 1. 26. (2012. 7. 27.)	주택법 제2조 등	○ 85㎡미만의 증축범위를 30% → 40%로 확대 ○ 세대별 증축 가능 면적 범위에서 세대수 증가 허용(수평·별동증축·세대분할로 한정하여 기존 세대수의 10%내에서 허용) * 수직증축 제외 ○ 세대수 증가 리모델링 시 도시계획심의 신설
2013. 12. 24. (2014. 6. 25.)	주택법 제2조 등	○ 수직증축 리모델링 허용 및 세대수 증가 범위 확대(기존 세대수의 10% → 15%) ○ 안전진단 보완, 전문기관 안전성 검토, 수직증축 구조기준 등 안전성 확보방안 마련 ○ 리모델링 기본계획 수립 의무화(특·광역시, 50만 이상 대도시) 등

4
증축형 리모델링과 주택법령의 적용

주택법은 공동주택의 증축형 리모델링을 허용하면서 증축형 리모델링에만 적용되는 규정들을 두고 있는데, 주택법의 증축형 리모델링 규정은 모든 증축형 리모델링에 적용되는 규정, 세대수 증가형 리모델링에 적용되는 규정, 수직증축형 리모델링에 적용되는 규정으로 나누어볼 수 있다.

가. 증축형 리모델링 전반에 적용되는 규정

(1) 경과 연수

공동주택의 증축형 리모델링을 하기 위하여는 주택법상 사용검사일(주택단지 안의 공동주택 전부에 대하여 임시사용승인을 받은 경우에는 그 임시사용승인일) 또는 건축법상의 사용승인일부터 15년 이상 경과되어야 한다.[20] 리모델링을 시행하기 위한 최소 경과 연수는 특별시·광역시·도 또는 특별자치도의 조례로 15년 이상 20년 미만의 연수로 정할 수 있다(주택법 제2조 제25호 나목).

---

[20] 주택법은 30호수 이상의 공동주택건설사업을 시행하려고 하는 자는 주택건설사업승인을 받아야 하며, 주택건설사업을 완료한 경우에 시장·군수·구청장 등으로부터 사용검사를 받아야 하고, 사업주체 또는 입주예정자는 사용검사를 받은 후가 아니면 주택을 사용하게 하거나 이를 사용할 수 없으나 사용검사권자의 임시 사용승인을 받은 경우에는 사용검사 이전에 주택을 사용할 수 있는 것으로 규정하고 있다(주택법 제15조, 제49조). 건축법은 건축주가 건축허가를 받은 건축물의 건축공사를 완료한 후 그 건축물을 사용하려면 공사감리자가 작성한 감리완료보고서(건축법 규정에 따라 공사감리자를 지정한 경우만)와 건축법 시행규칙으로 정하는 공사완료도서를 첨부하여 허가권자에게 사용승인을 신청하여 사용승인을 받아야 하는 것으로 규정하고 있다(건축법 제22조).

(2) 증축범위

공동주택 주거전용면적이 85㎡ 미만인 세대는 10분의 4 이내에서, 주거전용면적이 85㎡ 이상인 세대는 10분의 3 이내에서 증축할 수 있으며, 공동주택의 기능향상 등을 위하여 공용부분에 대하여도 별도로 증축할 수 있다(주택법 제2조 제25호 나목). 주거전용면적이란 건축물대장 중 집합건축물대장의 전유부분의 면적을 말한다.

(3) 1차 안전진단(증축 가능여부 확인을 위한 안전진단)

증축형 리모델링을 하려는 자는 건축물의 증축 가능 여부의 확인 등을 위하여 시장·군수·구청장에게 요청하여 안전진단을 실시하여야 하는데 이를 1차 안전진단이라 한다.[21]

1차 안전진단으로 건축물 구조의 안전에 위험이 있다고 평가하여 도시 및 주거환경정비법에 따른 재건축사업 및 빈집 및 소규모주택 정비에 관한 특례법에 따른 소규모재건축사업의 시행이 필요하다고 결정한 건축물은 증축형 리모델링을 하여서는 아니 된다(주택법 제68조 제3항).

주택법에서는 증축형 리모델링을 하려는 자가 안전진단을 요청하는 것으로 규정하고 있으므로, 리모델링주택조합의 설립 후에(또는 입주자대표회의가 소유자 전원의 동의를 받은 후에) 1차 안전진단이 가능하다고 보여진다.

그러나 1차 안전진단의 목적이 증축 가능 여부의 확인이라는 점, 증축 가능 여부가 확인되어야 대수선 리모델링을 할 것인지 증축형 리모델링을 할 것인지를 결정할 수 있고 개략적이나마 리모델링의 설계가 가능하다는 점, 리모델링주택조합을 설립하기 위하여는 '리모델링 설계의 개요'가 기재된 동의서에 의한 결의가 있어야 한다는 점, 증축형 리모델링을 하기 위하여 조합을 설립하였는데 1차 안전진단 결과 증축이 불가능한 것으로 판정되어 대수선 리모델링을 하여야 할 경우 조합설립 절차를 처음부터 다시 시작하여야 한다는 점 등에 비추어 볼 때 1차 안전진단은 조합설립 이전에도(또는 입주자대표회의가 소유자 전원의 동의를 받기 이전에도) 실시될 수 있도록 해야 할 것이다.

조합설립추진위원회가 주택법상 근거가 없는 임의 단체에 불과하다고 하더라도, 구분소유자들이 조합을 설립하기 위하여 결성한 단체이므로, 전체 구분소유자의 과반수의 동의

---

21) 수직증축형 리모델링을 허가한 후에 해당 건축물의 구조안전성 등에 대한 상세 확인을 위하여 실시하는 안전진단은 2차 안전진단이라고 한다.

로 설립되었다든가 하는 등의 사정으로 대표성이 인정된다면, 조합 설립으로 발전될 가능성이 많다 할 것이므로, 이들에게도 안전진단 실시 요청을 할 수 있도록 하는 것이 옳을 것이다.

안전진단은 구조안전성을 각 평가부분 및 평가항목별로 나누어 평가하는데, 평가부분은 기울기 및 침하 부분, 내하력 부분, 내구성 부분으로 나뉘어지며, 기울기 및 침하 부분의 평가항목으로는 건물기울기·기초 및 지반침하 등 2개 항목으로, 내하력 부분의 평가항목으로는 내력비·기초내력비·처짐 등 3개 항목으로, 내구성 부분은 내구성 항목이 있다. 즉 평가항목은 6개 항목(건물기울기·기초 및 지반침하·내력비·기초내력비·처짐·내구성의 6개 항목)으로 구성되어 있다.

평가항목별 평가등급은 A~E의 5단계로 구분하여 평가하며, 각 평가항목별 평가등급이 모두 B등급 이상(성능점수가 80점 초과)인 경우에는 '수직증축 리모델링 가능'으로 판정하고, 각 평가항목 중 어느 하나의 평가등급이 D등급 이하(성능점수가 55점 이하)인 경우에는 '증축형 리모델링 불가'로 판정하고, 평가항목별 평가등급이 '수직증축 리모델링 가능' 및 '증축형 리모델링 불가'에 해당되지 않은 경우는 '수평증축 리모델링 가능'으로 판정한다.[22]

'증축형 리모델링 불가'로 결정된 건축물에 대하여는 도시정비법에 따른 재건축사업을 하여야 한다.

나. 세대수 증가형 리모델링에 적용되는 규정

각 세대의 증축 가능 면적을 합산한 면적의 범위에서 기존 세대수의 15퍼센트 이내에서 세대수를 증가하는 증축 행위를 '세대수 증가형 리모델링'이라 하는데(주택법 제2조 제25호 다목 전단), 공동주택의 주거전용면적이 늘어나면서 세대수가 증가하는 리모델링이라면 아래에서 살피게 될 주택법의 규정들이 적용된다.

---

22) 국토교통부고시 제2020-1182호 '증축형 리모델링 안전진단기준'

(1) 리모델링 기본 계획

① 의의

리모델링 기본계획이란 세대수 증가형 리모델링으로 인한 도시과밀, 이주수요 집중 등을 체계적으로 관리하기 위하여 수립하는 계획을 말한다(주택법 제2조 제26호). 세대수 증가형 리모델링으로 해당 공동주택단지로의 인구 유입이 발생하고, 이로 인하여 도시 과밀·인구의 일시 집중·기반시설의 부족 등의 문제가 발생하므로, 이러한 문제를 해결하고 도시환경 및 주거환경의 개선에 기여하고자 수립하는 지침적 계획이다.

② 수립 시기 등

특별시장·광역시장 및 대도시의 시장은 관할구역에 대하여 다음 각 호의 사항을 포함한 리모델링 기본계획을 10년 단위로 수립하여야 하며, 5년마다 리모델링 기본계획의 타당성 여부를 검토하여 그 결과를 리모델링 기본계획에 반영하여야 한다. 대도시가 아닌 시의 시장은 세대수 증가형 리모델링에 따른 도시과밀이나 일시집중 등이 우려되어 도지사가 리모델링 기본계획의 수립이 필요하다고 인정한 경우 리모델링 기본계획을 수립하여야 한다(주택법 제71조 제1항, 제2항, 제73조 제2항).

다만, 세대수 증가형 리모델링에 따른 도시과밀의 우려가 적은 경우에는 리모델링 기본계획을 수립하지 아니할 수 있다(주택법 제71조 제1항).

③ 수립 절차

특별시장·광역시장 및 대도시의 시장은 리모델링 기본계획을 수립하거나 변경하려면 14일 이상 주민에게 공람하고, 지방의회의 의견을 들어야 하며, 리모델링 기본계획을 수립하거나 변경하려면 관계 행정기관의 장과 협의한 후 시·도도시계획위원회 또는 시·군·구도시계획위원회의 심의를 거쳐야 하고, 대도시의 시장은 리모델링 기본계획을 수립하거나 변경하려면 도지사의 승인을 받아야 하며 도지사는 기본계획을 승인하려면 시·도도시계획위원회의 심의를 거쳐야 한다. 특별시장·광역시장 및 대도시의 시장은 리모델링 기본계획을 수립하거나 변경한 때에는 이를 지체 없이 해당 지방자치단체의 공보에 고시하여야 한다(주택법 제72조, 제73조).

(2) 사업계획승인 및 행위허가

① 증가 세대수에 따른 허가의 구분
세대수 증가형 리모델링으로 증가하는 세대수가 30세대 이상인 세대수 증가형 리모델링은 주택법 제15조에 의한 사업계획승인을 받아서, 30세대 미만인 경우에는 행위허가를 받아서 리모델링을 할 수 있다(주택법 제15조 제1항, 시행령 제27조 제1항).

주택법은 공동주택의 리모델링은 주택건설사업승인을 받지 아니하고 행위허가를 받아 시행하는 것으로 규정하고 있었다. 주택법을 2012. 1. 26. 법률 제11243호로 개정하면서 세대수 증가형 리모델링이 가능하도록 규정하고, 공동주택 30세대 이상의 주택건설사업을 시행하려는 자는 사업계획승인권자로부터 사업계획승인을 받도록 규정하였다.

② 허가[23]와 리모델링 기본계획
리모델링 기본계획 수립 대상지역에서 세대수 증가형 리모델링을 허가하려는 시장·군수·구청장은 해당 리모델링 기본계획에 부합하는 범위에서 허가하여야 하며(주택법 제66조 제9항), 50세대 이상 증가하는 리모델링을 허가하려는 경우에는 기반시설에의 영향이나 도시·군관리계획과의 부합 여부 등에 대하여 시·군·구도시계획위원회의 심의를 거쳐야 한다(주택법 제66조 제6항).

(3) 리모델링의 시기 조정

국토교통부장관은 세대수 증가형 리모델링의 시행으로 주변 지역에 현저한 주택부족이나 주택시장의 불안정 등이 발생될 우려가 있는 때에, 국토교통부장관은 시장·군수·구청장에게(시·도지사는 시장·군수·구청장에게) 세대수 증가형 리모델링의 사업계획승인 또는 허가의 시기를 조정하도록 요청할 수 있으며, 요청을 받은 특별시장, 광역시장, 대도시의 시장 또는 시장·군수·구청장은 특별한 사유가 없으면 그 요청에 따라야 한다(주택법 제74조).

---

23)   여기에서의 허가는 행위허가뿐만 아니라 사업계획승인도 포함한다.

(4) 권리변동계획

① 권리변동계획의 수립 시기 및 내용

세대수 증가형 리모델링을 하는 경우에는 기존 주택의 권리변동, 비용분담 등의 사항을 정한 '권리변동계획'을 수립하여 사업계획승인 또는 행위허가를 받아야 한다(주택법 제67조).

권리변동계획에는 '리모델링 전후의 대지 및 건축물의 권리변동 명세, 조합원의 비용분담, 사업비, 조합원 외의 자에 대한 분양계획, 그 밖에 리모델링과 관련한 권리 등에 대하여 해당 시·도 또는 시·군의 조례로 정하는 사항'을 정하여야 한다(법 시행령 제77조 제1항).

② 대지사용권의 비율

세대수가 증가하지 않은 리모델링의 경우 리모델링 전·후의 세대수 및 대지에 변경이 없어 구태여 대지사용권의 비율을 변경할 필요가 없으나, 세대수가 증가되는 리모델링의 경우에는 각 세대별로 대지사용권을 배분해야 할 필요가 있으므로 대지사용권 등을 변경시키는 내용의 권리변동계획을 수립해야 할 것이다.[24]

③ 비용의 분담

대지 및 건축물의 권리변동 명세를 작성하거나 조합원의 비용분담 금액을 산정하는 경우에는 리모델링 전후의 재산 또는 권리에 대하여 감정 평가한 금액을 기준으로 할 수 있다(주택법 시행령 제77조 제2항).

현재 대부분의 경우 종전과 종후자산의 고려 없이 단위면적당 사업비 기준으로 분담금을 부과하는 것으로 보인다. 그러나 주택규모별, 층별 개발이익의 격차뿐 아니라 세대수 증가를 위한 기존 주택의 증축형태와 특성 변화에 따라 개발이익의 차이가 발생할 수 있어 세대별로 개발이익과 비용 배분의 불균형이 심화될 수 있다. 따라서 향후 수직증축을 포함한 세대수 증가 리모델링 활성화를 도모하기 위해서는 현재와 같은 분담금 산정방법의 개선이 이루어져야 할 것이다.[25]

세대수 증가 리모델링 분담금의 산정방식으로 다음과 같은 비례율 산정방식, 투자 수익

---

24) 주택법 제76조 제1항은 다음과 같이 규정하고 있다.
   ① 공동주택의 소유자가 리모델링에 의하여 전유부분(「집합건물의 소유 및 관리에 관한 법률」 제2조 제3호에 따른 전유부분을 말한다. 이하 이 조에서 같다)의 면적이 늘거나 줄어드는 경우에는 「집합건물의 소유 및 관리에 관한 법률」 제12조 및 제20조 제1항에도 불구하고 대지사용권은 변하지 아니하는 것으로 본다. 다만, 세대수 증가를 수반하는 리모델링의 경우에는 권리변동계획에 따른다.

25) 이하는 다음 논문에서 인용한 것이다.
   이재순. 세대수 증가 리모델링 분담금의 합리적 산정방안에 관한 연구. 도시행정학보 제26집 제3호(2013. 9.) pp. 71~96

율 산정방식, 단위 면적당 사업비 산정방식이 있다.

○ 비례율 산정방식

비례율이란 사업이 완료되었을 때 대지 및 건축시설의 총 가액에서 총 사업비용을 뺀 금액을 이전의 대지 및 건축시설의 총 평가액으로 나눈 금액을 말한다. 그러므로 비례율은 조합원간의 합리적인 이익과 비용의 배분(또는 부담)을 위한 것으로 사업 추진에 따른 개발이익을 사업성에 비례해서 되돌려주거나 부담시킨다는 의미이다.

비례율 = {(준공시점 총자산 추산액 - 총사업비) / (리모델링 행위허가일 기준시점 자산평가 총액)} × 10

세대별 분담금 = 준공시점 총자산 추산액 - (종전자산 평가액 × 비례율)

○ 투자수익율 산정방식

순이익을 투자액으로 나누어 산출하는 투자수익률(ROI)은 조합원들의 리모델링 사업 추진동의 결정 시 중요한 의사판단 기준이 되고 있다.

투자수익률에 근거한 분담금 산정방법을 현행 증축 리모델링 사업에 적용해 본 결과 개발이익과 수익 배분의 불균형을 완화시키는 것으로 나타난 연구결과도 있다.

이에 따른 세대별 분담금을 다음과 같이 도출하였다.

투자수익률(ROI) = [{준공시점 조합원 세대별 자산 총 추산액 - (리모델링 행위허가일 기준시점 자산평가 총액 + 사업비)} / (리모델링 행위허가일 시점 자산평가 총액 + 사업비)] × 10 - 사업비 = 공사비 + 조합 운영비 + 기타비용 - 일반분양수입

세대별 분담금 = {리모델링 후 자산 추산액 / (1 + 투자수익률)} - 리모델링 전 자산평가액

○ 단위면적당 사업비에 의한 산정방식

사업추진에 따른 개발이익의 고려 없이 리모델링 사업에 소요되는 총 비용, 즉 사업비를 전체 공사면적으로 나눈 단위면적당 공사비를 기준으로 이루어진다. 이에 따라 세대별 분담금은 세대별 부담면적(세대별 공급면적 + 기타공용면적)과 단위면적당 사업비의 곱으로 산정된다.

세대별 분담금 : 세대별 계약면적 × 단위면적당 사업비

세대별 계약면적 = 세대별 공급면적(전용면적 + 공용면적) + 기타 공용면적

단위면적당 사업비 = 사업비(공사비 + 조합 운영비 + 기타비용 - 일반분양수입) / 조합원세대 총 계약면적

다. 수직증축형 리모델링에 적용되는 규정

수직으로 증축하는 리모델링은 기존 1층 부분에 필로티를 설치하고 최상층 위에 1개층을 증축하는 것과 같이 건축면적의 증가가 없는 경우, 수직증축을 하면서 주택법이 허용하는 범위 내에서 건축면적을 증가시키는 경우로 구분해 볼 수 있다.

증축형 리모델링은 '공동주택의 노후화를 억제하거나 기능향상 등을 위하여 기존 건축물이 있는 대지에서 주택법이 허용하는 범위 내에서 대지 내의 건축면적, 연면적을 증가시키는 일련의 건축행위'이므로, 전자의 경우에는 증축형 리모델링이라 할 수 없고, 후자의 경우가 수직증축형 리모델링에 해당한다.[26]

---

26) 주택법 제2조 제25호는 리모델링 중 공동주택 각 세대의 증축 가능 면적을 합산한 면적의 범위에서 기존 세대수의 15퍼센트 이내에서 세대수를 증가하는 증축 행위를 '세대수 증가형 리모델링'라고 하여 허용하면서, 같은 호 단서에서 3개층 이하의 범위에서 증축하고 대상 건축물의 구조도를 보유하고 있는 경우에 '수직증축형 리모델링'을 허용하고 있다. 위 규정만 보면 수직증축형 리모델링은 세대수 증가형 리모델링에 포함되는 것으로 보인다.

그러나 주택법 제46조 제1항은 '수직증축형 리모델링의 감리자는 감리업무 수행 중에 일정한 사항이 확인된 경우에는 건축구조기술사의 협력을 받아야 한다'고 규정하면서 동 항에서 말하는 수직증축형 리모델링에는 세대수가 증가되지 아니하는 리모델링을 포함한다고 하고 있다. 이 규정에 의하면 수직증축형 리모델링에는 세대수를 증가시키는 것뿐만 아니라 세대수를 증가시키지 않는 리모델링도 포함된다.

한편 건축면적을 증가시키지 않고 건축물의 높이와 층수만 수직으로 증축하는 리모델링도 가능하다.

건축법 시행령 제119조 제1항은 건축면적을 '건축물의 외벽(외벽이 없는 경우에는 외곽 부분의 기둥)의 중심선으로 둘러싸인 부분의 수평투영면적으로 한다'고 하면서 '건축물 지상층에 일반인이나 차량이 통행할 수 있도록 설치한 보행통로나 차량통로는 건축면적에 산입하지 아니한다고 하며, 바닥면적을 '건축물의 각 층 또는 그 일부로서 벽, 기둥, 그 밖에 이와 비슷한 구획의 중심선으로 둘러싸인 부분의 수평투영면적으로 한다'고 하면서 '필로티나 그 밖에 이와 비슷한 구조의 부분은 그 부분이 공중의 통행이나 차량의 통행 또는 주차에 전용되는 경우와 공동주택의 경우'에는 바닥면적에 산입하지 아니한다고 하며, '연면적'을 '하나의 건축물 각 층의 바닥면적의 합계'라고 정의하고 있다(건축법 시행령 제119조 제1항 제2호, 제3호, 제4호). 건축면적·바닥면적·연면적 등을 증가시키지 않으면서 건물의 높이와 층수만을 증가시키고 일반인이나 차량이 통행할 수 있도록 설치하는 구조물이 여럿 있을 수 있으나 그중 대표적인 것은 필로티일 것이다.

건축법 시행령은 건축물의 높이 산정과 관련하여 건축물의 높이 제한 규정(가로구역별 높이 제한 규정, 일조 등의 확보를 위한 높이 제한 규정)을 적용할 때를 제외하고는 필로티의 층고를 건축물의 높이 산입하도록 하고, 건축물의 층수 산정과 관련하여서는 필로티에 대한 예외 규정을 두고 있지 아니하므로(건축법 제60조, 제61조 제2항, 건축법 시행령 제119조 제1항 제5호, 제9호), 기존 1층 부분에 필로티를 설치하고 최상층 위에 1개층을 증축하는 리모델링의 경우 건축면적 등의 증가 없이 건축물의 높이 및 층수만을 증가시키게 된다.

따라서 ① 수직증축 리모델링은 건축물의 높이·층수만 증가시키는 리모델링, ② 건축물의 높이·층수와 건축 면적·바닥면적·연면적을 증가시키는 리모델링, ③ 건축물의 높이·층수와 건축 면적·바닥 면적·연면적 그리고 세대수를 모두 증가시키는 리모델링으로 구분할 수 있다. ①의 유형에 해당하는 리모델링은 주택법상의 증축형 리모델링이라 할 수 없으며,

주택법의 수직증축형 리모델링 규정은 주택법이 2013. 12. 24. 법률 제12115호로 개정되면서 신설된 것인데, 허용 범위, 2차 안전진단, 안전성 검토, 구조 기준, 감리자와 건축구조기술사의 협력 등에 관한 규정 등이 있다. 그리고 2차 안전진단 이하의 규정들은 수직증축의 안전성을 확보하기 위한 것이므로, 건축면적의 증가가 없는 단순 수직증축 리모델링의 경우에도 준용되어야 할 것이다.

(1) 허용 요건

수직증축형 리모델링을 하기 위하여는 다음과 같은 요건을 충족하여야 한다(주택법 제2조 제25호 다목, 주택법 시행령 제13조).

○ 증축형 리모델링의 증축 가능 범위(각 세대의 증축 가능 면적을 합산한 면적의 범위) 내에서 증축할 것
○ 세대수 증가를 수반하는 경우에는 기존 세대수의 15퍼센트 이내에서 세대수를 증가할 것
○ 리모델링 대상 건축물의 기존 층수가 14층 이하인 경우에는 2개층 이내에서, 기존 층수가 15층 이상인 경우에는 3개층 이내에서 증축할 것[27]
○ 리모델링 대상 건축물의 건축 당시의 구조도를 보유하고 있을 것

리모델링 대상 건축물의 건축 당시의 구조도 보유를 요구하는 것은, 구조도면이 없는 경우에는 기초·파일 등의 상태 파악이 어렵고, 기술적 한계 등으로 완벽한 도면 복원도 어려워, 건축 당시의 구조도 없이는 정밀한 구조보강을 통한 안전 확보가 곤란하기 때문이다. 따라서 건축면적의 증가가 없이 수직으로만 증축하는 단순 수직증축 리모델링의 경우에도 리모델링 대상 건축물의 건축 당시 구조도를 보유하고 있어야 할 것이다.

---

②와 ③의 유형에 해당하는 리모델링이 주택법상의 증축형 리모델링에 해당하는데 ②의 유형은 수직증축형 리모델링 ③의 유형은 세대수 증가 수직증축형 리모델링이라고 세분할 수 있다.

27) 국토교통부는 질의 회신에서, 15층 이상의 공동주택에 필로티를 설치하는 경우의 수직증축 허용범위와 관련하여, '1층을 필로티로 하는 경우 최대 3개층 범위에서 가능하나, 3개층 + 1개층 필로티 증축(총 4개층)은 할 수 없다'고 회신하였다.

(2) 2차 안전진단

시장·군수·구청장은 수직증축형 리모델링을 허가한 후에 해당 건축물의 구조안전성 등에 대한 상세 확인을 위하여 안전진단을 실시하여야 한다. 안전진단을 의뢰받은 기관은 건축구조기술사와 함께 안전진단(2차 안전진단)을 실시하여야 하며, 리모델링을 하려는 자는 안전진단 후 구조설계의 변경 등이 필요한 경우에는 건축구조기술사로 하여금 이를 보완하도록 하여야 한다.

안전진단을 의뢰받은 기관은 국토교통부장관이 정하여 고시하는 기준에 따라 안전진단을 실시하고, 국토교통부령으로 정하는 방법 및 절차에 따라 안전진단 결과보고서를 작성하여 안전진단을 요청한 자와 시장·군수·구청장에게 제출하여야 한다(주택법 제68조 제4항, 제5항).

안전진단 결과보고서에는 리모델링 대상 건축물의 증축 가능 여부 및 도시정비법에 따른 재건축사업의 시행 여부에 관한 의견, 건축물의 구조안전성에 관한 상세 확인 결과 및 구조설계의 변경 필요성이 포함되어야 한다(주택법 시행규칙 제29조).

2차 안전진단은 1차 안전진단에서 평가한 구조안전성 등에 대한 상세 확인을 위한 것으로서, 현장조사는 해당 건축물의 마감재를 제거한 상태에서 실시하며, 1차 안전진단 시 조사한 부위를 포함하며, 2차 안전진단의 특성에 맞게 표본 수를 늘리고 조사항목을 추가하여야 한다.

평가항목별 평가등급 및 기준은 1차 안전진단과 동일하게 하며, 안전진단 기관은 현장조사 결과를 토대로 1차 안전진단 시 실시한 평가결과와 주택법 제69조 제2항[28]에 따른 설계도서의 변경 여부를 확인하여야 하고, 확인결과 평가결과가 상이하거나 구조설계의 변경이 필요한 경우에는 이에 대한 의견을 시장·군수 및 조합 등에게 제출하여야 한다.[29]

평가항목별 평가등급 및 기준은 1차 안전진단과 동일하게 하며, ① 2차 안전진단의 조사 동수는 증축 리모델링을 하고자 하는 모든 동을 대상으로 하고, ② 구조안전성 평가는 평가항목별 표본을 선정하여 조사하며, 2차 안전진단의 동별 최소 조사층 및 최소 조사부재 수량은 매뉴얼을 참고하고, ③ 평가항목별 평가등급은 1차 안전진단과 동일한 기준으로 조사결과에 요소별(항목별, 부재별, 층별) 중요도를 고려하여 성능점수를 산정하여 결정하며, 세부 평가기준 및 성능점수 산정방법은 매뉴얼을 참고한다.

안전진단 기관은 현장조사 결과를 토대로 1차 안전진단 시 실시한 평가결과와 법 제69

---

28) 주택법 제69조 제2항 : 시장·군수·구청장은 제66조 제1항에 따라 수직증축형 리모델링을 하려는 자의 허가 신청이 있거나 제68조 제4항에 따른 안전진단 결과 국토교통부장관이 정하여 고시하는 설계도서의 변경이 있는 경우 제출된 설계도서상 구조안전의 적정성 여부 등에 대하여 제1항에 따라 검토를 수행한 전문기관에 안전성 검토를 의뢰하여야 한다.

29) 증축형 리모델링 안전진단 기준 3-2-4.

조 제2항에 따른 설계도서의 변경 여부를 확인하여야 하고, 확인결과 평가결과가 상이하거나 구조설계의 변경이 필요한 경우에는 구조설계자 등과 함께 이에 대한 의견을 시장·군수 및 조합 등에게 제출하여야 한다.

(3) 전문기관의 안전성 검토

① 전문기관 안전성 검토와 안전진단

주택법은 본격적인 수직증축형 리모델링 사업추진 전에 수직증축범위의 타당성 및 구조계획의 적합성을 사전에 평가(1차 안전성 검토)하여 사업주체가 안전이 검증된 결과를 통해 사업 규모 및 추진여부 결정하도록 하고, 사업계획승인 신청 시(행위허가 신청 시) 제출된 실시설계도서의 구조 적합성, 보강공법의 안전성을 최종 평가(2차 안전성 검토)하도록 하고 있다.

안전진단은 대상 건축물의 구조 등 상태를 진단하기 위해 현장에서 각종 검사를 실시하는 것이며, 전문기관의 안전성 검토는 안전진단 결과를 바탕으로 구조기술자가 설계한 구조설계·보강방법 등의 타당성을 검토하는 것으로 양자는 차이가 있다.

② 시장 등의 안전성 검토 의뢰와 전문기관

시장·군수·구청장의 의뢰에 의하여 전문기관이 안정성을 검토한다(주택법 제68조 제1항, 제2항). 안전성을 검토하는 전문기관은 국토안전관리원 또는 한국건설기술연구원을 말한다(주택법 시행령 제79조).

③ 1차 및 2차 안전성 검토

○ 1차 안전성 검토

시장·군수·구청장은 수직증축형 리모델링을 하려는 자가 건축법에 따른 건축위원회의 심의를 요청하는 경우 구조계획상 증축범위의 적정성 등에 대하여 대통령령으로 정하는 전문기관에 1차 안전성 검토를 의뢰하여야 한다(주택법 제69조 제1항, 수직증축형 리모델링 전문기관 안전성 검토기준 제6조 제1항).

1차 안전성 검토 시에는 다음 각 호의 적합성을 검토한다(수직증축형 리모델링 전문기관 안전성 검토기준 제6조 제1항).

1. 현장조사 결과 및 증축 리모델링 판정결과(전체 동)
2. 리모델링 전·후 구조도(유형별 대표 동)
3. 「증축형 리모델링 안전진단기준」 2-1-5에 따른 기존 말뚝의 검증된 계산식에 의한 설계지지력 추정값
4. 수직증축시 안전보강 가능성(유형별 대표 동)
5. 전문기관이 리모델링 안전 확보를 위하여 국토교통부장관에게 요청하여 검토 필요성이 인정된 사항
6. 그 밖에 리모델링 안전 확보를 위하여 검토가 필요하다고 시장·군수·구청장이 요청한 사항

○ 2차 안전성 검토

시장·군수·구청장은 수직증축형 리모델링을 하려는 자의 행위허가 신청 또는 사업계획 승인 신청이 있거나 2차 안전진단 결과 국토교통부장관이 정하여 고시하는 구조설계도서의 변경이 있는 경우 제출된 설계도서상 구조안전의 적정성 여부 등에 대하여 1차 안전성 검토를 수행한 전문기관에 안전성 검토를 의뢰하여야 한다(주택법 제69조 제2항).

안전성 검토를 받아야 하는 설계도서의 변경은 ① 수직증축이 1개층 이상 증가하거나 수직하중이 5퍼센트 이상 증가되는 경우, ② 전단벽 양이 10퍼센트 이상 변경되거나 신설 기초 공법 또는 전단벽의 내진보강 공법을 변경하는 경우, ③ 구조부재의 재료강도가 설계 기준강도의 20퍼센트 이상 감소되거나 말뚝 정재하시험을 통하여 확인된 설계지지력이 구조설계에 적용된 설계지지력보다 5퍼센트 이상 감소되는 경우 등이다.

2차 안전성 검토 시에는 전체 동에 대하여 다음의 각 호의 적합성을 검토한다(수직증축형 리모델링 전문기관 안전성 검토기준 제6조 제2항).

1. 리모델링 전·후 구조도
2. 기존 부재의 강도평가, 말뚝기초의 하중분담 및 구조설계값
3. 구조부재의 철거 및 안전조치
4. 구조해석 모델링, 접합부 경계조건 및 상세
5. 하중 및 부재특성별 보강공법의 구조·시공방안, 품질확보방안(신기술·신공법의 경우 공인기관이 인정한 구조·시공성능 검증결과 등 포함) 및 수직증축 리모델링 보강설계 내역
6. 전문기관이 리모델링 안전 확보를 위하여 국토교통부장관에게 요청하여 검토 필요성이 인정된 사항
7. 그 밖에 리모델링 안전 확보를 위하여 검토가 필요하다고 시장·군수·구청장이 요청한 사항

④ 검토결과의 제출 및 반영

검토의뢰를 받은 전문기관은 국토교통부장관이 정하여 고시하는 검토기준(수직증축형 리모델링 전문기관 안전성 검토기준)에 따라 검토한 결과를 안전성 검토를 의뢰받은 날부터 30일 이내에 시장·군수·구청장에게 제출하여야 하며, 시장·군수·구청장은 특별한 사유가 없는 경우 주택법 및 관계 법률에 따른 위원회의 심의 또는 허가 시 제출받은 안전성 검토결과를 반영하여야 한다(주택법 제69조 제3항, 주택법 시행령 제79조 제2항).

⑤ 안전성 검토결과의 적정성 심의 및 심의결과 반영

국토교통부장관은 시장·군수·구청장에게 안전성 전문기관으로부터 제출받은 자료의 제출을 요청할 수 있으며, 필요한 경우 시장·군수·구청장으로 하여금 안전성 검토결과의 적정성 여부에 대하여 건축법에 따른 중앙건축위원회의 심의를 받도록 요청할 수 있다. 시장·군수·구청장은 특별한 사유가 없으면 중앙건축위원회의 심의결과를 반영하여야 한다(주택법 제69조 제5항, 제6항).

⑥ 안전성 검토비용의 부담

시장·군수·구청장은 전문기관의 안전성 검토비용의 전부 또는 일부를 리모델링을 하려는 자에게 부담하게 할 수 있다(주택법 제69조 제4항).

(4) 구조기준

수직증축형 리모델링의 설계자는 국토교통부장관이 정하여 고시하는 구조기준(수직증축형 리모델링 구조기준)에 맞게 구조설계도서를 작성하여야 한다(주택법 제70조).

(5) 감리자와 건축구조기술사의 협력

수직증축형 리모델링의 감리자는 감리업무 수행 중에 다음과 같은 사항이 확인된 경우에는 해당 건축물의 리모델링 구조설계를 담당한 건축구조기술사의 협력을 받아야 한다. 다만, 구조설계를 담당한 건축구조기술사가 사망·실종·해외 체류·장기 입원·국가기술자격의 취소 또는 정지의 사유로 감리자가 협력을 받을 수 없는 경우에는 리모델링을 하는 자가 추천하는 건축구조기술사의 협력을 받아야 한다(주택법 제46조. 주택법 시행령 제52조).

○ 수직증축형 리모델링 허가 시 제출한 구조도 또는 구조계산서와 다르게 시공하고자 하는 경우
○ 내력벽, 기둥, 바닥, 보 등 건축물의 주요 구조부에 대하여 수직증축형 리모델링 허가 시 제출한 도면보다 상세한 도면 작성이 필요한 경우
○ 내력벽, 기둥, 바닥, 보 등 건축물의 주요 구조부의 철거 또는 보강 공사를 하는 경우로서 철거의 범위·공법의 변경 그리고 보강 공사의 공법·재료의 변경이 필요한 경우, 보강 공사에 신기술 또는 신공법을 적용하는 경우로서 전문기관의 안전성 검토결과 건축구조기술사의 협력을 받을 필요가 있다고 인정되는 경우
○ 건축물의 구조에 영향을 미치는 사항으로서, 수직·수평증축에 따른 골조 공사 시 기존 부위와 증축 부위의 접합부에 대한 공법이나 재료의 변경이 필요한 경우 그리고 건축물 주변의 굴착공사로 구조안전에 영향을 주는 경우

감리자에게 협력한 건축구조기술사는 분기별 감리보고서 및 최종 감리보고서에 감리자와 함께 서명날인하여야 하며, 협력을 요청받은 건축구조기술사는 독립되고 공정한 입장에서 성실하게 업무를 수행하여야 하고, 수직증축형 리모델링을 하려는 자는 감리자에게 협력한 건축구조기술사에게 적정한 대가를 지급하여야 한다.

5
국토교통부 질의 회신

공동주택 리모델링 시 증축범위

2019. 1. 29. 주택정비과

□ 질의요지

「주택법」 제2조25항의 공동주택리모델링 시 하나의 단지에서 주거전용면적 85제곱미터 미만과 85제곱미터 이상이 혼재된 경우 증축 가능 범위

□ 회신내용

단지 전체의 면적을 기준으로 법률이 정하는 규정에 따라 증축하면 될 것으로 판단되며 아래 내용과 같이 예시를 제시하오니 참고하시기 바랍니다.

예시) 85제곱미터 미만이 10세대, 85제곱미터 이상이 10세대인 경우

○ 당초면적 : 1,690㎡{(84㎡ × 10세대 = 840㎡) + (85㎡ × 10세대 = 850㎡)}
○ 증축면적 : 591㎡{(840㎡ × 40% = 336㎡) + (850㎡ × 30% = 255㎡)}

공동주택 리모델링 수직증축에 대한 질의

2014. 3. 11. 주택정비과

□ 현재 개정 중인 「주택법 시행령」 제4조의2(수직증축 허용기준)에 따르면 리모델링 대상 건축물의 기존 층수가 15층 이상은 3개층까지, 14층 이하는 2개층까지 수직증축이 가능합니다.

□ 공동주택의 경우 기존 층수에 따라 최대 3개층 범위까지 동별로 수직증축 리모델링이 가능하며, 한 개의 동에서 라인별로 층수가 다를 경우 라인별 층수에 따라 15층 이상은 3개층까지, 14층 이하는 2개층까지 수직증축이 가능함을 알려드립니다.

거주식공동주택 리모델링방법 문의

2019. 2. 12. 주택정비과

□ 질의요지
거주식공동주택 리모델링방법 특허등록번호(10-0939911) 특허권자에 대한 궁금사항 문의

1. 2013. 12. 20. 국회 본회의 통과 법률로 아파트 유휴지 15% 증축이 가능하다고 하는데 관련규정 등 사실여부

2. 아파트 유휴지 15% 증축이 현재법으로도 유효한지

3. 주민동의 80%를 받으면 1군 시공사를 공개입찰 선정하여 담당공무원을 지정하여 인허가 업무 등 지원을 받을 수 있는지

4. 주민경제 부담이 전혀 없이 리모델링한다는데 사실인지

5. 첫 번째 질문사항에 대한 법률, 관보게재 등 내용을 알 수 있는지

□ 회신내용
정확한 질의요지 확인(수차 유선연락하였으나 통화불능)이 곤란해 질의사항에 대한 명확한 답변이 어려움을 먼저 알려드리며, 「주택법」 제2조(정의)제25호에서는 공동주택을 증축하는 리모델링을 하는 경우 기존 세대수의 15% 범위 내에서 세대수를 증가할 수 있는 규정을 두고 있음을 알려드립니다.

공동주택 리모델링 관련의 건

2014. 1. 6. 주택정비과

□ 금번 국회를 통과한 주택법 제2조 제15호 다목에 따르면 공동주택 리모델링을 하는 경우 최대 3개층 이하로서 대통령령으로 정하는 범위에서 증축하도록 하고 있고, 대통령령에서는 리모델링 대상 건축물의 기존 층수가 15층이상은 3개층까지, 14층 이하는 2개층까지 수직으로 증축하도록 할 예정이며, 1개동에 층수가 다른 경우 각각의 층수를 기준으로 동 규정을 적용해야 할 것으로 사료됩니다.

주택법에 의한 공동주택 리모델링(증축 면적 범위)

2008. 7. 4. 주택반

□ 주택법 시행령 4조의2 규정에 의하면 법 제2조 제13호에서 "대통령령이 정하는 범위 내에서 증축을 하는 행위"라 함은 법 제29조에 따른 사용검사일 또는 「건축법」 제18조에 따른 사용승인일부터 15년[15년 이상 20년 미만의 연수 중 특별시·광역시 또는 도(이하 "시·도"라 한다)의 조례가 정하는 경우 그 연쉬이 경과된 공동주택을 각 세대의 주거전용면적(「건축법」 제29조에 따른 건축물대장 중 집합건축물대장의 전유부분의 면적을 말한다)의 10분의 3 이내에서 증축을 하는 행위를 말한다고 정하고 있습니다.

□ 따라서 리모델링에 의한 증축은 공동주택 각 세대의 주거전용면적의 10분의 3 이내의 범위 내에서 증축할 수 있는 것이며, 계단·복도·주차장 등의 부대시설은 「국토의계획및이용에관한법률」 등에서 정하고 있는 용적률·건폐율 등의 기준에 적합한 범위 내에서만 증축이 가능한 것임을 알려드립니다.[30]

---

30) 현재 시행되고 있는 주택법은 공용부분의 증축과 관련하여 '공동주택의 기능향상 등을 위하여 공용부분에 대하여도 별도로 증축할 수 있다'고 규정하고 있다.

세대수 증가형 리모델링 관련 문의

2018. 3. 2. 주택정비과

□ 질의요지

1. A동의 최상층 세대가 2세대로 되어 있으나, 이를 4세대로 변경하고자 할 경우 주택법에 따른 세대수 증가형 리모델링으로 행위가 가능한지

2. B동의 최상층이 입주자 공유시설인 회의실로 되어 있으나 이를 4세대로 변경하고자 할 경우 주택법에 따른 세대수 증가형 리모델링으로 행위가 가능한지

3. 상기 문의 1, 2에 대해 세대수를 추가하고자 할 경우 세대수 증가형 리모델링 외에 행위허가 등의 다른 방안이 있는지

□ 회신내용

1. 질의 1, 2에 대하여

　「주택법」제2조 제25호에 따른 리모델링은 건축물의 노후화 억제 또는 기능향상 등을 위하여 각 세대의 증축 가능 면적을 합산한 면적의 범위에서 기존 세대수의 15퍼센트 이내에서 세대수를 증가하는 증축 행위가 가능하므로 귀 질의하신 증축 없이 세대수 증가만 실시할 경우에는 「주택법」에서 정한 리모델링에 해당되지 않는 것으로 판단됨을 알려드립니다.

2. 질의 3에 대하여

　「공동주택관리법」제35조(행위허가 기준 등) 및 「공동주택관리법」시행령 별표3의 제6호 증축 허가 기준에 따라 증축하려는 건축물의 위치, 규모 및 용도가 「주택법」제15에 따른 사업계획승인을 받은 범위에서 가능하나, 다만 「건축법」시행령 제5조의5에 따라 시·군·구 건축위원회의 심의를 거쳐 증축이 가능함을 알려드리며, 구체적인 사항에 대한 사항은 관리감독 권한을 가진 해당 지자체와 협의하시기 바랍니다.

수직증축형 공동주택 리모델링 시 완전전이방식 구조방식에 대한 질의

2015. 7. 24. 주택정비과

□ 수직증축형 리모델링은 「주택법」 제2조 제15호 및 같은 법 시행령 제4조의2에 따라 기존 건축물에 추가로 최대 3개층 이하로 증축하는 행위를 말하는 것으로 기존 구조물에 하중이 증가하지 않는 구조형태의 경우에는 「수직증축형 리모델링 구조기준」의 적용대상이 아닌 것으로 사료됨을 회신합니다.

○○마을 리모델링 건

2018. 5. 16. 주택정비과

□ 질의요지

공동주택 리모델링 시 아래층 한세대를 이동시키고 한층을 반으로 나누어서 바닥을 뚫어서 한쪽은 위층에 한쪽은 아래층에 사용하게 하게 하는 복층구조를 만들 경우 수직증축 리모델링법에 유효한지 여부

□ 회신내용

1. 공동주택 리모델링은 「주택법」 제2조 제25호에서 각 세대의 주거전용면적의 30퍼센트 이내(85제곱미터 미만인 경우에는 40퍼센트 이내)에서 증축하는 행위, 각 세대의 증축 가능 면적을 합산한 면적의 범위에서 기존 세대수의 15퍼센트 이내에서 세대수를 증가하는 증축 행위 등으로 규정하고 있으며, 「주택법」 시행령 제75조 제1항 [별표4]의 공동주택 리모델링 허가 기준은 "내력벽 철거에 의하여 세대를 합치는 행위가 아니어야 한다"로 규정하고 있습니다.

2. 따라서 「주택법」 제2조 제25호에서 정한 범위 내에서 수직증축, 수평증축, 내력벽 철거에 의하여 세대를 합치는 행위가 이루어지지 않는 슬래브 일부 철거를 통한 복층 증축 등은 안전진단 결과 등을 토대로 해당 지자체장이 허가여부를 결정할 수 있을 것으로 판단됩니다.

아파트 수직증축 리모델링할 때 필로티와 관련한 질의

2014. 11. 20. 주택정비과

□ 주택법 시행령 제4조의2에 따라 15층 이상의 공동주택 수직증축 허용범위는 기초·파일 등의 보강 가능여부 등 안전성을 고려하여 최대 3개층까지 허용합니다.

□ 따라서, 1층을 필로티로 하는 경우 최대 3개층 범위에서 가능하나, 3개층 + 1개층 필로티 증축(총 4개층)은 할 수 없습니다.

□ 또한, 필로티 설치여부와 관계없이 기존 최대층수에 추가로 수직증축되는 리모델링은 신규 리모델링 절차를 거쳐야 하지만 개정 법률 시행 당시 이미 설립인가를 받은 리모델링 주택조합이 종전의 규정에 따른 증축범위에서는 종전의 규정에 따라 리모델링을 할 수 있음을 알려드립니다.

진도 침몰 계기로 아파트 수직증축 재검토 요청

2014. 5. 7. 주택정비과

□ 「주택법」개정(2013. 12. 24.)에 따라 시행 중인 공동주택 수직증축 리모델링은 안전성 확보를 위해 수직증축의 허용범위를 3개층 또는 2개층 이내로 제한하고, 정확한 안전성 평가와 정밀보강이 어려운 구조도면을 보유하지 않은 건축물에 대하여는 수직증축 허용대상에서 제외하였습니다.

□ 이외 기존 건축물의 구조안전성에 대한 정밀안전진단을 통한 수직증축 가능여부 판단, 보강설계의 적정여부 등 설계도서에 대한 전문기관의 안전성 검토, 시공과정에서 건축물 구조에 영향을 주는 설계변경 등이 있는 경우 건축구조기술사 협력 의무화 등 안전성 확보장치의 차질 없는 이행을 통해 안전이 확보되는 범위에서 수직증축이 시행되도록 할 예정입니다.

□ 층간소음 방지와 관련해서는 수직증축 시 현행기준을 적용할 경우 층고가 낮아지고

하중이 증가하는 문제가 있어, 기존 바닥 슬래브는 적용이 불가하나 수직으로 증축되는 부분의 바닥 슬래브에는 현행 기준을 적용하여 층간소음 문제를 개선하였음을 알려드립니다.

공동주택의 리모델링 2차 안전성 검토의 검사기관에 대한 질문

2019. 5. 13. 주택정비과

□ 질의요지

국토부가 인정하는 수직증축에 대한 2차 안전성 검토를 할 수 있는 공인된 심사기관은 어디인지

□ 회신내용

1. 「수직증축형 리모델링 전문기관 안전성검토기준」 제6조 제2항 제5호에 따르면 하중 및 부재특성별 보강공법의 구조·시공방안, 품질확보방안 등에 대해 신기술·신공법이 사용되는 경우 공인기관이 인정한 구조·시공성능 검증결과 등을 포함하도록 하고 있습니다.

2. 이와 관련하여 해당 신기술·신공법 사안을 인정할 수 있는 국내 공인 기관으로는 국가기술표준원, 한국산업기술진흥협회, 국토교통과학기술진흥원 등이 있으며, 공동주택의 수직증축 리모델링을 위해 신기술·신공법이 반영되는 경우의 자세한 검증 사안에 대하여는 수직증축형 리모델링 안전성검토 업무를 수행하는 한국건설기술연구원 또는 한국시설안전공단으로 문의하여 주시기 바랍니다.

제4장

추진위원회

—

진청아 변호사

1
추진위원회의 개요

가. 추진위원회의 개념

　주택법은 공동주택의 입주자·사용자 또는 관리주체(주택법 제66조 제1항), 리모델링주택조합이나 소유자 전원의 동의를 받은 입주자대표회의(주택법 제66조 제2항)가 소정의 동의비율을 충족한 경우 시장·군수·구청장의 허가를 받아 리모델링을 할 수 있다고 규정하고 있다.

　그러나 입주자·사용자 또는 관리주체는 입주자 전체의 동의, 입주자대표회의는 소유자 전원의 동의를 받아야만 리모델링 사업을 추진할 수 있으므로(주택법 제66조 제1항, 제2항, 주택법 시행령 제75조 제1항 [별표4] 공동주택 리모델링의 허가 기준), 현실적으로 제약이 많아 법상 동의율을 달성하여 리모델링주택조합이 사업을 시행하는 경우가 대다수이다.

　이번 장에서는 리모델링 사업의 사업시행자인 리모델링주택조합의 전 단계인 추진위원회 단계에 대하여 살펴본다. 추진위원회는 사업 초기단계의 제반업무 및 조합 설립을 준비하기 위하여 구성되는 단체로서, 대개 "○○아파트 리모델링주택조합 설립추진(준비)위원회" 등의 명칭이 사용되고 있다.

　다만 이러한 리모델링조합설립 추진위원회에 대하여 주택법에 아무런 규정을 두고 있지 않으므로, 통상 추진위원회의 설립·운영 등과 관련하여 도시 및 주거환경정비법(이하 '도시정비법'이라 한다)상의 일부 규정을 차용하여 운영되고 있는 실정이다.

나. 추진위원회의 법적 성격 및 법률관계

(1) 추진위원회의 법적 성격

　도시정비법이 2003. 7. 1. 시행되기 이전에는 추진위원회에 대한 명문의 규정이 없어 그

법적 성격 및 법률행위의 효력에 대하여 견해가 대립되었다.[31]

대법원은 추진위원회의 성격에 대해 '단체의 고유목적을 가지고 활동하게 되고 규약 및 단체로서의 조직을 갖추고 구성원의 가입탈퇴에 따른 변경에 관계없이 단체 그 자체가 존속하는 등 단체로서의 주요 사항이 확정되어 있다면, 이는 그 명칭과 상관없이 비법인사단에 해당한다'고 판시하고 있으므로, 기존의 재건축추진위원회의 성격을 비법인사단(권리능력 없는 사단)으로 보고 있다(대법원 1994. 6. 28. 선고 92다36052 판결).

위 대법원 판례에 비추어 보면, 리모델링주택조합설립 추진위원회 역시 리모델링 사업추진이라는 고유의 목적을 가지고 규약에 근거하여 의사결정기관(추진위원회) 및 집행기관·대표자(추진위원장)등 조직을 갖추고 있고, 구성원의 가입탈퇴에 따른 변경에 관계없이 단체 자체가 존속하고 있으므로, 그 법적 성격 또한 비법인사단으로 볼 수 있겠다.

(2) 추진위원회의 법률관계

비법인사단에 대하여는 사단법인에 관한 민법규정 중 법인격을 전제로 하는 것을 제외하고는 이를 유추적용하여야 할 것인바(대법원 1996. 9. 6. 선고 94다18522 판결), 추진위원회의 재산 귀속관계는 민법 제275조 제1항의 총유의 법률관계에 따라야 할 것이다.

총유의 경우 개념상 구성원의 지분은 없고 사용·수익권만 있으며, 사원 지위를 취득·상실함으로써 총유물에 관한 사원의 권리의무도 당연히 취득·상실하게 된다(민법 제277조). 총유물의 관리 및 처분은 구성원 각자 할 수 없고 사원총회의 결의에 의하여야 한다(민법 제276조 제1항).

비법인사단이 총유재산의 보존행위로서 그 대표자의 이름으로 소송행위를 하고자 할 때, 정관에 특별한 규정이 없으면 사원총회의 결의가 있어야 하므로(대법원 1994. 4. 26. 선고 94다28437 판결), 일부 구성원의 개인의사에 의하여 그 재산을 처분할 수 없고, 그에 따라 관리될 수도 없다.

따라서, 단체성의 정도가 비법인사단의 정도에 이른 추진위원회와 거래한 건설회사가 추진위원회에 대하여 가지는 채권으로 직접 조합원들에게 청구할 수 없게 된다. 물론 그 경

---

31) 정비사업의 경우 2003. 7. 1. 제정 도시정비법이 시행되기 이전에는 도시정비법이 제정되기 전에는 재개발·재건축사업 진행 초기의 준비단계에서 조합설립추진위원회는 입주자대표회의와 별도로 설립되어 동의서를 받고 창립총회를 개최하는 등 조합설립인가를 받기 위한 사실상의 모든 행위를 하는 임의단체에 불과하였다. 이에 정비사업의 추진위원회를 제도화하여 조합의 설립 등 사업추진 준비를 하도록 하고, 그 역할을 명확히 규정하여 사업추진과 관련된 분쟁 및 비리요인을 제거하고자 하였다(도시및주거환경정비법 법률 제6852호, 2002. 12. 30. 제정이유-주요내용 마.항).

우에도 추진위원회의 임원들은 해당 거래를 개별적으로 보증하는 경우가 많으므로, 추진위원회가 아닌 추진위원회 임원 개인에 대한 채권에 기한 청구는 가능할 것이다.

2
추진위원회의 구성

기본적으로 비법인사단의 구성, 조직 및 운영, 업무범위, 의사결정 방법, 자금조달 등에 관한 사항은 규약의 범위 내에서 전적으로 단체의 자율에 맡겨져 있다.

도시정비법과 달리 주택법에는 추진위원회의 설립 및 구성에 대하여 별도로 규정하고 있지 않으므로 리모델링주택조합설립 추진위원회는 특별한 구성요건이 요구되거나 구성에 대하여 행정청의 승인을 받을 필요는 없다.

그러나, 정비사업 조합설립추진위원회 구성 시 토지등소유자 과반수의 동의를 요구하는 점을 고려하면 리모델링의 경우에도 이에 준하는 수준의 동의율을 확보하여 추진위원회를 구성하는 것이 원활한 사업 추진이나 추진위원회의 대표성 확보 측면에서 바람직하다고 사료된다.

이 경우 리모델링주택조합설립 추진위원회 설립 동의는 리모델링의 구체적인 계획 수립을 위한 업무 착수에 동의하는 것일 뿐, 주택법에 규정된 리모델링 시행 결의(주택법 제22조 제2항의 '리모델링 결의', 동법 시행령 제20조 제1항 제1호 나목 2)의 '법 제11조 제3항 각 호의 결의')와는 무관하다는 점을 유의해야 한다.

3
추진위원회의 조직 및 운영

정비사업의 경우를 참조하여 추진위원회를 대표하는 위원장 1인과 감사를 두는 것이 바람직할 것으로 보이며(도시정비법 제15조 제1항), 추진위원회의 조직 및 운영에 관한 세부적인 사항은 다음 사항을 포함하여 운영규정으로 정하도록 한다.

○ 추진위원회 위원의 선임[32] 및 변경에 관한 사항
○ 추진위원회 위원의 권리·의무에 관한 사항
○ 추진위원회의 업무범위에 관한 사항
○ 추진위원회의 운영방법에 관한 사항
○ 추진위원회 운영경비 부담에 관한 사항
○ 추진위원회 회계 및 감사에 관한 사항
○ 협력사(컨설팅사, 설계자 등)의 선정·변경에 관한 사항
○ 기타 사업추진과 관련된 사항

---

32) 추진위원 선임방법은 추진위원회에서 정하되 동별·가구별 세대수 및 시설의 종류 등을 고려하는 것이 바람직하다.

4
추진위원회의 업무 범위

리모델링 사업조합설립 추진위원회의 업무범위는 일반적으로 다음과 같을 것이다.

○ 리모델링 추진을 위한 단지 현황조사 등 사전 검토
○ 추진위원회 운영규정의 작성
○ 개략적인 사업계획서의 작성
○ 협력사(컨설팅사, 설계자 등)의 선정·변경
○ 리모델링 결의서(동의서) 징구
○ 조합 설립을 위한 창립총회 개최 준비
○ 조합 정관 초안 작성
○ 기타 조합의 설립인가를 받기 위한 제반 준비업무

5
설계자의 선정

가. 설계자 선정의 필요성

리모델링 추진위원회가 리모델링 사업을 추진하기 위하여서는 대략적인 사업계획을 수립하고 이를 토대로 리모델링 결의서를 징구하여야 하며, 리모델링 결의서에는 리모델링 설계개요, 공사비 및 조합원 비용분담내역이 포함되어야 한다(주택법 시행령 제20조 제1항 제1호 나목 2, [별표4] 제1호 나목).

따라서, 리모델링 추진위원회는 리모델링 설계 개요의 작성과 견적 금액의 파악을 위하여 리모델링주택조합 설립 전 단계에서 설계자를 선정할 필요가 있다.

나. 설계자의 자격 - 건축법 제23조 제1항

건축법 제22조에 따라 사용승인을 받은 후 20년 이상이 지난 건축물로서 주택법 제66조 제1항 또는 제2항에 따른 리모델링을 하는 건축물의 건축 등을 위한 설계는 건축사가 아니면 할 수 없다. 다만, 바닥면적의 합계가 85제곱미터 미만인 증축·개축 또는 재축을 하는 경우, 연면적이 200제곱미터 미만이고 층수가 3층 미만인 건축물을 대수선하는 경우, 그 밖에 건축물의 특수성과 용도 등을 고려하여 대통령령으로 정하는 건축물의 건축 등의 경우에는 그러하지 아니하다.

다. 설계자 선정절차 등

공동주택 리모델링의 경우 주택법령에서 시공자 선정에 관하여는 시기 및 방법에 대하여 명시적인 규정을 두고 있으나(주택법 제66조 제3항, 제4항, 동법 시행령 제76조 제1항), 그 외의 협력업체의 선정에 관하여는 다른 제한을 두고 있지 아니하다. 따라서 추진위원회에서 설계자를 선정할 경우 선정절차 등은 규약(운영규정, 정관 등)에서 정한 바에 따르면 될 것이다.

라. 수직증축형 리모델링의 구조기준 - 주택법 제70조

수직증축형 리모델링의 설계자는 국토교통부장관이 정하여 고시하는 구조기준에 맞게 구조설계도서를 작성하여야 한다(2권 실무자료 및 서식례 〉제2장 공동주택 리모델링 관련 행정규칙 등 〉4. 수직증축형 리모델링 구조기준 참조).

6
추진위원회의 해산(조합설립이후 포괄승계여부 등)

추진위원회는 한시적 기구로서 조합의 설립인가가 이루어지면 그 목적이 달성됨과 동시에 해산하게 된다.

조합이 설립된 이후 정비사업의 경우와 같이 추진위원회가 행한 업무와 관련된 권리와 의무가 조합에 포괄승계되는지(도시정비법 제34조 제3항), 아니면 회사법상 '설립 중의 회사' 법리[33]에 따라 별도의 이전행위가 없는 한 조합에 귀속되지 않는지 문제된다.

이에 관하여 포괄승계를 긍정하는 견해도 있으나, 사견으로는 정비사업의 경우 추진위원회도 행정청의 구성승인을 받아야 하고(도시정비법 제31조 제1항) 하나의 정비구역 안에서 복수의 추진위원회에 대한 승인은 허용되지 않는바(대법원 2009. 10. 29. 선고 2009두12297 판결), 리모델링주택조합설립 추진위원회는 이와 달리 현재 주택법상 규율 대상이 아닌 임의단체에 불과하여 향후 설립된 조합과 연속선상에 있는 실체라고 보기 어렵고, 따라서 별도의 이전행위가 없는 추진위원회의 권리·의무가 조합에 포괄적으로 귀속되지는 않는다고 생각한다.

따라서 이와 같은 분쟁을 방지하기 위하여 조합창립총회에서 추진위원회에서 행한 업무나 계약을 추인하거나 승인하는 것이 바람직하고, 실무상 대다수의 리모델링주택조합 창립총회에서 제1호 안건으로 추진위원회 행위를 추인·승인하고 있다. 그 경우 향후 결성되는 조합 총회의 고유 권한을 침범하지 않는 범위 내에서 추진위원회가 적법하게 행한 업무와 관련된 권리·의무는 조합이 포괄승계한다고 할 것이다.

---

33) 설립 중의 회사로서의 실체가 갖추어지기 이전에 발기인이 취득한 권리의무는 구체적인 사정에 따라 발기인 개인 또는 발기인 조합에 귀속되는 것으로서, 이들에게 귀속된 권리의무를 설립 후의 회사에게 귀속시키기 위하여는 양수나 계약자 지위인수 등의 특별한 이전행위가 있어야 한다(대법원 1998. 5. 12. 선고 97다56020 판결).

7
리모델링 사업에 대한 공공지원

주택법 제75조는 시장·군수·구청장의 역할로 리모델링 지원센터의 설치·운영 및 업무 범위를 정하고 있으나, 실제 지원센터 설치 및 운영에 필요한 사항은 지방자치단체의 조례에 위임하고 있다.

이에 일부 지방자치단체에서 주택 조례 또는 공동주택 리모델링 지원 조례를 통해 세부 사항을 규정하고 있으나 조직, 인원 및 필요 예산에 대한 내용이 형식적으로 제시되어 있는 경우가 많고, 지방자치단체별로 공공지원 정책이 상이하여 지역 간 형평성 문제도 발생하고 있는 실정이다.

지방자치단체별로 공공지원 대상사업 신청요건은 상이하나, 경기도의 경우 조합 설립인가 전인 경우에는 주택단지 전체 및 각 동의 소유자와 의결권의 과반수의 동의를 얻어 신청할 수 있는바(경기도 공동주택 리모델링 활성화 및 지원에 관한 조례 제14조 제1호), 추진위원회 단계에서부터 공공으로부터 행정·재정적 지원을 받는다면 효율적인 사업 진행에 도움이 되리라 사료된다.

8
국토교통부 질의 회신

□ 질의요지

리모델링 추진위원회 구성에 있어서 현재 아파트 동 대표 및 임원들의 리모델링 추진위원회 설립에 있어 겸임을 할 수 있는지 또는 법적으로 하자가 있다면 어떤 절차를 밟아야 되는지

□ 회신내용

공동주택 리모델링을 위한 추진위원회 구성원의 자격에 대하여 「주택법」에서 별도 규정하고 있는 사항은 없음을 알려드립니다.

건축기준 적용의
완화요청

진청아 변호사

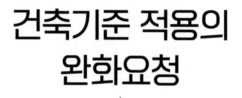

1
건축기준 적용의 완화요청의 필요성과 법적 근거

우리나라 건축기준은 지속적으로 강화되어 왔으므로, 과거 건축기준에 따라 건축된 공동주택 단지에 대하여 리모델링 시 현행 건축기준을 그대로 적용하는 것은 불합리한 면이 있다. 따라서 공동주택 리모델링 사업 추진 시, 현행 건축기준의 완화적용이 불가피하다.

「주택법 시행령」은 「건축법」 제5조의 규정에 의하여 건축기준의 완화 적용이 결정된 경우에는 이를 증명할 수 있는 서류를 리모델링주택조합설립인가 신청 시 제출하도록 하여 공동주택 리모델링의 경우 적용의 완화요청을 통하여 건축기준이 완화될 수 있는 근거를 마련하고 있다(「주택법」 시행령 제20조 제1항 제1호 나목 3, 「건축법」 제5조).

2
적용의 완화요청의 시기

적용의 완화요청의 시기와 관련하여 리모델링조합의 설립인가 신청 전 추진위원회 단계에서부터 적용의 완화 요청이 가능한지, 아니면 리모델링조합이 설립된 이후에 조합이 신청할 수 있는지 문제된다.

건축법상 적용의 완화를 요청할 수 있는 자는 건축관계자(건축주·설계자·공사시공자 또는 공사감리자)에 한하는데 추진위원회는 건축주가 아니라 건축주가 되려는 자에 해당할 뿐이고, 공동주택 리모델링의 경우 조합이 설립되고 안전진단을 실시한 후 그 결과를 토대로 건축위원회 심의를 신청하게 된다는 점 등을 고려할 때, 현실적으로 조합설립 후에야 적용의 완화요청이 가능하다는 견해가 있다.

그러나 「주택법 시행령」은 적용의 완화요청을 거쳤음을 입증할 수 있는 서류를 리모델링주택조합 설립인가 신청 시 제출서류로 하고 있는데(「주택법 시행령」 제20조 제1항 제1호 나목 3), 리모델링 결의서(동의서) 징구 시 포함되어야 할 리모델링 설계의 개요를 작성하기 위해서는 적용의 완화요청을 통하여 건축기준 완화여부 및 범위가 결정되어야 한다는 점(「주택법 시행령」 제75조 제1항, [별표4] 제1호 나목 1), 건축기준 적용의 완화와 안전진단은 별개의 절차이므로 건축심의는 개별적으로 이루어질 수 있다는 점 등을 고려하면 적용의 완화요청 시기를 조합설립 이후로 제한할 이유는 없다고 사료된다.

3
적용의 완화요청의 절차

「건축법」 및 「건축법 시행령」은 건축기준의 완화 기준과 적용범위를 정하고 있는데, 건축관계자(건축주·설계자·공사시공자 또는 공사감리자)는 그 업무를 수행함에 있어서 건축법의 규정을 적용하는 것이 매우 불합리하다고 인정되는 대지 또는 건축물로서 대통령령이 정하는 것에 대하여는 건축법 기준을 완화하여 적용할 것을 허가권자(특별시장·광역시장 또는 시장·군수·구청장)에게 요청할 수 있고(「건축법」 제5조 제1항), 리모델링 활성화 구역(허가권자가 리모델링 활성화가 필요하다고 인정하여 지정·공고한 구역)안의 건축물이거나 사용승인을 받은 후 15년 이상이 되어 리모델링이 필요한 건축물의 경우 일부 건축기준을 완화하여 적용할 수 있다(「건축법 시행령」 제6조 제1항 제6호 가목, 나목).

완화의 적용범위는 개별 공동주택 단지의 현황에 따라 구체적으로 결정되어야 할 것인바, 이러한 점을 감안하여 건축법은 현행 건축기준 중 일부 규정의 완화여부 및 완화범위를 건축위원회의 심의를 통하여 결정하고 그 결과를 신청인에게 알리도록 하고 있다(「건축법」 제5조 제2항).

적용의 완화요청 및 적용의 완화 결정의 절차와 그밖에 필요한 사항은 해당지방자지단체의 조례로 정하도록 하고 있다(「건축법」 제5조 제3항).

4
적용의 완화요청을 할 수 있는 기준

공동주택 리모델링의 경우 완화적용이 가능한 건축기준은 대지의 조경, 공개공지등의 확보, 건축선의 지정, 건폐율, 용적률, 대지안의 공지, 건축물의 높이 제한, 일조 등의 확보를 위한 높이 제한 등으로 이에 대한 건축법상 규정은 다음과 같다.

가. 대지의 조경 - 건축법 제42조

면적이 200제곱미터 이상인 대지에 건축을 하는 건축주는 용도지역 및 건축물의 규모에 따라 해당 지방자치단체의 조례로 정하는 기준에 따라 대지에 조경이나 그 밖에 필요한 조치를 하여야 한다. 다만, 조경이 필요하지 아니한 건축물로서 대통령령으로 정하는 건축물에 대하여는 조경 등의 조치를 하지 아니할 수 있으며, 옥상 조경 등 대통령령으로 따로 기준을 정하는 경우에는 그 기준에 따른다.

국토교통부장관은 식재(植栽) 기준, 조경 시설물의 종류 및 설치방법, 옥상 조경의 방법 등 조경에 필요한 사항을 정하여 고시할 수 있다.

나. 공개공지 등의 확보 - 건축법 제43조

다음 각 호의 어느 하나에 해당하는 지역의 환경을 쾌적하게 조성하기 위하여 대통령령으로 정하는 용도와 규모의 건축물은 일반이 사용할 수 있도록 대통령령으로 정하는 기준에 따라 소규모 휴식시설 등의 공개공지(空地 : 공터) 또는 공개공간(이하 "공개공지등"이라 한다)을 설치하여야 한다.

1. 일반주거지역, 준주거지역
2. 상업지역
3. 준공업지역
4. 특별자치시장·특별자치도지사 또는 시장·군수·구청장이 도시화의 가능성이 크거나 노후 산업 단지의 정비가 필요하다고 인정하여 지정·공고하는 지역

위와 같이 공개공지등을 설치하는 경우에는 대통령령으로 정하는 바에 따라 건축물 건폐율··용적률·높이 제한 등을 완화하여 적용할 수 있다.

시·도지사 또는 시장·군수·구청장은 관할 구역 내 공개공지등에 대한 점검 등 유지·관리에 관한 사항을 해당 지방자치단체의 조례로 정할 수 있다.

누구든지 공개공지등에 물건을 쌓아놓거나 출입을 차단하는 시설을 설치하는 등 공개공지등의 활용을 저해하는 행위를 하여서는 아니 되고, 제한되는 행위의 유형 또는 기준은 대통령령으로 정함에 따른다.

다. 건축선의 지정 - 건축법 제46조

도로와 접한 부분에 건축물을 건축할 수 있는 선[이하 "건축선(建築線)"이라 한다]은 대지와 도로의 경계선으로 한다. 다만, 제2조 제1항 제11호에 따른 소요 너비에 못 미치는 너비의 도로인 경우에는 그 중심선으로부터 그 소요 너비의 2분의 1의 수평거리만큼 물러난 선을 건축선으로 하되, 그 도로의 반대쪽에 경사지, 하천, 철도, 선로부지, 그 밖에 이와 유사한 것이 있는 경우에는 그 경사지 등이 있는 쪽의 도로경계선에서 소요 너비에 해당하는 수평거리의 선을 건축선으로 하며, 도로의 모퉁이에서는 대통령령으로 정하는 선을 건축선으로 한다.

특별자치시장·특별자치도지사 또는 시장·군수·구청장은 시가지 안에서 건축물의 위치나 환경을 정비하기 위하여 필요하다고 인정하면 위 건축법 제46조 제1항에도 불구하고 대통령령으로 정하는 범위에서 건축선을 따로 지정할 수 있다.

라. 건축물의 건폐율 - 건축법 제55조

대지면적에 대한 건축면적(대지에 건축물이 둘 이상 있는 경우에는 이들 건축면적의 합계로 한다)의 비율(이하 "건폐율"이라 한다)의 최대한도는 「국토의 계획 및 이용에 관한 법률」 제77조에 따른 건폐율의 기준에 따른다. 다만, 건축법에서 기준을 완화하거나 강화하여 적용하도록 규정한 경우에는 그에 따른다.

마. 건축물의 용적률 - 건축법 제56조

대지면적에 대한 연면적(대지에 건축물이 둘 이상 있는 경우에는 이들 연면적의 합계로 한다)의 비율(이하 "용적률"이라 한다)의 최대한도는 「국토의 계획 및 이용에 관한 법률」 제78조에 따른 용적률의 기준에 따른다. 다만, 건축법에서 기준을 완화하거나 강화하여 적용하도록 규정한 경우에는 그에 따른다.

바. 대지 안의 공지 - 건축법 제58조

건축물을 건축하는 경우에는 「국토의 계획 및 이용에 관한 법률」에 따른 용도지역·용도지구, 건축물의 용도 및 규모 등에 따라 건축선 및 인접 대지경계선으로부터 6미터 이내의 범위에서 대통령령으로 정하는 바에 따라 해당 지방자치단체의 조례로 정하는 거리 이상을 띄워야 한다.

사. 건축물의 높이 제한 - 건축법 제60조

허가권자는 가로구역(街路區域) 도로로 둘러싸인 일단(一團)의 지역을 말한다. 이하 같다)을 단위로 하여 대통령령으로 정하는 기준과 절차에 따라 건축물의 높이를 지정·공고할 수 있다. 다만, 특별자치시장·특별자치도지사 또는 시장·군수·구청장은 가로구역의 높이를 완화하여 적용할 필요가 있다고 판단되는 대지에 대하여는 대통령령으로 정하는 바에 따라 건축위원회의 심의를 거쳐 높이를 완화하여 적용할 수 있다.

특별시장이나 광역시장은 도시의 관리를 위하여 필요하면 위에 따른 가로구역별 건축물의 높이를 특별시나 광역시의 조례로 정할 수 있다.

아. 일조 등의 확보를 위한 건축물의 높이 제한 - 건축법 제64조 제2항

다음 각 호의 어느 하나에 해당하는 공동주택(일반상업지역과 중심상업지역에 건축하는 것은 제외한다)은 채광(採光) 등의 확보를 위하여 대통령령으로 정하는 높이 이하로 하여야 한다.

---

1. 인접 대지경계선 등의 방향으로 채광을 위한 창문 등을 두는 경우
2. 하나의 대지에 두 동(棟) 이상을 건축하는 경우

과거 사용승인을 받은 후 15년 이상이 되어 리모델링이 필요한 건축물에 대해서는 건축위원회의 심의를 거쳐 일조권 확보를 위한 건축물의 높이 제한을 완화하여 적용할 수 있었으나, 2013. 5. 31. 건축법 시행령이 개정되면서 일조권 완화가 불가능하다. 따라서 이와 같은 점을 고려하여 수직증축이 불가능한 단지가 발생할 수 있는 있다는 점을 염두에 두어야 한다.

5
증축할 수 있는 규모와 기준 - 건축법 시행규칙 제2조의5

가. 증축할 수 있는 규모

(1) 연면적의 증가

① 공동주택이 아닌 건축물로서 「주택법 시행령」 제10조 제1항 제1호에 따른 원룸형 주택으로의 용도변경을 위하여 증축되는 건축물 및 공동주택
건축위원회의 심의에서 정한 범위 이내일 것

② 그 외의 건축물
기존 건축물 연면적 합계의 10분의 1의 범위에서 건축위원회의 심의에서 정한 범위 이내일 것. 다만, 리모델링 활성화 구역(건축법 시행령 제6조 제1항 제6호 가목)은 기존 건축물의 연면적 합계의 10분의 3의 범위에서 건축위원회 심의에서 정한 범위 이내일 것

(2) 건축물의 층수 및 높이의 증가

건축위원회 심의에서 정한 범위 이내일 것

(3) 「주택법」 제15조에 따른 사업계획승인 대상인 공동주택 세대수의 증가

위 (1) 연면적의 증가에 따라 증축 가능한 연면적의 범위에서 기존 세대수의 100분의 15를 상한으로 건축위원회 심의에서 정한 범위 이내일 것

나. 증축할 수 있는 범위

(1) 공동주택

○ 승강기·계단 및 복도
○ 각 세대 내의 노대·화장실·창고 및 거실
○ 「주택법」에 따른 부대시설
○ 「주택법」에 따른 복리시설
○ 기존 공동주택의 높이·층수 또는 세대수

(2) 공동주택 외의 건축물

○ 승강기·계단 및 주차시설
○ 노인 및 장애인 등을 위한 편의시설
○ 외부벽체
○ 통신시설·기계설비·화장실·정화조 및 오수처리시설
○ 기존 건축물의 높이 및 층수
○ 「건축법」 제2조 제1항 제6호에 따른 거실

6
허가권자의 적용의 완화결정

건축기준의 완화요청을 받은 허가권자는 건축심의위원회의 심의를 거쳐 완화여부 및 적용범위를 결정하고 그 결과를 신청인에게 통지하여야 한다(건축법 제5조 제2항). 구체적인 적용의 완화요청 및 적용의 완화 결정의 절차와 그밖에 필요한 사항은 해당지방자치단체의 조례로 정하도록 하고 있다(「건축법」 제5조 제3항).

허가권자는 건축법의 완화여부 및 적용범위를 결정할 때에는 공공의 이익을 해치지 아니하고, 주변의 대지 및 건축물에 지나친 불이익을 주지 아니하여야 하고, 도시의 미관이나 환경을 지나치게 해치지 아니하여야 하고, 증축은 기능향상 등을 고려하여 국토교통부령으로 정하는 규모와 범위에서 해야 하며, 「주택법」 제15조에 따른 사업계획승인 대상인 공동주택의 리모델링은 복리시설을 분양하기 위한 것이 아니어야 한다(「건축법 시행령」 제6조 제2항 제2호).

7
국토교통부 질의 회신

□ 질의요지

적합하게 준공된 기존 공동주택이 법령 제정·개정 등에 따라 현행 용도지역 건축제한에 맞지 않게 된 경우 「주택법」에 의한 세대수 증가형 리모델링을 「건축법」 및 「국토의 계획 및 이용에 관한 법률」의 증축에 해당하는 제한을 적용하여야 하는지

□ 회신내용

1. 공동주택 리모델링을 추진하기 위한 기준·절차 등은 「주택법」에서 정하고 있으나, 건축기준 및 용도지역의 건축제한 등과 관련된 사항은 「건축법」, 「국토의 계획 및 이용에 관한 법률」 등 관련 법령에서 정한 바에 따라야 할 사항으로 구체적인 내용은 해당 지자체에 문의하여 주시기 바랍니다.

2. 참고로 「건축법」 제5조에 따라 건축주, 설계자, 공사시공자 또는 공사감리자는 「건축법」을 적용하는 것이 매우 불합리하다고 인정되는 대지나 건축물로서 사용승인을 받은 후 15년 이상이 되어 리모델링이 필요한 건축물인 경우 「건축법」 시행령 제6조 제1항 제6호로 정하는 사항에 대하여는 「건축법」의 기준을 완화하여 적용할 것을 허가권자에게 요청할 수 있음을 알려드립니다.

리모델링 공사의 경우 반자 높이 규정을 완화받을 수 있는지 여부

2018. 4. 18. 주택건설공급과

□ 질의요지

주택건설기준등에 관한 규정 제3장 '주택의 구조·설비등' 제13조(기준척도) '주택의 평면 및 각 부위의 치수는 국토교통부령으로 정하는 치수 및 기준척도에 적합하여야 한다. 다만, 사업계획승인권자가 인정하는 특수한 설계, 구조 또는 자재로 건설하는 주택의 경우에는 그러하지 아니한다'라는 규정 관련하여

1. 리모델링 공사의 경우 기존 구조체를 바탕으로 공사를 하는 것이고 40~50년 전에 준공한 건축물의 경우 구조적 한계로 인해 위 국토교통부령(주택건설등에 관한 규칙)제3조 4호의 반자높이 2,200㎜를 준수하지 못하는 경우도 발생할 수 있음

2. 당현장의 경우 일부구간의 슬라브가 다른 부분의 슬라브보다 170㎜정도 다운되어 있는 구조체가 있어 170㎜ 정도의 차이로 일부 구간의 경우 위 규정 중 반자높이 2,200㎜규정을 지키지 못하는 경우 위의 예외 규정인 특수한 구조로 건설하는 주택을 준용하여 사업계획승인권자와 협의하여 진행하면 되는 것인지

3. 기존 구조체의 한계로 인해 발생한 사안으로 구조체에 맞춰 시공하면 되는 것인지, 건축물의 피난, 방화구조등의 기준에 관한 규칙 제 16조 거실의 반자는 높이 2,100㎜를 준수한다는 규정대로 시공하면 되는 것인지(당사업장은 리모델링 행위허가 시 건축법을 적용받은 현장임)

□ 회신내용
1. 「주택법」 제15조 및 같은 법 시행령 제27조에 따르면 공동주택 30세대(리모델링의 경우에는 증가하는 세대수를 기준으로 한다) 이상의 주택건설사업을 시행하려는 자는 사업계획 승인권자에게 사업계획승인을 받아야 한다고 규정하고 있고,

2. '주택건설기준 등에 관한 규정' 제3조에 따르면 이 영은 법 제2조 제10호에 따른 사업주체가 법 제15조 제1항에 따라 주택건설사업계획승인을 얻어 건설하는 주택, 부대시설 및 복리시설과 대지조성사업계획의 승인을 얻어 조성하는 대지에 관하여 이를 적용한다고 규정하고 있으며,

3. 같은 기준 제7조 제11항에 따르면 법 제2조 제25호 다목에 따른 리모델링을 하는 경우에는 제9조, 제9조의2, 제14조, 제14조의2, 제15조 및 제64조를 적용하지 아니한다고 규정하고 있으나, 제13조의 규정은 예외로 규정하고 있지 않음을 알려드리오니, 보다 자세한 사항은 해당 지역의 사업계획승인권자에게 문의하시기 바랍니다.

제6장

리모델링주택조합

—

노영언 변호사

1
리모델링주택조합의 설립

가. 리모델링주택조합의 법적 성격 및 법률상 지위

(1) 법적 성격

리모델링주택조합이란 공동주택의 소유자가 그 주택을 리모델링하기 위하여 설립한 조합으로(주택법 제2조 제11호 다목), 민법상 법인이다(주택법 제76조 제5항, 도시 및 주거환경정비법 제38조 제1항).

리모델링주택조합은 리모델링 사업시행자의 지위를 가지고 자신의 명의와 책임으로 법률관계를 형성하게 되고, 각종 권리·의무 역시 조합에게 귀속되게 된다. 따라서 리모델링주택조합은 리모델링 행위허가와 사업계획승인신청, 사용검사 신청, 매도청구 등의 행위를 독자적으로 할 수 있으며, 시공자, 설계자 등과의 계약상 주체가 된다.

(2) 법률상 지위

한편, 종래 주택법상 재건축조합의 법률상 지위는 도시및주거환경정비법의 시행으로 사적 개발사업자에서 행정청의 지위로 변경되었으나, 리모델링주택조합의 경우 지역주택조합·직장주택조합과 같이 주택법 체계 내에 존재함에 따라 여전히 사적 개발사업자로서의 지위만이 인정되고 따라서 리모델링주택조합을 둘러싼 법률관계는 관련 민사법에 따라 규율되게 된다.

이에 관해 서울고등법원도 리모델링주택조합의 법적 지위가 문제된 사안에서 '도시정비법에 따른 재개발조합이나 재건축조합은 노후·불량건축물이 밀집한 지역에서 주거환경을 개선하기 위하여 관할 행정청의 감독 아래 주택재개발사업 또는 주택재건축사업을 시행하는 공법인(도시및주거환경정비법 제18조)으로서, 그 목적 범위 내에서 법령이 정하는 바에 따라 일정한 행정작용을 행하는 행정주체의 지위를 갖는 데 반하여, 리모델링주택조합은 공동주택의 관리방법의 하나로서 건축물의 노후화 억제 또는 기능향상 등을 위하여 대수선을 하거나 대통령령으로 정하는 범위 내에서 증축을 하는 리모델링을 위하여 공동주택의 구성원들 중 다수가 설립하는 비법인사단에 불과할 뿐 행정주체의 지위에 있지 아니하므로 그 설립무효확인을 구하는 것은 민사소송에 해당할 뿐 행정소송에 해당하여 행정법원에 전속관할이 있다고 할 수 없다(서울고등법원 2009. 12. 17. 선고 2009나42569판결)'고 판시하였다.[34]

나. 리모델링주택조합설립의 절차

리모델링주택조합을 설립하기 위하여는, ① 주택단지[35] 전체를 리모델링하고자 하는 경우에는 주택단지 전체의 구분소유자와 의결권의 각 3분의 2 이상의 결의 및 각 동의 구분소유자와 의결권의 각 과반수의 결의를, 동을 리모델링하고자 하는 경우에는 그 동의 구분소유자 및 의결권의 각 3분의 2 이상의 결의를 거쳐(주택법 제11조 제3항), ② 창립총회를 개최하고(주택법 시행령 제20조 제3항, 제4항), ③ 리모델링주택조합의 설립에 관하여 관할 특별자치시장, 특별자치도지사, 시장, 군수 또는 구청장에게 관계법령에 규정된 서류를 첨부하여 인가를 신청하여 조합설립인가를 받아야 한다(주택법 제11조 제1항, 제7항, 동법 시행령 제20조 제1항 제1호).

---

34) 종래 리모델링주택조합의 법적 성격과 관련하여 별도의 규정이 없어 비법인사단으로 판단하였으나, 2020. 1. 23. 주택법의 개정으로 리모델링주택조합의 법인격에 관하여 민법상 법인에 해당하는 것으로 명문화되었는바, 현재 리모델링주택조합의 성격이 민법상 법인이라는 점에는 이견이 없다.

35) 한편, 수개의 주택단지 내의 공동주택 구분소유자들도 하나의 리모델링 주택조합을 설립할 수 있는지 문제될 수 있으나, 대법원은 구 주택법(2009. 2. 3. 법률 제9405호로 개정되기 전의 것) 제2조 제4호 소정의 주택단지는 주택법의 규정에 따라 사업계획승인을 받아 주택과 그 부대시설 및 복리시설을 건설하거나 대지를 조성하는 데 사용되는 일단의 토지를 말하는 것인데 수 개의 주택단지 내의 공동주택 구분소유자들이 하나의 리모델링 주택조합을 설립하는 것을 주택법이나 관계법령에서 금지하고 있지 아니하므로 피고 조합의 설립은 무효가 아니라고 판단하였다(대법원 2011. 10. 27. 선고 2009다5834판결 참조).

다. 리모델링주택조합설립을 위한 결의

(1) 리모델링주택조합설립을 위한 결의와 리모델링행위허가를 위한 동의의 구분

주택법 제11조 제3항은 주택을 리모델링하기 위하여 주택조합을 설립하려는 경우에 있어 주택단지 전체를 리모델링하고자 하는 경우에는 주택단지 전체의 구분소유자와 의결권의 각 3분의 2 이상의 결의 및 각 동의 구분소유자와 의결권의 각 과반수의 결의를, 동을 리모델링하고자 하는 경우에는 그 동의 구분소유자 및 의결권의 각 3분의 2 이상의 결의를 거치도록 하고 있으며, 위와 같은 결의에 대하여 '리모델링 설계의 개요, 공사비, 조합원의 비용분담 명세가 기재된 결의를 증명하는 서류'를 첨부하여 리모델링주택조합설립인가를 받도록 하고 있다(주택법 시행령 제20조 제1항 제1호 나목 2, 동 시행령 별표4 제1호 나목 1 내지 3항).

그런데 리모델링 행위허가를 신청하기 위하여 리모델링에 관한 동의를 받는 경우에도 리모델링주택조합설립의 결의와 같은 내용으로 동의를 받아야 하지만, 리모델링 행위허가를 위한 동의의 경우 주택단지 전체를 리모델링하고자 하는 경우에는 주택단지 전체 구분소유자 및 의결권의 각 4분의 3 이상[36]의 동의와 각 동별 구분소유자 및 의결권의 각 2분의 1 이상의 동의를 얻어야 하며, 동을 리모델링하고자 하는 경우에는 그 동의 구분소유자 및 의결권의 각 4분의 3 이상의 동의를 얻어야 한다고 규정하고 있어, 리모델링조합설립을 위한 결의와 리모델링 행위허가를 위한 동의를 구분하고 있다.[37][38]

---

36) 개정 전 주택법 시행령 [별표4][대통령령 제27860호, 2017. 2. 13., 일부개정되기 이전의 것]는 '주택단지 전체를 리모델링하는 경우에는 주택단지 전체 구분소유자 및 의결권의 각 80퍼센트 이상의 동의와 각 동별 구분소유자 및 의결권의 각 50퍼센트 이상의 동의를 받아야 하며(리모델링을 하지 않는 별동의 건축물로 입주자 공유가 아닌 복리시설 등의 소유자는 권리변동이 없는 경우에 한정하여 동의비율 산정에서 제외한다), 동을 리모델링하는 경우에는 그 동의 구분소유자 및 의결권의 각 80퍼센트 이상의 동의를 받아야 한다'고 규정하고 있었으나, 개정 후 주택법 시행령 [별표4]는 동의율 요건이 일부 완화되었다.

37) 개정 전 주택법[법률 제16870호, 2020. 1. 23., 일부개정되기 이전의 것]에서는 '인가를 받아 설립된 리모델링주택조합은 그 리모델링 결의에 찬성하지 아니하는 자의 주택 및 토지에 대하여 매도청구를 할 수 있다'고 규정하여 리모델링 결의에 찬성하지 아니한 자에 대하여는 리모델링주택조합이 매도청구권을 행사할 수 있게 규정하고 있었는데, 이와 같은 규정은 추후 리모델링 행위허가 여부가 미확정인 상태에서 주택단지와 각 동별 구분소유자 및 의결권의 각 3분의 2 이상의 동의가 있었다는 이유만으로 나머지 미동의자인 3분의 1에 대하여 매도청구권에 따라 소유권을 박탈하도록 하는 것으로 사유재산권 보장이라는 헌법 조항에 위반된다고 볼 여지가 있었는바, 2020. 1. 23. '리모델링의 허가를 신청하기 위한 동의율을 확보한 경우 리모델링 결의를 한 리모델링주택조합은 그 리모델링 결의에 찬성하지 아니하는 자의 주택 및 토지에 대하여 매도청구를 할 수 있도록'개정되었다.

38) 이와 관련하여 리모델링주택조합설립인가의 결의가 있는 경우 리모델링 행위허가를 위한 동의를 갈음할 수 있는 것인지, 위 결의와 동의 간의 관계는 어떻게 되는 것인지 문제되는데, 이는 리모델링 행위허가 부분에서 상세하게 다루도록 한다.

(2) 리모델링주택조합설립을 위한 결의의 내용

주택법은 리모델링주택조합설립을 위한 결의에 포함되어야 할 필수 내용으로 아래 세 가지 사항을 규정하고 있다(주택법 시행령 제20조 제1항 제1호 나목 2).

① 리모델링 설계의 개요

리모델링 설계의 개요는 리모델링 공사범위(전유부분, 각 동별 공용부분, 단지 차원의 리모델링 공사 부분 등)와 리모델링 전·후의 건축면적, 연면적, 건폐율, 용적률, 구조, 건물 설비의 개요, 주요 마감재 등을 명시하는 것이다.

이 경우 리모델링 설계의 개요는 건축기준의 완화적용이 결정된 경우에는 그 결정내용으로 명시하여야 하고, 추후 관계 법령의 개정과 시공자 선정 및 행위허가 조건부여 등에 따라 변동될 가능성이 많으므로 변동요인과 변동 가능성을 고지하는 것도 필요하다.

건축법은 건축기준에 대한 적용의 완화에 대하여 다음과 같이 규정하고 있고, 리모델링의 경우에는 거의 대부분 적용의 완화를 신청하여 완화적용을 받고 있다.

건축법 제5조(적용의 완화)

① 건축주, 설계자, 공사시공자 또는 공사감리자(이하 "건축관계자"라 한다)는 업무를 수행할 때 이 법을 적용하는 것이 매우 불합리하다고 인정되는 대지나 건축물로서 대통령령으로 정하는 것에 대하여는 이 법의 기준을 완화하여 적용할 것을 특별시장·광역시장·특별자치도지사 또는 시장·군수·구청장(이하 "허가권자"라 한다)에게 요청할 수 있다.

② 제1항에 따른 요청을 받은 허가권자는 제4조에 따른 건축위원회(이하 "건축위원회"라 한다)의 심의를 거쳐 완화 여부와 적용 범위를 결정하고 그 결과를 신청인에게 알려야 한다.

③ 제1항과 제2항에 따른 요청 및 결정의 절차와 그 밖에 필요한 사항은 해당 지방자치단체의 조례로 정한다.

건축법 시행령 제6조(적용의 완화)

① 법 제5조 제1항에 따라 완화하여 적용하는 건축물 및 기준은 다음 각 호와 같다.

　6. 다음 각 목의 어느 하나에 해당하는 건축물인 경우 : 법 제42조, 제43조, 제46조, 제55조, 제56조, 제58조, 제60조, 제61조 제2항에 따른 기준

　가. 허가권자가 리모델링 활성화가 필요하다고 인정하여 지정·공고한 구역(이하 "리모델링 활성화 구역"이라 한다) 안의 건축물

　나. 사용승인을 받은 후 15년 이상이 되어 리모델링이 필요한 건축물

② 허가권자는 법 제5조 제2항에 따라 완화 여부 및 적용 범위를 결정할 때에는 다음 각 호의 기준을 지켜야 한다.

---

1. 제1항 제1호부터 제5호까지, 제7호·제7호의2 및 제9호의 경우

　가. 공공의 이익을 해치지 아니하고, 주변의 대지 및 건축물에 지나친 불이익을 주지 아니할 것

　나. 도시의 미관이나 환경을 지나치게 해치지 아니할 것

2. 제1항 제6호의 경우

　가. 제1호 각 목의 기준에 적합할 것

　나. 증축은 기능향상 등을 고려하여 국토교통부령으로 정하는 규모와 범위에서 할 것

　다. 「주택법」제16조에 따른 사업계획승인 대상인 공동주택의 리모델링은 복리시설을 분양하기 위한 것이 아닐 것

　　〈2013. 5. 31.시행령 개정 전의 다.항은 아래와 같이 규정되어 있었다〉

　(다. 「주택법」제16조에 따른 사업계획승인 대상인 공동주택(「주택법 시행령」제3조 제1항에 따른 원룸형 주택으로 변경되는 부분은 제외한다)의 리모델링은 세대수를 늘리거나 복리시설을 분양하기 위한 것이 아닐 것)

건축법 시행규칙 제2조의5(적용의 완화)

영 제6조 제2항 제2호 나목에서 "국토교통부령으로 정하는 규모 및 범위"란 다음 각 호의 구분에 따른 증축을 말한다. 〈개정 2012. 12. 12., 2013. 3. 23., 2013. 11. 28., 2014. 4. 25., 2014. 11. 28., 2016. 7. 20., 2016. 8. 12.〉

1. 증축의 규모는 다음 각 목의 기준에 따라야 한다.

　가. 연면적의 증가

　　1) 공동주택이 아닌 건축물로서 「주택법 시행령」제10조 제1항 제1호에 따른 원룸형 주택으로의 용도변경을 위하여 증축되는 건축물 및 공동주택 : 건축위원회의 심의에서 정한 범위 이내일 것.

　　2) 그 외의 건축물 : 기존 건축물 연면적 합계의 10분의 1의 범위에서 건축위원회의 심의에서 정한 범위 이내일 것. 다만, 영 제6조 제1항 제6호 가목에 따른 리모델링 활성화 구역은 기존 건축물의 연면적 합계의 10분의 3의 범위에서 건축위원회 심의에서 정한 범위 이내일 것.

　나. 건축물의 층수 및 높이의 증가 : 건축위원회 심의에서 정한 범위 이내일 것.

　다. 「주택법」제15조에 따른 사업계획승인 대상인 공동주택 세대수의 증가 : 가목에 따라 증축 가능한 연면적의 범위에서 기존 세대수의 100분의 15를 상한으로 건축위원회 심의에서 정한 범위 이내일 것

2. 증축할 수 있는 범위는 다음 각 목의 구분에 따른다.

　가. 공동주택

　　1) 승강기·계단 및 복도

　　2) 각 세대 내의 노대·화장실·창고 및 거실

　　3) 「주택법」에 따른 부대시설

　　4) 「주택법」에 따른 복리시설

　　5) 기존 공동주택의 높이·층수 또는 세대수

　나. 가목 외의 건축물

　　1) 승강기·계단 및 주차시설

　　2) 노인 및 장애인 등을 위한 편의시설

　　3) 외부벽체

　　4) 통신시설·기계설비·화장실·정화조 및 오수처리시설

　　5) 기존 건축물의 높이 및 층수

　　6) 법 제2조 제1항 제6호에 따른 거실

② 공사비

리모델링 공사범위에 따른 기존 건축물의 철거·해체·증축·개축·대수선 등에 소요되는 공사비용을 정하여야 한다. 그런데 리모델링 결의 단계에서는 아직 시공자가 선정되기 이전이라는 점과 설계의 개요만 있는 시점이라는 점 등에 비추어 볼 때 공사비는 확정하기 어려운 것이고 실제 리모델링 사업의 추진과정에서 변동될 수밖에 없다는 문제를 가지고 있다.

그렇지만 리모델링 공사비는 리모델링 공사범위에 따라 추정과 산출이 가능한 것이고, 공사비가 정해져야만 비용분담을 정할 수 있다는 점에서 공사비는 가능한 객관적이고 예측 가능한 범위에서 산정하여야 할 것이다. 그리고 주택법은 공사비만 규정하고 있으나 실제 리모델링 사업을 추진함에 있어서는 공사비 외에도 사업비가 소요되는 것이므로 공사비를 정함에 있어서는 순공사비 외에 사업비도 포함하여 기재하는 것이 필요하다고 본다.

③ 조합원의 비용분담내역

리모델링 사업의 공사비 등 비용에 대하여 각 조합원이 분담하여야 할 금액과 분담방법 및 분담의 기준을 정하여야 하는데, 일반적으로 리모델링 비용의 분담은 조합원의 의결권 비율 즉 전유부분의 면적 비율에 따라 배분하는 것이 타당하지만 각 세대, 각 동의 공사범위와 증축범위 등이 다른 경우가 많이 발생하므로 그에 따라 세분화된 기준에 의하여 정해져야 하고, 항시 조합원 상호 간의 비용분담에서의 균형과 형평을 유지하여야 한다.

리모델링에 소요되는 비용에 대한 조합원의 분담내역은 구분소유자들로 하여금 상당한 비용을 부담하면서 리모델링 사업에 참여할 것인지, 아니면 리모델링 자체를 반대하거나 사업에 참여하지 아니하고 조합에 구분소유권을 매도할 것인지를 선택하는 기준이 되는 것이고, 리모델링 결의의 중요하고 핵심적인 부분이므로 구체적으로 명시하여야만 한다.

그렇지만 주택법은 그 구체적인 기준이나 결의 서식을 마련하지 않고 있기 때문에, 리모델링 결의의 시점과 사업의 추진단계 및 추진과정 등과 관련하여 리모델링 결의 단계에서 조합원의 비용분담내역을 어느 정도까지 구체적으로 정하여야만 하는지가 문제로 된다.

생각건대, 리모델링 결의에서의 조합원의 비용분담 부분은 구분소유자들로 하여금 상당한 비용을 부담하면서 리모델링에 참가할 것인지, 아니면 리모델링 자체에 반대하거나 시가에 의하여 구분소유권 등을 매도하고 리모델링에 참가하지 않을 것인지를 선택하는 기준이 되는 것이고, 리모델링 결의의 내용 중 가장 중요하고 핵심적인 부분으로서, 리모델링의 실행단계에서 다시 비용 분담에 관한 합의를 하지 않아도 될 정도로 그 분담액 또는 산출기준을 정하여야 한다고 본다.

집합건물법에 따른 재건축 결의 시 비용의 분담에 관한 사항을 정하는 것과 관련하여 대법원은 "집합건물의 소유 및 관리에 관한 법률 제47조 제2항에 의하면 재건축의 결의는 구분소유자 및 의결권의 각 5분의 4 이상의 다수에 의한 결의에 의하도록 규정되어 있고, 같은 조 제3항, 제4항에 의하면 재건축의 결의를 할 때에는 건물의 철거 및 신건물의 건축에 소요되는 비용의 분담에 관한 사항과 신건물의 구분소유권의 귀속에 관한 사항을 정하여야 하고, 위와 같은 사항은 각 구분소유자 간의 형평이 유지되도록 정하지 아니하면 아니 된다고 규정하고 있는바, 위 재건축 비용의 분담에 관한 사항은 구분소유자들로 하여금 상당한 비용을 부담하면서 재건축에 참가할 것인지, 아니면 시가에 의하여 구분소유권 등을 매도하고 재건축에 참가하지 않을 것인지를 선택하는 기준이 되는 것이고, 재건축 결의의 내용 중 가장 중요하고 본질적인 부분으로서, 재건축의 실행단계에서 다시 비용분담에 관한 합의를 하지 않아도 될 정도로 그 분담액 또는 산출기준을 정하여야 하고 이를 정하지 아니한 재건축 결의는 특별한 사정이 없는 한 무효이다"라고 하였는바(대법원 1998. 6. 26. 선고 98다15996 판결), 이러한 판결의 취지는 리모델링 결의에도 적용될 수 있다고 생각된다.

(3) 리모델링주택조합설립을 위한 결의의 요건

① 결의를 위한 정족수 및 결의 요건 성취 판단의 기준시

주택법 시행령 제20조는 리모델링주택조합의 설립인가에 필요한 서류 중 하나로서 리모델링 결의서를 제출하도록 하고 있다. 즉, 주택단지 전체를 리모델링하고자 하는 경우에는 주택단지 전체의 구분소유자[39]와 의결권[40]의 각 3분의 2이상의 결의 및 각 동의 구분소유자와 의결권의 각 과반수의 결의서를 제출하여야 하고 동을 리모델링하고자 하는 경우에는 그 동의 구분소유자 및 의결권의 각 3분의 2 이상의 결의서를 제출하여야 한다.[41][42] 한편, 이러한 결의의 정족수는 조합설립인가신청일을 기준으로 충족되면 족할 것이다(대법원 2014. 4. 24. 선고 2012두21437판결 참조).

---

39) 집합건물의 소유 및 관리에 관한 법률 제2조 제2호의 규정에 의한 구분소유자를 말한다. 이하 같다.

40) 집합건물의 소유 및 관리에 관한 법률 제37조의 규정에 의한 의결권을 말한다. 이하 같다.

41) 개정 전 주택법[법률 제13805호, 2016. 1. 19., 전부개정되기 이전의 것은 '주택단지 전체를 리모델링하고자 하는 경우에는 주택단지 전체 및 각 동의 구분소유자와 의결권의 각 3분의 2 이상의 결의'를 요구하고 있었으나, 개정 후 주택법은 각동의 동의율 요건이 완화되었다.

42) 다만, 조합이 아닌 입주자대표회의가 리모델링을 하기 위해서는 주택단지의 주택소유자 전원으로부터 리모델링 결의서에 동의를 얻어야 한다고 규정하고 있으며(주택법 시행령 제75조, [별표4] 공동주택 리모델링 허가 기준), 이와 같이 입주자대표회의가 리모델링을 하고자 하는 경우 리모델링 결의 요건으로서 주택법은 주택소유자 전원의 동의라고 명문화하고 있는 이상 의결권의 요건은 별도로 구비하지 아니하여도 된다 할 것이고, 주택소유자로 규정하고 있는 이상 상가 등 복리시설 소유자의 동의요건도 필요하지 않는 것으로 해석할 수밖에 없다.

② 구분소유자의 산정방법

구분소유자라 함은 1동의 건물 중 구조상 구분된 여러 개의 부분이 독립한 건물로서 사용될 수 있을 때 그 구분소유의 각 건물부분을 목적으로 하는 소유권인 구분소유권을 가지는 자를 말한다.[43] 리모델링 결의의 정족수로서의 구분소유자는 자연인은 물론이고 법인 및 등기능력을 가진 이상 비법인사단 또한 포함한다.

구분소유자의 수를 산정함에 있어 공동주택 또는 복리시설의 소유권이 수인의 공유에 속하는 경우에는 그 수인을 대표하는 1인을 조합원으로 보아야 하고(주택법 시행령 제21조 제1항 제3호), 1인이 둘 이상의 구분소유권을 소유하고 있는 경우에는 구분소유권과 구분소유자의 개념은 구분되며, 구분소유자는 인격적 개념으로 특별한 사정이 없는 이상 동일한 인격은 1개의 구분소유자로 산정하여야 한다고 할 것이므로, 구분소유권의 수에 관계없이 1인으로 산정하여야 한다.

그런데 다수의 공유자가 둘 이상의 구분소유권을 소유하고 있는 경우에 구분소유자의 수를 산정하는 것은 구체적인 사안에 따라 달리 판단되어야 한다. 예컨대, 아파트 101호는 갑이 소유하고 있고, 102호는 갑, 을이 공유로 소유하고 있으며, 103호는 갑, 을, 병이 공유로 소유하고 있는 경우에 구분소유자의 수를 몇 명으로 보아야 하는지의 문제이다. 이와 관련하여서는 일물일권주의와 소유관계의 측면에서 각 아파트별로 그 소유구조가 다르다면 그 일부 공유자가 겹치는 경우에도 이를 각각 하나의 구분소유자로 보아 각각 이를 산정하는 것이 타당하다고 생각된다.[44]

③ 의결권의 산정방법

리모델링주택조합설립의 의결권은 집합건물의 소유 및 관리에 관한 법률에 따른 구분소유자가 소유한 전유부분 면적 비율을 따른다(주택법 제11조 제3항, 집합건물의 소유 및 관리에 관한 법률 제37조 제1항, 제12조 제1항). 여기에서 말하는 전유부분의 면적비율이라 함은 집합건물의 총면적(공용면적을 합한 면적)분의 특정 구분소유자의 전유부분이 차지하는 면적의 비율이 아니라 전유부분의 총면적(공용부분을 제외한 나머지 면적의 합계)분의 특정 구분소유자의 전유부분의 면적의 비율을 의미한다.

1인이 다수의 구분소유권을 소유하고 있는 경우 구분소유자의 수는 1인으로 보지만, 의결권은 소유하고 있는 다수의 구분소유권의 목적인 건물부분인 전유부분의 면적을 합산하여 산정하게 된다.

---

43) 집합건물의 소유 및 관리에 관한 법률 제2조, 제1조
44) 이러한 기준에 의하여 산정할 경우 예시의 사안의 구분소유자의 수는 3으로 산정하여야 한다.

④ 복리시설의 동별 결의 요건

공동주택의 주택단지에는 상가나 유치원, 종교시설 등의 다양한 여러 복리시설이 존재하고 있고 각 복리시설마다 하나의 동으로 되어 있는 경우가 보통인데, 이 경우 각 복리시설 동마다 리모델링 결의 요건을 각각 구비하여야 하는지가 문제로 된다.

이러한 문제는 도시정비법이 시행되기 이전의 구 주택건설촉진법과 집합건물법에 따른 재건축결의와 재건축조합의 설립에서 이미 제기되었던 부분으로서 아파트 단지별로 상가와 나머지 복리시설 동의 동의를 얻지 못하여 재건축을 추진하지 못하는 상황이 발생하고 해당 복리시설 소유자의 무리한 요구 등으로 인하여 사회적 문제로까지 확대되었던 바가 있었다. 이러한 문제를 해소하려는 차원에서 도시 및 주거환경정비법에서는 재건축조합설립을 위한 동의요건으로서의 각 동별 동의요건을 산정함에 있어 주택단지 안의 복리시설의 경우에는 복리시설 전체를 하나의 동으로 보도록 하는 규정[45]을 명문화하였다.

그런데, 주택법은 복리시설을 함께 리모델링하는 경우에는 당해 복리시설의 소유자를 조합원이 될 수 있도록 규정하면서[46] 리모델링주택조합 설립을 위한 요건으로서의 리모델링 결의 정족수에 있어서는 주택단지 전체를 리모델링하고자 하는 경우에는 주택단지 전체의 구분소유자와 의결권의 각 3분의 2 이상의 결의 및 각 동의 구분소유자와 의결권의 각 과반수의 결의가 필요하다고 규정하고 있을 뿐 주택단지 안의 복리시설의 경우에는 복리시설 전체를 하나의 동으로 본다는 취지의 규정을 두고 있지 아니한다.

따라서 리모델링 결의 요건과 관련하여 주택법에서 주택단지 안의 복리시설의 경우에는 복리시설 전체를 하나의 동으로 본다는 취지의 명문규정을 두고 있지 아니하는 이상 주택단지 전체의 리모델링 결의 요건으로서의 각 동별 요건과 관련하여서는 복리시설의 경우 각 복리시설 동별 구분소유자 및 의결권의 각 과반수 이상의 결의를 얻어야만 할 것으로 본다.

이처럼 주택단지 안의 복리시설과 관련하여 도시 및 주거환경정비법과 같은 예외 규정을 두지 않을 경우 향후 주택단지 리모델링을 추진함에 있어 심각한 장애요인으로 되고 그에 따른 갈등과 분쟁 및 사회적 비용을 초래하게 될 가능성이 크다. 그러한 점에서 리모델링 활성화를 위해서는 조속히 주택법을 개정하여 도시 및 주거환경정비법과 같은 복리시설에 대한 예외 규정을 두어야만 할 것이다.

---

45) 도시 및 주거환경정비법 제35조 제3항
46) 주택법 시행령 제21조 제1항 제3호

⑤ 결의의 철회

리모델링주택조합설립을 위한 결의를 철회할 수 있는지와 관련하여, 주택법은 별도의 규정을 두고 있지 아니하나, 리모델링 행위허가를 위한 결의의 철회와 관련하여서는 시장, 군수, 구청장에게 행위허가 신청서를 제출하기 전까지 서면으로 동의를 철회할 수 있다고 규정하고 있다(주택법 시행령 제75조 제3항).

대법원은 "리모델링에 관한 유효한 결의가 있었는지의 여부는 반드시 총회에서의 결의에만 한정하여 볼 것은 아니고, 비록 총회에서의 리모델링 동의자가 그 인가에 필요한 정족수를 충족하지 못하였다고 하더라도 그 후 이를 기초로 한 리모델링 추진과정에서 구분소유자들이 리모델링에 동의하는 취지의 서면을 별도로 제출함으로써 리모델링 결의 정족수를 갖추게 된다면 그 시점에서 리모델링 결의로서 유효하게 성립하며, 위와 같이 서면결의의 방법에 의한 리모델링 결의에 있어 리모델링 결의에 대한 동의의 철회는 그 결의가 유효하게 성립하기 전까지만 이를 할 수 있다고 볼 것이다(대법원 2011. 2. 10. 선고 2010두20768,20775 판결)"라고 판시하여 리모델링 결의에 있어서 정족수를 갖추게 되어 결의가 유효하게 성립하기 전까지는 철회가 가능하다는 입장이다.

생각건대, 리모델링주택조합설립을 위한 결의의 경우 리모델링 사업을 위한 조합설립을 위한 것이고, 조합설립인가는 보충적 효력을 갖는 것에 지나지 아니한다고 할 것이므로, 창립총회가 이루어진 경우 이미 조합이 형성되었다고 보아야 하는바 창립총회 이후에는 철회를 인정하지 아니하는 것이 타당하다.

(4) 리모델링주택조합설립을 위한 결의의 하자

리모델링 결의는 조합설립의 요건이면서 리모델링 사업의 추진을 위한 전제가 되는 것이고 그 결의에 찬성하지 아니한 자에 대한 매도청구의 근거가 되는 것이므로 하자가 없어야 하는바, 이하에서는 실질적 요건의 하자와 절차적 요건의 하자로 나누어 살펴보기로 한다.

① 실질적 요건의 하자

리모델링 결의가 실질적 요건을 흠결하여 이루어진 경우 그 결의는 무효이다. 예컨대, 안전진단의 결과 등에 의할 때 건축물이 훼손되거나 일부 멸실되어 붕괴 및 그 밖의 안전사고의 우려가 있는 건축물로 확인되는 경우, 주택법에서 정하고 있는 경과연수가 도래하지 아니한 경우 등이 이에 해당한다.

② 절차적 요건의 하자

○ 하자의 유형

리모델링 결의와 관련한 절차적 하자의 주요한 유형은 다음과 같이 구분하여 볼 수 있다.

㉮ 창립총회의 소집 및 의결상의 하자

이는 리모델링을 결의하고 조합을 설립하는 창립총회와 관련하여 그 소집권한이 없는 자가 소집한 경우, 소집통지서에 의안으로 기재되지 아니한 안건을 의결한 경우, 통지가 누락된 경우, 의결요건에 미달하는 경우 등이 이에 해당한다.

㉯ 리모델링 결의(동의)서의 하자

리모델링 결의(동의)서에는 리모델링 설계의 개요, 공사비, 조합원의 비용분담내역을 필수적으로 기재하도록 하고 있는데(주택법 제66조), 리모델링 결의서가 백지인 상태로 징구된 경우, 필수적 기재사항 중 일부가 누락된 경우, 위조 내지 변조된 경우 등이 이에 해당한다. 또한 리모델링 결의서에 필수적 기재사항이 기재되어 있다 하더라도 그 내용이 객관적인 사실에 반하여 허위로 기재되어 있는 경우, 조합원의 비용분담내역 부분에서 구분소유자가 선택권을 행사할 수 있을 정도로 구체적인 비용분담액 내지 산출기준이 정해지지 아니한 경우, 구분소유자(조합원)의 비용분담의 배분기준이 조합원 상호 간에 형평과 균형을 상실하고 있는 경우 등도 하자에 해당한다.

○ 결의무효의 여부

리모델링 결의와 관련하여 절차적 하자가 있는 경우에 리모델링 결의가 무효인지의 여부는 구체적이고 개별적인 사안에 따라 하자의 유형, 하자의 중대성, 하자의 명백성, 하자의 동인, 조합설립에 미친 영향 등을 종합적으로 고려하여 판단하여야 할 것이지만, 기본적으로 그 하자의 내용이 구분소유자 및 조합원의 권리를 본질적으로 침해하고 있는 경우이거나 리모델링 결의(동의)서의 하자인 경우에는 원칙적으로 무효로 보아야 할 것이다.

라. 창립총회

리모델링주택조합의 설립인가를 위한 필수적 구비서류 중 하나로 조합장선출동의서, 창립총회의 회의록이 규정되어 있으며[47], 조합규약의 설정, 조합임원의 선임, 사업비의 조합원별 분담 명세 확정을 하기 위하여는 반드시 총회의 의결을 거쳐야 하므로, 조합의 설립을 위하여는 창립총회를 개최하여 총회의 의결을 거쳐야 한다(주택법 시행령 제20조 제1항, 제2항).

리모델링조합의 설립을 위한 창립총회와 관련하여 누가 어떻게 이를 소집 및 진행하여야 하는지가 문제되나, 주택단지 내 구분소유자들이 이미 구분소유자총회를 통하여 운영규정 내지 규약을 제정하고 추진위원장을 선출하는 등으로 추진위원회라는 단체를 결성한 경우 그러한 추진위원회는 비법인사단의 성격을 가지고 있다고 할 것이고, 그 경우에는 추진위원회라는 단체의 대표자인 추진위원장이 리모델링조합설립을 위한 창립총회를 소집하면 될 것이다.[48]

창립총회에는 리모델링 결의를 한 리모델링주택조합의 구성원인 조합원만이 참석할 수 있으며, 조합원이 직접 참석하기 어려운 경우 조합원의 의결권의 행사는 서면 또는 대리인을 통해서도 할 수 있다. 다만, 이 경우 조합원의 100분의 20 이상이 반드시 직접 출석하여야 한다(주택법 시행령 제20조 제3항).

한편, 총회의 소집시기에 해당 주택건설대지가 위치한 행정구역에 감염병의 예방 및 관리에 관한 법률 제49조 제1항 제2호에 따라 여러 사람의 집합을 제한하거나 금지하는 조치가 내려진 경우에는 전자적 방법으로 총회를 개최하여야 하며, 이 경우 조합원의 의결권 행사는 전자서명법 제2조 제2호 및 제6호의 전자서명 및 인증서를 통해 본인 확인을 거쳐 전자적 방법으로 하게 되는데(주택법 시행령 제20조 제5항), 여기서 전자적 방법으로의 총회를 개최하기 위하여는 총회의 의결사항, 전자투표를 하는 방법, 전자투표 기간, 그 밖에 전자투표 실시에 필요한 기술적인 사항을 사전적으로 조합원들에게 통지하여야 하며(주택법 시행령 제20조 제6항), 조합원의 총의를 결정하는 총회의 중요성을 고려할 때 총회를 진행함에 있어서 최소한 전자적 방식을 통하여 조합원이 총회의 진행과정에 쌍방향 소통

---

47) 주택법 시행령 제20조 제1항

48) 위와 같은 추진위원회라는 단체가 구성되어 있지 아니하는 경우에는 리모델링이라는 행위의 성격과 내용 등을 고려하여 볼 때 집합건물법에 따른 관리단집회의 소집과 진행의 방법에 따라야 할 것이다. 즉, 이 경우에는 집합건물법이 정하는 바에 따라 관리인이 있는 경우에는 관리인이 관리단집회를 소집하고, 관리인이 없는 경우에는 구분소유자 및 의결권의 각 5분의 1 이상을 가진 자가 관리단집회를 소집할 수 있다(집합건물법 제33조). 관리단집회를 소집하고자 할 때에는 관리단집회일 1주일 전에 회의의 목적사항을 명시하여 각 구분소유자에게 통지하여야 하고, 전유부분이 수인의 공유에 속하는 경우에 위의 통지는 그 수인의 공유자 중 의결권을 행사할 자 또는 그 자가 없을 때에는 공유자 중의 1인에게 통지하면 되며, 위 통지는 구분소유자가 관리인에게 따로 통지장소를 제출한 때에는 그 장소에, 제출하지 아니한 때에는 구분소유자가 소유하는 전유부분이 소재하는 장소에 발송함으로써 행하고, 이 경우 그 통지는 통상 도달할 시기에 도달한 것으로 본다(집합건물법 제34조). 관리단집회는 미리 통지한 사항에 관하여만 결의할 수 있고(집합건물법 제36조), 의결권은 서면이나 전자적 방법(집합건물법 시행령 제13조) 또는 대리인(집합건물법 시행령 제15조)을 통하여 행사할 수 있으며(집합건물법 제38조 제2항), 구분소유자 및 의결권의 각 5분의 4 이상이 서면이나 전자적 방법으로 합의하면 관리단집회에서 결의한 것으로 본다(집합건물법 제41조 제1항).

이 가능한 방법이 구비된 상태에서 총회를 개최하고 이와 같은 총회의 진행과정이 조합원들에게 정확하게 중계될 수 있어야 한다. 위와 같은 총회는 감염병 등에 기한 특별한 사정에 기초한 것으로서 주택법상 총회 개최 시의 직접 출석의 요건은 적용되지 아니한다고 볼 것이다.

리모델링조합설립을 위한 결의를 반드시 창립총회에서 받아야 하는지 문제되나, 리모델링조합설립을 위한 결의의 경우 도시 및 주거환경정비법이 시행되기 이전에 집합건물법에서 규정하고 있는 재건축결의와 같이 관리단집회에서만 이를 결의하여야 하는 개념이라기보다는 현행 도시 및 주거환경정비법에서 규정하고 있는 조합설립인가를 위한 조합설립동의의 개념 및 성격과 동일한 것으로 보는 것이 타당하다고 할 것인바, 반드시 총회에서 이를 결의할 필요는 없다고 할 것이고, 주택법에서 정하고 있는 사항인 리모델링 설계의 개요, 공사비, 조합원의 비용분담내역이 포함된 리모델링 결의(동의)서라는 서면결의(동의) 방법으로 구분소유자들로부터 결의동의를 얻으면 된다(주택법 시행령 제20조 제3항, 동법 시행규칙 제7조 제5항).

마. 리모델링주택조합의 설립인가

(1) 설립인가의 법적 성격

리모델링주택조합을 구성하여 창립총회를 개최한 후에는 관할 시장·군수·구청장의 인가를 받아야 하며, 인가받은 내용을 변경하거나 조합을 해산하고자 할 때에도 또한 인가를 받아야 한다(주택법 제11조 제1항).

인가란 사적 당사자의 법률적 행위를 보충하여 그 법률상 효과를 완성시켜 주는 행정청의 행정행위를 말한다. 즉 국가 또는 공공단체 등 행정주체가 직접 자기와 관계없는 다른 법률관계에 있어서의 당사자의 법률적 행위를 보충하여 그 법률상 효과를 완성시켜주는 보충행위이다. 따라서, 리모델링주택조합의 설립인가는 리모델링주택조합의 설립행위를 기본행위로 하여 그 기본행위를 보충하여 효력을 완성시켜주는 행정청의 처분이다(대법원 1995. 12. 12. 선고 95누7338 판결, 2000. 9. 5. 선고 99두1854 판결 등).

(2) 조합설립인가 절차

① 조합설립인가 신청

리모델링주택조합 설립인가를 받고자 하는 경우 리모델링주택조합은 다음 서류를 구비하여 리모델링대상 주택의 소재지를 관할하는 시장·군수·구청장에게 설립인가를 신청하여야 한다(주택법 시행령 제20조 제1항).

○ 주택조합설립인가신청서
○ 창립총회 회의록
○ 조합장선출동의서
○ 조합원 전원이 자필로 연명한 조합규약
○ 조합원 명부
○ 사업계획서(주택법 시행규칙 제7조 제2항의 기재 포함 : ① 조합주택건설예정세대수, ② 조합주택건설예정지의 지번·지목·등기명의자, ③ 도시·군관리계획(「국토의 계획 및 이용에 관한 법률」 제2조 제4호에 따른 도시·군관리계획을 말한다. 이하 같다)상의 용도, ④ 대지 및 주변 현황)
○ 리모델링 결의를 증명하는 서류(주택법 시행령 별표4 제1호 나목 기재 포함 : ① 리모델링 설계의 개요, ② 공사비, ③ 조합원의 비용분담 명세)
○ 건축법 제5조에 따라 건축기준의 완화 적용이 결정된 경우에는 그 증명서류
○ 해당 주택이 법 제49조에 따른 사용검사일(주택단지 안의 공동주택 전부에 대하여 같은 조에 따라 임시 사용승인을 받은 경우에는 그 임시 사용승인일을 말한다) 또는 건축법 제22조에 따른 사용승인일부터 다음의 구분에 따른 기간이 지났음을 증명하는 서류
○ 이외에도 행정청에서는 토지대장등본, 토지등기부등본, 토지이용계획확인서, 건축물대장등본, 건물등기부등본, 주민등록표등본, 인감증명서, 조합장 사용 인감 신고서 등을 제출토록 요구하는 경우도 있다.

② 조합설립인가

행정청은 인가신청에 대하여 인가를 할 것인지의 여부에 관하여 인가신청 당시 제출된 서류를 토대로 법령에 위반되는 사항이 있는지 심사를 하여야 하고, 그 결과 주택조합의 설립인가 요건을 충족하는 경우 관할 행정청은 특별한 사정이 없는 한 이를 인가하여야 한다.

즉, 행정청의 인가에 관한 심사권은 주택건설대지에 이미 인가를 받은 다른 주택조합이 존재하는지(주택법 시행령 제20조 제7항), 리모델링 결의 정족수를 충족하였는지 여부와 창립총회 결의안건 처리상의 하자가 있는지 등 형식적인 것이라고 할 것이며, 그 외 조합설립인가와 관련하여 실질적으로 심사를 할 권한은 없다.

설립인가 요건이 충족된 경우 시장 등은 주택조합설립인가대장에 이를 기재하고 주택조

합설립인가필증을 신청인에게 교부하여야 한다(주택법시행규칙 제7조 제7항).

(3) 조합설립인가의 효력

리모델링주택조합의 설립인가를 받게 되면 조합설립행위의 효력이 완성되며, 주택법 규정에 의한 리모델링 시행자로서의 지위를 확보하게 된다. 즉, 리모델링주택조합이 설립인가를 받게 된 이후에서야 리모델링주택조합은 사업의 주체로서 구체적 사업의 계획 수립 및 리모델링 행위허가 신청을 할 수 있게 된다.

구체적으로 주택법 시행령(제23조 제1항)의 규정에 따르면 '리모델링주택조합은 설립인가를 받은 날부터 2년 이내에 법 제66조 제2항에 의한 허가를 신청하여야 한다'라고 되어 있고, 개정 주택법 제22조 제2항은 '제1항에도 불구하고 제66조 제2항에 따른 리모델링의 허가를 신청하기 위한 동의율을 확보한 경우 리모델링 결의를 한 리모델링주택조합은 그 리모델링 결의에 찬성하지 아니하는 자의 주택 및 토지에 대하여 매도청구를 할 수 있다'고 규정하고 있는바, 리모델링주택조합은 설립인가를 통하여 비로소 행위허가 및 매도청구를 신청할 수 있는 법적 지위를 확보하게 되는 것이다.

(4) 조합설립인가의 하자

리모델링주택조합의 설립인가는 조합설립행위를 보충하여 그 법률상 효력을 완성시키는 보충행위일 뿐이므로 그 기본되는 조합설립행위에 하자가 있을 때에는 그에 대한 인가가 있다 하더라도 기본행위인 조합설립이 유효한 것으로 될 수 없고, 따라서 그 기본행위는 적법유효하나 보충행위인 인가처분에만 하자가 있는 경우에는 그 인가처분의 취소나 무효확인을 구할 수 있을 것이지만, 기본행위인 조합설립에 하자가 있는 경우에는 민사쟁송으로써 따로 그 기본행위의 취소 또는 무효확인 등을 구하는 것은 별론으로 하고, 기본행위의 불성립 또는 무효를 내세워 바로 그에 대한 감독청의 인가처분의 취소 또는 무효확인을 소구할 법률상 이익이 있다고 할 수는 없다.

이처럼 기본행위와 보충행위인 인가는 주종의 관계로서 기본행위가 존재하는 것을 전제로 보충행위가 존속하며, 기본행위가 소멸하면 보충행위도 소멸하는 관계에 놓인다. 따라서 법률적 행위가 무효이면 그에 대한 인가도 당연히 무효가 되는 것이며, 인가의 대상인 기본 행위에 취소원인인 하자가 있는 경우에는 인가로서 그 취소원인이 소멸하는 것은 아니며, 인가가 있은 후에도 그 기본행위를 취소할 수 있다.

그런데 조합의 설립인가 과정에서 리모델링 결의서에 무효인 하자가 있는 경우에 그 하자가 있는 결의서를 제외할 경우 조합 설립인가를 위한 결의동의 요건에 미달하는 경우에는 이는 조합설립인가처분 자체의 하자로 되는 것이고, 그 하자의 정도가 중대하고 명백한 경우 인가처분은 무효로 되며 그렇지 아니한 경우에는 취소사유가 될 것이다.

2
리모델링주택조합의 운영

가. 조합원

(1) 조합원의 의의

리모델링주택조합의 조합원이란 주택법 시행령에 따른 공동주택, 복리시설, 공동주택 외 시설의 구분소유자로서 조합원의 자격이 있는 자 중 리모델링조합설립결의 및 리모델링행위허가결의에 찬성한 자를 의미한다.

주택법 시행령 제21조는 공동주택의 소유자가 리모델링주택조합의 조합원이 될 수 있다고 규정하고 있을 뿐 구분소유자인 경우에 당연히 리모델링주택조합의 조합원이 된다고 규정되어 있지 않으므로, 리모델링주택조합은 집합건물의 구분소유자 전원을 구성원으로 하여 당연 설립되는 관리단과는 달리 구분소유자가 당연히 그 조합원이 되는 것이 아니라 구분소유자들 중 조합의 사업에 동의하여 조합에 가입한 자들만이 조합원이 된다.

(2) 조합원의 자격

주택법 시행령(제21조 제1항 제3호)의 규정에 따르면 리모델링주택조합 조합원의 자격은 다음과 같다. 이 경우 해당 공동주택, 복리시설 또는 주택법 시행령 제21조 제1항 제3호 다목상 공동주택 외의 시설의 소유권이 여러 명의 공유에 속할 때에는 그 여러 명을 대표하는 1명을 조합원으로 본다.

○ 법 제15조에 따른 사업계획승인을 받아 건설한 공동주택의 소유자
○ 복리시설을 함께 리모델링하는 경우에는 해당 복리시설의 소유자
○ 건축법 제11조에 따른 건축허가를 받아 분양을 목적으로 건설한 공동주택의 소유자(해당 건축물에 공동주택 외의 시설이 있는 경우에는 해당 시설의 소유자를 포함한다)

먼저, 리모델링 대상이 공동주택인 점에서 공동주택 및 부속대지의 소유자는 당연히 조합원이 될 수 있다. 다만 주택법에 의한 사업계획승인을 얻어 건설되는 주택단지의 경우 의무적으로 부대·복리시설을 설치하게 되어 있으므로, 이 경우 공동주택 소유자와 상가 등 복리시설의 소유자가 주택과 부대복리시설의 대지를 공유하고 있는 경우가 많다.

재건축사업의 경우 재건축조합설립동의의 대상으로 공동주택 구분소유자뿐만 아니라 복리시설 소유자도 규정하고 있으므로 반드시 주택과 복리시설의 소유자 모두를 조합원으로 인정하여야 하나, 주택법은 재건축사업과 달리 리모델링 사업의 경우 원칙적으로 공동주택 소유자만을 조합원으로 인정하고 예외적인 경우에 복리시설의 소유자도 조합원으로 인정하고 있다.

한편, 주택법은 1주택을 2인 이상이 공유지분으로 소유하는 경우에는 이를 1조합원으로 본다. 즉 하나의 주택 등을 2인 이상이 공유하고 있을 경우에는 그 취득시기에 관계없이 그 중 1인만을 조합원으로 취급하기 때문에 공유자들은 대표자 1인을 지정하여 조합원으로 등록하여야 한다.

(3) 조합원의 수

주택법상 지역주택조합·직장주택조합은 주택법에 의한 사업계획승인을 얻어 주택을 신규 건설하여야 하기 때문에 20인 이상의 조합원으로 구성되어야 하나, 리모델링주택조합은 사업계획승인이 아닌 행위허가를 얻어 기존 주택을 리모델링하는 경우이므로 특별히 조합원의 수를 제한하고 있지 않다(주택법 시행령 제20조 제5항).

(4) 조합원의 권리와 의무

리모델링주택조합의 조합원의 권리와 의무는 다음과 같다.

① 조합원의 권리

○ 총회의 출석권, 발언권 및 의결권
조합은 조합원을 구성원으로 하고, 조합에는 조합원 전원으로 구성되는 총회를 두고 있으므로 조합원은 총회에 출석하여 리모델링 사업시행에 중요한 사항을 의결할 수 있는 권리와 의무를 가진다.

○ 임원과 대의원의 선출권 및 피선출권

조합의 사무를 집행하기 위한 조합장과 이사 및 대의원을 선임하거나 피선임할 수 있는 권리를 가진다.

○ 의사록 등 관계서류 열람 및 복사 청구권

○ 손해배상 청구권 등

② 조합원의 의무

○ 리모델링 비용 및 조합경비 납무의무

조합원에게 금전적 부담이 되는 사항을 보다 명확히 규정하기 위한 것으로 조합은 각 조합내부 실정 등에 따라 보다 구체적으로 명시할 수 있다.

○ 조합규약, 총회 등의 의결사항 준수 의무

조합원은 단체법적 규율을 받아 조합규약을 준수할 의무를 부담하고, 총회결의사항을 이행해야할 의무를 부담한다.

○ 신탁등기 의무 등

조합이 신탁등기의무를 정관에 명시한 경우 조합원은 신탁등기의무를 부담하게 된다.

(5) 조합원 지위의 변경

① 조합원의 교체

조합원이 사망하거나 양도·증여 또는 판결 등으로 주택의 소유권이 변동된 경우 조합원의 교체와 공동주택 구분소유자가 추가 가입을 원하는 경우 이는 원칙적으로 허용된다. 주택법 시행령 제22조 제1항은 "지역주택조합 또는 직장주택조합은 그 설립인가를 받은 후에는 해당 조합원을 교체하거나 신규로 가입하게 할 수 없다"라고 규정하면서 특별히 리모델링주택조합에 대해서는 이를 제한하고 있지 아니한바, 위 조항의 반대해석으로 조합원의 교체는 허용될 수 있다고 본다.

한편 주택법 시행령 제20조 제6항은 "리모델링주택조합의 설립에 동의한 자로부터 건축물을 취득한 자는 조합의 설립에 동의한 것으로 본다"라고 규정하고 있는바, 리모델링주택조합원의 권리가 이전된 경우에도 조합원의 지위가 승계되는 것으로 보아야 한다.

② 조합원의 제명

조합원이 의무를 이행하지 않아 조합에 막대한 손해를 입힌 경우에는 대의원회 또는 총회의 의결에 따라 조합원을 제명할 수 있다고 보아야 한다. 다만, 제명 전에 해당 조합원에 대한 청문 등 소명기회를 부여하여야 하며 청문 등 소명기회를 부여하였음에도 이에 응하지 않는 경우에는 소명기회를 부여한 것으로 보아야 한다.

조합원의 제명을 인정할 경우 제명된 조합원의 주택에 대한 소유권 확보방법이 문제될 수 있는데, 이에 대해서는 조합원이 제명된 경우 조합원의 지위를 상실하여 리모델링 결의에 찬성하지 않은 경우와 유사하다는 점 및 리모델링주택조합은 리모델링 사업목적을 달성하기 위해 반드시 제명된 조합원 소유 부동산을 확보할 필요가 있다는 점 등에 비추어 볼 때 리모델링 결의에 찬성하지 않은 자를 상대로 하여 행사되는 매도청구권 규정을 유추적용할 수 있다고 할 것이다.

③ 조합원의 임의탈퇴

○ 재건축조합원의 임의탈퇴

기존 대법원판례에 의할 경우 재건축조합원의 임의탈퇴는 허용되지 않는 것이 원칙이었다. 즉 "주택건설촉진법에 의하여 설립된 재건축조합은 민법상 비법인사단에 해당한다 할 것이나, 재건축조합의 조합원은 부득이한 사유가 없는 한 조합의 사업목적이 달성되어 조합이 해산될 때까지 조합 목적 달성에 협력할 의무가 있는바, 이 경우 재건축조합에 가입하여 기존의 주택을 철거하고 그 대지 위에 주택을 건설하기로 한 조합원이 임의탈퇴한다면 재건축사업의 시행이 불가능하거나 현저히 곤란하게 되고, 구 주택건설촉진법 시행령 (1994. 7. 30. 대통령령 제14349호로 개정되기 전의 것) 제34조의3 제2호, 제42조 제5항 본문, 제42조 제7항 및 그 재건축조합의 조합규약 규정들이 모두 조합원의 임의탈퇴가 허용되지 않음을 당연한 전제로 하고 있으므로, 이와 같은 점들에 비추어 보면 재건축조합은 조합의 본질상 부득이한 사유가 없는 한 조합원의 임의탈퇴를 허용하지 않는 것이라고 봄이 상당하고, 이와 같이 본다하여 사단의 본질에 반하는 것은 아니다"라고 보았다(대법원 1997. 5. 30. 선고 96다23887 판결).

또한 대법원은 「구 도시및주거환경정비법 시행령 하에서 조합설립에 동의한 토지등소유자가 조합설립인가신청 후 동의를 철회하거나 그에 의하여 조합에서 임의탈퇴하는 것이 인정되는지 여부」와 관련하여, "구 도시및주거환경정비법 시행령(2009. 8. 11. 대통령령 제21679호로 개정되기 전의 것, 이하 '구 도시정비법 시행령'이라 한다)제 28조 제1항 제5호는 조합설립의 인가신청 전에 동의를 철회한 자는 토지등소유자의 동의자 수에서 제외한다고 규정하였고, 그 후 개정된 도시정비법 시행령 제28조 제4항은 동의의 철회는 인·허가등의 신청 전까지만 할 수 있다고 명시적으로 규정한 점에 비추어 보면, 그 도시정비법 시행령 시행 당시에도 정관에 달리 정함이 있다는 등 특별한 사정이 없는 한 조합설립의 인가신청 후에는 동의 철회나 그에 의한 조합으로부터의 임의탈퇴는 인정되지 않는다(대법원 2012. 11. 15. 선고 2010다95338판결)"라고 판단한 바 있다.

다만 미처 설립인가를 받지 아니하였거나 재건축에 동의한 자를 조합원으로 포함시켜 변경인가를 받지 않은 재건축조합의 경우, 조합규약 등에 조합원의 탈퇴를 불허하는 규정이 없는 한 자신을 조합원으로 포함시켜 조합이 설립인가 또는 변경인가를 받기 전에 그 조합원은 조합을 임의로 탈퇴할 수 있다.[49]

○ 리모델링주택조합원의 임의탈퇴

리모델링주택조합 역시 기존 주택을 일부 철거 및 해체하여 세대수 증가를 포함한 증축 등을 한다는 점에서 재건축사업과 유사하다고 할 것이므로 위 재건축조합에 대한 법리는 리모델링주택조합에도 그대로 적용될 수 있다고 할 것이다. 따라서 리모델링주택조합원은 리모델링주택조합 규약에서 임의탈퇴를 특별히 허용하지 않는 한 임의탈퇴가 불가능하다고 할 것이며(주택법 시행령 제20조 제2항 제4호, 대법원), 조합설립인가 전이거나 리모델링에 동의한 자가 아직 조합원으로 포함되어 변경인가를 받기 전이라고 하더라도 리모델링주택조합 규약에서 탈퇴를 허용하지 아니하는 규정이 있는 등 특별한 사정이 있는 경우에는 임의로 탈퇴가 불가능하다고 할 것이다(대법원 2011. 2. 10. 선고 2010두20768,20775 판결).

---

49) 대법원 2000. 10. 27. 선고 2000다20052판결.

나. 조합규약

(1) 조합규약의 의의

조합에 의한 리모델링 사업을 추진하기 위해서는 조합의 운영, 결의방법, 대표의 방법, 재산의 관리, 조합원의 권리·의무 등 근본규칙을 규정하거나 또는 그것을 기재한 서면이 필요하게 되는데, 이를 조합규약이라 한다. 주택법은 리모델링주택조합 설립인가 시 반드시 조합원 전원이 자필로 연명 작성한 조합규약을 제출하도록 규정하고 있는바, 이는 조합원 전원이 조합규약을 숙지하고 이에 동의하고 있는지를 확인하기 위함이다[50](주택법 시행령 제20조 제1항 제1호 가목 3).

조합규약은 조합내부의 근본규범으로서 구체적인 조합이 주택법 소정의 강행규정에 위배되지 않는 한 조합원을 구속한다. 대법원 역시 "법인의 정관이나 그에 따른 세부사업을 위한 규정 등 단체내부의 규정은 특별한 사정이 없는 한 그것이 선량한 풍속 기타 사회질서에 위반되는 등 사회관념상 현저히 타당성을 잃은 것이거나 결정절차가 현저히 정의에 어긋난 것으로 인정되는 경우 등을 제외하고는 이를 유효한 것으로 시인하여야 한다(대법원 2009. 10. 15. 선고 2008다85345판결)"고 판시한 바 있다.

한편, 단체의 구성원이 단체내부규정인 조합규약의 효력을 다투는 소를 제기할 경우, 당사자 사이의 일반적, 추상적 법규의 효력을 다투는 것으로 구체적인 권리 또는 법률관계의 존부확인을 구하는 것이 아니므로 부적법하다고 보아야 한다.[51]

(2) 조합규약의 기재사항

주택법 시행령(제20조 제2항)에서는 아래와 같이 리모델링주택조합의 조합규약에 포함되어야 할 필요적 기재사항을 정하고 있는바, 어느 요소라도 누락되면 조합규약으로서의 효력이 생기지 않으며, 조합설립인가 및 변경인가를 받을 수 없다.

---

50) 서울행정법원 2010. 9. 1. 선고 2009구합52172판결
51) 대법원 1995. 12. 22. 선고 93다61567 판결.

○ 조합의 명칭 및 사무소의 소재지
○ 조합원의 자격에 관한 사항
○ 주택건설대지의 위치 및 면적
○ 조합원의 제명·탈퇴 및 교체에 관한 사항
○ 조합임원의 수, 업무범위(권리·의무를 포함한다), 보수, 선임방법, 변경 및 해임에 관한 사항
○ 조합원의 비용부담 시기·절차 및 조합의 회계
○ 조합원의 제명·탈퇴에 따른 환급금의 산정방식, 지급시기 및 절차에 관한 사항
○ 사업의 시행시기 및 시행방법
○ 총회의 소집절차·소집시기 및 조합원의 총회소집요구에 관한 사항
○ 총회의 의결을 필요로 하는 사항과 그 의결정족수 및 의결절차
○ 사업이 종결되었을 때의 청산절차, 청산금의 징수·지급방법 및 지급절차
○ 조합비의 사용 명세와 총회 의결사항의 공개 및 조합원에 대한 통지방법
○ 조합규약의 변경 절차
○ 그 밖에 조합의 사업추진 및 조합 운영을 위하여 필요한 사항

(3) 표준조합규약의 효력

국토교통부장관은 주택조합의 원활한 사업추진 및 조합원의 권리보호를 위하여 표준조합규약을 작성·보급할 수 있다(주택법 시행규칙 제7조 제6항). 표준조합규약은 하나의 예시적인 조합규약(안) 및 표지에 불과하므로, 리모델링주택조합에서 이를 규약으로 의결하였다는 등의 특별한 사정이 없는 이상 어떠한 법적 구속력도 존재하지 아니한다. 실무상 표준조합규약을 토대로 각 조합의 특징과 여건에 따라 관련 사항을 추가, 삭제, 수정하여 사용하고 있다.

다. 조합의 임원

(1) 임원의 구성 및 임기

조합장 1인과 조합규약이 정하는 수 이내의 이사 및 감사 1인 이상을 둘 수 있다. 도시및주거환경정비법 시행령은 이사와 감사 등 임원의 수를 법에 규정하고 있으나(도시및주거환경정비법 시행령 제40조), 주택법은 특별히 리모델링주택조합의 이사와 감사의 수에 관하여 제

한하고 있지 아니한바, 리모델링 주택조합은 조합규약에서 조합원의 수 등 조합의 규모와 여건에 따라 자율적으로 정할 수 있다.

그리고 임원의 임기 또한 주택법에서 특별히 정하고 있지 아니하므로 조합규약에서 자율적으로 정할 수 있다. 통상 임원이 선출된 때로부터 리모델링 사업 종료 시까지로 임기를 정하는 것이 일반적이다.

(2) 임원의 자격 및 선출

임원의 선출은 조합원총회에서 총회의 의결을 통하여 이루어진다(주택법 시행령 제20조 제3항 및 동법 시행규칙 제17조 제5항).

아울러, 조합임원의 경우 자격 요건을 강화하여 조합원 소유주택에 일정기간 거주한 조합원으로서 당해 주택단지의 현황을 잘 아는 경우로 입후보자격을 제한할 수도 있는바, 이러한 제한은 리모델링 추진 공동주택에 일정기간 이상 거주하여야 공동주택 단지 내의 건물상태나 노후 정도 및 주민들의 생활 정도 등 실상을 잘 파악하여 리모델링 사업을 잘 추진해 나갈 수 있을 것임은 물론 향후 리모델링을 추진하면서 조합원들을 상대로 리모델링에 대한 동의 및 사업 추진에 대한 협력 등을 원만하게 이끌어 낼 수 있는 대인관계 등을 형성하였을 것이라는 점, 조합원들의 입장에서도 일정기간 이상은 접해보아야 조합임원으로서 리모델링 사업을 이끌어 나가면서 조합원들의 이익을 대변할 수 있는 자질이 있는 사람인지의 여부를 판단할 수 있을 것이라는 점과 리모델링 사업에 대하여 직접적인 이해관계가 없는 자가 리모델링조합의 조합임원으로 선출된다면 조합원들의 이해에 반하는 방향으로 사업을 추진하는 등으로 인해 조합원들 간의 분쟁을 야기하거나 이로 인해 리모델링 사업이 원활하게 진행되지 못할 개연성이 있을 수 있다는 점 등에 비추어 허용될 수 있다고 할 것이다. 다만, 이러한 제한이 허용되더라도 이와 같은 피선거권에 관한 제한은 합리적이고 납득할 만한 상당한 이유가 있어야 한다.

조합 임원의 결격사유는 주택법에 명시되어 있지 않지만, 아래와 같이 도시및주거환경정비법의 관련규정을 참조하여 조합규약에 다음과 같은 결격사유를 정할 수 있을 것이다(도시및주거환경정비법 제43조 참조).

○ 미성년자·피성년후견인 또는 피한정후견인

○ 파산선고를 받고 복권되지 아니한 자

○ 금고 이상의 실형을 선고받고 그 집행이 종료(종료된 것으로 보는 경우를 포함한다)되거나 집행이 면제된 날부터 2년이 지나지 아니한 자

○ 금고 이상의 형의 집행유예를 받고 그 유예기간 중에 있는 자

한편, 리모델링 주택조합이 주체가 되어 리모델링을 추진하는 과정에서 조합원 총회를 개최하여 조합장 및 감사선출 결의, 대의원 및 이사 인준 결의를 하였다고 하더라도, 이는 리모델링 주택조합 내부의 의사결정에 불과하다고 할 것인바, 리모델링에 동의하지 아니한 비조합원은 이로 인해 자신의 권리나 법적 지위에 현존하는 위험 또는 불안이 야기되었다고 볼 수 없으므로 위 각 결의의 효력을 다툴 확인의 이익이 없다.[52]

(3) 임원의 직무내용

주택법에 따라 설립인가된 조합은 민법상 법인의 성격을 지니는바, 조합장은 조합을 대표하고 그 사무를 총괄하며 주택법이나 민법에서 달리 정하지 않는 한 조합의 사무에 관하여 재판상 또는 재판외의 모든 행위를 할 수 있다. 또한 조합장은 총회와 대의원회 및 이사회의 의장이 된다.

이사는 규약이 정하는 바에 따라 조합장을 보좌하고, 조합의 사무를 분장하며, 이사회에 부의된 사항을 심의·의결한다.

감사는 조합의 사무 및 재산상태와 회계에 관한 사항을 감사하고 총회 또는 대의원회에 감사결과 보고서를 제출하여야 한다. 감사는 조합의 재산관리 또는 업무집행이 공정하지 못하고 부정이 있을 경우 대의원회 또는 총회에 보고하여야 하고, 보고를 위한 회의를 소집할 것을 조합장에게 요구할 수 있다. 이때 조합장이 회의를 소집하지 않는 경우 감사가 직접 회의를 소집·진행한다.

조합장 또는 이사가 자기를 위한 조합과의 계약이나 소송에 관련되었을 경우에는 감사가 조합을 대표한다. 마지막으로 조합임원은 당해 업무를 성실히 수행하기 위하여 다른 리모델링주택조합의 임원 또는 직원을 겸할 수 없도록 하는 것이 바람직하다.

---

52) 서울고등법원 2008. 5. 30. 선고 2007나93440판결 참조

(4) 임원의 해임

조합임원이 직무유기 및 태만, 부정 또는 관계법령 및 조합규약에 위반하여 조합에 부당한 손실을 초래한 경우에는 조합원이 조합임원을 해임할 수 있도록 조합규약에 해임에 관한 사항을 규정해야 한다(주택법 시행령 제20조 제2항 제5호). 이 경우 조합임원의 해임에 있어 반드시 해임사유가 존재하여야 하는지가 문제되나, 조합임원과 조합의 관계에 있어서는 양자 간의 신뢰관계가 중시되어야 하므로 조합임원이 조합으로부터 신임을 상실한 경우 그 해임이 가능하다고 할 것이고 조합 규약에서 정한 해임사유는 주의적 규정이라고 볼 것이다.[53]

라. 총회

(1) 총회의 의의

조합에는 조합원으로 구성되는 총회를 두어야 한다. 조합원 총회는 최고의 의사결정기관으로서 주택법 시행령은 조합원의 권익과 직접적인 관계가 있는 의결사항을 규정하면서 반드시 총회에서 의결하도록 규정하고 있다.

(2) 총회의 의결사항

총회는 리모델링주택조합의 최고 의사결정기관이다. 그러나 총회 소집에는 많은 시간과 비용이 소요되므로, 실무상 조합규약에 총회에서 의결할 핵심적인 사항을 규정하고 중요하지 아니한 사항은 대의원회에 위임하고 있다. 다만, 조합원의 권리·의무에 중대한 영향을 끼칠 수 있는 사항은 반드시 총회 의결사항으로 규정하여야 한다.

주택법 시행령 제20조 제3항 및 동법 시행규칙 제7조 제5항은 '반드시 총회의 의결을 거쳐야 하는 사항'으로 다음과 같이 규정하고 있다.

---

53)   서울고등법원 2009. 12. 18. 선고 2009나37581판결

○ 조합규약(영 제20조 제2항 각 호의 사항만 해당한다)의 변경

○ 자금의 차입과 그 방법·이자율 및 상환방법

○ 예산으로 정한 사항 외에 조합원에게 부담이 될 계약의 체결

○ 법 제11조의2제1항에 따른 업무대행자(이하 "업무대행자"라 한다)의 선정·변경 및 업무대행계약의 체결

○ 시공자의 선정·변경 및 공사계약의 체결

○ 조합임원의 선임 및 해임

○ 사업비의 조합원별 분담 명세 확정(리모델링주택조합의 경우 법 제68조 제4항에 따른 안전진단 결과에 따라 구조설계의 변경이 필요한 경우 발생할 수 있는 추가 비용의 분담안을 포함한다) 및 변경

○ 사업비의 세부항목별 사용계획이 포함된 예산안

○ 조합해산의 결의 및 해산시의 회계 보고

(3) 총회 소집 및 결의방법

주택법은 총회 소집 및 결의방법 등에 관한 제한규정을 두고 있지 않다. 따라서 총회 소집 및 결의방법은 조합규약에서 정한 바에 따른다.

일반적으로 총회를 개최하거나 일시를 변경하는 경우에는 총회의 목적, 안건, 일시, 장소, 변경사유 등과 관련하여 미리 이사회의 의결을 거쳐 총회의 소집 1주일 전에 조합원에게 이를 서면 통지하여야 하며, 총회는 통지한 사항에 관하여서만 결의할 수 있다. 다만 조합원, 대의원 또는 감사의 요구로 총회를 소집하는 경우에는 이사회의 의결을 거칠 필요가 없다.

총회의 결의방법은 통상 재적조합원 2분의 1 이상의 출석(출석 조합원의 의결권이 전체 의결권의 2분의 1 이상이어야 함)으로 개의하고 출석조합원 및 출석조합원 의결권의 각 2분의 1 이상의 찬성으로 의결하며, 가부 동수일 때에는 의장이 그 결정권을 행사할 수 있다.

한편 조합원의 재산권, 비용부담에 관한 사항 등 조합원의 권익과 직결되는 중요한 사항은 재적조합원 3분의 2 이상의 출석(출석 조합원의 의결권이 전체 의결권의 3분의 2이상이어야 함)과 출석 조합원 및 출석조합원 의결권의 각 3분의 2 이상으로 개의요건 및 의결정족수를 강화하여 규약에 규정할 수 있다.

조합원은 서면 또는 대리인을 통해 결의권을 행사할 수 있으며, 서면결의서를 제출코자 할 때에는 안건내용에 구체적인 의사를 표시하여 총회 전일까지 조합에 도착하도록 해야 한다. 조합규약에서 조합 총회의 결의에 대리인이 참석할 경우 본인의 위임장에 인감증명서를 첨부하여 제출하도록 규정하고 있는 경우 그 취지는 조합원 본인에 의한 진정한 위임

이 있었는지를 확인하기 위한 것이므로, 조합원 본인이 사전에 대리인에게 총회참석을 위임하여 그 자격을 소명할 수 있는 위임장을 작성해 주고 대리인이 총회에 출석하여 그 위임장을 제출하였다면 본인의 인감증명서가 뒤늦게 제출되었다는 사정만으로 대리인의 참석을 무효라고 할 수 없다.[54]

총회의 의결을 하는 경우 조합원의 100분의 10 이상이 직접 출석하여야 하며, 창립총회 또는 주요사항에 관하여 의결을 하는 총회의 경우 조합원의 100분의 20 이상이 직접 출석할 것을 요한다(주택법 시행령 제20조 제4항).

(4) 조합원 총회의 종류

정기총회는 조합규약에 의거 매년 1회, 일정한 시기에 조합장이 소집하여 개최하며, 조합 운영과 관련하여 중요한 의사결정이 필요하다고 인정될 경우 조합장이 수시로 임시총회를 개최할 수 있다.

또한 일정 비율 이상의 조합원, 대의원 또는 감사에게도 총회 소집요구권이 있어 조합원의 권익을 보호할 수 있도록 하는데, 이때 소집을 요구할 수 있는 조합원 및 대의원의 수는 전체 조합원 수 등을 고려하여 조합규약에 적절히 규정하여야 한다.

마. 대의원회

(1) 대의원회의 의의

주택법은 도시및주거환경정비법이 대의원회를 필요적 기관으로 규정하고 있는 것과 달리 대의원회에 관한 규정을 별도로 두고 있지 않다. 그러나 주택법 시행령 제20조 등에서 규정한 필요적으로 총회의 의결을 거쳐야 하는 사항을 제외한 모든 안건에 관하여 총회를 소집한다는 것은 시간과 비용이 다수 소모되어 비효율적이라는 점을 고려할 때, 의사결정을 위한 대의기관으로 대의원회를 두는 것이 타당하다고 할 것이다. 이 경우 대의원회의

---

54)   대법원 2007. 7. 26. 선고 2007도3453 판결 등

구성과 결의사항·결의방법 등을 명시적으로 조합규약에 규정하여야 한다.

(2) 대의원의 구성 및 선출

대의원은 의사기관으로서 역할을 고려할 때, 세대수에 비례하여 각 동별로 구성하는 것이 바람직하고, 총 대의원 수는 단지 규모, 전체 조합원의 수를 고려하여 합리적으로 결정하여야 한다. 대의원은 조합원 중에서 선출하되, 의사결정기관이라는 점에서 조합의 집행기관을 구성하는 조합임원이 이를 겸직하는 것은 의결기관과 집행기관을 구분한 제도의 본질에 부합하지 않으므로 조합임원은 대의원이 될 수 없다.

(3) 대의원회의 의결사항

대의원회에서 결의할 내용은 주택법 시행령 제20조에 규정된 '반드시 총회의 의결을 거쳐야 할 사항' 이외의 것으로서 대의원회에 위임된 사항과 조합원의 기본적인 권리·의무를 변동시키는 것이 아닌 다음과 같은 사항으로 한정하는 것이 바람직하다.

○ 예산 및 결산의 승인에 관한 사항
○ 중요 규정 등의 제정 및 변경
○ 총회 부의안건의 사전심의
○ 기타 규약으로 정하는 사항

---

(4) 대의원회의 운영

① 대의원회의 소집
대의원회의 소집절차는 조합규약에 정한 바에 따른다.
표준규약에 따를 때, 대의원회는 의장(조합장)이 필요하다고 인정하는 때와 대의원의 3분의 1 이상(규약에서 달리 정한 경우에는 그에 의한다)이 회의의 목적사항을 제시하여 청구하는 때에 소집한다. 일정수의 대의원들이 소집 요구한 대의원회를 조합장이 정당한 이유 없이 소집하지 아니하는 경우 감사 또는 회의 소집을 요구한 대의원 공동명의로 소집할 수 있다. 대의원 공동명의로 소집한 경우 소집을 요구한 대의원 중 대표가 의장의 직무를 대행하여 대의원회 의사를 진행한다. 대의원회는 회의개최 7일 전까지 회의목적, 안건, 일시, 및 장소를 조합규약이 정하는 바에 따라 공고하고 대의원에게 개별 통지해야 한다.

② 대의원회의 의결방법

표준규약에 따를 때, 대의원회는 재적대의원 과반수 출석과 출석대의원 과반수의 찬성으로 의결하고, 사전에 통지한 안건에 관하여만 의결할 수 있다. 특정한 대의원의 이해와 관련된 사항에 대하여는 그 대의원은 의결권을 행사할 수 없다.

대의원은 서면 또는 대리인을 통해 의결권을 행사할 수 있으며, 서면결의서를 제출코자 할 때에는 안건내용에 대한 구체적인 의사를 표시하며 대의원회 전일까지 조합에 도착하도록 해야 한다.

바. 이사회

조합에는 조합의 사무를 집행하기 위하여 조합장과 이사들로 구성하는 이사회를 둘 수 있고, 이사회는 조합장이 회의를 소집하고 이사회의 의장이 된다. 감사는 이사회 출석하여 의견을 진술할 수 있으나, 표결권은 없다. 또한 이사회는 필요할 경우 감사에게 조합의 업무에 대하여 감사를 요청할 수 있다.

이사회는 집행의결기관으로서 다음의 사무를 집행한다.

○ 조합의 예산 편성 및 통상 업무의 집행에 관한 사항
○ 총회 및 대의원회 상정안건의 심의·결정에 관한 사항
○ 조합업무규정 등의 제정 및 개정안 작성에 관한 사항
○ 기타 조합의 운영과 사업시행에 관하여 필요한 사항

3
국토교통부 질의 회신

공동주택 리모델링주택조합 창립총회에 관련된 질의

2015. 12. 7. 주택정비과

□ 질의요지

1. 리모델링주택조합 창립총회의 성원이 충족되려면 리모델링주택조합설립에 동의한 구분소유자가 얼마나 참석하여야 되는지

2. 「주택법」에 따른 공동주택 리모델링주택조합 창립총회의 방법 및 절차 등을 「도시 및 주거환경정비법」 시행령 제22조의2(창립총회의 방법 및 절차 등)의 규정을 준용하여야 하는지

□ 회신내용

1. 「주택법」 시행령 제37조 제1항에 따르면 주택조합의 설립인가 시 조합규약 등을 제출하게 되어 있으며, 조합규약에는 총회의 소집절차·소집시기 및 조합원의 총회소집 요구에 관한 사항, 총회의 의결을 요하는 사항과 그 의결정족수 및 의결절차 등을 조합규약에 포함하도록 하고 있습니다.

2. 따라서, 창립총회의 성원, 방법 및 절차 등에 대하여는 조합규약에서 정한 바에 따라 정하여야 할 것으로 판단됨을 알려드립니다.

2018. 12. 6. 주택정비과

□ 질의요지

공동주택을 리모델링하기 위하여 주택조합을 설립하는 경우에도 구분소유자의 결의를 증명하는 서류뿐만 아니라 80퍼센트 이상 토지의 사용권원도 확보해야 하는지

□ 회신내용

공동주택 리모델링은 주택소유자 등을 대상으로 한 의결권의 결의를 통해 주택조합설립 인가를 받는 것이므로 토지의 사용권원과 관계없이 「주택법」 제11조 제3항에 따른 기준을 충족하면 될 것으로 판단됩니다.

2015. 12. 7. 주택정비과

□ 질의요지

비용의 분담기준 관련

□ 회신내용

「도시 및 주거환경정비법 시행령」 제26조 제2항 제3호에 따르면 '공사비 등 정비사업에 드는 비용의 분담기준'을 조합설립인가동의서에 포함하도록 규정하고 있으며, 비용의 분담기준이란 전체 혹은 개인의 부담금의 범위가 아니라 정비사업을 통해 최종적으로 발생될 금액을 어떤 기준에 따라 조합원에게 부담시킬 것인지 그 기준을 정하는 것이며, 이 법은 주택재개발 및 주택재건축 등 이 법에 따른 정비사업에 대한 규정으로서 질의하신 공동주택 리모델링에 대한 적용 규정은 아니기 때문에 리모델링조합에 대하여 적용할 수 없으며, 제46조에 명시한 규정은 개략적인 부담금 내역을 통지토록 규정한 것이고, 시행령 제26조에 명시한 규정은 비용의 분담기준을 포함토록 규정한 것입니다.

리모델링 주택조합 조합원의 자격

2016. 1. 26. 주택정비과

□ 질의요지

리모델링 주택조합 조합원은 공동주택 및 복리시설의 소유권을 가진 전체 소유자를 뜻하는 것인지, 아니면 공동주택 및 복리시설의 소유권을 가진 소유자 중 주택조합설립에 동의한 자인지

□ 회신내용

리모델링주택조합의 조합원은 주택법 시행령 제38조 제1항 제3호에 따른 조합원이 될 수 있는 자 중에서 리모델링주택조합의 설립에 동의한 자가 조합원이 될 것으로 판단됨을 알려드립니다.

대위원회가 없는 공동주택 리모델링주택조합의 규약에 대한 질의

2016. 1. 26. 주택정비과

□ 질의요지

비용절감과 원활한 사업진행절차를 위하여 "공동주택 리모델링주택조합 규약"에 있는 "대의원회" 설치 없는 조합규약으로 「주택법」 제11조 및 동법 시행령 제20조 등에 따라 공동주택 리모델링주택조합 설립승인 신청이 가능한지

□ 회신내용

1. 「주택법」 시행령 제20조 제1항에서 주택조합의 설립을 받으려는 자는 신청서에 조합규약 등을 첨부하여 관할 시장·군수·구청장에게 제출하도록 규정하고 있으며, 조합규약에 포함될 사항은 같은 조 제2항에서 규정하고 있습니다.

2. 귀 질의하신 조합규약에 대의원회 포함 여부는 「주택법」 시행령에서는 별도 규정하고 있지 않으며, 대의원회 관련 사항의 조합규약 포함 여부는 주택조합 설립 신청자가 정할 사항으로 판단됩니다. 이와 관련된 보다 구체적인 사항은 조합설립인가권자인 관할 시장·군수·구청장에게 문의하여 주시기 바랍니다.

제7장

안전진단 및 안전성 검토

홍석진 변호사

1
안전진단[55]의 실시

2013. 12. 24. 개정되기 전 주택법 제42조 제2항 단서에서 도시 및 주거환경정비법 제12조를 준용하여 안전진단을 하여야 하며, 안전진단 결과 건축물 구조의 안전에 위험이 있다고 평가되어 주택재건축사업의 시행이 필요하다고 결정된 공동주택의 경우에는 증축을 위한 리모델링을 할 수 없다고만 규정하고 있었고, 2013. 12. 24. 개정된 주택법에서는 증축형 리모델링에 대하여 해당 건축물의 증축 가능여부와 구조안전에 대한 상세확인 등을 위하여 안전진단기관에 의뢰하여 안전진단을 실시하도록 규정하고 있었다. 그 후 공동주택의 관리방법에 일부 조문이었던 안전관리에 대한 조문이 2016. 12. 2. 주택법 개정으로 별도로 증축형 리모델링의 안전진단을 규정(제68조)하게 되었고 2017. 2. 8. 도시 및 주거환경정비법 전부개정에 따라 일부 타법개정이 있었고 주택법 제68조 등 안전진단에 관한 조문은 현행법으로 이어지고 있다.

가. 증축형 리모델링의 안전진단

주택법상 리모델링에는 대수선(주택법 제2조 제25호 가목)과 주택법 제49조에 따른 사용검사일(주택단지 안의 공동주택 전부에 대하여 임시사용승인을 받은 경우에는 그 임시사용승인일) 또는 건축법 따른 사용승인일로부터 15년(15년 이상 20년 미만의 연수 중 특별시·광역시·특별자치시·도 또는 특별자치도의 조례로 정하는 경우에는 그 연수)이 지난 공동주택을 각 세대의 주거전용면적(건축법 제38조에 따른 건축물대장 중 집합건축대장의 전유부분)의 30퍼센트 이내(세대의 주거전용면적이 85제곱미터 미만인 경우에는 40퍼센트 이내)에서 증축하는 리모델링(주택법 제2조 제25호 나목), 주택법 제2조 제25호 나목에 따른 각 세대의 증축 가능 면적을 합산한 면적의

---

55) 수직증축형 리모델링을 실시할 목적으로 조합설립인가를 받았는데, 안전진단 실시 결과 수직증축이 적합하지 않다는 결과가 나올 경우 혼란이 있을 수 있으므로, 추진위원회에서 시장·군수·구청장에게 안전진단 요청을 하고 그 결과에 따라 리모델링조합설립 동의서를 징구하는 것이 바람직할 것으로 보인다.

범위에서 기존 세대수의 15퍼센트 이내에서 세대수를 증가하는 세대수 증가형 리모델링과 수직으로 증축하는 수직증축형 리모델링이 있다(주택법 제2조 제25호 다목).

주택법 제2조 제25호 나목 및 다목에 규정된 증축형리모델링을 하려는 자는 시장·군수·구청장에게 안전진단을 요청하여야 하며, 안전진단을 요청받은 시장·군수·구청장은 해당 건축물의 증축 가능여부의 확인 등을 위하여 안전진단을 실시하여야 한다(주택법 제68조 제1항).

시장·군수·구청장은 안전진단을 실시하는 경우에는 대통령령으로 정하는 기관[56]에 안전진단을 의뢰하여야 하며, 안전진단을 의뢰받은 기관은 리모델링을 하려는 자가 추천한 건축구조기술사(구조설계를 담당할 자)와 함께 안전진단을 실시하여야 한다(주택법 제68조 제2항).

시장·군수·구청장이 안전진단으로 건축물 구조의 안전에 위험이 있다고 평가하여 도시 및 주거환경정비법 제2조 제2호 다목에 따른 재건축사업 및 빈집 및 소규모주택 정비에 관한 특례법 제2조 제1항 제3호 다목에 따른 소규모재건축사업의 시행이 필요하다고 결정한 건축물은 증축형 리모델링을 하여서는 아니 된다(주택법 제68조 제3항).

주택법 제68조 및 제4항에 따라 안전진단을 의뢰받은 기관은 국토교통부장관이 정하여 고시하는 기준(2020. 12. 30. 국토교통부고시 제2020-1182호)에 따라 안전진단을 실시하고, 리모델링 대상 건축물의 증축 가능 여부 및 도시 및 주거환경정비법 제2조 제2호 다목에 따른 재건축사업의 시행 여부에 관한 의견, 건축물의 구조안전성에 관한 상세 확인 결과 및 구조설계의 변경 필요성(주택법 제68조 제4항에 따른 안전진단의 경우만 해당)을 포함한 안전진단결과보고서(주택법 시행규칙 제29조)를 작성하여 안전진단을 요청한 자와 시장·군수·구청장에게 제출하여야 한다.

시장·군수·구청장은 제1항 및 제4항에 따라 안전진단을 실시하는 비용의 전부 또는 일부를 리모델링을 하려는 자에게 부담하게 할 수 있고(주택법 제68조 제6항), 주택법 제68조 제5항에 따라 안전진단전문기관으로부터 안전진단 결과보고서를 필요하다고 인정하는 경우에는 제출받은 날부터 7일 이내에 국토안전관리원 또는 한국건설기술연구원에 안전진단 결과보고서의 적정성에 대한 검토를 의뢰할 수 있다(주택법 시행령 제78조 제3항). 그리고 시장·군수·구청장은 주택법 제68조 제1항에 따른 안전진단을 한 경우에는 법 제68조 제5항에 따라 제출받은 안전진단 결과보고서, 주택법 시행령 제78조 제3항에 따른 적정성 검토 결과 및 주택법 제71조에 따른 리모델링 기본계획을 고려하여 안전진단을 요청한 자에게

---

56) 1. 시설물의 안전 및 유지관리에 관한 특별법 제28조에 따라 등록한 안전진단전문기관
　　　2. 국토안전관리원법에 따른 국토안전관리원
　　　3. 과학기술분야 정부출연연구기관 등의 설립·운영 및 육성에 관한 법률 제8조에 따른 한국건설기술연구원

증축 가능 여부를 통보하여야 한다.

나. 수직증축형 리모델링의 경우

수직증축형 리모델링의 경우 2020. 12. 30. 국토교통부 고시 제2020-1182호 증축형 리모델링 안전진단기준의 규정에 따라 안전진단을 2차에 거쳐 받게 되는데 1차 안전진단은 주택법 제68조 제1항에 따라 조합 등 증축형 리모델링을 하려는 자가 시장·군수·구청장에게 요청하여 해당 건축물의 증축 가능 여부의 확인 등을 위하여 실시하는 안전진단이고(주택법 제68조 제1항에 따른 안전진단), 2차 안전진단은 주택법 제68조 제4항에 따라 수직증축형 리모델링에 대하여 허가가 있은 후 해당 건축물의 구조안전성 등에 대한 상세 확인을 위하여 실시하는 안전진단이다(주택법 제68조 제4항에 따른 안전진단).

수직증축형 리모델링하려는 자는 수직증축형 리모델링에 대하여 허가를 받은 이후 해당 건축물의 구조안전성 등에 대한 상세 확인을 위하여 2차 안전진단을 받아야 하는데, 시장·군수·구청장은 수직증축형리모델링을 허가한 후에 안전진단을 실시하여야 하고, 이 경우 안전진단을 의뢰받은 기관은 리모델링하려는 자가 추천한 건축구조기술사와 함께 안전진단을 실시하여야 한다. 그리고 안전진단 이후 구조설계의 변경 등이 필요한 경우에는 위 건축구조기술사로 하여금 이를 보완하도록 하여야 한다(주택법 제68조 제4항).

2차 안전진단의 경우, 주택법 시행령 제78조 제2항에 따라 1차 안전진단을 실시한 기관 외의 기관이 안전진단을 실시하여야 하지만, 1차 안전진단 기관이 한국시설안전공단 또는 한국건설기술연구원이거나, 안전진단 의뢰(시장·군수·구청장이 지방자치단체를 당사자로 하는 계약에 관한 법률 제9조 제1항 또는 제2항에 따라 입찰에 부치거나 수의계약을 시도하는 경우로 한정)에 응하는 기관이 없는 경우에는 1차 안전진단을 실시한 기관이라도 2차 안전진단을 실시할 수 있다.

수직증축형 리모델링의 안전진단 절차 등을 간단하게 도식화하면 다음과 같다.

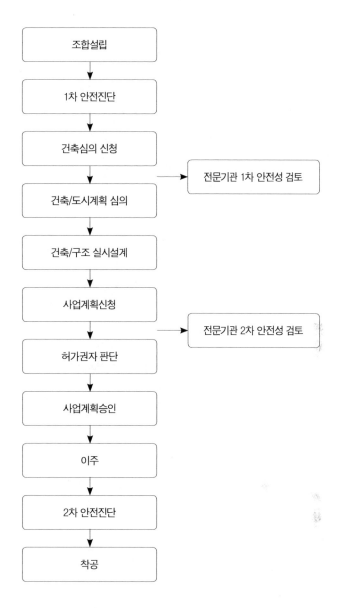

※ 각 단계에서 신청 등이 부적법하거나 허가 등이 반려 내지 거부되었을 시에는 다시금 전단계로 돌아가야 할 수 있고, 안전진단 후 설계변경 시에는 다시금 사업계획신청 단계부터 절차를 거쳐야 할 수도 있음.

다. 안전진단 실시 기준 및 보고서 제출

안전진단을 의뢰받은 기관은 국토교통부장관이 정하여 고시하는 기준(2020. 12. 30. 국토교통부고시 제2020-1182호)에 따라 안전진단을 실시하고, 리모델링 대상 건축물의 증축 가능 여부 및 도시 및 주거환경정비법 제2조 제2호 다목에 따른 재건축사업의 시행 여부에 관한 의견과 건축물의 구조안전성에 관한 상세확인 결과 및 구조설계의 변경 필요성(주택법 제68조 제4항에 따른 안전진단의 경우)이 포함된 안전진단 결과보고서를 작성하여 안전진단을 요청한 자와 시장·군수·구청장에게 제출하여야 한다[57](주택법 제68조 제5항, 주택법시행규칙 제29조).

국토교통부에서 제정하여 수차례 개정을 거쳐 2021. 1. 1.부터 시행되고 있는 현행 증축형 리모델링 안전진단기준의 내용은 다음과 같다.

증축형 리모델링 안전진단기준

[시행 2021. 1. 1.] [국토교통부고시 제2020-1182호, 2020. 12. 30., 일부개정]

제1장 총칙

제1절 목적

1-1-1. 이 기준은 주택법 제68조 제5항에 따라 증축형 리모델링을 위한 안전진단의 실시 방법 등에 필요한 사항을 정하는 것을 목적으로 한다.

---

57) 여기에서 안전진단기관의 안전진단판정결과가 행정처분이라고 볼 수 있는지 여부가 문제되는바, 서울행정법원은 2006. 7. 5. 추진위원회의 안전진단 신청에 따라 안전진단 전문기관으로 하여금 안전진단을 실하게 한 결과 D등급 판정이 나온 것에 대하여 다른 건축물의 소유자가 피고를 상대로 그 등급판정의 취소를 구한 사안에서, 이 사건 아파트에 대한 안전진단 결과를 D급으로 한 것은 피고가 아니라 피고에 의해 안전진단 기관으로 지정된 주식회사 A이고 피고는 추진위원회의 안전진단 신청에 따라 현지조사와 전문가의 의견청취 등을 거쳐 안전진단을 실시하기로 결정한 후 주식회사 A를 안전진단기관으로 지정하였을 뿐이며, 피고가 재건축 허용여부를 결정하려면 안전진단결과와 도시계획 및 지역여건 등을 종합적으로 검토하여야 하는데, 주식회사 A가 제출한 이 사건 아파트에 대한 안전진단 D급 결과는 이 사건 아파트에 대한 재건축을 허용하는 결정을 하기 위한 검토자료일 뿐이고 피고가 주식회사 A가 제출한 이 사건 아파트에 대한 안전진단결과보고서에 기초하여 별도의 독립한 행정처분으로서 안전진단 D급 판정을 했다고 보기 어렵다(서울행정법원 2006. 7. 5. 선고 2005구합34923 판결)고 판시한 바 있다.

제2절 용어의 정의

1-2-1. 1차 안전진단 : 주택법(이하 "법"이라 한다) 제68조 제1항에 따라 증축형 리모델링을 하려는 자(이하 "조합등"이라 한다)가 시장·군수·구청장(이하 "시장·군수"라 한다)에게 요청하여 해당 건축물의 증축 가능 여부의 확인 등을 위하여 실시하는 안전진단을 말한다.

1-2-2. 2차 안전진단 : 법 제68조 제4항에 따라 수직증축형 리모델링을 허가한 후에 해당 건축물의 구조안전성 등에 대한 상세 확인을 위하여 실시하는 안전진단을 말한다.

제3절 적용범위

1-3-1. 시장·군수는 증축형 리모델링을 위한 안전진단의 실시 여부를 결정하기 위하여 도시 및 주거환경정비법(이하 "도시정비법"이라 한다) 제12조 제3항 및 주택 재건축 판정을 위한 안전진단 기준에 따라 현지조사를 실시할 수 있다.

    (1) 현지조사의 표본은 단지배치, 동별 준공일자규모형태 및 세대 유형 등을 고려하여 골고루 분포되게 선정하되, 최소한으로 조사해야 할 표본 동 수의 선정 기준은 다음 표와 같다.

규모(동수)	산식	최소 조사동수	비고
10동 이하	전체 동수의 20%	1~2동	
11~30	2 + (전체 동수 - 10) × 10%	3~4동	
31~70	4 + (전체 동수 - 30) × 5%	5~6동	
71동 이상	-	7동	

    (2) 현지조사에서 최소한으로 조사해야 할 세대수는 조사 동당 1세대를 기본으로 하되, 단지당 최소 3세대 이상으로 한다.

    (3) 현지조사의 조사항목은 다음과 같다.

조사항목	중점 평가사항	비고
지반상태	· 지반침하상태(침하여부, 침하량, 진행성) · 지반침하유형(부동침하, 전체침하)	모든 구조형식 평가
변형상태	· 건축물 기울기 · 바닥판 변형(경사변형, 휨변형)	
균열상태	· 균열유형(구조균열, 비구조균열, 지반침하로 인한 균열) · 균열상태(형상, 폭, 진행성, 누수)	
하중상태	· 하중상태(고정하중, 활하중, 과하중 여부)	
구조체 노후화상태	· 철근노출 및 부식상태, 박리/박락상태, 백화상태, 누수상태	
구조부재의 변경 상태	· 구조부재의 철거, 변경 및 신설	

1-3-2. 증축형 리모델링을 위한 안전진단은 이 기준에 따라 실시하여야 한다. 구체적인 안전진단 방법이나 실시요령은 국토안전관리원과 한국건설기술연구원(이하 "전문기관"이라 한다)이 협의하여 정하는 증축형 리모델링 안전진단 매뉴얼(이하 "매뉴얼"이라 한다)을 참고한다.

1-3-3. 이 기준은 철근콘크리트 벽식구조의 공동주택에 적용한다. 다만, 철근콘크리트 벽식구조가 아닌 공동주택에 대하여는 시장·군수의 요청에 의하여 국토교통부장관이 정하는 방법에 따라 안전진단을 실시할 수 있다.

1-3-4. 법 제68조에 따라 이 기준으로 실시한 안전진단결과 중 다음에 해당하는 결과는 도시정비법 제2조 제2호 다목에 따른 주택재건축사업의 시행 여부를 판단하기 위한 재건축 안전진단에 활용할 수 있다.
　　(1) 구조안전성 평가를 위하여 실시한 현장조사 결과
　　(2) 구조안전성 평가를 위하여 실시한 평가항목 중 재건축 안전진단과 동일한 평가항목에 대한 평가 등급, 평가기준 및 성능점수 결과

제2장 1차 안전진단

제1절 현장조사

2-1-1. 1차 안전진단의 시행절차는 다음과 같다.

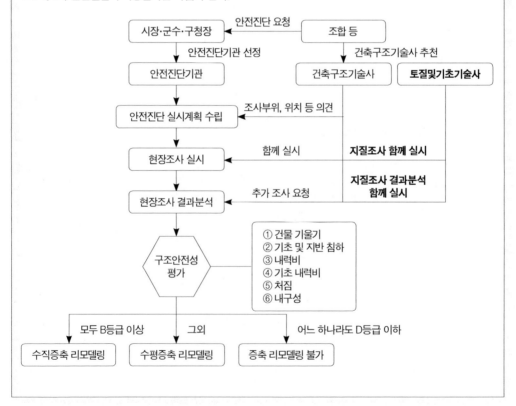

2-1-2. 안전진단 기관은 조합 등이 추천한 건축구조기술사(이하 "구조설계자"라 한다)와 함께 구조안전성 평가를 위한 현장조사를 실시하여야 한다.

2-1-3. 안전진단 기관은 구조설계자의 의견을 들어 현장조사의 평가항목별 조사부위, 위치 등을 결정하여야 하며, 구조설계자가 요청하는 경우에는 추가 현장조사를 실시할 수 있다.

2-1-4. 안전진단 기관은 현장조사 결과를 토대로 기존 구조도와 현장조사 결과의 적합성 등을 평가하여야 하며 그 평가 결과에 따른 다음 사항에 대하여는 안전진단과 관련된 구조설계자, 건축사 등 이해관계자들과 공유하여야 한다.
(1) 구조도(편집 가능한 CAD 파일)
(2) 콘크리트, 철근 등 구조재료의 설계강도에 대한 적합성 평가 결과

2-1-5. 안전진단 기관은 구조설계자 및 관련 토질및기초기술사와 함께 지질조사를 실시하고 지반특성, 말뚝 근입깊이를 고려하여 다음의 검증된 계산식에 의해 기존 말뚝의 설계지지력을 추정하여야 한다.
(1) 기존 말뚝의 극한지지력은 국토교통부에서 제정한 「구조물기초설계기준」 등 공신력 있는 말뚝 축방향 극한지지력 추정식에 의해 산정한다.
(2) 기존 말뚝의 설계지지력은 「건축구조기준」의 "말뚝의 허용지지력"에 따라 극한지지력의 3분의 1 이하의 값으로 산정한다.
(3) 검증된 계산식에 의한 기존 말뚝의 설계지지력 추정은 모든 지질조사 위치에 대해 수행한다.
(4) 타입공법으로 시공된 PC 말뚝의 최대 근입깊이는 표준관입시험의 N=40을 초과할 수 없다.
(5) 검증된 계산식에 의한 동별 기존 말뚝의 설계지지력은 지질조사 위치의 평균값을 적용하되, 개별 설계지지력이 평균값의 90% 이하인 경우 편차가 10% 이내가 되도록 평균값을 조정하여야 한다.
(6) 기타 지질조사 위치, 수량, 방법 등 세부 사항은 매뉴얼에 따른다.

제2절 구조안전성 평가

2-2-1. 구조안전성 평가는 다음 표와 같이 기울기 및 침하, 내하력, 내구성으로 구분하여 각 평가항목별로 한다.

평가부문	평가항목	조사항목
기울기 및 침하	① 건물 기울기	건물 4면의 기울기
	② 기초 및 지반 침하	기초 및 지반침하
내하력	③ 내력비	콘크리트 강도
		철근배근 상태
		부재단면치수
		하중상태
		부재배치상태
	④ 기초 내력비	지질조사(전단파속도, 지하수위)
	⑤ 처짐	처짐

내구성	⑥ 내구성	콘크리트 중성화
		염분 함유량
		철근부식
		균열
		표면 노후화 (박리/박락, 철근노출, 층분리)

2-2-2. 평가항목별 평가등급은 다음 표와 같이 A~E의 5단계로 구분하여 평가한다.

평가등급	A	B	C	D	E
대 표 성능점수	100	90	70	40	0
성능점수 (PS) 범위	100≧PS>95	95≧PS>80	80≧PS>55	55≧PS>20	20≧PS≧0

2-2-3. 평가항목별 조사할 표본 및 수량, 평가등급 및 기준은 다음의 방식으로 정한다.
  (1) 구조안전성 평가를 위한 조사 동수는 증축 리모델링을 하고자 하는 모든 동을 대상으로 한다.
  (2) 구조안전성 평가는 평가항목별 표본을 선정하여 조사하며, 동별 최소 조사층 및 최소 조사부재
    수량은 매뉴얼을 참고한다.
  (3) 평가항목별 평가등급은 조사결과에 요소별(항목별, 부재별, 층별) 중요도를 고려하여 성능점수
    를 산정하여 결정하며, 세부 평가기준 및 성능점수 산정방법은 매뉴얼을 참고한다.

제3절 증축형 리모델링 판정기준

2-3-1. 각 평가항목별 평가등급이 모두 B등급 이상(성능점수가 80점 초과)인 경우에는 '수직증축 리모델링
가능'으로 판정한다.

2-3-2. 각 평가항목 중 어느 하나의 평가등급이 D등급 이하(성능점수가 55점 이하)인 경우에는 '증축형 리
모델링 불가'로 판정한다.

2-3-3. 평가항목별 평가등급이 2-3-1 및 2-3-2에 해당되지 않은 경우는 '수평증축 리모델링 가능'으로 판정
한다.

제3장 2차 안전진단

제1절 현장 조사

3-1-1. 2차 안전진단의 시행절차는 다음과 같다.

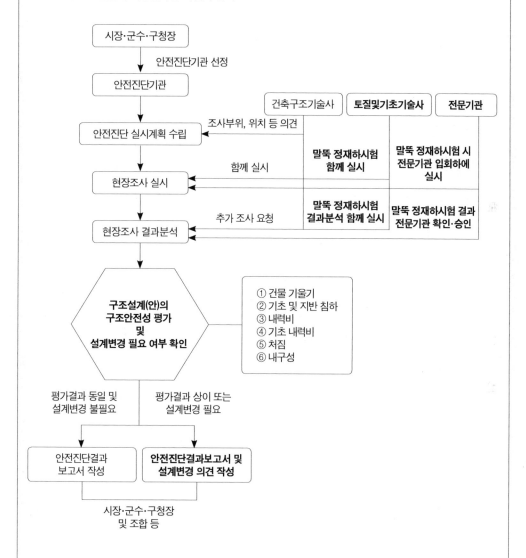

3-1-2. 안전진단 기관은 구조설계자와 함께 1차 안전진단에서 평가한 구조안전성과 리모델링 설계(안)의 적합성 등에 대한 상세 확인을 위한 현장조사를 실시하여야 한다.

3-1-3. 현장조사는 해당 건축물의 마감재를 제거한 상태에서 실시하며, 1차 안전진단 시 조사한 부위를 포함하며, 2차 안전진단의 특성에 맞게 표본 수를 늘리고 조사항목을 추가하여야 한다.

3-1-4. 기초 내력비의 기초지반 지내력 또는 말뚝 지지력에 대하여는 직접 시험법을 적용한다.

3-1-5. 안전진단 기관은 구조설계자 및 관련 토질및기초기술사와 함께 말뚝 정재하시험을 실시하고 기존 말뚝의 설계지지력을 확인하여야 한다.
    (1) 정재하시험에 의한 기존 말뚝의 설계지지력은 모든 재하시험 위치에 대해 산정한다.
    (2) 정재하시험에 의한 동별 기존 말뚝의 설계지지력은 개별 설계지지력의 최소값으로 한다.
    (3) 기타 정재하시험 위치, 수량, 방법, 설계지지력 산정방법 등 세부 사항은 매뉴얼에 따른다.

3-1-6. 안전진단 기관은 말뚝 정재하시험 시 전문기관 입회하에 실시하고 다음 사항에 대하여 전문기관의 확인·승인을 받아야 한다.
    (1) 말뚝 재하시험 계획서
    (2) 극한지지력, 항복하중, 허용지지력 산정결과
    (3) 동별 설계지지력의 결정
    (4) 구조설계의 변경 여부

3-1-7. 기존 말뚝 정재하시험의 세부 사항은 매뉴얼에 따른다.

제2절 구조안전성 등의 상세 확인

3-2-1. 구조안전성 등의 상세확인은 다음 표와 같이 기울기 및 침하, 내하력, 내구성으로 구분하여 각 평가항목별로 평가한다.

평가부문	평가항목	조사항목
기울기 및 침하	① 건물 기울기	건물 4면의 기울기
	② 기초 및 지반 침하	기초 및 지반침하
내하력	③ 내력비	콘크리트 강도
		철근배근 상태
		부재단면치수
		하중상태
		부재배치상태
	④ 기초 내력비	기초지반 지내력/말뚝 지지력
	⑤ 처짐	처짐
내구성	⑥ 내구성	콘크리트 중성화
		염분 함유량
		철근부식
		균열
		표면 노후화 (박리/박락, 철근노출, 층분리)

3-2-2. 평가항목별 평가등급 및 기준은 1차 안전진단과 동일하게 하며, 평가항목별 조사할 표본 및 수량은 다음의 방식으로 정한다.

(1) 2차 안전진단의 조사 동수는 증축 리모델링을 하고자 하는 모든 동을 대상으로 한다.

(2) 구조안전성 평가는 평가항목별 표본을 선정하여 조사하며, 2차 안전진단의 동별 최소 조사층 및 최소 조사부재 수량은 매뉴얼을 참고한다.

(3) 평가항목별 평가등급은 1차 안전진단과 동일한 기준으로 조사결과에 요소별(항목별, 부재별, 층별) 중요도를 고려하여 성능점수를 산정하여 결정하며, 세부 평가기준 및 성능점수 산정방법은 매뉴얼을 참고한다.

3-2-3. 안전진단 기관은 현장조사 결과를 토대로 1차 안전진단 시 실시한 평가결과와 법 제69조 제2항에 따른 설계도서의 변경 여부를 확인하여야 한다.

3-2-4. 안전진단 기관은 3-2-3.에 따른 확인결과 평가결과가 상이하거나 구조설계의 변경이 필요한 경우에는 구조설계자 등과 함께 이에 대한 의견을 시장·군수 및 조합 등에게 제출하여야 한다.

제4장 행정사항

4-1. (재검토기한) 국토교통부장관은 이 고시에 대하여 「훈령·예규 등의 발령 및 관리에 관한 규정」에 따라 2021년 1월 1일 기준으로 매 3년이 되는 시점(매 3년째의 12월 31일까지를 말한다)마다 그 타당성을 검토하여 개선 등의 조치를 하여야 한다.

라. 비용의 부담

시장·군수·구청장은 주택법 제68조 제1항 및 제4항에 따라 안전진단을 실시하는 비용의 전부 또는 일부를 리모델링하려는 자에게 부담하게 할 수 있다(주택법 제68조 제6항).

2
안전성 검토[수직증축형 리모델링의 경우]

수직증축형 리모델링의 경우 구조설계도서 등에 대한 전문기관의 검토 절차를 마련하여 수직증축의 구조 안전성을 상세히 확인하도록 규정하고 있다.

가. 건축위원회 심의 시 안전성 검토

시장·군수·구청장은 수직증축형 리모델링을 하려는 자가 건축법에 따른 건축위원회의 심의를 요청하는 경우 구조계획상 증축범위의 적정성 등에 대하여 한국시설안전공단 또는 한국건설기술연구원에 안전성 검토를 의뢰하여야 한다(주택법 제69조 제1항, 주택법 시행령 제79조 제1항).

나. 허가 신청 시 또는 허가 후 설계도서의 변경이 있는 경우의 안전성 검토

시장·군수·구청장은 수직증축형 리모델링을 하려는 자의 허가 신청이 있거나 주택법 제68조 제4항에 따라 허가가 있은 이후에 실시한 안전진단 결과 국토교통부장관이 정하여 고시(2020. 12. 30. 국토교통부고시 제2020-1182호)하는 설계도서의 변경이 있는 경우에는 제출된 설계도서상 구조안전의 적정성 여부 등에 대하여 건축법에 따른 건축위원회 심의 시 구조계획상 증축범위의 적정성 등에 대하여 검토를 수행한 한국시설안전공단 또는 한국건설기술연구원에 안전성 검토를 의뢰하여야 한다(주택법 제69조 제2항).

다. 안전성 검토 기준

검토 의뢰를 받은 전문기관은 국토교통부장관이 정하여 고시(2020. 12. 30. 국토교통부고시 제2020-1182호)하는 검토기준에 따라 검토한 결과를 안전성검토를 의뢰받은 날부터 30일 이내에 시장·군수·구청장에게 제출하여야 하며(다만, 검토 의뢰를 받은 전문기관이 부득이하게 검토기간의 연장이 필요하다고 인정하여 20일의 범위에서 그 기간을 연장한 경우에는 그 연장된 기간을 포함하고, 연장은 한 차례로 한정됨), 시장·군수·구청장은 특별한 사유가 없는 경우 주택법 및 관계 법률에 따른 위원회의 심의 또는 허가 시 제출받은 안전성 검토결과를 반영하여야 한다(주택법 제69조 제3항, 주택법 시행령 제79조 제2항).

국토교통부에서 제정한 수직증축형 리모델링의 전문기관 안전성 검토기준은 다음과 같다.

수직증축형 리모델링 전문기관 안전성 검토기준

[시행 2021. 1. 1.] [국토교통부고시 제2020-1182호, 2020. 12. 30., 일부개정]

제1조(목적)
이 기준은 「주택법」 제69조 및 「주택법 시행령」 제79조에 따라 수직증축형 리모델링을 위한 전문기관의 안전성 검토 등에 필요한 사항을 정하는 것을 목적으로 한다.

제2조(정의)
이 기준에서 사용하는 용어의 뜻은 다음과 같다.
1. "1차 안전성 검토"란 「주택법」(이하 "법"이라 한다) 제69조 제1항에 따라 증축 가능 여부의 판정, 구조계획상 증축범위의 적정성 등의 확인을 위하여 실시하는 안전성 검토를 말한다.
2. "2차 안전성 검토"란 법 제69조 제2항에 따라 제출된 설계도서상 구조안전의 적정성 및 구조·시공 성능 확보 여부 등의 확인을 위하여 실시하는 안전성 검토를 말한다.

제3조(적용범위)
① 전문기관의 안전성 검토는 이 기준에 따라 실시하여야 한다.
② 안전성 검토를 위한 구체적인 검토 방법이나 실시요령은 「과학기술분야 정부출연연구기관 등의 설립·운영 및 육성에 관한 법률」 제8조에 따른 한국건설기술연구원(이하 "한국건설기술연구원"이라 한다)이 정하는 안전성 검토 매뉴얼(이하 "매뉴얼"이라 한다)을 참고한다.

제4조(관련 자료의 제공 요청)
전문기관은 시장·군수·구청장에게 리모델링 전·후의 구조도 등 안전성 검토에 필요한 자료의 제공을 요청할 수 있으며, 시장·군수·구청장은 특별한 사유가 없으면 요청받은 자료를 제공하여야 한다.

제5조(검토위원회 운영)
① 전문기관은 안전성 검토를 위하여 건축구조·토질·기초 분야 등의 구조안전 전문가로 구성된 자문위원회를 둘 수 있다
② 자문위원회의 구성·운영 등에 필요한 세부 사항은 전문기관이 정한다.

제6조(안전성 검토사항 등)
① 1차 안전성 검토 시에는 다음 각 호의 적합성을 검토한다.
　1. 현장조사 결과 및 증축 리모델링 판정결과(전체 동)
　2. 리모델링 전·후 구조도(유형별 대표 동)
　3. 「증축형 리모델링 안전진단기준」2-1-5에 따른 기존 말뚝의 검증된 계산식에 의한 설계지지력 추정값(이하 "계산값"이라 한다)
　4. 수직증축시 안전보강 가능성(유형별 대표 동)
　5. 전문기관이 리모델링 안전 확보를 위하여 국토교통부장관에게 요청하여 검토 필요성이 인정된 사항
　6. 그 밖에 리모델링 안전 확보를 위하여 검토가 필요하다고 시장·군수·구청장이 요청한 사항
② 2차 안전성 검토 시에는 전체 동에 대하여 다음의 각 호의 적합성을 검토한다.
　1. 리모델링 전·후 구조도
　2. 기존 부재의 강도평가, 말뚝기초의 하중분담 및 구조설계값
　3. 구조부재의 철거 및 안전조치
　4. 구조해석 모델링, 접합부 경계조건 및 상세
　5. 하중 및 부재특성별 보강공법의 구조·시공방안, 품질확보방안(신기술·신공법의 경우 공인기관이 인정한 구조·시공성능 검증결과 등 포함) 및 수직증축 리모델링 보강설계 내역
　6. 전문기관이 리모델링 안전 확보를 위하여 국토교통부장관에게 요청하여 검토 필요성이 인정된 사항
　7. 그 밖에 리모델링 안전 확보를 위하여 검토가 필요하다고 시장·군수·구청장이 요청한 사항
③ 전문기관은 2차 안전진단 시에는 말뚝 정재하시험에 입회하고, 다음 각호의 사항을 확인·승인하여야 한다.
　1. 말뚝 재하시험 계획서
　2. 극한지지력, 항복하중, 허용지지력 산정결과
　3. 동별 설계지지력의 결정
　4. 구조설계의 변경 여부
④ 제1항 및 제2항에 따른 안전성 검토 비용에 대한 세부 사항은 전문기관이 국토교통부장관과 협의하여 정할 수 있다.

제7조(안전성 검토 설계도서 변경사항)
법 제69조 제2항에 따라 안전성 검토를 받아야 하는 설계도서의 변경은 다음 각 호의 경우를 말한다.
1. 수직증축이 1개층 이상 증가하거나 수직하중이 5퍼센트 이상 증가되는 경우
2. 전단벽 양이 10퍼센트 이상 변경되거나 신설기초 공법 또는 전단벽의 내진보강 공법을 변경하는 경우

3. 구조부재의 재료강도가 설계기준강도의 20퍼센트 이상 감소되거나 말뚝 정재하시험을 통하여 확인된 설계지지력이 구조설계에 적용된 설계지지력보다 5퍼센트 이상 감소되는 경우

제8조(재검토 기한)
국토교통부장관은 이 고시에 대하여 「훈령·예규 등의 발령 및 관리에 관한 규정」에 따라 2021년 1월 1일 기준으로 매3년이 되는 시점(매 3년째의 12월 31일까지를 말한다)마다 그 타당성을 검토하여 개선 등의 조치를 하여야 한다.

라. 안전성 검토 결과의 적정성 심의

한편, 국토교통부장관은 시장·군수·구청장에게 주택법 제69조 제3항에 따라 제출받은 자료(안정성 검토의뢰를 받은 전문기관의 검토 결과)의 제출을 요청할 수 있으며, 필요한 경우 시장·군수·구청장으로 하여금 안전성 검토결과의 적정성 여부에 대하여 건축법에 따른 중앙건축위원회의 심의를 받도록 요청할 수 있고(주택법 제69조 제5항), 시장·군수·구청장은 특별한 사유가 없으면 주택법 제69조 제5항에 따른 심의결과를 반영하여야 한다(주택법 제69조 제6항).

마. 비용의 부담

시장·군수·구청장은 주택법 제69조 제1항 및 제2항에 따른 전문기관의 안전성 검토비용의 전부 또는 일부를 리모델링을 하려는 자에게 부담하게 할 수 있다(주택법 제69조 제4항).

3
재건축사업에서의 안전진단

아래에서는 도시 및 주거환경정비법상 재건축사업의 안전진단 절차에 대하여 간략히 살펴보기로 한다.

가. 안전진단의 의의

도시정비법상 안전진단의 결과에 따라 주택재건축사업의 시행여부가 결정되므로 재건축사업 추진의 전제요건 또는 사전 절차적 통제수단으로서 중요한 역할을 차지하고 있다.

나. 안전진단의 실시 및 비용부담

정비계획의 입안권자(특별자치시장, 특별자치도지사, 시장, 군수 또는 자치구의 구청장, 이하 '정비계획의 입안권자')는 재건축사업 정비계획의 입안을 위하여 도시 및 주거환경정비법 제5조 제1항 제10호[단계별 정비사업 추진계획(정비예정구역별 정비계획의 수립시기가 포함)]에 따른 정비예정구역별 정비계획의 수립시기가 도래한 때에 안전진단을 실시하여야 하고(도시 및 주거환경정비법 제12조 제1항), 다음의 각 호의 어느 하나에 해당하는 때에는 안전진단을 실시하여야 하는데, 이 경우에는 안전진단에 드는 비용을 해당 안전진단을 실시를 요청하는 자에게 부담하게 할 수 있다(도시 및 주거환경정비법 제12조 제2항).

1. 도시 및 주거환경정비법 제14조에 따라 정비계획의 입안을 제안하려는 자가 입안을 제안하기 전에 해당 정비예정구역에 위치한 건축물 및 그 부속토지의 소유자 10분의 1 이상의 동의를 받아 안전진단의 실시를 요청하는 경우
2. 도시 및 주거환경정비법 제5조 제2항에 따라 정비예정구역을 지정하지 아니한 지역에서 재건축사업을 하려는 자가 사업예정구역에 있는 건축물 및 그 부속토지의 소유자 10분의 1 이상의 동의를 받아 안전진단의 실시를 요청하는 경우
3. 도시 및 주거환경정비법 제2조 제3호 나목(내진성능이 확보되지 아니한 건축물 중 중대한 기능적 결함 또는 부실 설계·시공으로 구조적 결함 등이 있는 건축물로서 대통령령[58]으로 정하는 건축물)에 해당하는 건축물의 소유자로서 재건축사업을 시행하려는 자가 해당 사업예정구역에 위치한 건축물 및 그 부속토지의 소유자 10분의 1 이상의 동의를 받아 안전진단의 실시를 요청하는 경우

다. 안전진단의 대상

재건축사업의 안전진단은 주택단지 내의 건축물을 대상으로 한다. 다만, 대통령령으로 정하는 주택단지 내 건축물의 경우에는 안전진단 대상에서 제외할 수 있다(도시 및 주거환경정비법 제12조 제3항, 도시 및 주거환경정비법 시행령 제10조 제3항).

○ 정비계획의 입안권자가 천재지변 등으로 주택이 붕괴되어 신속히 재건축을 추진할 필요가 있다고 인정하는 것
○ 주택의 구조안전상 사용금지가 필요하다고 정비계획의 입안권자가 인정하는 것
○ 별표 1 제3호 라목[59]에 따른 노후·불량건축물 수에 관한 기준을 충족한 경우 잔여 건축물
○ 정비계획의 입안권자가 진입도로 등 기반시설 설치를 위하여 불가피하게 정비구역에 포함된 것으로 인정하는 건축물
○ 시설물의 안전 및 유지관리에 관한 특별법 제2조 제1호의 시설물로서 같은 법 제16조에 따라 지정받은 안전등급이 D (미흡) 또는 E (불량)인 건축물

---

58) 제2조(노후·불량건축물의 범위) ① 「도시 및 주거환경정비법」(이하 "법"이라 한다) 제2조 제3호 나목에서 "대통령령으로 정하는 건축물"이란 건축물을 건축하거나 대수선할 당시 건축법령에 따른 지진에 대한 안전 여부 확인 대상이 아닌 건축물로서 다음 각 호의 어느 하나에 해당하는 건축물을 말한다.
  1. 급수·배수·오수 설비 등의 설비 또는 지붕·외벽 등 마감의 노후화나 손상으로 그 기능을 유지하기 곤란할 것으로 우려되는 건축물
  2. 법 제12조 제4항에 따른 안전진단기관이 실시한 안전진단 결과 건축물의 내구성·내하력(耐荷力) 등이 같은 조 제5항에 따라 국토교통부장관이 정하여 고시하는 기준에 미치지 못할 것으로 예상되어 구조 안전의 확보가 곤란할 것으로 우려되는 건축물

라. 안전진단의 실시 절차 및 보고서 제출

도시 및 주거환경정비법 제12조 제2항 각 호의 규정에 의하여 안전진단을 요청하려는 자는 안전진단 요청서(전자문서로 된 요청서를 포함)에 사업지역 및 주변지역의 여건 등에 관한 현황도 및 결함부위의 현황사진(전자문서를 포함)을 첨부하여 특별자치시장·특별자치도지사·시장·군수 또는 자치구의 구청장에게 제출하여야 한다(도시 및 주거환경정비법 시행규칙 제3조 제1항).

정비계획의 입안권자는 도시 및 주거환경정비법 제12조 제4항에 따른 현지조사 등을 통하여 같은 조 제2항 제1호에 따른 안전진단의 요청이 있는 공동주택이 노후·불량건축물에 해당하지 아니함이 명백하다고 인정하는 경우에는 안전진단의 실시가 필요하지 아니하다고 결정할 수 있다(도시 및 주거환경정비법 시행령 제10조 제2항).

정비계획의 입안권자는 현지조사 등을 통하여 해당 건축물의 구조안전성, 건축마감, 설비노후도 및 주거환경 적합성 등을 심사하여 안전진단의 실시 여부를 결정하여야 하며, 안전진단의 실시가 필요하다고 결정한 경우에는 대통령령으로 정하는 안전진단기관(① 과학기술분야 정부출연연구기관 등의 설립·운영 및 육성에 관한 법률 제8조에 따른 한국건설기술연구원, ② 시설물의 안전 및 유지관리에 관한 특별법 제28조에 따른 안전진단전문기관, ③ 국토안전관리원법에 따른 국토안전관리원)에 안전진단을 의뢰하여야 한다(도시 및 주거환경정비법 제12조 제3항, 동법 시행령 제10조 제4항).

시장·군수는 안전진단의 요청이 있는 때에는 요청일부터 30일 이내에 국토교통부장관이 정하는 바[60]에 따라 안전진단의 실시여부를 결정하여 요청인에게 통보하여야 한다. 이 경우 시장·군수는 안전진단 실시 여부를 결정하기 전에 단계별 정비사업추진계획 등의 사유로 주택재건축사업의 시기를 조정할 필요가 있다고 인정하는 경우에는 안전진단의 실시시기를 조정할 수 있다(도시 및 주거환경정비법 시행령 제10조 제1항).

안전진단을 의뢰받은 안전진단기관은 국토교통부장관이 정하여 고시[61]하는 기준(건축물의 내진성능 확보를 위한 비용을 포함)에 따라 안전진단을 실시하여야 하며, 국토교통부령으로 정하는 방법 및 절차에 따라 안전진단 결과보고서를 작성하여 정비계획의 입안권자 및 안전진단의 실시를 요청한 자에게 제출하여야 한다(도시 및 주거환경정비법 제12조 제5항).

---

59) 셋 이상의 건축법 시행령 별표1 제2호 가목에 따른 아파트 또는 같은 호 나목에 따른 연립주택이 밀집되어 있는 지역으로서 도시 및 주거환경정비법 제12조에 따른 안전진단 실시 결과 전체 주택의 3분의 2 이상이 재건축이 필요하다는 판정을 받은 지역으로서 시·도조례로 정하는 면적 이상인 지역

60) 2020. 12. 30. 국토교통부고시 제2020-1182호 주택 재건축 판정을 위한 안전진단 기준

61) 2020. 12. 30. 국토교통부고시 제2020-1182호 주택 재건축 판정을 위한 안전진단 기준

시·도지사는 도시 및 주거환경정비법 제13조 제1항에 따라 제10조 제4항 제2호에 따른 안전진단전문기관이 제출한 안전진단 결과보고서를 받은 경우에는 동법 제13조 제2항에 따라 제10조 제4항 제1호 또는 제3호[62]에 따른 안전진단기관에 안전진단 결과보고서의 적정성 여부에 대한 검토를 의뢰할 수 있다.

마. 재건축사업의 시행여부 결정

　정비계획의 입안권자는 도시 및 주거환경정비법 제12조 제5항에 따른 안전진단의 결과와 도시계획 및 지역여건 등을 종합적으로 검토하여 정비계획의 입안 여부를 결정하여야 한다. 정비계획의 입안권자(특별자치시장 및 특별자치도지사는 제외)는 정비계획의 입안 여부를 결정한 경우에는 지체 없이 특별시장·광역시장·도지사에게 결정내용과 해당 안전진단 결과보고서를 제출하여야 한다(도시 및 주거환경정비법 제12조 제6항, 제13조 제1항).

　안전진단결과보고서를 제출받은 특별시장·광역시장·특별자치시장·도지사·특별자치도지사는 필요한 경우 한국시설안전공단 또는 한국건설기술연구원에 안전진단결과의 적정성 여부에 대한 검토를 의뢰할 수 있다(도시 및 주거환경정비법 제13조 제2항).

　국토교통부장관은 특별시장·광역시장·특별자치시장·도지사·특별자치도지사에게 안전진단 결과보고서의 제출을 요청할 수 있으며, 필요한 경우 특별시장·광역시장·특별자치시장·도지사·특별자치도지사에게 안전진단 결과의 적정성에 대한 검토를 요청할 수 있다(도시 및 주거환경정비법 제13조 제3항).

　특별시장·광역시장·특별자치시장·도지사·특별자치도지사는 검토결과에 따라 정비계획의 입안권자에게 정비계획 입안결정의 취소 등 필요한 조치를 요청할 수 있으며, 정비계획의 입안권자는 특별한 사유가 없으면 그 요청에 따라야 한다. 다만, 특별자치시장 및 특별자치도지사는 직접 정비계획의 입안결정의 취소 등 필요한 조치를 할 수 있다(도시 및 주거환경정비법 제13조 제4항).

---

62)　한국건설기술연구원, 국토안전관리원

4
국토교통부 질의 회신

[안전제안] 아파트 내력벽 철거 허용 조심 또 조심

2016. 1. 28. 주택정비과

□ 질의요지

공동주택 내력벽 철거 허용 금지 건의

□ 회신내용

우리부에서는 노후 공동주택 거주자들의 주거환경 개선을 위하여 공동주택 리모델링 시 합리적인 평면을 계획할 수 있도록 제도개선을 추진 중에 있으며, 안전이 확보되는 범위 내에서 세대 간 내력벽 일부 철거를 허용하는 내용으로 입법예고(2016. 2. 5.~3. 16.)하였으며 국민들로부터 충분히 의견을 듣고 시행할 계획임을 알려드립니다.[63]

주택법 시행령 제13조[수직증축형 리모델링의 허용조건]와 관련해 질의드립니다

2018. 2. 14. 주택정비과

□ 질의요지

아파트와 같은 공동주택의 경우 기존 건축물을 완전히 철거하고 새롭게 지을 경우에도 즉, 재건축을 진행해도 리모델링의 대상에 포함되는지

---

63) 그러나 공동주택 리모델링 시 내력벽 철거는 2021. 2. 현재까지 허용되고 있지 않다.

□ 회신내용

1. 공동주택 리모델링은 「주택법」 제2조 제25호에 따른 건축물의 노후화 억제 또는 기능 향상 등을 위한 대수선 또는 증축하는 행위를 말하며, 재건축사업은 「도시 및 주거환경정비법」 제2조 제2호 다목에 따른 정비기반시설은 양호하나 노후·불량 건축물이 밀집한 지역에서 주거환경을 개선하기 위하여 시행하는 사업을 말합니다.

2. 리모델링주택조합의 설립인가는 「주택법」 제11조에 따라 관할 시장·군수·구청장의 인가를 받아야 하며, 주택재건축사업의 조합설립인가는 「도시 및 주거환경정비법」 제35조에 따라 시장·군수·구청장의 인가를 받아야 합니다.

3. 리모델링의 안전진단은 「주택법」 제68조에 따른 「증축형 리모델링 안전진단기준」에 의거 리모델링 증축 가능여부를 판정하며, 재건축의 안전진단은 「도시 및 주거환경정비법」 제12조에 따라 「주택 재건축 판정을 위한 안전진단 기준」에 따라 재건축 가능여부를 판정하고 있습니다.

4. 따라서 리모델링은 「주택법」, 주택재건축사업은 「도시 및 주거환경정비법」에서 정한 바에 따라 조합 설립, 안전진단 등의 절차를 거치는 등 사업의 목적과 절차가 상이하므로 동일 건축물에 대하여 리모델링과 재건축을 동시에 추진할 수 없을 것으로 판단됩니다.

장기수선계획 조정시 리모델링(수직증축)을 위한 안전진단 포함 가능 여부

2014. 5. 7. 주택정비과

1. 장기수선계획은 해당 공동주택의 공용부분의 주요시설에 대해 교체 및 보수를 하기 위해 수립하는 것이며(주택법 제47조 제1항), 입주자대표회의와 관리주체는 수립 또는 조정된 장기수선계획에 따라 주요시설을 교체하거나 보수하여야 합니다(동법 제47조 제2항). 따라서, 질의 내용의 안전진단 시행에 관한 사항을 장기수선계획에 포함하여 장기수선충당금으로 집행하는 것은 타당하지 않습니다.

2. 주택법 시행령 제51조 제1항 제6호에서 규정한 공동주택에 대한 리모델링의 제안 및 리모델링의 시행은 입주자대표회의에서 의결하는 것을 말하는 것이므로 리모델링 가능여부에 따른 안전진단 시행에 관한 업무도 입주자대표회의에서 의결한 경우에 해당 업무를 수행할 수 있을 것이며 이에 따른 해당비용은 47개 세부회계계정과목 중 수선 유지비/33.건축물의 안전점검비용에 해당하는 것으로 판단됩니다.

이주 완료한 후 제2차 안전진단에서 리모델링 사업이 불가한 경우 재건축사업이 가능한지

2018. 2. 14. 주택정비과

□ 질의요지

개정된 공동주택리모델링 사업 추진 절차에 따르면 제2차 안전진단을 하기 위하여 아파트 입주자 이주를 완료한 후 하도록 되어 있습니다(정밀 안전진단을 하기 위해서는 맞는 절차임). 아파트입주자 전원 이주를 완료한 상태에서 제2차 안전진단 결과에서 증축 리모델링 사업이 불가능한 경우에는 바로 리모델링 사업을 재건축사업으로 변경하여 재건축사업이 가능한지

□ 회신내용

공동주택 리모델링은 주택법 제42조 제2항 및 제3항에 따른 건축물의 노후화 억제 또는 기능향상 등을 위한 행위로서 증축리모델링 사업이 불가하여 재건축사업을 시행하려면 도시 및 주거환경정비법 등 재건축사업 관련 법률에 따라 재건축사업 절차를 이행해야할 것으로 판단됩니다.

제8장

시공자 선정

차흥권 변호사

1
시공자 선정의 개요

리모델링주택조합이나 입주자대표회의가 리모델링을 하는 경우에 시공자를 선정하는 시기나 방법에 대하여 2011. 9. 16.자로 주택법이 개정되기 이전까지는 별도의 규정이 없었다. 이에 따라 그동안은 주로 가칭 리모델링조합설립추진위원회에서 임의로 시공자 선정총회를 개최하여 우선협상대상자를 선정하는 것이 일반적이었고 그로 인하여 공사도급금액의 문제와 입찰과정에서의 담합의 문제, 선정 및 계약의 효력의 문제 등이 제기되어 왔었다.

이러한 제반 사정에 기하여 2011. 9. 16.자로 주택법을 개정하면서 리모델링의 경우에도 시공자의 선정시기와 방법에 대한 규정을 신설하게 되었다.

2
시공자 선정의 시기

리모델링을 하는 경우 시공자 선정의 시기는 리모델링을 하는 주체에 따라 다르게 규정하고 있다.

먼저 리모델링주택조합이 시공자를 선정하는 경우에는 주택법 제11조에 따라 관할 관청으로부터 설립인가를 받은 리모델링주택조합의 총회에서 이를 선정하도록 하고 있으므로 (주택법 제66조 제3항) 그 선정시기는 조합설립인가 이후로 보아야 한다. 이러한 시공자 선정 시기에 관한 주택법의 규정은 강행규정으로 보는 것이 타당하다. 따라서 리모델링주택조합 설립인가 이전에 시공자를 선정하는 행위와 시공사와의 계약은 강행규정에 위반되는 것으로서 무효라고 보는 것이 타당하다.

다음으로 소유자 전원의 동의를 받은 입주자대표회의도 리모델링을 할 수 있는바, 이에 따라 입주자대표회의가 리모델링을 위한 시공자를 선정하는 시기는 리모델링에 대하여 소유자 전원의 동의를 받은 이후라고 보는 것이 타당하다. 입주자대표회의가 리모델링을 할 수 있는 경우는 소유자 전원의 동의를 받아야만 하기 때문이다. 이를 위반하여 입주자대표회의가 시공자를 선정하거나 계약을 체결하는 행위도 무효라고 보는 것이 타당하다.

한편 주택법에서 정한 시공사 선정시기를 위반하여 리모델링주택조합이 설립인가를 받기 전에 또는 입주자대표회의가 소유자 전원의 동의를 받기 전에 시공자를 선정한 자 및 시공자로 선정된 자는 형사처벌을 받게 된다(주택법 제101조 제4호).

3
시공자 선정의 방법

설립인가를 받은 리모델링주택조합이나 소유자 전원의 동의를 받은 입주자대표회의가 시공자를 선정하는 방법에 대하여도 주택법은 별도의 규정을 두고 있다.

주택법 제66조 제4항은 "제3항에 따른 시공자를 선정하는 경우에는 국토교통부장관이 정하는 경쟁입찰의 방법으로 하여야 한다. 다만, 경쟁입찰의 방법으로 시공자를 선정하는 것이 곤란하다고 인정되는 경우 등 대통령령으로 정하는 경우에는 그러하지 아니하다"라고 규정하고 있고, 주택법 시행령 제76조 제1항은 "법 제66조 제4항 단서에서 '대통령령이 정하는 경우'란 시공자 선정을 위하여 국토교통부장관이 정하는 경쟁입찰의 방법으로 2회 이상 경쟁입찰을 하였으나 입찰자의 수가 해당 경쟁입찰의 방법에서 정하는 최저 입찰자 수에 미달하여 경쟁입찰의 방법으로 시공자를 선정할 수 없게 된 경우를 말한다"라고 규정하고 있다.

따라서 국토교통부장관이 정하는 경쟁입찰의 방법으로 2회 이상 경쟁입찰을 실시하였으나 입찰자가 최저 입찰자 수에 미달되어 경쟁입찰의 방법으로 시공자를 선정할 수 없게 된 경우를 제외하고는 국토교통부장관이 정하는 경쟁입찰의 방법으로 시공자를 선정하여야 한다. 물론 국토교통부장관이 정하는 경쟁입찰의 방법이 적용되는 경우에도 조합의 정관이나 규약에서 정하고 있는 절차와 방법도 준수하여야 한다.

4
리모델링 시공자 선정기준

    국토교통부는 주택법 제66조 제3항 및 제4항에 따라 리모델링주택조합 또는 입주자대표회의에서 공동주택 리모델링의 시공자를 선정하는 방법에 대한 세부 기준을 정하기 위하여 2012. 4. 4. 국토교통부 고시 제2012-158호로 '리모델링 시공자 선정기준'을 제정하여 고시하였고, 2020. 12. 30. 국토교통부고시 제2020-1182호로 최종 일부 개정되어 시행되고 있다(이하 본장에서는 '시공자 선정기준'이라 한다).

    시공자 선정기준은 위 고시일부터 시행되고 있으며, 시공자 선정기준에 따른 경쟁입찰 방법의 시공자 선정은 선정기준 시행 후 최초로 입찰공고를 하는 분부터 적용한다는 경과규정을 둔 바 있다(시공자 선정기준 제정 고시 부칙 제1조, 제2조).

5
시공자 선정의 원칙

가. 시공자 선정기준의 적용 - 제3조

시공자 선정기준으로 정하지 않은 사항은 리모델링주택조합 또는 입주자대표회의(이하 본 시공자 선정기준에서는 '조합등'이라 한다)의 규약이 정하는 바에 따르며, 규약으로 정하지 않은 구체적인 방법 및 절차는 대의원회의 의결에 따른다. 다만, 대의원회를 두지 않은 경우에는 총회 또는 입주자대표회의(이하 본 시공자 선정기준에서는 '총회등'이라 한다)의 의결에 따른다.

나. 공정성 유지 의무 - 제4조

리모델링 시공자 선정 입찰에 관계된 자는 입찰에 관한 업무가 자신의 재산상 이해와 관련되어 공정성을 잃지 않도록 이해 충돌의 방지에 노력하여야 하며, 조합등 임원은 입찰에 관한 업무를 수행함에 있어 직무의 적정성을 확보하여 조합원이나 입주자의 이익을 우선으로 성실히 직무를 수행하여야 한다.

6
구체적인 시공자 선정절차와 방법

가. 입찰의 방법 - 제5조

조합등이 시공자를 선정하고자 하는 경우에는 일반경쟁입찰, 제한경쟁입찰 또는 지명경쟁입찰의 방법으로 선정하여야 한다.[64] 다만, 미응찰 등의 사유로 2회 이상 유찰된 경우에는 총회나 입주자대표회의의 의결을 거쳐 수의계약을 할 수 있다.

일반경쟁 입찰의 경우에는 2인 이상의 입찰참가 신청이 있어야 하고, 조합등은 제출된 입찰서를 모두 총회등에 상정하여야 한다.

나. 제한경쟁에 의한 입찰 - 제6조

조합등은 제한경쟁에 의한 입찰에 부치고자 할 때에는 건설업자등의 자격을 시공능력평가액, 신용평가등급(회사채를 기준으로 한다), 해당 공사와 같은 종류의 공사실적, 그 밖에 조합등의 신청으로 시장·군수·구청장이 따로 인정한 것으로만 제한할 수 있으며, 3인 이상의 입찰참가 신청이 있어야 한다. 이 경우 공동참여의 경우에는 1인으로 본다.

그리고 입찰자격을 제한하고자 하는 경우에는 총회등(대의원회를 구성하여 운영 중인 조합의 경우에는 대의원회를 말한다)의 의결을 거쳐야 한다.

---

[64] 도시 및 주거환경정비법(이하 '도시정비법'이라 한다)에 따른 정비사업(재개발·재건축사업)의 경우에는 시공자 선정 시에 원칙적으로 일반경쟁 입찰만 허용이 되고 제한경쟁입찰은 허용되지 아니한다(국토교통부 고시 정비사업 계약업무 처리기준 제26조).

다. 지명경쟁에 의한 입찰 - 제7조

조합등은 지명경쟁에 의한 입찰에 부치고자 할 때에는 3인 이상의 입찰대상자를 지명하여야 하며, 이중 2인 이상의 입찰참가 신청이 있어야 한다. 그리고 지명경쟁의 방법으로 입찰대상자를 지명하고자 하는 경우에는 총회등(대의원회를 구성하여 운영 중인 조합의 경우에는 대의원회를 말한다)의 의결을 거쳐야 한다.

라. 입찰공고 - 제8조, 제9조

조합등은 시공자 선정을 위하여 입찰에 부치고자 할 때에는 현장설명회 개최일로부터 7일 전에 1회 이상 전국 또는 해당 지방을 주된 보급지역으로 하는 일간신문에 공고하여야 한다.[65] 다만, 지명경쟁에 의한 입찰의 경우에는 현장설명회 개최일로부터 7일 전에 입찰대상자에게 내용증명우편으로 발송하여야 하며, 반송된 경우에는 반송된 다음날에 1회 이상 재발송하여야 한다.

위 입찰공고에는 다음의 각 사항을 포함하여야 한다.

○ 사업계획의 개요(공사규모, 면적 등)
○ 입찰의 일시 및 장소
○ 현장설명회의 일시 및 장소
○ 입찰참가 자격에 관한 사항
○ 입찰참가에 따른 준수사항 및 위반시 자격 박탈에 관한 사항
○ 그 밖에 조합등이 정하는 사항

---

65) 도시정비법에 따른 정비사업의 경우에는 시공자 선정을 위한 입찰은 전자조달시스템(국가종합전자조달시스템 중 누리장터)을 통한 전자입찰이 의무화되어 있다.

마. 현장설명회 - 제10조

조합등은 입찰일 20일 이전에 현장설명회를 개최하여야 하며, 현장설명에는 다음 각 사항을 포함하여야 한다.

○ 설계도서(사업계획승인이나 행위허가를 받은 경우 그 내용을 포함하여야 한다)
○ 입찰서 작성방법·제출서류·접수방법 및 입찰유의사항 등
○ 건설업자등의 공동홍보방법
○ 시공자 결정방법
○ 계약에 관한 사항
○ 기타 입찰에 관하여 필요한 사항

바. 입찰서의 접수 및 개봉 - 제11조

입찰서(참여제안서)는 밀봉된 상태로 조합등에 접수되어야 하고, 입찰서를 개봉하고자 할 때에는 입찰서를 제출한 건설업자등의 대표(대리인을 지정한 경우 그 대리인) 각 1인과 조합등 임원, 그 밖에 이해관계인이 참여한 공개된 장소에서 개봉하여야 한다.

사. 건설업자등의 홍보 - 제12조

조합등은 총회등에 상정될 건설업자등이 결정된 때에는 조합원(입주자대표회의의 경우에는 그 구성원을 말한다. 이하 이조에서 같다)에게 합동홍보설명회의 일시 및 장소를 포함하여 이를 즉시 통지하여야 하며, 이 경우 조합등은 총회등에 상정하는 건설업자등이 제출한 입찰제안서에 대하여 시공능력, 공사비 등이 포함되는 객관적인 비교표를 작성하여 조합원등에게 제공하여야 한다.

조합등은 건설업자등의 합동홍보설명회를 2회 이상 개최하여야 하며, 건설업자등관련자는 조합원등을 상대로 개별적인 홍보(홍보관·쉼터 설치, 홍보책자 배부, 세대별 방문, 인터넷 홍보 등을 포함한다)를 할 수 없으며, 홍보를 목적으로 조합원등에게 사은품 등 물품·금품·재

산상의 이익을 제공하거나 제공을 약속하여서는 아니 된다.

아. 조합등의 총회 의결 등 - 제13조

시공자 선정을 위한 리모델링주택조합의 총회는 규약의 규정에 불구하고 조합원 총수의 과반수 이상이 직접 참석하여 의결하여야 하며, 이 경우 규약이 정한 대리인이 참석한 때에는 직접 참여로 본다. 조합원은 총회의 직접 참석이 어려운 경우 서면으로 의결권을 행사할 수 있으나, 위 직접참석자 수에는 포함되지 아니한다. 다만, 서면으로 의결권을 행사한 이후에 총회에 직접 참석한 경우에는 이를 직접참석자 수로 볼 것인지의 여부가 문제로 되는데, 총회에서 서면의결에 대한 철회가 허용되는 상태에서 서면결의자가 직접 참석한 경우에는 이를 직접참석자의 수로 산정하는 것이 타당하다고 본다.

위 서면의결권의 행사는 조합에서 지정한 기간·시간 및 장소에서 서면결의서를 배부받아 제출하여야 한다. 조합은 조합원의 서면의결권 행사를 위해 조합원 수 등을 고려하여 서면결의서 제출기간·시간 및 장소를 정하여 운영하여야 하며, 시공자 선정을 위한 총회 개최 안내 시 서면결의서 제출 요령을 충분히 고지하여야 한다. 이처럼 선정기준에서 서면의결권의 행사방법을 구체적으로 정하고 있는 것은 그동안 시공사 선정과정에서의 폐해중의 하나였던 홍보용역 인력 등을 통한 서면결의서의 매수 등 불법적인 서면결의서 징구와 이로 인한 입찰의 공정성 침해 등을 방지하기 위한 것이다.

조합이 아닌 입주자대표회의가 시공자를 선정함에 있어서는 그 구성원의 3분의 2이상이 참석한 경우에 의사를 진행할 수 있으며, 참석한 구성원의 과반수 찬성으로 의결한다.

조합등은 총회등에서 시공자 선정을 위한 투표 전에 각 건설업자등별로 조합원이나 입주자대표회의 구성원에게 설명할 수 있는 기회를 부여하여야 한다.

7
계약의 체결 - 제14조

조합등은 총회등에서 선정된 시공자와 그 업무범위 및 관련 사업비의 부담 등 사업시행 전반에 대한 내용을 협의한 후 계약을 체결하여야 하며, 조합등은 선정된 시공자가 정당한 이유 없이 3월 이내에 계약을 체결하지 아니하는 경우에는 총회등의 의결을 거쳐 해당 시공자 선정을 무효로 할 수 있다.

이처럼 선정된 시공사의 계약 미체결을 이유로 총회등에서 해당 시공자 선정을 무효로 할 경우에도 그 선정 시의 의결요건과 마찬가지로 조합원 총수의 과반수 이상이 직접 참석(입주자대표회의의 경우에는 그 구성원의 3분의 2이상의 참석)하여야만 하는 것인지의 여부가 논란이 될 수 있으나, 시공자 선정기준에 시공자 선정 무효 의결 시 선정절차를 준용한다는 규정이 없는 이상 규약에 따른 일반적인 총회등의 의결절차를 거치면 충분하다고 본다.

8
리모델링 시공자 선정기준

국토교통부 고시 제2012-158호(2012. 4. 4. 제정)
국토교통부 고시 제2020-1182호(2020. 12. 30. 일부개정)

리모델링 시공자 선정기준

제1장 총칙

제1조(목적)

이 기준은 「주택법」 제66조 제3항 및 제4항에 따라 리모델링주택조합 또는 입주자대표회의에서 공동주택 리모델링의 시공자를 선정하는 방법에 대한 세부 기준을 정함을 목적으로 한다.

제2조(용어의 정의)

이 기준에서 사용하는 용어의 정의는 다음과 같다.

1. "건설업자등"이란 건설산업기본법 제2조 제7호에 따른 건설업자 또는 주택법 제7조 제1항에 따른 건설업자로 보는 등록사업자를 말한다.
2. "건설업자등관련자"란 건설업자등의 임·직원, 그 피고용인, 용역요원 등 건설업자등으로부터 당해 시공자 선정에 관하여 재산상 이익을 제공받거나 제공을 약속받은 자(조합원인 경우를 포함한다)를 말한다.

제2장 시공자 선정의 원칙

제3조(기준의 적용)

이 기준으로 정하지 않은 사항은 리모델링주택조합 또는 입주자대표회의(이하 "조합등"이라 한다)의 규약이 정하는 바에 따르며, 규약으로 정하지 않은 구체적인 방법 및 절차는 대의원회의 의결에 따른다. 다만, 대의원회를 두지 않은 경우에는 총회 또는 입주자대표회의(이하 "총회등"이라 한다)의 의결에 따른다.

제4조(공정성 유지 의무)

① 리모델링 시공자 선정 입찰에 관계된 자는 입찰에 관한 업무가 자신의 재산상 이해와 관련되어 공정성을 잃지 않도록 이해 충돌의 방지에 노력하여야 한다.
② 조합등 임원은 입찰에 관한 업무를 수행함에 있어 직무의 적정성을 확보하여 조합원이나 입주자의 이익을 우선으로 성실히 직무를 수행하여야 한다.

제3장 시공자 선정의 방법

제5조(입찰의 방법)

조합등이 시공자를 선정하고자 하는 경우에는 일반경쟁입찰, 제한경쟁입찰 또는 지명경쟁입찰의 방법으로 선정하여야 한다. 다만, 미응찰 등의 사유로 2회 이상 유찰된 경우에는 총회나 입주자대표회의의 의결을 거쳐 수의계약을 할 수 있다.

제5조(입찰의 방법)

조합등은 제5조에 따른 일반경쟁에 의한 입찰에 부쳐 2인 이상의 입찰참가 신청이 있어야 한다.

제6조(제한경쟁에 의한 입찰)

① 조합등은 제5조에 따른 제한경쟁에 의한 입찰에 부치고자 할 때에는 건설업자등의 자격을 시공능력평가액, 신용평가등급(회사채를 기준으로 한다), 해당 공사와 같은 종류의 공사실적, 그 밖에 조합등의 신청으로 시장·군수·구청장이 따로 인정한 것으로만 제한할 수 있으며, 3인 이상의 입찰참가 신청이 있어야 한다. 이 경우 공동참여의 경우에는 1인으로 본다.

② 제1항에 따라 자격을 제한하고자 하는 경우에는 총회등(대의원회를 구성하여 운영 중인 조합의 경우에는 대의원회를 말한다. 이하 제7조에서 같다)의 의결을 거쳐야 한다.

제7조(지명경쟁에 의한 입찰)

① 조합등은 제5조에 따른 지명경쟁에 의한 입찰에 부치고자 할 때에는 3인 이상의 입찰대상자를 지명하여야 하며, 이중 2인 이상의 입찰참가 신청이 있어야 한다.

② 제1항에 따라 지명하고자 하는 경우에는 총회등의 의결을 거쳐야 한다.

제8조(공고 등)

조합등은 시공자 선정을 위하여 입찰에 부치고자 할 때에는 현장설명회 개최일로부터 7일 전에 1회 이상 전국 또는 해당 지방을 주된 보급지역으로 하는 일간신문에 공고하여야 한다. 다만, 지명경쟁에 의한 입찰의 경우에는 현장설명회 개최일로부터 7일 전에 입찰대상자에게 내용증명우편으로 발송하여야 하며, 반송된 경우에는 반송된 다음날에 1회 이상 재발송하여야 한다.

제9조(공고 등의 내용)
제8조에 따른 공고에는 다음 각 호의 사항을 포함하여야 한다.
1. 사업계획의 개요(공사규모, 면적 등)
2. 입찰의 일시 및 장소
3. 현장설명회의 일시 및 장소
4. 입찰참가 자격에 관한 사항
5. 입찰참가에 따른 준수사항 및 위반(제12조를 위반하는 경우를 포함한다)시 자격 박탈에 관한 사항
6. 그 밖에 조합등이 정하는 사항

제10조(현장설명회)

① 조합등은 입찰일 20일 이전에 현장설명회를 개최하여야 한다.

② 제1항에 따른 현장설명에는 다음 각 호의 사항을 포함하여야 한다.

    1. 설계도서(사업계획승인이나 행위허가를 받은 경우 그 내용을 포함하여야 한다)

    2. 입찰서 작성방법·제출서류·접수방법 및 입찰유의사항 등

    3. 건설업자등의 공동홍보방법

    4. 시공자 결정방법

    5. 계약에 관한 사항

    6. 기타 입찰에 관하여 필요한 사항

제11조(입찰서의 접수 및 개봉)

① 조합등은 밀봉된 상태로 참여제안서를 접수하여야 한다.

② 입찰서를 개봉하고자 할 때에는 입찰서를 제출한 건설업자등의 대표(대리인을 지정한 경우 그 대리인) 각 1인과 조합등 임원, 그 밖에 이해관계인이 참여한 공개된 장소에서 개봉하여야 한다.

③ 조합등은 제1항에 따라 제출된 입찰서를 모두 총회등에 상정하여야 한다.

제12조(건설업자등의 홍보)

① 조합등은 제11조 제3항에 따라 총회등에 상정될 건설업자등이 결정된 때에는 조합원(입주자대표회의의 경우에는 그 구성원을 말한다. 이하 이조에서 같다)에게 이를 즉시 통지하여야 하며, 건설업자등의 합동 홍보설명회를 2회 이상 개최하여야 한다. 이 경우 조합등은 총회등에 상정하는 건설업자등이 제출한 입찰제안서에 대하여 시공능력, 공사비 등이 포함되는 객관적인 비교표를 작성하여 조합원등에게 제공하여야 한다.

② 조합등은 제1항에 따라 합동홍보설명회를 개최할 때에는 미리 일시 및 장소를 정하여 조합원등에게 이를 통지하여야 한다.

③ 건설업자등관련자는 조합원등을 상대로 개별적인 홍보(홍보관·쉼터 설치, 홍보책자 배부, 세대별 방문, 인터넷 홍보 등을 포함한다. 이하 같다)를 할 수 없으며, 홍보를 목적으로 조합원등에게 사은품 등 물품·금품·재산상의 이익을 제공하거나 제공을 약속하여서는 아니 된다.

제13조(조합등의 총회 의결 등)

① 총회는 조합원 총수의 과반수 이상이 직접 참석하여 의결하여야 한다. 이 경우 규약이 정한 대리인이 참석한 때에는 직접 참여로 본다.

② 조합원은 제1항에 따른 총회 직접 참석이 어려운 경우 서면으로 의결권을 행사할 수 있으나, 제1항에 따른 직접 참석자의 수에는 포함되지 아니한다.

③ 제2항에 따른 서면의결권 행사는 조합에서 지정한 기간·시간 및 장소에서 서면결의서를 배부받아 제출하여야 한다.

④ 조합은 제3항에 따른 조합원의 서면의결권 행사를 위해 조합원 수 등을 고려하여 서면결의서 제출기간·시간 및 장소를 정하여 운영하여야 하며, 시공자 선정을 위한 총회 개최 안내시 서면결의서 제출 요령을 충분히 고지하여야 한다.

⑤ 입주자대표회의는 그 구성원의 3분의 2이상이 참석한 경우에 의사를 진행할 수 있으며, 참석한 구성원의 과반수 찬성으로 의결한다.

⑥ 조합등은 총회등에서 시공자 선정을 위한 투표 전에 각 건설업자등별로 조합원이나 입주자대표회의 구성원에게 설명할 수 있는 기회를 부여하여야 한다.

제4장 계약의 체결

제14조(계약의 체결)
① 조합등은 제13조에 따라 선정된 시공자와 그 업무범위 및 관련 사업비의 부담 등 사업시행 전반에 대한 내용을 협의한 후 계약을 체결하여야 한다.
② 조합등은 제13조에 따라 선정된 시공자가 정당한 이유 없이 3월 이내에 계약을 체결하지 아니하는 경우에는 제13조에 따른 총회등의 의결을 거쳐 해당 시공자 선정을 무효로 할 수 있다.

제15조(재검토기한)
국토교통부장관은 이 고시에 대하여 「훈령·예규 등의 발령 및 관리에 관한 규정」에 따라 2021년 1월 1일을 기준으로 매3년이 되는 시점(매 3년째의 12월 31일까지를 말한다)마다 그 타당성을 검토하여 개선 등의 조치를 하여야 한다.

부칙〈제2012-158호, 2012. 4. 4.〉

제1조(시행일)
이 기준은 고시한 날부터 시행한다.

제2조(시공자 선정에 대한 적용례)
이 기준에 따른 경쟁입찰 방법의 시공자 선정은 이 기준 시행 후 최초로 제8조에 따라 입찰공고를 하는 분부터 적용한다.

부칙〈제2020-1182호, 2020. 12. 30.〉

이 고시는 2021년 1월 1일부터 시행한다.

9
국토교통부 질의 회신

리모델링조합 설립 전 추진위 단계에서의 시공사초청 설명회 개최의 법규위반 여부

2018. 7. 3. 주택정비과

□ 질의요지

공동주택 리모델링 주택조합 설립 이전 단계에서 건설사 설명회가 불공정거래행위에 해당되는지 여부

□ 회신내용

1. 「주택법」에서는 리모델링 주택조합 설립승인 이전의 활동에 대하여는 별도 규정하고 있지 않으며, 리모델링주택조합 설립 이후 시공자 선정시에는 「주택법」 및 「리모델링 시공자 선정기준」에서 정한 바에 따라 경쟁입찰의 방법 등으로 시공자를 선정하여야 할 것입니다.

2. 「독점규제 및 공정거래에 관한 법률」의 위반여부 질의에 대하여는 동 법률 소관기관인 공정거래위원회에서 검토 후 회신할 사항이며, 참고로 동 민원은 우리부 및 공정거래위원회 2개 기관으로 분류되어 불공정거래행위에 대하여는 해당기관에서 회신할 사항임을 알려드립니다.

제9장

매도청구

차홍권 변호사

1
매도청구권

가. 매도청구권의 의의와 법적 성질

(1) 매도청구권의 의의

리모델링 사업의 매도청구권은 리모델링 사업의 사업시행자인 리모델링주택조합이 리모델링 결의에 찬성하지 아니한 자의 주택 및 토지에 대하여 이를 매도할 것을 청구할 수 있는 권리로서 주택법 제22조에서 "리모델링의 허가를 신청하기 위한 동의율을 확보한 경우 리모델링 결의를 한 리모델링주택조합은 그 리모델링 결의에 찬성하지 아니한 자의 주택 및 토지에 대하여 매도청구를 할 수 있다"(제2항), "제2항에 따른 매도청구에 관하여는 집합건물의 소유 및 관리에 관한 법률(이하 '집합건물법'이라 한다) 제48조를 준용한다. 이 경우 구분소유권 및 대지사용권은 리모델링 사업의 매도청구의 대상이 되는 건축물 또는 토지의 소유권과 그 밖의 권리로 본다"(제3항)라고 하여 리모델링주택조합의 매도청구권을 명문으로 규정하고 있고, 그 절차와 내용은 집합건물법 제48조의 매도청구권 조항을 준용하고 있다.[66]

(2) 매도청구권의 법적 성질

매도청구권은 상대방의 의사에 불구하고 이를 행사하는 자의 일방적인 의사표시로서 권리관계가 형성되는 형성권으로서 매도청구권을 행사하면 매매계약이 체결된 것으로 본다.

---

66)   한편 집합건물법 제7조에서는 대지사용권을 가지지 아니한 구분소유자가 있을 때에는 그 전유부분의 철거를 구할 권리를 가진 자가 그 구분소유자에 대하여 구분소유권을 시가로 매도할 것을 청구할 수 있는 '구분소유권 매도청구권'이 인정되고, 도시 및 주거환경정비법 제64조에서는 주택재건축사업의 미동의자에 대한 매도청구권을 인정하고 있으며, 주택법 제22조 제1항은 주택건설대지면적 중 95% 이상에 대하여 사용권원을 확보한 경우에는 사용권원을 확보하지 못한 대지의 모든 소유자에게 매도청구를 할 수 있고, 80% 이상의 사용권원을 확보하여 사업계획승인을 받은 경우에는 사용권원을 확보하지 못한 대지의 소유자 중 지구단위계획구역 결정고시일 10년 이전에 해당 대지의 소유권을 취득하여 계속 보유하고 있는 자(대지의 소유기간 산정시 대지소유자가 직계비속·직계존속 및 배우자로부터 상속으로 소유권을 취득한 경우에는 피상속인의 소유기간을 합산한다)를 제외한 소유자에게 매도청구를 할 수 있는 권리가 인정되고 있다.

따라서 재판상 매도청구권을 행사하는 경우에는 매도청구 의사표시가 포함된 소장 또는 준비서면 부본의 송달일이 매매계약 체결일이 된다. 다만, 매도청구권 행사를 위한 최고의 회답기간(2개월)이 경과되기 전에 매도청구소송을 제기한 경우에는 회답기간 2개월이 되는 날의 다음날이 매매계약 체결일이 된다는 점에 유의하여야 한다.

나. 매도청구제도와 재산권 보장의 관계

우리 헌법 제23조는 국민의 재산권을 헌법상의 권리로 보장하면서도(제1항) 공공필요에 의한 재산권의 수용·사용 또는 제한 및 그에 대한 보상은 법률로써 하되, 정당한 보상을 지급하여야 한다(제3항)고 규정하고 있다. 이러한 헌법상의 재산권 보장규정과 관련하여 사적인 영역으로서의 매도청구권 제도가 헌법에 위반되는 것인지의 여부가 문제로 될 수 있다.

이에 대하여는 매도청구권제도는 헌법상의 공공필요에 의한 수용이나 사용에 해당되지 아니하기 때문에 매도청구 상대방의 기본권을 과도하게 침해하는 것이거나 본질적으로 침해하는 것이므로 위헌이라는 견해가 있을 수 있다. 그러나 매도청구권은 주택법상 허용되는 리모델링 사업을 가능하게 하기 위한 최소한의 필요조건이고, 리모델링에 반대한 구분소유자에 대한 법률의 규정에 의한 제한에는 합리적인 이유가 있다고 할 것이며, 시가에 의한 보상이라는 정당한 보상을 전제로 하고 있는 점 등을 종합하여 볼 때 리모델링 사업에 있어서 주택법의 규정에 따라 인정되는 매도청구권제도는 공공필요에 의하여 법률로서 개인의 소유권을 제한할 수 있다는 헌법의 재산권 보장의 한계의 범위에 부합되는 것이라 할 것이므로 이를 위헌으로 볼 수는 없다.

우리 대법원도 도시 및 주거환경정비법(이하 '도시정비법'이라 한다)이 제정되기 이전의 집합건물법에 따른 공동주택 재건축사업의 매도청구권과 관련하여 "매도청구권은 재건축을 가능하게 하기 위한 최소한의 필요조건이라 할 것이므로 재건축제도를 인정하는 이상 재건축 불참자의 기본권을 과도하게 침해하는 위헌적인 규정이라고 할 수 없을 뿐만 아니라 매도청구권의 행사로 인하여 집합건물 거주자인 구분소유자들이 자신의 의사에 관계없이 거주를 이전하여야 하게 되고, 이는 그들의 행복추구권·거주이전의 자유·주거의 자유에 영향을 미치게 됨은 분명하지만, 재건축에 반대하는 구분소유자들의 구분소유권 및 대지사용권에 대한 법률의 규정에 의한 제한에는 합리적인 이유가 있다고 인정되므로 매도청구권 규정이 구분소유자들의 행복추구권·거주이전의 자유 및 주거의 자유의 본질적인 내용을 침해한다거나 과도하게 제한하고 있어서 위헌이라고 할 수 없다"고 판시하고 있는바 (대법원 1999. 12. 10. 선고 98다36344판결, 1999. 10. 22. 선고 97다49398 판결), 이러한 법리는 리모델링 사업의 매도청구권에도 동일하게 적용된다고 보아야 한다.

다. 주택법상 리모델링 결의 요건이 필요한지의 여부

도시정비법이 시행되기 이전의 구 주택건설촉진법에 따른 재건축사업의 매도청구소송은 집합건물법에 따라 재건축결의가 전제가 되어 있었기 때문에 집합건물법 제47조의 규정에 따른 4가지 결의사항인 신건물의 설계의 개요, 건물의 철거 및 신건물의 건축에 소요되는 비용의 개산액, 그 비용의 분담에 관한 사항, 신건물의 구분소유권의 귀속에 관한 사항에 대한 적법하고 유효한 재건축결의가 있어야만 하고 그러한 재건축결의가 부존재 내지 무효인 경우[67]에는 매도청구권의 행사도 허용되지 아니하였다.

그런데 주택법 제22조에서 명문규정으로 리모델링주택조합의 매도청구권을 규정하면서 그 절차는 집합건물법 제48조를 준용하고 있는 것과 관련하여 리모델링 사업의 매도청구권에 있어서도 그 전제로서 적법하고 유효한 리모델링 결의가 있어야만 하는지의 여부가 문제로 된다.

이에 대하여는 주택법상의 규정에 따른 권리행사인 이상 리모델링 결의 요건은 필요하지 않다는 견해가 있을 수 있지만, 주택법 제22조 제2항에서 '리모델링 결의에 찬성하지 아니하는 자'를 매도청구의 대상으로 규정하고 있고, 리모델링주택조합의 설립과 리모델링의 허가를 위해서는 구분소유자들로부터 리모델링의 설계의 개요와 공사비 및 조합원의 비용분담내역이 포함된 리모델링 결의서를 징구하도록 하고 있기 때문에(주택법 제11조, 제66조, 주택법 시행령 제20조, 제75조), 리모델링주택조합이 주택법 제22조의 규정에 따라 매도청구권을 행사함에 있어서는 그 전제로서 적법하고 유효한 리모델링 결의가 있어야 한다고 보는 것이 타당하다.

---

67) 대법원 1998. 6. 26. 선고 98다15996 판결은 "재건축비용의 분담에 관한 사항은 구분소유자들로 하여금 상당한 비용을 부담하면서 재건축에 참가할 것인지, 아니면 시가에 의하여 구분소유권 등을 매도하고 재건축에 참가하지 않을 것인지를 선택하는 기준이 되는 것이고, 재건축 결의의 내용 중 가장 중요하고 본질적인 부분으로서, 재건축의 실행단계에서 다시 비용 분담에 관한 합의를 하지 않아도 될 정도로 그 분담액 또는 산출기준을 정하여야 하고 이를 정하지 아니한 재건축 결의는 특별한 사정이 없는 한 무효이다"라고 판시하였는바, 이러한 판례의 설시내용은 리모델링 사업에도 적용될 수 있는 중요한 부분이라고 생각된다.

2
매도청구권의 행사

가. 매도청구의 요건

(1) 리모델링 결의와 조합의 설립

주택법 제22조 제2항은 리모델링의 허가를 신청하기 위한 동의율을 확보한 경우 리모델링주택조합이 리모델링 결의에 찬성하지 아니한 자의 주택 및 토지에 대하여 매도청구를 할 수 있도록 규정[68]하고 있으므로, 매도청구권의 행사를 위해서는 주택법 시행령 제75조 제1항 별표 4(공동주택 리모델링의 허가 기준)에서 규정하고 있는 리모델링 허가신청을 위한 결의(동의)요건[69]과 리모델링주택조합의 설립인가라는 요건이 구비되어야 한다. 여기에서 더 나아가 리모델링 허가를 받을 필요까지는 없다.[70]

(2) 미동의자에 대한 최고

① 리모델링주택조합의 최고

리모델링 사업의 사업시행자인 리모델링주택조합은 조합설립에 대한 인가를 받은 이후에 리모델링 허가를 신청하기 위한 동의율(주택법 시행령 제75조 제1항 별표 4에 따른 동의율)이 확보된 경우에는 지체 없이 리모델링의 대상인 구분소유자 중 리모델링 결의에 찬성하지

---

68) 2020. 1. 23. 주택법 일부개정을 통하여 매도청구 요건에 '리모델링 허가를 신청하기 위한 동의율을 확보한 경우'가 추가된 것이며, 그 개정 이전에는 인가를 받은 리모델링주택조합이 매도청구를 할 수 있다고 규정하고 있었다. 그에 따라 2020. 1. 23. 주택법 개정 이전의 매도청구에 있어서는 동의율 요건을 둘러싸고 법적 논란이 있었던 상황이었다.

69) 주택법에서의 리모델링 허가신청을 위한 결의(동의)요건은 주택단지 전체를 리모델링하고자 하는 경우에는 주택단지 전체 구분소유자 및 의결권의 각 75퍼센트 이상의 동의와 각 동별 구분소유자 및 의결권의 각 50퍼센트 이상의 동의가 필요하고, 동을 리모델링하고자 하는 경우에는 그 동의 구분소유자 및 의결권의 각 75퍼센트 이상의 동의가 필요한 것으로 되어 있다.

70) 리모델링 허가를 신청하기 위해서는 매도청구권 행사를 입증할 수 있는 서류가 첨부되어야 하므로 매도청구권은 최소한 리모델링 허가 신청 전에 행사되어야 한다(주택법 시행규칙 제28조 제2항 제2호).

아니한 자(그의 승계인을 포함)에 대하여 리모델링 결의내용에 따른 리모델링에의 동의여부를 회답할 것을 서면으로 최고하여야 한다.

주택법은 리모델링주택조합이 매도청구를 할 수 있도록 규정하고 있기 때문에 조합이 아닌 추진위원회나 리모델링 결의에 찬성한 구분소유자, 집합건물법 제48조에서 규정하고 있는 매수지정자는 매도청구에 대한 최고의 주체가 될 수 없다고 본다.

② 최고의 상대방

○ 리모델링 결의에 찬성하지 아니한 자

리모델링 결의에 찬성하지 아니한 자가 최고의 상대방이다. 주택법에 의한 리모델링 사업에서 리모델링 결의 동의서는 조합설립을 위한 단계와 리모델링 허가를 위한 단계에서 필요한 것인데, 매도청구와 관련한 리모델링 결의 동의는 리모델링허가 신청 시까지의 결의 동의를 말한다.

주택법 시행령 제21조 제1항 제3호는 리모델링주택조합의 조합원 자격을 공동주택의 소유자, 복리시설의 소유자, 주상복합시설의 소유자로 규정하고 있기 때문에 조합원의 자격이 없는 대지사용권만을 소유한 자에 대하여도 매도청구를 위한 최고가 필요한지의 여부가 문제로 된다. 생각건대, 리모델링 결의 동의요건으로서 구분소유자 요건 외에 대지사용권의 요건도 필요한 것이기 때문에 대지사용권만 소유한 자에 대하여도 최고를 할 필요가 있다고 생각된다.

○ 승계인

매도청구의 대상이 되는 소유권의 승계가 이루어진 경우에는 승계인이 최고의 상대방이 된다. 승계는 상속이나 포괄유증, 회사합병 등과 같은 포괄승계나 매매나 교환 등과 같은 특정승계를 포함[71]하며, 적법한 최고가 이미 이루어진 경우에는 승계인에게도 최고의 효력이 미치므로 다시 최고할 필요 없이 승계인에 대하여 매도청구권을 행사할 수 있다. 그리고 최고의 상대방이 사망한 경우에는 민법 제187조에 따라 법률에 의하여 소유권을 취득하므로 상속등기를 경료하기 전이라도 그 상속인이 당연히 승계인이 되며, 상속인들 간의 소유관계는 공유이므로 상속인 전원에 대하여 최고를 하는 것이 원칙이다.

---

71) 법조문상 임차인이나 전세권자 같은 강학상의 '설정적 승계인'은 포함되지 않는다고 해석된다.

○ 공유자

리모델링 결의 등을 위한 집회통지는 공유자 중 의결권을 행사할 공유자 1인에게 하면 족하다고 할 것이나 매도청구의 행사요건으로서의 최고는 공유자 전원에게 하여야 한다.

○ 탈퇴나 제명된 조합원

조합설립인가 이후 탈퇴 내지 제명된 조합원의 경우에는 리모델링에 참여하지 아니할 의사가 명백히 표시되거나 조합원 자격이 상실된 자라 할 것이므로 최고절차는 필요하지 않다고 본다.

③ 최고의 시기 및 방식

○ 최고의 시기

최고의 시기에 대하여는 집합건물법 제48조 제1항이 '지체 없이'라고 규정하고 있기 때문에 리모델링주택조합 설립인가를 받은 다음 리모델링 허가를 신청하기 위한 동의율이 확보된 경우에는 즉시 최고를 할 것이 요구되나, 위 '지체 없이'라는 규정은 단순히 물리적인 시간개념으로만 볼 것이 아니라 조합의 실정과 여건 등을 종합하여 볼 때 즉시 최고하지 못한 합리적이고 타당한 이유가 있는 경우에는 다소 시간이 지난 경우라도 적법한 최고로 보아야 한다.

특히 주택법은 리모델링 사업을 추진함에 있어 조합설립인가를 득한 이후에 시공자를 선정할 수 있고, 시공자가 선정되고 계약이 체결되어야만 조합원들의 구체적인 비용의 분담에 관한 사항이 특정될 수 있으며, 리모델링 허가 신청을 위해서는 안전진단결과서, 건축허가 서류, 구조계획서 등 건축계획서, 권리변동계획서 등 제반 서류가 준비되어야 한다는 점 등을 고려하여 최고의 시기에 대한 적법여부를 판단할 필요가 있다 할 것이다.

결론적으로 여기에서 '지체 없이'는 리모델링 결의가 이루어진 직후는 아니더라도 적어도 리모델링 사업의 진행 정도에 비추어 적절한 시점에는 이루어져야 함을 의미한다(주택재건축사업에 관한 대법원 2015. 2. 12. 선고 2013다15623,15630 판결 참조).

이와 관련하여 하급심판결 중에는 리모델링 결의 후 정당한 사유가 없음에도 '지체 없이' 매도청구 절차를 진행하지 아니한 사유를 이유로 매도청구소송을 기각한 사례[72]도 있으므로, 유의하여 가능한 빠른 시점에 매도청구소송을 제기할 필요가 있다.

---

72) 서울고등법원 2019. 5. 17. 선고 2018나2063717 판결 등

○ 최고의 방식

최고는 반드시 서면으로 하여야 하고, 최고수령일로부터 2개월 이상의 회답기간을 주어야 한다(집합건물법 제48조 제1항, 제2항). 회답기간은 2개월 이상으로 연장함은 가능하지만 이를 단축하는 것은 허용되지 않으므로 2개월 이내로 정하여 최고하거나 기간을 기재하지 아니한 경우에는 회답기간은 2개월이 된다 할 것이다.

○ 의사표시 공시송달

최고권자가 과실 없이 최고의 상대방의 소재를 알 수 없는 경우에도 최고절차는 생략할 수 없고, 이 경우에는 민사소송법상의 의사표시 공시송달방법에 의하여 송달할 수 있다.[73]

④ 회답

리모델링에 참가여부에 대한 최고를 받은 상대방은 그 최고수령일로부터 2개월 이내에 리모델링에 동의(참가)할 것인지의 여부를 회답하여야 하고, 그 기간 내에 회답하지 아니한 구분소유자는 참가하지 아니하는 뜻을 회답한 자로 본다(집합건물법 제48조 제2,3항).

도시정비사업에서는 조합설립에 대한 동의를 한 이후 그 동의내용에 변동이 없다면 조합설립에 최초로 동의한 날부터 30일이 지난 경우이거나 창립총회를 개최한 경우에는 동의를 철회할 수 없도록 규정[74]하고 있는데, 리모델링의 경우에는 리모델링주택조합이 관할 관청에 리모델링 허가신청서를 제출하기 전까지 서면으로 동의를 철회할 수 있도록 규정하고 있다(주택법 시행령 제75조 제3항).

이처럼 리모델링 결의에 대한 동의를 하였다가 리모델링 행위허가 신청 전에 동의를 철회한 구분소유자에 대하여는 리모델링에 대한 참가 의사가 없다는 점이 분명해진 것이라는 점에서, 이 경우에는 다시 최고 절차를 거칠 필요가 없이 동의 철회서가 조합에 접수된 시점부터 2개월 이내에 곧바로 매도청구 소송을 제기하여야 하는 것으로 해석하는 것이 타당하다.[75]

---

73) 민법 제113조는 "표의자가 과실 없이 상대방을 알지 못하거나 상대방의 소재를 알지 못하는 경우에는 의사표시는 민사소송법 공시송달의 규정에 의하여 송달할 수 있다"고 규정하여 의사표시 공시송달을 허용하고 있으므로 매도청구의 경우에도 상대방의 소재를 알수 없는 경우에는 의사표시 공시송달을 할 수 있고, 그 경우에는 법원게시판에 게시하거나 대법원규칙이 정하는 방법으로 하며, 그 날로부터 2주가 지나면 그 효력이 생긴다(민사소송법 제196조).

74) 도시정비법 시행령 제33조 제2항

75) 다만, 그 경우에도 동의 철회 시점에 리모델링 허가신청을 위한 동의율이 충족되지 아니한 경우에는 동의율이 충족된 이후에 매도청구소송을 제기할 수 있다고 보아야 한다.

나. 매도청구권의 행사

(1) 매도청구권자(매도청구소송의 원고)

집합건물법은 재건축결의와 관련하여 재건축 결의에 찬성한 각 구분소유자, 재건축결의 내용에 따른 재건축에 참가할 뜻을 회답한 각 구분소유자(승계인 포함) 또는 이들 전원의 합의에 의하여 매수하도록 지정된 자를 매도청구권자로 규정하고 있으므로, 재건축조합[76] 외에도 추진위원회나 조합원명의로도 매도청구권을 행사할 수 있도록 허용하고 있다.

그러나 주택법 제22조는 매도청구권자를 '인가를 받아 설립된 리모델링주택조합'으로 규정하고 있으므로 조합 외에 추진위원회나 구분소유자는 리모델링 사업에서의 매도청구권자가 될 수는 없다.

(2) 매도청구의 상대방(매도청구소송의 피고)

① 리모델링 결의에 찬성하지 아니한 자

매도청구소송의 상대방은 리모델링 결의에 찬성하지 아니한 자이다. 이는 리모델링 결의(동의)서의 제출여부가 그 기준이 되는 것이고, 위 최고기간 내에 리모델링에 참가하지 아니할 것을 회답하였거나 아무런 회답을 하지 아니한 자 및 그 승계인이다.

그리고 매도청구소송이 제기된 이후 소유권이 변경된 경우에는 소송수계절차를 하여야 하고(이 경우 새로운 최고는 불필요하다), 매매예약 가등기가 있는 경우에는 본등기를 경료하기 전까지는 소제기 당시의 등기부상 소유명의자가 피고가 되며(소제기 후 가등기에 기한 본등기가 경료될 경우에는 소송승계를 하면 된다), 아파트신축사업의시행자가 아파트를 분양하여 수분양자가 잔금까지 모두 지급한 후 입주하여 거주하고 있으나 소유권이전등기가 되지 않은 채 분양자 명의로 소유권보존등기가 되어 있는 경우에도 매도청구소송의 피고는 수분양자가 아니라 등기부상의 소유자인 분양자가 된다.[77] 또한 리모델링 결의서를 제출하였다

---

76) 대법원 1999. 12. 10. 선고 98다36344 판결은 "주택건설촉진법에 의한 설립인가를 받은 재건축조합은 전체 구분소유자에 갈음하여 당연히 매도청구권을 행사할 수 있다"고 판시하고 있고, 매도청구권의 행사함에 있어 조합원총회의 결의를 거칠 필요는 없다고 한다(대법원 1999. 10. 22.선고 97다49398 판결).

77) 대법원 2000. 6. 23. 선고 99다63084 판결. 동 판결은 "아파트를 이미 제3자에게 분양하였으나 일부 잔대금 청산이 완결되지 않아 그 소유권보존등기가 아직 분양자 명의로 남아 있는 경우에는 매도청구권의 상대방은 분양받은 제3자가 아니라 등기부상의 소유자인 분양자가 된다"고 판시하고 있다.

가 리모델링 허가 신청 전까지 이를 철회한 자도 미동의자로 보아 매도청구소송의 피고로 된다.

한편 집합건물법은 매도청구의 대상을 집합건물로 제한하고 있으나, 주택법은 매도청구의 대상을 리모델링 결의에 찬성하지 아니한 자의 주택 및 토지로 규정하고 있으므로(주택법 제22조 제2항), 집합건물인지의 여부를 묻지 아니하고 리모델링의 대상이 되는 단지 내 주택 및 토지의 소유자로서 리모델링에 찬성하지 아니한 자이면 매도청구의 상대방이 된다.

② 조합원 자격이 없는 자

주택법 시행령 제21조는 리모델링주택조합의 경우 조합원의 자격을 ① 주택법 제15조의 규정에 의한 사업계획승인을 얻어 건설한 공동주택의 소유자, ② 복리시설을 함께 리모델링하는 경우에는 당해 복리시설의 소유자, ③ 건축법 제11조에 따른 건축허가를 받아 분양을 목적으로 건설한 공동주택의 소유자와 그 건축물 중 공동주택 외의 시설의 소유자로 제한하고 있다.

이에 따라 예컨대 대지사용권만 가지고 있는 등으로 조합원의 자격이 없는 소유자가 있게 되는데, 이처럼 조합원의 자격이 없는 소유자도 매도청구의 상대방이 된다. 그런데 매도청구소송의 대상으로 되는 조합원의 자격이 없는 소유자의 경우에는 주택법상 조합원으로 가입할 방법이 없어 존치하거나 조합에 대하여 이를 매도하는 것 외에는 다른 방법이 없는 것이고, 집합건물법 제48조에서 규정하고 있는 매도청구권의 전제로서의 최고절차는 리모델링에 참가할 것인지의 여부를 최고하는 절차인 이상 조합원의 자격이 없는 소유자에 대한 최고는 리모델링조합에의 가입여부에 대한 최고가 아니라 매도에 대한 의사확인 및 협의요청으로서의 최고가 될 수밖에 없다.

③ 제명 또는 탈퇴한 조합원

리모델링조합은 규약을 작성함에 있어 조합원의 제명·탈퇴 및 교체에 관한 사항을 포함시켜야 하는바[78], 조합의 사업추진과정에서 규약에서 정한 절차에 따라 제명 또는 탈퇴한 조합원에 대하여도 집합건물법 제48조를 준용하여 매도청구권이 인정된다는 것에 대하여는 특별한 이견이 없고, 제명이나 탈퇴의 경우에는 집합건물법상의 최고절차는 필요하지 않다고 해석하여야 한다. 대법원도 재건축조합의 규약에 따라 조합원총회에서 제명을 결의한 후 제기한 매도청구소송이 적법하다고 판시한 바가 있다.[79] 또한 대법원은 재건축 사

---

78) 주택법 시행령 제20조 제2항 제4호

79) 대법원 1999. 12. 10. 선고 98다36344 판결, 동 판결은 해당 조합원이 설정된 근저당권을 말소하지 않아 재건축사업에 차

례에서 조합원의 탈퇴와 관련하여 '동의한 조합원이라도 조합설립인가 이전이거나(이는 탈퇴라기보다는 동의의 철회로 보는 것이 타당하다) 재건축에 동의한 자를 조합원으로 포함시켜 변경인가를 받지 않는 경우에는 조합규약 등에 조합원의 탈퇴를 불허하는 규정이 없는 한 임의탈퇴가 가능하다'고 판시하고 있다.[80]

(3) 행사의 기간 등

① 행사의 기간

매도청구권은 회답기간 만료일로부터 2개월 내에 행사하여야 하며(집합건물법 제48조 제4항), 위 2개월의 행사기간은 제척기간[81]이라는 점에 유의하여야한다.

② 실무상의 제반문제

○ 수회의 최고가 있는 경우

리모델링 허가 신청을 위한 결의 요건을 충족한 이후 미동의자에 대하여 수차에 걸쳐 최고를 한 경우에 매도청구권의 행사기간에 대하여 대법원은 재건축 사례에서 수회의 최고 중 적법한 최고로 볼 수 있는 통지를 기준으로 회답기간 만료일을 산정하고 그 회답기간 만료일로부터 2개월의 행사기간 내에 매도청구권을 행사하지 아니하면 그 효력을 상실한다고 판시하고 있는바,[82] 이는 리모델링조합에 대하여도 타당하다고 본다.

질이 발생한 경우 조합원 임시총회에서 조합규약을 개정하여 제명조항을 신설한 후 제명결의를 하고 관할구청에 조합원변경인가를 받은 후 매도청구소송을 제기한 사안으로서 이는 조합원총회의 결의에 의한 적법한 매도청구소송이라고 판시하고 있다.

80) 대법원 2000. 10. 27. 선고 2000다20052 판결, 동 판결은 재건축동의서를 제출한 후 변경인가 전에 탈퇴서를 우편으로 관할구청에 송부한 사안에서 조합이 제기한 신탁등기절차이행청구소송에서 조합원이 아니라며 이를 기각한 것으로서, 법원은 그동안 재건축조합원의 임의탈퇴는 허용되지 않는다는 입장을 보여 왔으나 동 판결로서 제한적으로 임의탈퇴가 허용되었다는 점과 탈퇴가 허용되는 기준을 제시한 점에서 중요한 판결이다.

81) 제척기간은 법률상 일정한 권리를 행사할 수 있도록 예정되어 있는 권리의 존속기간으로서 일정 기간 행사되지 않으면 권리가 소멸되는 소멸시효와 비슷한 개념이지만, 시효와는 달리 중단이나 정지가 없다는 점에서 차이가 있다. 그리고 시효는 그 이익을 당사자가 원용하여야 재판에서 고려하는 것이지만 제척기간은 법관이 의무적으로 기간의 준수 여부를 판단하여야 한다.

82) 대법원 2000.6.27. 선고 2000다11621 판결. 그동안 하급심판결은 수회의 최고가 있는 경우에 최종적인 최고를 기준으로 제척기간(2개월)을 산정하여야 한다는 견해가 주류였으나, 위 대법원판결은 매도청구권이 형성권으로서 매매계약의 성립을 강제한다는 점과 매수시기와 관련한 상대방의 정당한 법적 이익의 보호 및 재건축 법률관계의 조속한 확정이라는 취지에서 강행규정으로 보아 적법한 최초의 최고를 기준으로 행사기간 내에 행사하지 아니하면 그 효력을 상실한다고 보고 있다.

○ 회답기간 전에 행사된 경우

최고의 상대방의 회답기간 전에 매도청구권이 행사된 경우에는 법원의 사실심 변론종결 시까지 상대방이 불참가의 회답을 하거나 회답기간이 만료되면 매도청구권의 행사는 적법한 것으로 보고, 이 경우 매매계약일은 소장부본송달일과 회답기간이 만료된 날의 익일 중 뒤에 도래한 날로 본다.

○ 탈퇴 또는 제명의 경우

탈퇴나 제명의 경우에는 최고절차에 의한 회답기간이 없는 것이므로 매도청구권의 행사기간은 특별한 제한이 없는 것으로 보는 견해와 집합건물법상의 제척기간 2개월을 탈퇴 및 제명일로부터 2개월 이내로 보아야 한다는 견해가 있을 수 있는데 집합건물법에서 규정한 2개월의 행사기간의 취지와 성격, 매도청구 상대방의 보호 등 제반 사정을 종합하여 볼 때 탈퇴나 제명의 경우에는 탈퇴나 제명이 효력을 발생한 날로부터 2개월의 행사기간이 적용된다고 보는 것이 타당하다고 생각한다.

○ 매도청구소송이 취하된 경우

매도청구소송을 제기하였다가 취하한 후 다시 소가 제기된 경우에는 다시 제기한 소제기 시점으로 보아 행사기간의 도과여부를 판단하여야 한다.

○ 매도청구권의 행사와 관련된 문제

아파트 단지의 수개의 동 중 일부의 동에 대하여는 결의 정족수를 충족하지 못한 경우에도 적법하게 요건을 구비한 동의 미동의자에 대한 매도청구권의 행사가 가능한지의 여부에 대하여 재건축결의와 관련하여서는 적법하다는 판례[83]가 있으나, 리모델링 사업의 경우에는 동별 요건이 모두 구비되어 조합이 설립되어야 매도청구가 가능한 것이므로 적용될 수 없다고 본다.

매도청구권의 행사요건의 적법여부는 행사당시의 법령에 의한 의결요건을 충족하여야 하고, 행사이후 법이 개정되었더라도 개정 전 요건을 구비하지 못하는 이상 매도청구권의 행사가 소급하여 유효하게 될 수는 없다는 대법원 판례(위 2000다24061 판결)는 리모델링 사업의 매도청구에도 그대로 적용된다고 본다.

---

83) 대법원 2000. 11. 10. 선고 2000다24061 판결

(4) 행사의 효과

① 매매계약 체결의 의제

매도청구권은 형성권으로서 매매계약 성립이 의제되는 것이고, 매매계약이 성립되는 시점은 매도청구의 의사표시가 도달한 날이 되는 것이므로 재판상 이를 행사할 경우에는 매도청구 의사표시가 포함된 소장 또는 준비서면 부본의 송달일이 매매계약일이 된다.

다만, 매도청구소송의 소장부본송달일이 회답기간이 만료되기 전인 경우에는 회답기간이 만료된 날의 익일이 매매계약일자가 되는 것이므로 통상 소제기 당시의 청구취지는 '피고는 원고에게 별지목록기재 부동산에 관하여 이 사건 소장부본송달일자 매매를 원인으로 한 소유권이전등기절차를 이행하고, 위 부동산을 인도하라. 인도부분은 가집행할 수 있다'라고 기재하였다가, 시가감정결과가 나온 이후에 청구취지를 '피고는 원고로부터 금 ○○○○원을 지급받음과 동시에 별지목록기재 부동산에 관하여 ○○○○. ○○. ○○.자 매매를 원인으로 한 소유권이전등기절차를 이행하고, 위 부동산을 인도하라. 인도부분은 가집행할 수 있다'라고 변경함이 보통이다.[84]

② 동시이행관계

매도청구 상대방의 소유권이전등기 및 인도의무와 매도청구권을 행사하는 조합의 시가 상당 금원지급의무는 일반적인 매매와 마찬가지로 동시이행관계에 있다.

(5) 하자의 치유

매도청구소송의 제기당시에는 주택법에 의한 동의요건이나 동의내용에 하자가 있어 유효한 리모델링 결의가 있다고 볼 수 없다가 매도청구권 행사에 따른 소송 중에 리모델링 미동의자의 일부가 리모델링 결의에 찬성함으로써 정족수를 충족하거나 조합원총회 등에서 비용의 분담내역 등 리모델링 결의사항을 적법하게 다시 결의하고 동의를 받아 유효한 리모델링 결의가 있는 것으로 되는 경우에는 당초의 하자가 치유되어 소급하여 유효로 되

---

84) 매도청구권 행사의 의사표시가 담긴 원고의 소장 부본이 피고에게 도달된 일자에는 최고기간 2개월이 아직 경과하지 아니하였는데, 그 이후 원고가 2개월의 회답기간이 경과한 시점에 매매계약이 성립되었다는 주장을 하지 아니한 사례에서 대법원은 원고에게 소장 부본 송달일자에 매매계약이 설립되었다는 주장 외에 회답기간이 경과한 시점으로 매매계약이 성립되었다는 주장도 아울러 하는 것인지에 관하여까지 석명의무는 없다고 하면서 상고를 기각한 바가 있다(대법원 2001. 1. 5. 선고 2000다12099 판결).

는 것인지가 문제로 된다.

그러나, 매도청구소송의 진행과정에서 정족수를 충족하거나 리모델링 결의를 다시 한다 하더라도 하자로 무효인 종전의 리모델링 결의가 소급하여 유효하게 되는 것은 아니고, 단지 하자가 추완된 시점부터 비로소 종전의 결의가 유효하게 되거나 혹은 그 때 새로운 리모델링 결의가 있는 것으로 볼 여지가 있는 것이므로 그 때 비로소 조합의 매도청구권이 발생한 것이어서 새로이 집합건물법 제48조 소정의 최고를 거친 다음 적법한 행사기간 안에 매도청구권이 행사되어야만 적법하다고 할 것이다. 따라서 소송의 진행 중 종전의 리모델링 결의나 동의요건의 하자가 치유 내지 추완되었다는 이유만으로 매도청구가 적법한 것으로 될 수는 없고, 유효한 리모델링 결의나 동의요건이 성립된 이후 새로운 최고를 한 후 그 회답기간 만료일로부터 2개월 내에 매도청구권을 행사하면서 그에 따른 청구취지 및 청구원인을 변경하여야만 할 것이다.[85]

---

85) 대법원 2002. 9. 27. 선고 2000다10048 판결.

3
매도청구가격의 산정

가. 매도청구가격의 의의

주택법이나 집합건물법상의 매도청구권이 예정하고 있는 '매도청구가격'이란 "당해 매도청구 대상이 되는 구분소유권 등을 당해 소유자가 임의로 타에 매도할 경우 그가 그 대금으로 취득할 것으로 예상되는 합리적이고 객관적인 교환가격"을 의미한다.

나. 개발이익의 포함여부

매도청구권 행사에 따른 매도청구가격의 산정에 있어 리모델링이 진행된다는 사정을 고려하여 리모델링으로 인하여 발생한 개발이익을 포함하여야 하는지 아니면 주택재개발사업 등에서의 수용재결과 마찬가지로 공익사업을 위한 토지 등의 취득 및 보상에 관한 법률을 준용하여 당해 사업의 시행으로 인한 개발이익을 공제하여야 하는지에 대하여 견해가 나누어질 수 있다.

그러나 리모델링 사업의 매도청구권 행사에 따른 매도청구가격의 산정에 있어서는 수용에 관한 법리가 적용되지 아니하고 매도청구권은 일반적인 매매와 동일한 성격이라는 점 등에 비추어 리모델링 사업의 시행을 전제로 하여 매도청구권의 행사시점에 형성된 시가로서 개발이익을 포함한 가격으로 보는 것이 타당하다.

대법원은 재건축사업의 매도청구사건에서 "매도청구권에 있어서의 시가는 노후되어 철거될 상태를 전제로 한 거래가격이 아니라 그 건물에 대하여 재건축결의가 있었다는 것을 전제로 하여 구분소유권과 대지사용권을 일체로 평가한 가격, 즉 재건축으로 인하여 발생할 것으로 예상되는 개발이익이 포함된 가격"이라고 판시하여 매도청구에서의 시가의 개념을 명확하게 하고 있는바(대법원 1996. 1. 23. 선고 95다38172판결), 이러한 법리는 리모델링 사업에도 그대로 적용된다고 본다.

다. 매도청구가격 산정의 기준시점

매도청구권의 행사에 따른 매도청구가격을 산정함에 있어 그 기준이 되는 시점은 매도청구권이 행사된 시점으로서 소송의 제기에 의한 매도청구권의 행사에 있어서는 매도청구소송의 소장부본이 상대방에게 송달된 시점이 기준시점이 될 것이다. 그리고 소송결과 1심에서 시가감정을 통하여 판결이 된 이후 항소심에서 미동의자 소유권의 가격이 급등 내지 급락한 경우라 하더라도 매도청구권은 형성권으로서 적법하게 이를 행사한 시점의 매도청구가격을 산정하여야 하는 것이므로 항소심에서 다시 시가감정을 하는 경우에도 그 감정의 기준시점은 1심에서의 적법한 매도청구권의 행사에 따라 매매계약 체결이 의제된 날이 되어야만 한다.

라. 공부상의 표시와 현황의 불일치

부동산의 현황과 공부상의 표시가 불일치하는 경우에는 당연히 실제 현황을 기준으로 하여야 한다. 왜냐하면, 보통 부동산에 대한 공부는 그 공부가 표상하는 부동산의 실제현황을 그대로 반영하지 못할 때라도 공부에 표시된 만큼의 소유권만이 인정되는 것이 아닐 뿐 아니라 실제의 권리자는 측량 및 표시경정신청 등을 통하여 공부상의 기재내용을 실제 현황에 맞도록 고칠 수 있는 것이기 때문이다.

4
매도청구와 부동산의 이해관계인

리모델링주택조합이 미동의자에 대하여 매도청구권을 행사하는 경우에 당해 부동산에 설정된 저당권 등 부담은 매도인이 이를 말소하여 주어야 하고 임차인 부분은 보증금을 반환하고 인도를 하여 주어야 하지만 매도청구의 상대방은 보통의 경우 리모델링 사업에 반대하는 경우가 많아 비협조적이라는 점과 아직 임대기간이 도과되지 아니한 임차인 등 부동산의 이해관계인의 이익과의 충돌문제가 발생한다는 점 등에서 간단한 문제가 아닌바, 이하에서 그 유형에 따라 리모델링주택조합의 관점에서 살펴보기로 한다.

가. 저당권자가 있는 경우

저당부동산의 취득자는 그 저당권의 피담보채무액 상당액[86]의 매매대금의 지급을 거절할 수 있으므로[87] 매도청구권의 행사 시에도 상대방의 동시이행항변(매매대금지급)에 대하여 그 피담보채무액 상당액의 대금지급의 거절이나 권리제한등기의 말소를 재항변하거나 조합이 대위변제한 후 상대방에 대한 구상금채권으로 상계하는 것이 가능할 것이다.

저당권의 피담보채무액이 매매대금을 초과하는 경우에는 매매대금을 지급할 수는 없는 것이어서 저당권을 인수한 채로 소유권이전등기를 받아 시가를 초과하는 금액에 대하여는 저당채무의 대위변제 후 상대방에게 구상권을 행사하거나 경매절차가 진행되는 경우에는 경매절차에서 조합이 경락받는 방법을 사용할 수밖에 없는바, 통상 시가를 초과하는 근저당이나 압류 등이 경합되고 있는 경우에는 조합이 이를 인수받아 대위변제하더라도 구상이 어려운 실정임을 고려하여 볼 때 매도청구소송에서 근저당권자도 피고로 포함시켜 시가금액 범위 내에서 합의를 유도하거나 시가금액을 지급받은 후 근저당권설정등기를 말소하라는 선이행판결의 가능성 등에 대한 검토가 필요하다 할 것이다.

---

86) 근저당권의 경우에는 그 담보한도금액 상당
87) 대법원 1988. 9. 27. 선고 87다카1029 판결

실제로 매도청구소송에서 근저당권자도 피고로 포함시켜 근저당 채권금액을 지급받은 후 근저당권을 말소하라는 청구를 하는 사례가 있고, 하급심에서 선이행판결로서 이를 인용한 경우도 있었으나, 근저당부동산의 제3취득자는 민법 제364조에 의하여 결산기에 이르러 확정되는 피담보채무를 변제하고 근저당권의 말소를 구할 수는 있으나, 근저당권설정계약 종료 전에 이를 해지하고 그 당시까지의 채무액만을 변제하는 조건으로 그 말소를 구할 수는 없다는 법리 등과 관련하여 좀 더 논의되어야 할 문제로 생각된다.

나. 압류·가압류가 있는 경우

매도청구대상 부동산에 압류나 가압류가 있는 경우라도 소유권이전등기 및 인도에는 지장이 없으므로 매도청구권의 행사는 가능한 것이나 매매대금의 지급과 권리제한등기의 말소 등에 대하여는 위 저당권이 있는 경우와 동일하게 처리하여야 할 것이다.

다. 체납처분이 있는 경우

매도청구대상 부동산에 체납처분에 의한 압류등기가 있는 경우에는 위 압류가 되어 있는 경우와 동일하게 처리하면 될 것이다. 그런데 매도청구소송을 위하여 당해 부동산에 처분금지가처분이 등기된 이후 체납처분에 의한 압류등기가 된 경우에 그 효력이 문제가 되는바, 이에 대하여는 처분금지가처분등기에 불구하고 체납처분이 우선한다는 체납처분우위설과 가처분의 일반적인 법리에 따라 가처분이 우선이라는 가처분우위설이 있는데, 대법원은 1993. 2. 19. 선고 92마903 전원합의체판결로서 가처분우위설을 채택하고 있다. 즉 "국세징수법 제35조에서 '체납처분은 재판상의 가압류 또는 가처분으로 인하여 그 집행에 영향을 받지 아니한다'고 규정하고 있으나, 이는 선행의 가압류 또는 가처분이 있다고 하더라도 체납처분의 진행에 영향을 미치지 않는다는 취지의 절차진행에 관한 규정일 뿐이고 체납처분의 효력이 가압류, 가처분의 효력에 우선한다는 취지의 규정은 아니므로 부동산에 관하여 처분금지가처분의 등기가 된 후에 가처분권자가 본안소송에서 승소판결을 받아 확정이 되면 피보전권리의 범위 내에서 가처분 위반행위의 효력을 부정할 수 있고 이와 같은 가처분의 우선적 효력은 그 위반행위가 체납처분에 기한 것이라 하여 달리 볼 수 없다"라고 판시하고 있다.

라. 임차인에 대한 인도청구

(1) 주택임대차보호법상의 대항요건을 갖춘 경우

주택임대차보호법상의 대항요건을 갖춘 임차인이 있는 경우에는 조합이 매도청구소송을 통하여 소유권을 취득한다 하더라도 임대인의 지위를 승계하게 되는 것이므로 임차권자에게 대항할 수 없어 종전의 임대인과 사이에 체결된 임대차기간 중에는 임차인에 대하여 인도청구를 할 수 없는 문제가 발생한다.

그러나 이러한 법리를 그대로 적용하는 경우 리모델링조합의 설립에도 불구하고 미동의자인 임대인과 임차인의 담합 등에 기하여 임대차계약을 장기로 하더라도 그 기간 동안은 임차인을 내보낼 수 없게 되어 사업의 정상적인 추진이 어렵고 사업의 추진을 위해서는 예상치 않는 인도비용이 소요될 수 있게 되는 등의 문제가 발생하게 된다. 이에 따라 재건축사업에 대한 하급심 판결 중에는 조합이 미동의자에 대하여 매도청구소송을 하면서 아직 임대차기간이 남아 있는 대항력 있는 임차인에 대하여 제기한 인도청구에 대하여 재건축사업의 추진 등으로 철거될 운명에 있어 더 이상 임차목적을 달할 수 없으므로 임대차관계가 종료된 것으로 보아 인도청구를 인용한 사례도 있으나(서울고등법원 2001. 6. 15. 선고 2001나101 판결 등) 일반적인 법원의 경향으로 볼 수는 없는 것으로서 이에 대하여는 입법적인 해결이 가장 바람직하다고 본다.

(2) 임차권 소멸약정이 있는 경우

리모델링이 추진되고 있는 지역의 주택임대차에 있어서는 임대차계약시에 임대차기간에 불구하고 리모델링이 추진되거나 착수되는 경우에는 임대차계약을 종료하고 인도한다는 취지의 약정을 하는 경우가 많은바, 이러한 임차권 소멸약정에 기하여 대항력이 있는 임차인에 대하여 인도청구를 할 수 있는지의 여부가 문제로 되는데 이에 대하여는 아래와 같은 견해가 있다.

○ 이러한 임차권소멸약정은 주택임대차보호법 제10조의 '이 법의 규정에 위반된 약정으로서 임차인에게 불리한 것은 그 효력이 없다'는 강행규정에 따라 그 효력이 없어 인도청구가 불가하다는 견해

○ 임차권소멸약정은 반드시 임차인에게 불리한 것으로만 볼 수 없으므로 계약 체결의 시기와 경위, 임대보증금과 월차임, 기타 제반사정을 종합적으로 고려하여 실질적으로 임차인에게 불리하다고 볼 수 없는 특별한 사정을 인정할 수 있을 때에는 위 강행규정에 저촉되지 않으므로 그 효력이 있어 인도청구가 가능하다는 견해

○ 리모델링이 추진되는 것을 알면서 임대차계약을 하고 임차권 소멸약정을 한 것은 리모델링의 추진으로 목적물을 인도하여야만 하는 사정이 발생할 때까지만 사용하기로 하는 취지이므로 대항력을 갖춘 임차인이라 하더라도 이는 일시사용을 위한 임대차로 보아 인도청구가 가능하다는 견해

생각건대 리모델링이 추진되는 사정을 알면서 임대차계약을 하면서 특약으로서 임차권소멸과 인도약정을 하고 있는 경우이고, 이러한 사정에 기하여 보다 저렴한 금액의 임대보증금이나 월차임을 약정하고 있는 것이라면, 리모델링으로 인한 임차권소멸약정을 반드시 임차인에게 불리한 임대차로 볼 수는 없다 할 것이므로 그에 따른 인도청구는 허용되어야 한다고 생각된다.

결국 임차권소멸약정이 있는 경우에는 그 약정의 동기와 경위 및 임대차약정내용 등 구체적인 사정을 종합적으로 고려하여 임차인에게 불리하다고 볼 수 없는 사정이 있는 경우에는 그 약정에 따른 효력이나 일시사용을 위한 임대차로 인정하여 리모델링 사업에 따른 인도청구를 허용함이 타당하다고 생각된다.

(3) 매도청구소송 중의 인도청구

매도청구권을 행사하는 경우에는 형성권으로서 매매계약의 체결이 의제되는 것이지만 매도청구소송은 소유권이전등기청구소송으로서 그 판결이 확정되지 아니한 이상 매도청구권자인 조합이 아직 소유권을 취득한 자는 아니므로 매도청구소송에서 동시에 임차인을 상대로 직접 인도청구를 할 수 있느냐의 여부가 논란이 될 수 있으나, 매도청구권자인 조합이 미동의자인 임대인을 대위하여 명도를 구하는 것이 가능하고 주택임대차보호법의 임대인 지위를 승계한 것으로 간주하는 것이 반드시 소유권을 취득하고 그 공시방법까지 마친 자만을 의미하는 것은 아니고 그 목적물에 대한 실질적인 처분권을 가진 자를 의미하는 것으로 해석할 수 있으며 소송경제상 분쟁을 일거에 해결할 필요가 있다 할 것이므로 매도청구권자가 아직 소유권을 취득하지 못하였다 하더라도 인도청구는 인용되어야 한

다고 생각된다.

(4) 임차인이 대항요건을 구비하지 못한 경우

임차인이 주택임대차보호법상의 대항요건을 구비하지 못한 경우에는 미동의자로부터 매도청구에 따라 소유권을 취득한 조합에 대하여 대항할 수 없으므로 조합으로서는 임차인에게 인도청구를 할 수 있다. 그러나 이 경우에도 조합이 아직 소유권을 취득하지 못한 1, 2심 소송단계에서는 위 다항에서 본 바와 같은 논란이 있을 수 있다.

(5) 조합설립인가일 이후에 체결된 계약인 경우

도시정비법에 따른 재건축사업에서는 조합설립인가일 이후에 체결되는 지상권·전세권 설정계약 또는 임대차계약의 계약기간에 대하여는 민법, 주택임대차보호법 제4조 제1항, 상가건물임대차보호법 제9조 제1항의 규정은 이를 적용하지 아니한다는 명문규정을 두고 있기 때문에[88] 조합설립인가일 이후에 체결한 임대차계약의 임차인으로서는 법에서 정한 주택과 상가의 최소임대기간 등을 주장할 수 없다. 그런데, 주택법에 따른 리모델링 사업에 있어서는 위와 같은 명문규정이 없기 때문에 임대차의 계약기간이 문제로 될 수 있다. 그러나 주택법에 명문규정이 없다 하더라도 리모델링주택조합의 설립인가가 된 이후에 체결한 임대차계약은 리모델링으로 인하여 이주하게 된다는 사정을 잘 알고 체결한 것인 이상 일시사용을 위한 임대차이거나 리모델링으로 인하여 임대의 목적을 달성하는 것이 불가능하게 된 것으로 보아 임대차계약을 해지할 수 있는 것으로 보는 것이 타당하다.

(6) 임차인 등의 계약해지권

도시정비법에 따른 정비사업의 경우에는 정비사업의 시행으로 인하여 지상권·전세권 또는 임차권의 설정목적을 달성할 수 없는 때에는 그 권리자는 계약을 해지할 수 있고, 그

---

88) 도시정비법 제70조 제5항

경우 전세금·보증금 그 밖의 계약상의 금전의 반환청구권은 사업시행자에게 이를 행할 수 있고, 임차인 등의 금전의 반환청구권의 행사에 따라 금전을 지급한 사업시행자는 당해 토지등소유자에게 이를 구상할 수 있고, 구상이 되지 아니하는 때에는 당해 토지등소유자에게 귀속될 대지 또는 건축물을 압류할 수 있으며 이 경우 압류한 권리는 저당권과 동일한 효력을 가진다는 규정을 두고 있으나[89] 리모델링 사업의 경우에는 그러한 규정을 두고 있지 아니하다.

(7) 리모델링허가 이후의 인도청구

도시정비법에 따른 정비사업의 경우 관리처분계획인가고시가 있은 때에는 종전의 토지 또는 건축물의 소유자·지상권자·임차권자 등 권리자는 준공에 따른 소유권이전의 고시가 있은 날까지 사업시행자의 동의를 얻지 않는 한 종전의 토지 또는 건축물에 대하여 이를 사용하거나 수익할 수 없다는 명문규정을 두고 있고,[90] 이를 근거로 조합은 임차인 등에 대하여 인도를 청구할 수 있게 된다.

그런데 리모델링 사업의 경우에는 공사에 착수할 수 있게 되는 단계로서 행위허가를 받더라도 사용수익권이 조합에 귀속된다는 내용의 명문규정이 없기 때문에 행위허가를 받았다는 이유로 조합이 임차인 등에게 인도를 청구할 수는 없는 법리가 된다. 따라서 리모델링 사업의 경우에도 주택법에 정비사업에 대한 도시정비법의 규정과 같은 사용수익권의 조항을 신설하는 것이 필요하다고 생각한다.

(8) 주택법의 임대차계약 관련 특례규정

주택법 제76조 제4항에서는 임대차계약 당시 다음 어느 하나에 해당하여 그 사실을 임차인에게 고지한 경우로서 리모델링 허가를 받은 경우에는 해당 리모델링 건축물에 관한 임대차계약에 대하여 주택임대차보호법 제4조 제1항 및 상가건물 임대차보호법 제9조 제1항의 임대차기간을 적용하지 아니한다는 특례규정을 두고 있다.

---

89) 도시정비법 제70조 제1항내지제4항
90) 도시정비법 제81조 제1항

○ 임대차계약 당시 해당 건축물의 소유자들이 리모델링주택조합 설립인가를 받은 경우
○ 임대차계약 당시 해당 건축물의 입주자대표회의가 직접 리모델링을 실시하기 위하여 관할 관청에게 안전진단을 요청한 경우

위 주택법의 임대차기간에 대한 특례규정은 조합설립인가 이후의 임대차계약에만 적용된다는 점, 그 경우에도 임대인이 조합설립인가 사실을 고지한 경우에만 적용한다는 점, 미동의자인 구분소유자의 경우 협조하지 않을 가능성이 많다는 점 등에 비추어 볼 때, 실효성이 매우 떨어지고 매도청구소송의 경우에는 적용하기가 사실상 어렵다고 볼 수 있다.

따라서 도시정비법에 따른 정비사업의 경우에 관리처분계획 인가·고시가 있으면 정비구역 내 토지 및 건축물에 대한 사용수익권이 사업시행자인 조합에 귀속되는 효과가 발생하고 그에 기하여 조합이 세입자에 대하여도 인도청구를 할 수 있는 것과 같이, 리모델링 사업에 있어서도 리모델링 행위허가를 받으면 사용·수익권이 리모델링조합에 귀속되는 것으로 특례규정을 두면서 세입자에 대하여는 임대보증금을 조합에 청구할 수 있도록 하는 내용으로 입법적 보완이 필요하다고 본다.

5
매도청구권 행사 후의 절차

가. 인도등단행가처분

매도청구 및 인도소송은 본안의 승소판결 시까지 상당한 시일이 소요되어 조합의 이주와 철거 및 공사착공 등에 장애요인이 되므로 실무적으로 매도청구와 관련하여 인도등단행가처분(철거와 방해금지 등 포함) 신청을 하는 경우가 있다.

다만, 이는 리모델링 사업의 성질, 규모, 사업의 추진 정도 등 제반사정을 종합하여 막대한 손해를 피하기 위하여 긴급한 필요가 있다고 인정되는 경우에만 예외적으로 인정되는 것이고, 실무적으로 1차 시가감정을 통하여 밝혀진 금액을 시가로 보고 이를 공탁하는 것을 조건으로 가처분을 인용하는 경우도 있다.

미동의자에 대한 인도등단행가처분 외에 극소수 조합원이 이주를 하지 않고 조합의 사업을 방해하여 철거를 하지 못해 사업의 추진에 중대한 지장이 초래되는 경우에도 인도 및 철거단행가처분을 이용할 수 있다.

인도등단행가처분을 인용하는 경우에 그 주문은 통상 "피신청인은, 신청인에게 별지 목록 기재 부동산을 인도하고, 신청인이 위 부동산을 20○○. ○○. ○○.자 ○○구청장의 리모델링 허가에 따른 리모델링 사업에 제공하여 행하는 철거 등의 업무를 방해하여서는 아니 된다"로 기재하게 될 것이다.

나. 인도기한의 허여

(1) 의의

당해 리모델링 사업에 따른 매도청구대상자가 구 건물을 인도함에 따라 그 생활상 현저한 곤란을 받을 우려가 있고, 또한 리모델링 사업의 추진에 심한 영향을 미치지 않는다고 인정할 수 있을 때에는 그 리모델링 사업에 따른 매도청구대상자의 청구에 따라 법원은 매매대금의 지급 또는 제공일로부터 1년을 초과하지 않는 범위 내에서 건물인도에 관하여 상당한 기한을 허여할 수 있다(집합건물법 제48조 제5항).

(2) 요건

매도청구의 상대방이 명도기한의 허여를 받기 위해서는 생활상 현저한 곤란을 받을 우려가 있어야 하고 조합의 리모델링 사업에 심한 영향을 미치지 않아야 한다. 여기에서 '생활상 현저한 곤란'이라 함은 고령이나 병약 및 저수입 등으로 인하여 곧바로 대체주거를 확보해서 이전하는 것이 불가능한 합리적 사정이 있는 것을 의미하는 것으로서 영업상 지장은 포함되지 아니하며, 리모델링 사업의 수행에 심한 영향이 있는 경우는 리모델링이 사실상 불가능하게 되거나 현저하게 곤란하게 되는 경우에 한한다.

(3) 절차와 효과

이 인도기한의 허여 청구는 매도청구의 상대방이 독립된 소송으로 제기할 수도 있을 뿐 아니라 매도청구소송에서 항변사항으로도 주장할 수 있다. 그리고 이 재판이 확정되면 매수인인 조합은 대금의 지급을 선이행하여야 하고 판결로서 허여된 인도기한이 지나야 인도집행을 할 수 있다. 다만, 인도기한의 허여가 있다 하더라도 대금을 지급한 이상 소유권이전등기는 허여기한이 도과되기 전에도 판결에 의하여 경료할 수 있다.

다. 철거 등 리모델링 공사와의 관계

매도청구권을 행사하여 미동의자 소유의 부동산에 대한 소유권이전등기를 완료한 경우에는 소유자로서 당해 건축물을 철거하는 데 아무런 문제가 없다. 그러나 리모델링주택조합이 매도청구소송을 제기하여 1심에서 소유권을 이전하고 인도하라는 승소판결을 받았다 하더라도 인도부분에 있어서는 가집행판결에 따라 1심 판결만으로도 강제집행을 할 수 있지만 등기를 이전받는 부분은 최종적으로 확정된 이후에서야 가능하기 때문에 아직 확정되지 아니한 1심 판결만으로 당해 건축물을 조합이 철거하고 공사를 진행할 수 있는지의 여부가 문제로 된다.

생각건대, 아직 매도청구에 대한 판결이 확정되지 아니한 상태라 하더라도 1심의 가집행판결에 따라 인도받은 후 이를 철거하는 것은 정당행위에 해당된다고 보아야 하고, 매도청구의 1심 승소판결과 가집행에 따른 인도를 받은 경우에는 그 점유사용권이 조합에 있다고 볼 수 있으며, 조합이 득한 리모델링 허가에는 철거에 대한 권능도 허여한 것으로 볼 수 있는 것이므로, 조합으로서는 리모델링 허가를 받고 매도청구 1심 승소판결과 가집행에 따른 인도를 받은 경우에는 판결이 아직 확정되기 전이라 하더라도 리모델링 공사를 진행할 수 있다고 보는 것이 타당하다.

6
리모델링의 지연과 환매청구권

가. 환매청구권의 의의

매도청구권이 행사된 이후의 환매청구권은 리모델링 허가를 신청하기 위한 동의율을 확보하여 매도청구권 행사가 가능한 때로부터 2년 이내에 건물 철거 등 리모델링의 공사가 착수되지 아니한 경우에 매도청구의 상대방이 그 기간만료일로부터 6월 이내에 매매대금을 소유자에게 제공하고 다시 매수할 수 있는 권리를 말한다.[91] 그렇지만 실무적으로는 이에 따른 환매청구권이 행사된 사례가 없어 휴면중인 제도라고 할 수 있다.

이는 집합건물법의 매도청구권에 관한 규정에서 인정되고 있는 제도인데 주택법 제22조 제3항은 매도청구에 관하여 집합건물법 제48조를 준용하고 있으므로 환매청구권도 준용되는 것으로 보아야 한다.

나. 주체와 상대방

(1) 주체

환매청구권을 행사할 수 있는 자는 리모델링조합의 매도청구권의 행사에 따라 조합에 이를 매도한 자이다.

---

91) 집합건물법 제48조 제6항

(2) 상대방

환매청구권을 행사하는 경우에 그 상대방은 매도청구권을 행사한 리모델링조합이 될 것이다.

다. 행사기간

환매청구권은 리모델링 허가를 신청하기 위한 동의율을 확보하여 매도청구권 행사가 가능한 때로부터 2년이 지난 날로부터 6개월 이내에 행사하여야 하므로 행사기간이 도과된 경우에는 이를 행사할 수 없게 되고, 철거공사를 착수하지 못한 데에 정당한 이유가 있었으나 그 사유가 소멸된 것을 이유로 하는 경우에는 그러한 사실을 안 날로부터 6개월 또는 그 이유가 없어진 날로부터 2년 중 먼저 도래한 날을 행사기간의 종기로 보아야 한다.[92]

라. 환매청구권이 인정되지 않는 경우

리모델링 허가를 신청하기 위한 동의율을 확보하여 매도청구권 행사가 가능한 때로부터 2년이 지났다 하더라도 철거공사에 착수하지 못한 데 대하여 정당한 사유가 있는 경우에는 환매청구권이 인정되지 않는다.

마. 행사의 방법

환매청구권을 행사함에 있어서는 매도청구 시에 지급받은 매매대금에 상당한 금액을 상대방에게 선제공하여야 한다.

---

92) 집합건물법 제48조 제7항

바. 행사의 효과

환매청구권은 매도청구권과 동일하게 그 성격은 환매청구의 의사표시가 상대방에게 도달되면 곧바로 환매에 따른 계약이 체결된 것으로 의제하는 형성권으로 보는 데에 대하여는 아무런 이견이 없다. 따라서 환매청구권을 재판상 행사하는 경우에는 환매청구소송의 소장부본이 상대방에게 송달되면 환매계약이 성립된 것으로 보아 상대방으로서는 당초의 매매대금을 지급받은 후 환매권자에게 소유권을 이전하여 줄 의무를 부담하게 된다.

7
매도청구제도의 문제점과 개선방안

가. 매도청구제도의 문제점

(1) 개관

리모델링 사업에 있어서는 강제적인 수용권이 부여되어 있지 아니하므로 리모델링 결의에 찬성하지 아니한 자의 주택 및 토지의 소유권을 확보하기 위한 유일한 강제적인 수단은 매도청구권을 행사하는 것이다.

이처럼 매도청구권 제도는 사업시행주체인 조합의 입장에서 보면 리모델링에 동의하지 아니한 자의 소유권을 강제적으로 확보할 수 있는 유일한 방법이지만, 리모델링에 반대하는 미동의자의 입장에서는 자신의 의사에 반하여 강제적으로 소유권을 상실당하고 집에서 쫓겨나가야 하는 불안정한 지위에 있게 되는 것이 매도청구제도인 것이다. 따라서 매도청구권 제도를 논함에 있어서는 사업시행자의 입장과 미동의자의 입장을 모두 고려하여 균형을 유지하도록 하는 해석과 논의가 필요하다. 이러한 관점에서 볼 때 현행 매도청구제도는 여러 가지 문제점을 가지고 있다.

(2) 구체적인 문제점

사업시행자인 리모델링조합의 입장에서 볼 때의 문제점은 다음과 같다.

첫째, 사업시행자인 조합이 매도청구권을 행사할 수 있는 행사기간이 너무 단기이고 불변기간으로 되어 있다는 점이다. 즉 주택법과 집합건물법의 관련규정에 의하면 매도청구권은 미동의자에 대하여 2개월의 회답기간을 주어 리모델링에 참가할 것인지의 여부를 최고한 후 그 회답기간의 만료일로부터 2개월 이내에 행사하여야만 하도록 규정되어 있는바, 위 2개월의 행사기간은 사업시행자인 조합의 입장에서는 너무 단기간이라 할 수 있으며, 특히 위 2개월의 행사기간은 제척기간으로 되어 있어 법정기간 내에 행사할 수 없는 정당한 사유가 있는 경우라 하더라도 그 기간이 도과되는 경우에는 매도청구권의 행사 자체가 불가능하게 되는데 이는 사업의 목적이나 성격에 비추어 너무 가혹한 일이라 할 수 있다.

둘째, 사업시행자가 소유권을 확보하기 위한 법원의 판결이 확정되기까지 너무 오래 걸리기 때문에 소유권의 취득이 늦어져 사업의 추진에 지장을 초래한다는 점이다. 즉, 조합은 법원에 매도청구소송을 제기하는 방법으로 매도청구권을 행사할 수밖에 없고 조합이 1심에서 승소하더라도 상대방이 항소 및 상고에 이를 경우에는 최종적으로 대법원에서 판결이 확정되어야만 조합이 소유권을 취득할 수 있게 되는데 그 경우 최소한 2년에서 3년 이상이 소요되는 것이 현실이다. 따라서 대법원에서 확정판결이 되기 전까지의 재판기간 중에는 재건축조합이 미동의자의 소유권을 취득하지 못한 상태로 사업을 추진하는 결과가 되고 심지어는 사업의 완료로 준공되어 입주한 이후까지도 매도청구소송의 판결이 확정되지 아니하여 등기절차를 완료하지 못하는 경우까지 발생하고 있다.

셋째, 사업시행자가 매도청구권의 행사기간을 실기하거나 매도청구소송에서 패소하는 경우에는 달리 미동의자의 소유권을 취득할 방법이 없다는 점이다. 앞서 본 바와 같이 매도청구권을 행사할 수 있는 기간인 회답기간 만료일로부터 2개월 이내에 사업시행자인 조합이 이를 행사하지 아니하여 행사기간을 실기하거나 매도청구소송에서 패소로 판결이 확정되는 경우에는 미동의자의 부동산을 강제로 취득할 수 있는 방법이 전혀 없게 된다. 따라서 이 경우에는 조합이 협의에 의하여 미동의자의 부동산을 매수하여야 하나 소송과정에서의 정서 등을 고려하여 볼 때 협의에 의한 매수가 쉽지 않을 것이고 협의가 성립되더라도 정상적인 시가보다 훨씬 많은 비용을 지출할 수밖에 없을 것이다.

또한 조합과 미동의자 사이에 협의가 이루어지지 않아 결국 조합이 미동의자 토지부분의 소유권을 취득하지 못하게 되면 아파트가 준공되더라도 미동의자의 토지지분에 해당하는 대지권만큼은 이를 이전할 방법이 없는 문제가 발생하게 되며, 사업시행자인 조합과 대지권을 소유하지 아니하는 점유자로서는 타인의 토지를 무단으로 사용하는 것으로 되어 매년 미동의자에게 사용료를 지불하여야만 하는 결과가 되는 것이다.

넷째, 매도청구 대상이 되는 부동산의 이해관계인에 대한 합리적인 해결방법에 대한 법률규정이나 제도가 마련되어 있지 않다는 점이다. 즉, 매도청구의 부동산에는 저당권이나 압류 및 가압류와 같은 등기가 되어 있는 부동산 자체의 이해관계인이 있을 뿐 아니라 임대차계약에 기한 임차인이라는 이해관계인이 존재한다. 그런데 매도청구제도는 민법상의 매매계약의 체결을 강제하는 것에 불과할 뿐 여전히 매매의 법리가 적용되는 것이므로 매도청구 부동산에 그 시가를 훨씬 초과하는 저당권 등의 부담이 있는 경우에도 이를 그대로 승계하여야만 하는 것으로 되고, 임대차관계에 있어서도 원칙적으로 주택임대차보호법이나 상가건물임대차보호법이 적용되어 매수인인 조합이 종전의 임대차를 승계하게 되므로 임차인에 대한 인도가 사업추진의 걸림돌이 될 뿐만 아니라 비경제적이고 소모적인 법적 분쟁으로 이어지게 된다. 이러한 어려움과 분쟁은 결국 사업시행자에게 매도청구라는 강제적인 수단은 부여하면서도 해당 부동산의 이해관계인의 문제에 대하여는 아무런 규정이나 제도가 마련되어 있지 않기 때문에 발생하는 것이다.

나. 문제점에 대한 개선방안

(1) 매도청구권 행사기간의 연장

매도청구제도가 미동의자의 부동산을 합법적이고 강제적으로 취득할 수 있는 유일한 수단이라는 점을 고려하여 볼 때 사업시행자인 조합이 매도청구권을 행사할 수 있는 기간은 사업의 추진에 지장이 없도록 부여될 필요가 크다. 따라서 미동의자의 회답기간 만료일로부터 2개월 이내라는 단기간으로 하고 있는 현행 매도청구권의 행사기간은 적절하게 연장하는 것이 타당하다. 그 경우에 어느 정도의 기간이 적절한지의 여부에 대하여는 사업시행자와 미동의자의 법익의 균형과 사업추진의 진행단계 등을 종합적으로 고려하여 정할 문제이나 그 행사기간에 대하여 리모델링 결의일로부터 1년으로 하되 정당한 사유가 있을 경우에는 그 기간만큼 이를 연장할 수 있도록 하고 방안으로 개선할 필요가 있다고 본다.

(2) 미동의자의 사업시행자에 대한 신청권의 부여

토지수용절차에 있어서는 사업시행자가 토지수용절차를 취하지 아니할 경우에는 해당 토지소유자가 사업시행자에게 수용재결절차를 진행할 것을 청구할 수 있고 사업시행자가 그 청구일로부터 60일 이내에 재결절차를 진행하지 아니할 경우에는 지연된 기간만큼 이자를 가산하는 제도가 있으나 미동의자에 매도청구제도에 있어서는 매도청구의 상대방에 대하여 신청권이 부여되어 있지 아니하여 언제 매도청구권이 행사될지 모르는 불안한 지위에 있게 된다. 따라서 매도청구제도에 있어서도 수용재결의 절차와 마찬가지로 상대방에게 사업시행자에 대한 매도청구 신청권을 부여하고 사업시행자가 이에 응하지 아니할 경우에는 지연이자를 가산하는 등의 불이익을 부여하는 것이 타당하다.

(3) 매도청구가격에 대한 평가기준의 필요성

매도청구제도는 사업시행자가 미동의자의 재산을 시가로 매수하는 제도이고 그 시가가 개발이익을 포함한 가격이라는 점에 대하여는 다툼이 없으나, 개발이익을 시가에 어떻게 반영하여 시가를 평가할 것인지에 대하여는 특별한 기준이 없어 논란이 예상되고 있으므로 개발이익을 포함한 장래가치에 대하여 이를 현재가치로 산정하는 방법과 관련하여 그 구체적인 매도청구가격의 평가방법에 대한 평가기준을 마련할 필요가 있다. 그러한 평가기준이 마련되어야만 사업시행자나 상대방의 쌍방에게 공평하고 합리적이며 객관적인 거래가격이 인정될 수 있고 그만큼 분쟁을 감소시킬 수 있는 것이다.

(4) 이해관계인에 대한 해결제도 도입

사업시행자가 매도청구를 하는 경우에도 대상 부동산에 설정된 저당권이나 지상권 및 임차권 등의 이해관계인 들이 존재하는 경우에는 민법상의 법리에 따라 매수인인 조합이 이를 승계하여야만 하여 예측하지 못한 손해를 입을 수 있고 임차인을 빨리 내보내지 못하여 사업추진에 많은 지장을 초래하는 경우도 발생한다. 따라서 사업시행자가 매도청구를 하는 경우에 이해관계인에게 당해 부동산 자체로 인한 손해나 이익을 부여하지 않는 방법으로 합리적으로 해결할 수 있는 법적인 제도를 도입하는 것이 필요하다. 예를 들어 매도청구권을 행사하는 경우 사업시행자는 당해 부동산의 임차인에 대하여 계약해지권을 행사할 수 있도록 허용하는 대신 그 경우에는 전세보증금은 사업시행자가 반환하도록 하는 제도 등이 필요하다.

8
국토교통부 질의 회신

아파트리모델링조합의 매도청구 시점

2019. 1. 31. 주택정비과

□ 질의요지

공동주택 리모델링조합이 리모델링을 반대하는 구분소유자에 대하여 매도청구의 시점은 「주택법」시행령 제75조에서 정하고 있는 리모델링의 허가 요건을 갖춘 경우인지, 아니면 같은 법 제22조에 의하여 주택건설 대지면적의 95% 이상의 사용권을 확보한 경우에 구분소유자에 대하여 매도청구가 가능한 것인지

□ 회신내용

1. 「주택법」 제22조 제2항에 따르면 리모델링주택조합은 그 리모델링 결의에 찬성하지 아니하는 자의 주택 및 토지에 대하여 매도청구를 할 수 있습니다.

2. 같은 법 시행규칙 제12조 제4항 제7호에서는 리모델링 사업계획승인을 신청하는 경우 리모델링 허가 신청 시 제출하여야 하는 서류와 동일한 서류를 첨부하여 제출하여야 하는바 리모델링 허가 기준의 동의비율에 따른 입주자 동의서 및 매도청구권 행사를 입증할 수 있는 서류를 제출하도록 하고 있으므로 매도청구의 시점은 「주택법」시행령 제75조에서 정하고 있는 리모델링의 허가 요건을 갖춘 경우로 판단됩니다.

3. 참고로 사업계획승인을 받았더라도 「주택법」 제21조 제2항에 따르면 매도청구 대상자와 매도에 합의하거나 법원의 승소판결을 받은 경우에만 공사를 시작할 수 있도록 규정하고 있음을 알려드립니다.

□ 질의요지

사업계획승인 대상인 공동주택 리모델링 사업 추진 시 같은 지번에 포함되어 있는 상가의 소유권도 확보해야 하는지 여부 및 구청장도 승인권자가 될 수 있는지

□ 회신내용

1. 공동주택 리모델링 시 상가에 대한 소유권 확보여부는 상가의 리모델링 포함여부에 따라 이루어져야 할 것으로, 상가가 리모델링에서 제외되어 존치되는 경우는 매도청구 대상에서 제외되어야 할 것으로 판단됩니다.

2. 「주택법」 제 15 조에 따른 사업계획승인권자는 리모델링 사업장이 소재한 관할 지자체장이 될 것이며, 자치구가 아닌 행정구의 경우에는 각 광역지자체별 사무위임조례에 따라 시장·군수·구청장에게 업무를 위임하고 있는바, 위임사항은 관할 지자체로 확인하시기 바랍니다.

□ 질의요지

30세대 이상이 증가하는 리모델링 사업의 경우 사업계획승인을 받으려면 반드시 소유권을 확보하여야 하는 것인지, 75% 이상의 동의를 받아 설립된 리모델링조합이 사업에 반대하는 자들의 소유권을 확보하는 방법은 무엇인지, 법개정을 하지 않아도 30세대 이상의 세대수가 증가하는 사업이 가능한 것인지, 법개정 의사는 없는지

□ 회신 내용

1. 2012. 7. 24. 「주택법」을 일부개정하면서 세대수 증가형 리모델링을 허용하고 20세대 (현행 30세대)이상 증가하는 공동주택 리모델링을 사업계획승인 대상에 포함하면서 리

모델링 사업계획승인 시 대지소유권 확보 요건에 대하여 별도 규정하지 않았으나,

2. 「주택법」 제22조 제2항에 따르면 리모델링주택조합은 그 리모델링 결의에 찬성하지 아니하는 자의 주택 및 토지에 대하여 매도청구를 할 수 있고, 같은법 시행규칙 제12조 제4항 제7호에서는 리모델링 사업계획승인을 신청하는 경우 리모델링 허가 신청 시 제출하여야 하는 서류와 동일한 서류를 첨부하여 제출하도록 하고 있으며,

3. 또한, 사업계획승인을 받았더라도 매도청구 대상자와 매도에 합의하거나 승소판결 이후 착공하도록 정하고 있으므로 세대수 증가형 리모델링 사업계획승인을 75% 이상의 입주자 동의서와 나머지 찬성하지 아니하는 세대에 대한 매도청구 행사를 입증하는 서류를 제출하는 경우 현행법령 내에서 사업추진이 가능할 것으로 판단됩니다.

제10장

리모델링의 사업계획승인 및 행위허가

김시격 변호사

1
개요

공동주택의 리모델링은 주택 및 입주자의 안전에 심각한 영향을 줄 수 있는 행위이므로, 사업계획승인을 받거나 행위허가를 받은 경우에 한하여 리모델링이 허용된다.

리모델링 사업주체는 구분소유자 및 의결권의 일정 비율 이상의 동의를 얻어 리모델링계획을 수립하고, 시장·군수·구청장으로부터 리모델링계획에 따른 리모델링 사업의 허가를 받아야 리모델링 행위를 착수할 수 있다.

가. 사업계획승인의 대상인 리모델링과 행위허가의 대상인 리모델링

공동주택 리모델링 사업은 증가되는 세대수의 규모에 따라 사업계획승인의 대상인 리모델링과 행위허가의 대상인 리모델링으로 구분된다.

각 세대의 증축 가능 면적을 합산한 면적의 범위에서 기존 세대수의 15퍼센트 이내에서 세대수를 증가하는 증축 행위를 '세대수 증가형 리모델링'이라 하는데(주택법 제2조 제25호 다목), 증가하는 세대수가 30세대 이상인 세대수 증가형 리모델링은 주택법 제15조에 의한 사업계획승인을 받아야 한다(주택법 제15조 제1항, 시행령 제27조 제1항).

주택법은 공동주택의 리모델링은 주택건설사업승인을 받지 아니하고 행위허가를 받아 시행하는 것으로 규정하고 있었다. 주택법을 2012. 1. 26. 법률 제11243호로 개정하면서 세대수 증가형 리모델링이 가능하도록 규정하고(구 주택법[93] 제2조 제15호 다목), 공동주택 30세대 이상의 주택건설사업을 시행하려는 자는 사업계획승인권자로부터 사업계획승인을 받도록 규정하고(구 주택법 제16조 제1항, 시행령 제15조 제1항), 세대수가 증가되는 리모델링을 하는 경우에는 권리변동계획을 수립하여 사업계획승인 또는 행위허가를 받도록 규정하고 (구 주택법 제42조의 2), 주택조합은 설립인가를 받은 날부터 2년 이내에 사업계획승인(30세대

---

93) 2012. 1. 26. 법률 제11243호로 개정된 주택법. 이하 같다.

이상 세대수가 증가하지 아니하는 리모델링의 경우에는 행위허가)을 신청하여야 하는 것으로 규정하여(구 주택법 시행규칙 제40조), 리모델링에 사업계획승인 제도를 도입하였다.

행위허가의 대상인 리모델링은 사업계획승인의 대상인 리모델링을 제외한 나머지 모든 리모델링이다. 즉 증축을 수반하지 아니하는 리모델링, 세대수 증가를 수반하지 않는 증축형 리모델링, 증가하는 세대가 30세대 미만인 세대수 증가형 리모델링은 행위허가를 받아 리모델링을 할 수 있다.

사업계획승인의 대상이냐 아니면 행위허가의 대상이냐는 증가하는 세대수에 의한 구분일 뿐 양자 사이에 실질적·본질적 차이는 없다.

주택법은 리모델링에 관하여 '건축물의 노후화 억제 또는 기능향상 등을 위한 대수선[94], 전용 면적 증축행위(증축형 리모델링), 세대수 및 수직증축 행위(세대수 증가형 리모델링, 수직증축형 리모델링)'이라 정의하고 있다(주택법 제2조 제25호). 주택법이 규정한 리모델링 중 대수선을 제외한 나머지 리모델링은 모두 증축형 리모델링에 해당하는 것이고, 건축행위의 내용·형태·규모[95]에 있어서 차이가 있다고 할 수 없다.

나. 사업계획승인 및 행위허가의 성질

건축행위가 완료된 공동주택은 공동주택관리법에 따라 관리된다. 입주자 등에 의한 임의의 용도변경, 개축, 재축, 대수선, 파손, 철거, 용도폐지, 신축, 증축, 리모델링 등의 행위는 원칙적으로 제한되는데, 주택법은 사업계획승인을 받거나 행위허가를 받은 경우에 한하여 리모델링을 할 수 있도록 하고 있다.

따라서 리모델링 사업계획승인 및 행위허가는 일정한 행위에 대한 제한을 해제하여 적법하게 행위할 수 있게 하는 것으로서 강학상 허가에 해당한다.

행정관청의 사업계획승인 등은 사업주체가 자율적으로 정한 사업계획내용에 대하여 보충적으로 동의를 줌으로써 사업주체의 사업계획결정이라는 행위를 유효하게 만드는 행위라는 점에서 강학상의 인가로 보아야 한다는 견해가 있을 수 있다.

---

94) 대수선이란 건축물의 기둥, 보, 내력벽, 주계단 등의 구조나 외부 형태를 수선·변경하거나 증설하는 것으로서 대통령령으로 정하는 것을 말한다(건축법 제2조 제9호).

95) 세대수가 30세대 이상 증가되는 리모델링이라고 하여도 증축 가능 면적 내에서 세대수가 증가되는 것이고, 주택건설사업의 규모는 리모델링 사업을 하는 주택 단지 또는 동의 규모에 의하여 결정되는 것이지, 증가되는 세대수에 의하여 결정되는 것도 아니다.

사업계획승인이 인가행위인지 허가행위인지를 구별하는 실익은 사업계획 자체에 하자가 있는 경우 민사소송에 의하여 사업계획의 무효 확인을 구할 것인지(인가로 보는 경우), 행정소송에 의하여 사업계획의 무효 또는 취소를 구할 것인지(허가로 보는 경우)에 있다. 행정청의 사업계획승인은 단순히 사업주체가 자율적으로 정한 사업계획내용에 대하여 보충적으로 동의를 주는 차원을 넘어서 사업주체로 하여금 본격적인 주택건설사업을 시행할 수 있는 권한을 부여하는 강학상의 허가 내지 특허로서의 성격을 동시에 가지는 것으로 보아야 할 것이다.

주택건설사업계획승인처분의 성질에 관하여 명시적으로 언급한 대법원 판결은 찾아볼 수 없으나 주택건설촉진법에 의하여 진행되던 재건축사업과 관련하여, 대법원 2000. 2. 11. 선고 99두7210 판결은 재건축사업계획승인처분에 의한 재건축사업 시행지구 내의 구분소유자들이면서 재건축사업에 동의하지 않은 원고들(재건축불참자들)이 제기한 재건축사업계획승인처분 취소소송에 있어서, 위 처분이 일부 건물(상가) 구분소유자들의 재건축결의도 없는 상태에서 적법한 재건축결의가 있었음을 전제로 하여 이루어진 것으로서 위법하다는 원고들의 주장을 받아들여 사업계획승인처분을 취소한 원심의 판단이 정당하다고 판시한 바 있다. 강학상의 인가 견해에 의하면, 위 원고들 주장과 같은 재건축결의의 하자는 기본행위의 하자를 구성하는 것이므로 위 행정소송은 소구할 법률상의 이익이 없어 각하되어야 할 것이나, 위와 같이 재건축결의의 하자를 사업계획승인처분 자체의 하자로 보아 본안 판단을 하고 있음에 비추어 보면, 대법원은 재건축사업계획승인처분을 강학상의 인가로 파악하고 있지 않다고 볼 수 있다.[96] 대법원의 위와 같은 판시에 비추어 리모델링 사업계획승인도 인가가 아닌 허가로 보아야 할 것이다.[97]

또한 리모델링 사업계획승인 등은 상대방에게 권리나 이익을 부여하는 효과를 수반하는 이른바 수익적 행정처분이며, 법령에 행정처분의 요건에 관하여 일의적으로 규정되어 있지 아니한 이상 행정청의 재량행위에 속한다고 할 것이다.[98]

---

96) 행정재판실무편람 Ⅲ(자료집). 서울행정법원. 2002년. 529쪽(재건축사업계획승인의 성질과 취소소송의 소의 이익)

97) 행위허가와 관련하여서는, 서울행정법원 2008. 7. 25. 선고 2007구합47626, 2008. 1. 16. 선고 2007구합47262 판결은 주택소유자들이 동의율 미달을 원인으로 행위허가처분의 취소를 구한 사안에서 행위허가처분을 취소한다는 판결을 하였는바, 이는 행위허가처분이 인가에 해당하지 아니함을 전제로 한 것이다.

98) 대법원 1997. 10. 24. 선고 96누12917 판결 : 주택건설사업계획의 승인은 상대방에게 권리나 이익을 부여하는 효과를 수반하는 이른바 수익적 행정처분으로서 법령에 행정처분의 요건에 관하여 일의적으로 규정되어 있지 아니한 이상 행정청의 재량행위에 속한다고 할 것이고, 민영주택건설사업계획의 승인을 위하여 주택건설사업계획이 갖추어야 할 기준이나 이를 심사·확인하는 방법을 정하는 것 역시 법령에 특별히 규정된 바가 없으면 행정청의 재량에 속하는 것이므로, 행정청은 법규에 근거가 없더라도 주택건설사업계획이 입지 등의 면에서 승인기준에 적합한지 여부를 심사·확인하는 방법으로 사전에 입지심의 등의 절차를 거치도록 할 수 있다고 할 것이며, 그와 같은 입지심의에서 부여된 조건이 비록 법령상의 제한에 근거한 것이 아니라 위 사업계획승인에 있어 고려하여야 할 공익상의 필요에 의한 것이라도 그에 있어 재량권의 남용이나 일탈이 없는 이상 그 조건에 위배된다는 이유로 원고의 이 사건 사업계획승인신청을 반려하는 것은 적법하다.

다. 리모델링 행위허가와 사업계획승인의 관계

리모델링으로 30세대 이상이 증가하는 경우 사업계획승인을 받아야 하는데, 이 경우 사업계획승인 이외에 리모델링 행위허가도 받아야 하는지 의문이 있을 수 있다.

주택법 제15조 제1항 및 동법 시행령 제27조 제1항은 리모델링으로 30세대 이상이 증가하는 경우 사업계획승인을 승인을 받도록 하고 있는데, 주택법 제66조는 리모델링하려고 하는 자는 허가권자(시장·군수·구청장)로부터 행위허가를 받아야 하는 것으로 규정하고 있다. 따라서 리모델링으로 30세대 이상이 증가하는 경우에 별도로 리모델링 행위허가도 받아야 하는지 의문이 있다. 리모델링 행위허가에 관하여 규정한 주택법 제66조에 규정된 행위허가의 요건, 시공자 선정 조건 및 방법, 행위허가 절차, 행위허가의 범위 등의 내용은 30세대 이상의 세대수 증가형 리모델링에도 적용되어야 하는 규정이기 때문이다.

주택법 제67조는 '세대수가 증가되는 리모델링을 하는 경우에는 기존 주택의 권리변동, 비용분담 등 대통령령으로 정하는 사항에 대한 계획을 수립하여 사업계획승인 또는 행위허가를 받아야 한다'고 하여, 리모델링 사업은 증가하는 세대수에 따라 사업계획승인 또는 행위허가를 받는 것으로 규정하고 있다. 또한 제74조는 '국토교통부장관은(시·도지사는)…시장·군수·구청장에게 세대수 증가형 리모델링의 사업계획승인 또는 허가의 시기를 조정하도록 요청할 수 있으며…시장·군수·구청장은 특별한 사유가 없으면 그 요청에 따라야 한다'라고 하여, 사업계획승인 또는 행위허가의 시기를 조정할 수 있는 것으로 규정하고 있다.

이러한 주택법령의 제반 규정의 적용과 관련하여 세대수 증가가 30세대 이상인 리모델링 사업의 경우 사업계획승인 이외에 행위허가도 받아야 한다는 견해도 있을 수 있겠으나, 사업계획승인은 행위허가의 절차보다 포괄적이고 복합적인 절차인데 30세대 이상의 세대수 증가가 있는 경우에 이를 적용하도록 한 것은 30세대 이상의 세대수 증가가 있는 경우에는 행위허가의 절차를 사업계획승인 절차로 흡수 내지 대체하려는 취지로 보이는 점, 사업계획승인 대상인 경우에 사업계획승인과 별도로 행위허가를 받도록 하는 것은 중복된 행정적인 절차에 해당되고 상호 모순되는 결과가 발생되는 경우에 대한 해결이 어렵다는 점, 주택법 제67조에서도 세대수가 증가되는 리모델링의 경우에 수립하는 권리변동계획에 대하여 사업계획승인 또는 행위허가를 받도록 선택적 규정을 두고 있는 점 등을 종합하여 볼 때, 사업계획승인의 대상인 리모델링의 경우 사업계획승인에는 리모델링 행위허가가 포함된 것으로 해석함이 타당하다.

주택법 시행규칙은 사업계획승인의 대상인 리모델링의 사업계획승인신청과 관련하여 리모델링 행위허가 신청에 필요한 서류를 포함하여 제출하도록 하고 있는데(주택법 시행규칙 제12조 제4항 제7호, 제28조), 사업계획승인의 대상인 경우에는 리모델링 행위허가 신청에 필요한 서류를 포함하여 제출하도록 하고 있는 것은 행위허가의 절차를 사업계획승인 절차로 흡수 내지 대체하려는 취지로 보인다.

2
리모델링 계획[사업계획 또는 행위계획]의 수립

가. 리모델링 계획안의 작성

리모델링을 하는 자(리모델링 사업주체)는 리모델링 사업계획 또는 행위계획(리모델링 계획)을 수립하여 승인권자 또는 허가권자로부터 사업계획승인 또는 행위허가를 받아야 리모델링을 할 수 있다.

주택법은 사업계획승인신청서에 주택과 그 부대시설 및 복리시설의 배치도, 대지조성공사 설계도서 등 대통령령으로 정하는 서류를 첨부하도록 하고(주택법 제15조 제2항), 세대수 증가형 리모델링의 경우 권리변동계획을 수립하여 사업계획 또는 행위허가를 받도록 하고(주택법 제67조), 증축형 리모델링의 경우 안전진단을 받도록 하고 있다(주택법 제68조). 리모델링 계획을 작성하기 전에 설계도서 작성·권리변동계획 작성·구조 안전진단 등을 하여야 한다.

리모델링 사업주체는 리모델링 계획을 작성하여, 구분소유자들의 동의를 얻어 사업계획 승인신청 또는 행위허가신청을 하게 된다.

나. 리모델링 계획에 대한 동의[99]

사업주체가 작성한 리모델링 계획은 공동주택의 리모델링과 직접적이고도 법률적인 이해관계를 가진 자들로부터 동의(리모델링 계획을 이해하고 동참하겠다는 의사표시)를 얻어야 한다. 리모델링 사업주체가 리모델링 주택조합인 경우에 조합원이 아닌 주택소유자도 리모델링 사업과 직접적이고도 법률적인 이해관계를 가지고 있으므로, 이들로부터도 동의를 받아야 한다. 그리고 주택소유자들이 동의 사항이 기재된 서면으로 동의함으로써 리모델링 계획을 이해하고 동참하겠다는 의사표시를 한 것이 된다.

---

99) 구분소유자의 동의를 '행위허가의 동의'라고 하는 경우도 있으나, 이는 행정처분인 행위허가에 대해 개별 구분소유자가 동의를 한다는 것으로 오해될 소지가 있는 용어를 사용하는 것이다.

리모델링 계획에 대한 동의와 리모델링조합 설립에 대한 동의(또는 결의)는 그 동의 사항이 같다고 하여도 전혀 다른 별개의 의사표시이다. 주택법은 리모델링 사업계획승인 또는 행위허가의 요건으로서 조합원들로 동의를 받을 것을 요구하지 아니하고 조합원을 포함한 구분소유자들의 동의를 받을 것을 요구하고 있기 때문이다(주택법 시행령 제75 제1항, 별표 4).

다. 동의 사항

주택법은 사업주체에 따라 동의 사항을 달리 정하고 있다. 사업주체가 입주자·사용자 또는 관리주체인 경우에는 공사기간, 공사방법 등에 관하여, 리모델링주택조합과 입주자대표회의인 경우에는 ① 리모델링 설계의 개요, ② 공사비, ③ 비용분담 내역 등이 기재된 동의서를 받아 행위허가 신청을 하도록 규정하고 있다.

주택법 시행령 제20조는 리모델링 주택조합의 설립인가를 신청할 때에 리모델링 행위허가 시 동의를 받아야 할 사항과 동일한 사항의 결의를 증명하는 서류를 제출하도록 하고 있다. 조합 설립인가를 신청할 때의 결의 사항과 리모델링 행위허가를 신청할 때의 동의 사항이 동일한 까닭에 조합설립에 동의한 자로부터 다시 리모델링 동의를 받아야 하는지 의문이 있을 수 있다.

조합설립 동의요건에 규정된 구분소유자의 결의와 행위허가 동의요건에 규정된 구분소유자의 동의는 리모델링 사업의 진행단계별에 따라 구분소유자의 진정한 의사를 확인하기 위한 절차적 보호장치로서 아파트 구분소유자들이 리모델링조합을 설립하여 행위허가를 받기 위해서는 각 그 단계마다 각각 그 요건에 맞는 결의가 필요하다고 할 것이고, 조합 설립 동의요건에 규정된 결의로 행위허가 동의요건에 규정된 결의를 갈음할 수 없다고 할 것이다.[100] 즉 조합 설립에 동의한 자로부터도 리모델링 동의를 받아야 할 것이다.

---

100) 서울행정법원 2008. 7. 25. 선고 2007구합47626 : 아파트의 구분소유자들이 리모델링조합을 설립하여 아파트 리모델링을 하기 위해서는 이 사건 결의사항이 기재된 결의서에 구분소유자와 의결권의 각 3분의 2 이상의 조합설립에 관한 동의를 얻어 리모델링조합을 설립한 후, 설립된 리모델링조합이 다시 이 사건 결의사항이 기재된 결의서에 구분소유자 및 의결권의 각 5분의 4 이상의 행위허가에 관한 동의를 얻은 다음 관할관청으로부터 리모델링 행위허가를 받아 리모델링 공사에 착공할 수 있다고 할 것이다. 이와 같이 주택법 시행령에서 조합설립인가 및 행위허가 시 각 단계마다 이 사건 결의사항이 기재된 결의서를 바탕으로 일정한 동의요건을 요구하고 있는 이유는, 리모델링 사업의 경우 해당 공동주택의 구분소유자들이 주거환경의 개선을 위하여 세대수의 증가 없이 오로지 스스로의 부담으로 대수선 또는 증축을 하는 것이어서, 다른 정비사업에 비하여 보더라도 특히 소유자들의 진정한 의사에 따라 행하여야 할 필요성이 큰 반면, 리모델링조합이 설립인가 후 행위허가를 받기까지 상당한 시간이 소요되어 총공사비, 조합원의 비용분담내역 등 사업시행내용이 변경될 수 있다는 점을 고려하여, 조합설립인가 신청 시뿐만 아니라 행위허가 신청 시에도 구분소유자들로 하여금 상당한 비용을 부담하면서 리모델링 사업에 참가할 것인지, 시가에 의하여 구분소유권을 매도하고(주택법 제18조의2 제2항) 리모델링에 참가하지

그러나 리모델링 행위에 대한 동의는 조합의 리모델링에 동의하고 나아가 리모델링과 관련한 조합의 규약에 동의한 것으로 보아야 할 것이므로, 조합 설립에 대한 동의 및 가입 의사가 포함된 것으로 보아야 할 것이다.

라. 동의 및 의결 정족수

(1) 리모델링 주택조합

리모델링주택조합이 주택단지 전체를 리모델링하는 경우에는 주택단지 전체 구분소유자 및 의결권의 각 75퍼센트 이상의 동의와 각 동별 구분소유자 및 의결권의 각 50퍼센트 이상의 동의를 받아야 한다. 리모델링을 하지 않는 별동의 건축물로 입주자 공유가 아닌 복리시설 등의 소유자는 권리변동이 없는 경우에 한정하여 동의비율 산정에서 제외한다.

동을 리모델링하는 경우에는 그 동의 구분소유자 및 의결권의 각 75퍼센트 이상의 동의를 받아야 한다. 리모델링주택조합이 주택단지 내 일부 동만 리모델링하면서 아파트 전체 구분소유자들의 공유에 속하는 공용부분의 부지를 당해 동 건물의 부지에 편입하여 수평증축하는 내용으로 리모델링을 하는 경우, 집합건물의 소유 및 관리에 관한 법률 제15조에 따라 전체 구분소유자 및 의결권의 각 3/4 이상의 동의 결의가 필요하다.[101]

주택법이나 집합건물법은 구분소유자의 수를 산정하는 방법에 대하여 규정하고 있지 않다. 1개의 구분소유권을 수인이 공유하는 경우에는 1인의 구분소유자로, 1인이 수개의 구분소유권을 소유하고 있는 경우에는 1인의 구분소유자로 산정하여야 하는 것은 '구분소유자의 수'라는 단어의 문언적 의미에서 분명하다 할 것이다. 그러나 수인이 수개의 구분소유권을 공유하고 있는 경우에는 어떻게 산정할 것인지 문제가 된다. 구분소유권별로 공유자가 서로 다를 경우에는 각 구분소유권별로 1인의 구분소유자로 산정하고, 동일한 공유

않을 것인지를 이 사건 결의서에 나타난 정보를 바탕으로 선택하도록 함으로써 구분소유자의 진정한 의사를 바탕으로 리모델링 사업이 진행되도록 하여 이로 인한 주민분쟁을 최소화하고, 리모델링 사업의 원활하고도 적정한 수행을 도모하고자 함에 있다고 할 것이다.

따라서 조합설립 동의요건에 규정된 구분소유자의 결의와 행위허가 동의요건에 규정된 구분소유자의 동의는 리모델링 사업의 진행단계별에 따라 구분소유자의 진정한 의사를 확인하기 위한 절차적 보호장치로서 아파트 구분소유자들이 리모델링조합을 설립하여 행위허가를 받기 위해서는 각 그 단계마다 각각 그 요건에 맞는 결의가 필요하다고 할 것이고, 조합설립 동의요건에 규정된 결의로 행위허가 동의요건에 규정된 결의를 갈음할 수 없다고 할 것이다.

101) 부산지방법원 2007. 11. 29. 선고 2007구합1607 판결. 이 판결은 항소심, 상고심을 통하여 확정되었다.

자가 서로 다른 구분소유권을 공유하고 있을 때에는 구분소유자의 수와 관계없이 그 공유자들 중 1인만이 토지등소유자로 산정해야 될 것이다.[102]

각 구분소유자의 의결권은 각 공유자의 전유부분의 면적 비율에 따라 산정하면 될 것이다(집합건물법 제37조 제1항, 제12조 제1항).

(2) 입주자대표회의

입주자대표회의가 행위허가를 신청하기 위하여는 입주자 전체의 동의를 얻어야 한다(주택법 시행령 제75조 제1항).

마. 동의의 철회

리모델링에 동의한 소유자는 리모델링주택조합 또는 입주자대표회의가 시장·군수·구청장에게 허가신청서를 제출하기 전까지 서면으로 동의를 철회할 수 있다(주택법 시행령 제75조 제3항).

조합원이 동의를 철회한 경우 조합 탈퇴의 의사표시를 한 것으로 보아서는 아니될 것이다. 조합 설립에 대한 동의 철회와 리모델링 계획에 대한 동의 철회는 명백히 그 내용이 구분될 수 있는 별개의 의사표시이고, 조합을 탈퇴하지 아니하고는 리모델링 계획에 대한 동의를 철회할 수 없다고 볼 만한 근거도 없기 때문이다.[103]

그리고 동의 철회는, 리모델링 사업주체가 행위허가 또는 사업계획의 승인을 신청하기 이전이므로, 사업주체(리모델링주택조합, 입주자대표회의)나 허가권자 어느 일방에 대하여 하면 될 것이다. 또한 서면으로 철회할 수 있다고만 규정하고 있어, 본인임을 입증할 수 있는 자료를 첨부하지 아니하여도 된다. 그러나 철회하였는지의 여부 및 구분소유자 본인에 의

---

102) 도시정비법에 관한 판결이지만, 대법원 2010. 1. 14. 선고 2009두15852 판결은 '토지의 필지별 또는 토지·건물의 소유자, 공유자가 서로 다를 경우에는 각 부동산별로 1인이 토지등소유자로 산정되어야 하고, 동일한 공유자가 서로 다른 필지의 토지 또는 토지·건물을 공동소유하고 있을 때에는 부동산의 수와 관계없이 그 공유자들 중 1인만이 토지등소유자로 산정된다고 해석된다'고 판시하고 있다.

103) 서울행정법원 2008. 1. 16. 선고 2007구합10778 판결. 다만 이 판결은 '행위허가 신청에 대한 동의 철회'라고 표현하고 있다.

한 철회인지 여부에 대한 다툼을 방지하기 위하여 허가권자에게 본인임을 뒷받침하는 자료를 첨부하여 제출하는 것이 필요할 것이다.

바. 권리변동계획

세대수가 증가되는 리모델링을 하는 경우에는 기존 주택의 권리변동, 비용분담 등의 사항을 정한 '권리변동계획'을 수립하여 사업계획승인 또는 행위허가를 받아야 한다(주택법 제67조). 즉 세대수 증가형 리모델링의 경우 리모델링 계획의 일부로서 권리변동계획을 수립하여 사업계획승인 또는 행위허가를 받아야 한다.

(1) 권리변동계획에서 정할 사항

권리변동계획에는 다음과 같은 사항을 정하여야 하고(주택법 시행령 제77조), 각 구분소유자 사이에 형평이 유지되도록 정하여야 할 것이다.

○ 리모델링 전후의 대지 및 건축물의 권리변동 명세
○ 조합원의 비용분담
○ 사업비
○ 조합원 외의 자에 대한 분양계획
○ 그 밖에 리모델링과 관련한 권리 등에 대하여 해당 시·도 또는 시·군의 조례로 정하는 사항

권리변동계획에서 정할 사항은 리모델링 행위 동의 사항과 중복되는 부분이 있으나, '리모델링 전후의 대지 및 건축물의 권리변동 명세'는 주택소유자의 구분소유권의 내용에 중대한 변경을 초래하는 것이므로, 권리변동계획에 대한 주택소유자들의 동의가 필요하다.

(2) 대지 및 건축물의 권리변동 명세

집합건물법에 의하면 대지사용권은 전유부분의 면적비율에 따르도록 되어 있을 경우

공동주택의 소유자가 리모델링에 의하여 전유부분의 면적이 늘거나 줄어들더라도 집합건물법 제12조 및 제20조 제1항에도 불구하고 대지사용권은 변하지 아니한다. 이는 리모델링 전·후의 세대수 및 대지에 변경이 없어 구태여 대지사용권의 비율을 변경할 필요가 없기 때문이다.

그러나 세대수가 증가되는 리모델링의 경우에는 각 세대별로 대지사용권을 배분해야 할 필요가 있으므로 대지사용권을 변경시켜야 한다(주택법 제76조).

대지 및 건축물의 권리변동 명세를 작성하거나 조합원의 비용분담 금액을 산정하는 경우에는 부동산 가격공시 및 감정평가에 관한 법률에 따른 감정평가업자가 리모델링 전후의 재산 또는 권리에 대하여 평가한 금액을 기준으로 할 수 있다(주택법 시행령 제77조 제2항).

3
리모델링 사업계획승인 및 행위허가의 절차

리모델링 사업계획승인 및 행위허가는 사업주체가 주택소유자들의 동의를 얻어 수립한 리모델링 계획(사업계획, 행위계획)대로 리모델링을 할 수 있도록 허가하는 처분이다. 이는 사업주체의 신청, 심의 및 협의, 승인 및 허가, 고시의 절차로 진행된다.

가. 사업계획승인 및 행위허가의 신청

리모델링을 하는 자는 승인권자(허가권자)에게 신청을 하여 허가 또는 승인을 받은 후에 리모델링을 할 수 있고(주택법 제15조 제1항, 제66조 제1항 등), 승인(허가)받은 내용을 변경하려면 변경 승인(허가)를 받아야 한다. 다만 국토교통부령으로 정하는 경미한 사항[104]을 변경하는 경우에는 그러하지 아니하다(주택법 제15조 제4항). 주택법이 행위허가의 내용을 변경하는 경우의 변경허가에 대하여는 규정하고 있지 아니하나, 리모델링 행위는 허가 또는 승

---

104) 주택법 시행규칙 제13조 제5항: 법 제15조 제4항 단서에서 "국토교통부령으로 정하는 경미한 사항을 변경하는 경우"란 다음 각 호의 어느 하나에 해당하는 경우를 말한다. 다만, 제1호·제3호 및 제7호는 사업주체가 국가, 지방자치단체, 한국토지주택공사 또는 지방공사인 경우로 한정한다.
  1. 총사업비의 20퍼센트의 범위에서의 사업비 증감. 다만, 국민주택을 건설하는 경우로서 지원받는 주택도시기금(「주택도시기금법」에 따른 주택도시기금을 말한다)이 증가되는 경우는 제외한다.
  2. 건축물이 아닌 부대시설 및 복리시설의 설치기준 변경으로서 다음 각 목의 요건을 모두 갖춘 변경
     가. 해당 부대시설 및 복리시설 설치기준 이상으로의 변경일 것
     나. 위치변경(「건축법」 제2조 제1항 제4호에 따른 건축설비의 위치변경은 제외한다)이 발생하지 아니하는 변경일 것
  3. 대지면적의 20퍼센트의 범위에서의 면적 증감. 다만, 지구경계의 변경을 수반하거나 토지 또는 토지에 정착된 물건 및 그 토지나 물건에 관한 소유권 외의 권리를 수용할 필요를 발생시키는 경우는 제외한다.
  4. 세대수 또는 세대당 주택공급면적을 변경하지 아니하는 범위에서의 내부구조의 위치나 면적 변경(법 제15조에 따른 사업계획승인을 받은 면적의 10퍼센트 범위에서의 변경으로 한정한다)
  5. 내장 재료 및 외장 재료의 변경(재료의 품질이 법 제15조에 따른 사업계획승인을 받을 당시의 재료와 같거나 그 이상인 경우로 한정한다)
  6. 사업계획승인의 조건으로 부과된 사항을 이행함에 따라 발생되는 변경. 다만, 공공시설 설치계획의 변경이 필요한 경우는 제외한다.
  7. 건축물의 설계와 용도별 위치를 변경하지 아니하는 범위에서의 건축물의 배치조정 및 주택단지 안 도로의 선형 변경
  8. 「건축법 시행령」 제12조 제3항 각 호의 어느 하나에 해당하는 사항의 변경

인받은 내용대로 하여야 하는 것인데, 설계 등에 오류가 있거나 현장 여건과 맞지 않는 경우에는 허가의 내용을 변경하여야 할 것이고, 이 경우 사업계획 변경의 절차에 준하여 변경허가를 받아야 할 것이다.

(1) 리모델링 사업계획승인권자 및 신청권자

① 승인권자 및 허가권자

리모델링 사업계획승인권자는, 리모델링 사업의 대지면적이 10만 제곱미터 이상인 경우에는 특별시장·광역시장·특별자치시장·도지사 또는 지방자치법 제175조에 따라 서울특별시·광역시 및 특별자치시를 제외한 인구 50만 이상의 대도시의 시장이고, 대지면적이 10만제곱미터 미만인 경우에는 특별시장·광역시장·특별자치시장·특별자치도지사 또는 시장·군수이다(주택법 제15조 제1항).

리모델링 행위허가권자는 시장·군수·구청장이다(주택법 제66조 제1항).

② 신청권자

주택법은 입주자, 사용자, 관리주체, 리모델링주택조합, 입주자대표회의 등이 리모델링행위를 할 수 있는 것처럼 규정되어 있다(주택법 제66조 제1항, 제4항 등).

사용자란 공동주택을 임차하여 사용하는 자를 말하고, 관리주체란 공동주택을 관리하는 관리사무소장·주택관리업자 등을 말하는데(공동주택관리법 제2조 제1항 제6호, 제10호), 이들이 소유권의 대상 및 내용에 변동을 초래하는 리모델링 행위는 상상하기 힘들고, 단체가 아닌 입주자 개인이 리모델링 사업을 한다는 것도 상상하기 힘들다.

따라서 주택법이 입주자, 사용자, 관리주체, 리모델링 결의를 한 리모델링주택조합, 소유자 전원의 동의를 받은 입주자대표회의가 리모델링을 할 수 있는 것으로 규정하고 있더라도, 실제로 리모델링 사업계획승인을 신청할 수 있는 자는 리모델링주택조합과 입주자대표회의라고 보아야 할 것이다.

(2) 사업계획승인신청 및 행위허가의 신청 시기

주택조합은 설립인가를 받은 날부터 2년 이내에 사업계획승인을 신청하여야 하고, 30세대 이상 세대수가 증가하지 아니하는 리모델링의 경우에는 동 기간 내에 행위허가를 신청하여야 한다(주택법 시행령 제23조 제1항). 이 규정은 훈시규정으로 조합 설립 후 2년이 경과할 때까지 사업계획승인을 신청하지 않았다고 하여, 조합설립인가를 취소해야 하는 것은 아니다.

하급심은 지역주택조합이 설립인가일로 2년이 경과한 이후의 사업계획승인을 신청한 것과 관련하여, '설립인가 받은 날로부터 2년 안에 사업계획승인을 신청하여야 한다고 하고 있으나 이는 훈시규정이므로 2년을 초과하고 있음에도 신청이 이루어지지 아니한 경우 위 사업계획승인 신청 시기 규정은 강행규정이 아니므로 조합설립인가가 취소되거나 조합을 해산하고 다시 조합을 설립해야 하는 것은 아니다'라는 취지의 판결을 하였다(서울행정법원 2012. 2. 1. 선고 2011 구합32850 판결).

(3) 신청 서류

① 사업계획승인 신청

리모델링 사업계획승인 신청을 하는 자는 사업계획승인신청서에 주택과 그 부대시설 및 복리시설의 배치도, 대지조성공사 설계도서 등 대통령령으로 정하는 서류를 첨부하여 사업계획승인권자에게 제출하여야 한다(주택법 제15조 제2항).[105] 이때에 리모델링 행위허가 신청 시 제출하여야 하는 서류도 함께 제출하여야 한다.[106]

---

105) 주택법 시행령 제27조 제6항은 다음과 같이 규정하고 있다.
　　법 제15조 제2항에서 "주택과 그 부대시설 및 복리시설의 배치도, 대지조성공사 설계도서 등 대통령령으로 정하는 서류"란 다음 각 호의 구분에 따른 서류를 말한다.
　　　1. 주택건설사업계획승인신청의 경우 : 다음 각 목의 서류. 다만, 제29조에 따른 표본설계도서에 따라 사업계획승인을 신청하는 경우에는 라목의 서류는 제외한다.
　　가. 신청서
　　나. 사업계획서
　　다. 주택과 그 부대시설 및 복리시설의 배치도
　　라. 공사설계도서. 다만, 대지조성공사를 우선 시행하는 경우만 해당하며, 사업주체가 국가, 지방자치단체, 한국토지주택공사 또는 지방공사인 경우에는 국토교통부령으로 정하는 도서로 한다.
　　마. 「국토의 계획 및 이용에 관한 법률 시행령」 제96조 제1항 제3호 및 제97조 제6항 제3호의 사항을 적은 서류(법 제24조 제2항에 따라 토지를 수용하거나 사용하려는 경우만 해당한다)
　　바. 제16조 각 호의 사실을 증명하는 서류(공동사업시행의 경우만 해당하며, 법 제11조 제1항에 따른 주택조합이 단독으로 사업을 시행하는 경우에는 제16조 제1항 제2호 및 제3호의 사실을 증명하는 서류를 말한다)
　　사. 법 제19조 제3항에 따른 협의에 필요한 서류
　　아. 법 제29조 제1항에 따른 공공시설의 귀속에 관한 사항을 기재한 서류
　　자. 주택조합설립인가서(주택조합만 해당한다)
　　차. 법 제51조 제2항 각 호의 어느 하나의 사실 또는 이 영 제17조 제1항 각 호의 사실을 증명하는 서류(「건설산업기본법」 제9조에 따른 건설업 등록을 한 자가 아닌 경우만 해당한다)
　　카. 그 밖에 국토교통부령으로 정하는 서류
106) 2016. 8. 12. 주택법 시행규칙을 전부 개정하면서 제12조 제4항 제7호(제28조 제2항 각 호의 서류. 리모델링의 경우만 해

② 행위허가신청

리모델링 행위허가를 받으려는 자는 허가신청서에 다음의 서류를 첨부하여 시장·군수·구청장에게 제출하여야 한다.

○ 리모델링하려는 건축물의 종별에 따른 「건축법 시행규칙」 제6조 제1항 각 호의 서류 및 도서. 다만, 증축을 포함하는 리모델링의 경우에는 「건축법 시행규칙」 별표 3 제1호에 따른 건축계획서 중 구조계획서(기존 내력벽, 기둥, 보 등 골조의 존치계획서를 포함한다), 지질조사서 및 시방서를 포함한다.
○ 영 별표 4 제1호에 따른 입주자의 동의서 및 법 제22조에 따른 매도청구권 행사를 입증할 수 있는 서류
○ 세대를 합치거나 분할하는 등 세대수를 증감시키는 행위를 하는 경우에는 그 동의 변경전과 변경후의 평면도
○ 법 제2조 제25호 다목에 따른 세대수 증가형 리모델링(이하 "세대수 증가형 리모델링"이라 한다)을 하는 경우에는 법 제67조에 따른 권리변동계획서
○ 법 제68조 제1항에 따른 증축형 리모델링을 하는 경우에는 같은 조 제5항에 따른 안전진단결과서
○ 리모델링주택조합의 경우에는 주택조합설립인가서 사본

나. 심의 및 협의

(1) 통합심의

사업계획승인권자는 필요하다고 인정하는 경우와 사업계획승인을 받으려는 자가 통합심의를 신청하는 경우에 도시계획·건축·교통 등 사업계획승인과 관련된 다음 사항을 통합하여 검토 및 심의(통합심의)할 수 있다(주택법 제18조의 제1항, 제2항).

당한다)를 신설하여, 주택건설 사업계획승인시 리모델링 허가절차를 함께 처리할 수 있도록 사업계획승인 신청서류에 리모델링 허가 신청서류도 함께 제출하도록 개정하였다.

○ 「건축법」에 따른 건축심의
○ 「국토의 계획 및 이용에 관한 법률」에 따른 도시·군관리계획 및 개발행위 관련 사항
○ 「대도시권 광역교통 관리에 관한 특별법」에 따른 광역교통 개선대책
○ 「도시교통정비 촉진법」에 따른 교통영향평가
○ 「경관법」에 따른 경관심의
○ 그 밖에 사업계획승인권자가 필요하다고 인정하여 통합심의에 부치는 사항

사업계획승인신청을 한 자는 통합심의를 위한 자료를 제출하여야 하고, 사업계획승인권 자는 통합심의를 한 경우 특별한 사유가 없으면 심의 결과를 반영하여 사업계획을 승인하여야 하며, 통합심의를 거친 경우에는 건축심의·도시관리계획 및 개발행위 관련 사항·광역교통개선대책 교통영향 분석 및 개선대책·사업계획승인권자가 필요하다고 인정하여 통합심의에 부치는 사항에 대한 검토·심의·조사·협의·조정 또는 재정을 거친 것으로 본다 (주택법 제18조의 제2항 이하).

(2) 도시계획위원회 심의

시장·군수·구청장이 50세대 이상 증가하는 리모델링을 허가하려는 경우에는 기반시설에의 영향이나 도시·군관리계획과의 부합 여부 등에 대하여 국토의 계획 및 이용에 관한 법률 제113조 제2항에 따라 설치된 시·군·구도시계획위원회의 심의를 거쳐야 한다(주택법 제66조 제6항).

(3) 협의

사업계획승인권자는 사업계획을 승인하려는 경우 그 사업계획에 관계 행정기관과 협의가 필요한 사항이 포함되어 있는 경우에는 해당 법률에서 정하는 관계 서류를 미리 관계 행정기관의 장에게 제출한 후 협의하여야 한다. 여기에서의 협의는 동의를 의미한다고 해석해야 한다.[107]

---

107) 대전고법 2008. 1. 24. 선고 2007누1659 판결 : '신행정수도 후속대책을 위한 연기·공주지역 행정중심복합도시 건설을 위한 특별법' 제14조 제2항, 제60조 제2항, 제3항, 제13조 제5항 등 여러 법규정의 문언과 내용에 비추어 보면, 같은 법 제13조 제3항의 취지는 행정중심복합도시 건설을 원활하게 추진할 수 있도록 행정중심복합도시건설청장에게 주변지역을 관할

이 경우 협의 요청을 받은 관계 행정기관의 장은 사업계획승인권자의 협의 요청을 받은 날부터 20일 이내에 의견을 제출하여야 하며,[108] 그 기간 내에 의견을 제출하지 아니한 경우에는 협의가 완료된 것으로 본다.

사업계획승인권자의 협의 요청을 받은 관계 행정기관의 장은 해당 법률에서 규정한 인·허가등의 기준을 위반하여 협의에 응하여서는 아니 된다(주택법 제19조).

리모델링 행위허가권자가 리모델링 행위를 허가하려는 경우에도 동일한 절차 및 효과가 준용된다(주택법 제66조 제5항).

다. 리모델링 사업계획승인 및 행위허가

(1) 사업계획, 행위허가의 범위

리모델링 기본계획 수립 대상지역에서 세대수 증가형 리모델링을 허가하려는 시장·군수·구청장은 해당 리모델링 기본계획에 부합하는 범위에서 허가하여야 한다(주택법 제66조 제9항).

(2) 기부채납의 제한

사업계획승인은 수익적 행정행위이다. 행정청은 수익적 행정행위를 할 때에 부관(조건, 기한, 철회권의 유보, 부담, 부담 유보, 수정 부담[109])을 붙일 수 있으나, 주된 행정행위와 관련이 있

하는 시·도지사와 협의하여 주변지역 안의 개발행위를 관리할 수 있는 권한을 부여하였다고 보아야 하고, 따라서 위 규정에서 말하는 '협의'는 궁극적으로 행정중심복합도시건설청장의 동의를 의미한다고 해석하여야 한다.
위 판결은 상고되었으나(대법원 2008두3760) 상고가 심리불속행으로 기각되어 확정되었다.

108) 이는 훈시규정이다. 대전고법 2008. 1. 24. 선고 2007누1659 판결 "주택법 제17조 제3항은 시·도지사가 관계 행정기관의 장에게 주택건설사업계획의 승인에 관한 서류를 제출한 때 그 관계 행정기관의 장은 그 협의 요청을 받은 날부터 30일 이내에 의견을 제출하여야 한다고 규정하고 있으나, 위 규정은 일반규정으로 행정도시 예정지역 등에서는 원칙적으로 적용되지 않는다 보아야 하고, 설령 그렇지 않다고 하더라도 위 규정은 관계 행정기관이 가능한 한 조속히 그 협의사무를 처리하도록 한 훈시규정에 불과할 뿐 강행규정이나 효력규정이라고 볼 수 없으므로, 행정중심복합도시건설청장이 협의 요청을 받은 날부터 30일을 넘어 협의 의견을 제출하였다고 하여 그것 때문에 주택건설사업계획승인신청 반려처분이 위법하다고 볼 수는 없다."

109) 행정처분이 발하여진 후 새로운 부담을 부가하거나 이미 부가되어 있는 부담의 범위 또는 내용 등을 변경하는 이른바 사후부담은, 법률에 명문의 규정이 있거나 그것이 미리 유보되어 있는 경우 또는 상대방의 동의가 있는 경우에 허용되는 것이

는 사항에 대하여만 부관을 붙일 수 있고 그 한계를 벗어난 부관은 붙일 수 없다(부당결부 금지의 원칙[110]).

주택건설 사업계획사업계획승인권자는 사업계획을 승인할 때 사업주체가 제출하는 사업계획에 해당 주택건설사업 또는 대지조성사업과 직접적으로 관련이 없거나 과도한 기반시설의 기부채납을 요구하여서는 아니 된다(주택법 제17조 제1항).

(3) 사업계획승인, 행위허가 시기의 조정

국토교통부장관은 세대수 증가형 리모델링의 시행으로 주변 지역에 현저한 주택부족이나 주택시장의 불안정 등이 발생될 우려가 있는 때에는 주거정책심의위원회의 심의를 거쳐 특별시장, 광역시장, 대도시의 시장에게 리모델링 기본계획을 변경하도록 요청하거나, 시장·군수·구청장에게 세대수 증가형 리모델링의 사업계획승인 또는 허가의 시기를 조정하도록 요청할 수 있으며, 요청을 받은 특별시장, 광역시장, 대도시의 시장 또는 시장·군수·구청장은 특별한 사유가 없으면 그 요청에 따라야 한다(주택법 제74조 제1항).

시·도지사는 세대수 증가형 리모델링의 시행으로 주변 지역에 현저한 주택부족이나 주택시장의 불안정 등이 발생될 우려가 있는 때에는 「주거기본법」 제9조에 따른 시·도 주거정책심의위원회의 심의를 거쳐 대도시의 시장에게 리모델링 기본계획을 변경하도록 요청하거나, 시장·군수·구청장에게 세대수 증가형 리모델링의 사업계획승인 또는 허가의 시기를 조정하도록 요청할 수 있으며, 요청을 받은 대도시의 시장 또는 시장·군수·구청장은 특별한 사유가 없으면 그 요청에 따라야 한다(주택법 제74조 제2항).

국토교통부장관의 요청을 받은 특별시장, 광역시장, 대도시(지방자치 제175조에 따른 대도시)의 시장 또는 시장·군수·구청장은 그 요청을 받은 날부터 30일 이내에 리모델링 기본계획의 변경 또는 세대수 증가형 리모델링의 사업계획승인·허가의 시기 조정에 관한 조치

원칙이다.
　대법원은 당초 사업계획승인조건에서는 사업시행자가 주변도로 편입지를 무상양수하는 것으로 정해져 있었는데 그 후에 행정청이 이를 유상양도하는 것으로 정하여 사업계획승인 변경고시를 한 것은 사후부담으로서 위법하고, 아파트의 준공검사 등이 임박한 상태였다는 점 등에 비추어 그 주변도로 편입지 매매계약은 불공정한 법률행위로서 무효라고 판시하기도 하였다(대법원 2009. 11. 12. 선고 2008다98006).

110) 대법원은 다음과 같은 사례에서 부당결부 금지의 원칙에 반하지 않는다는 취지의 판결을 하였다.
　① 주택건설사업이 교통수요 급증의 원인을 제공한다는 이유로 경전철 분담금 부과 조건을 붙인 경우(대법원 2007. 12. 28. 선고 2005다72300 판결).
　② 주택단지의 진입도로 부지의 소유권을 확보하여 진입도로 등 간선시설을 설치하고 그 부지 소유권 등을 기부채납하며 그 주택건설사업 시행에 따라 폐쇄되는 인근 주민들의 기존 통행로를 대체하는 통행로를 설치하고 그 부지 일부를 기부채납하도록 조건을 붙인 경우(대법원 1997. 3. 14. 선고 96누16698 판결)

계획을 국토교통부장관에게 보고하여야 한다. 이 경우 그 요청에 따를 수 없는 특별한 사유가 있는 경우에는 그 사유를 통보하여야 한다. 국토교통부장관의 요청을 받은 특별시장, 광역시장, 대도시(서울특별시와 광역시를 제외한 인구 50만 이상의 대도시)의 시장 또는 시장·군수·구청장은 그 요청을 받은 날부터 30일 이내에 리모델링 기본계획의 변경 또는 세대수 증가형 리모델링의 사업계획승인 또는 허가의 시기 조정에 관한 조치계획을 국토교통부장관에게 보고하여야 하며, 그 요청에 따를 수 없는 특별한 사유가 있는 경우에는 그 사유를 통보하여야 한다(주택법 시행규칙 제30조).

(4) 리모델링 허가증명서 발급 및 사업계획승인서 고시·송부

리모델링 허가신청을 받은 시장·군수·구청장은 그 신청이 주택법령에 따른 기준에 적합한 경우에는 리모델링 허가증명서를 발급하여야 한다(주택법 시행규칙 제28조 제3항).

사업계획승인권자는 리모델링 사업계획을 승인하였을 때에는 이에 관한 사항을 고시하여야 한다. 이 경우 국토교통부장관은 관할 시장·군수·구청장에게, 특별시장, 광역시장 또는 도지사는 관할 시장, 군수 또는 구청장에게 각각 사업계획승인서 및 관계 서류의 사본을 지체 없이 송부하여야 한다(주택법 제15조 제6항).

4
리모델링 사업계획승인 및 행위허가의 효력

가. 인·허가의 의제(집중효)

사업계획승인권자가 제15조에 따라 사업계획을 승인 또는 변경 승인할 때 다음 각 호의 허가·인가·결정·승인 또는 신고 등(이하 "인·허가등"이라 한다)에 관하여 제3항에 따른 관계 행정기관의 장과 협의한 사항에 대하여는 해당 인·허가등을 받은 것으로 보며, 사업계획의 승인고시가 있은 때에는 다음 각 호의 관계 법률에 따른 고시가 있은 것으로 보며(주택법 제17조 제1항), 리모델링 행위허가 절차에서 시장·군수·구청장이 관계 행정기관의 장과 협의하여 허가하거나 신고받은 사항에 관하여도 인·허가를 받고 고시가 있는 것으로 본다(주택법 제66조 제5항).

리모델링 사업계획승인 또는 행위허가를 득하면, 리모델링을 효과적으로 수행하기 위하여 다른 법률에 의하여 다수의 행정기관으로부터 받아야 하는 인·허가를 모두 받은 것으로 보는데, 이를 인·허가 의제 제도 또는 집중효라 한다.[111]

인·허가가 의제된다고 하여도, 인·허가가 있는 것으로 보는데 그치고, 인·허가를 받았음을 전제한 규정까지 적용되는 것은 아니다.[112]

---

111) 집중효는 행정계획과 관련된 효과라고 하여, 행정처분의 인·허가 의제와 집중효를 구분하는 견해도 있으나, 양자 사이에 본질적인 차이는 없다.

112) 대법원 2004. 7. 22. 선고 2004다19715 판결 : 주된 인·허가에 관한 사항을 규정하고 있는 갑 법률에서 주된 인·허가가 있으면 을 법률에 의한 인·허가를 받은 것으로 의제한다는 규정을 둔 경우에는, 주된 인·허가가 있으면 을 법률에 의한 인·허가가 있는 것으로 보는데 그치는 것이고, 그에서 더 나아가 을 법률에 의하여 인·허가를 받았음을 전제로 한 을 법률의 모든 규정들까지 적용되는 것은 아니다.
구 건축법(1995. 1. 5. 법률 제4919호로 개정되기 전의 것) 제8조 제4항은 건축허가를 받은 경우, 구 도시계획법(1999. 2. 8. 법률 제5898호로 개정되기 전의 것) 제25조의 규정에 의한 도시계획사업 실시계획의 인가를 받은 것으로 본다는 인가 의제 규정만을 두고 있을 뿐, 구 건축법 자체에서 새로이 설치한 공공시설의 귀속에 관한 구 도시계획법 제83조 제2항을 준용한다는 규정을 두고 있지 아니하므로, 구 건축법 제8조 제4항에 따른 건축허가를 받아 새로이 공공시설을 설치한 경우, 그 공공시설의 귀속에 관하여는 구 도시계획법 제83조 제2항이 적용되지 않는다.

나. 공사의 착공

리모델링 사업계획승인 및 행위허가로서 리모델링 사업주체는 리모델링 공사를 착공할 수 있다. 주택법은 '사업주체는 제15조 제1항 또는 제3항에 따라 승인받은 사업계획대로 사업을 시행하여야 하고, 다음 각 호의 구분에 따라 공사를 시작하여야 한다'라고 하여 사업계획승인을 받은 경우에 관하여만 규정하고 있지만(주택법 제16조 제1항), 행위허가를 받은 자도 규정의 유무에 불문하고 당연히 공사를 착공할 수 있고 착공해야 한다.

다. 사업계획승인의 효력발생 시기

사업계획승인의 효력은 특별한 사정이 없는 한 사업계획승인권자의 고시가 있은 후 5일이 경과한 날부터 발생한다.[113]

라. 사업계획승인과 사용승인

주택건설사업계획승인을 받아 건축한 건물이 사업계획승인내용에 따라 완공되었다면 건축물의 사용승인을 거부할 수 없는 것이 원칙이나,[114] 사업계획승인 자체에 건축 관계 법령에 위반되는 하자가 있고, 하자의 정도가 중대한 경우 사용승인을 거부할 수 있다.

그러나 이 경우에도 사업주체가 입게 될 불이익과 건축행정상의 공익 및 허가조건 위반의 정도를 비교·교량하여 사업주체의 이익을 희생시켜도 부득이하다고 인정되는 경우가

---

113) 행정 효율과 협업 촉진에 관한 규정 제6조
　　② 문서는 수신자에게 도달(전자문서의 경우는 수신자가 관리하거나 지정한 전자적 시스템 등에 입력되는 것을 말한다)됨으로써 효력을 발생한다.
　　③ 제2항에도 불구하고 공고문서는 그 문서에서 효력발생 시기를 구체적으로 밝히고 있지 않으면 그 고시 또는 공고 등이 있은 날부터 5일이 경과한 때에 효력이 발생한다.
　　대법원 2013. 3. 28 선고, 2012다57231 판결 : 주택법 제16조 제6항에서 사업계획승인권자는 제1항에 따라 사업계획을 승인하였을 때에는 이에 관한 사항을 고시하여야 하는 것으로 규정하고 있으므로, 구 주택법 제16조에 따라 정하는 사업계획승인의 효력은 사업계획승인권자의 고시가 있은 후 5일이 경과한 날부터 발생한다.
114) 사용승인은 기속행위로 봄이 타당하다.

아니면 그 허가를 취소할 수 없다고 할 것이다.[115]

마. 조합원 등의 사업계획승인처분 취소 청구 가부

주택조합의 일부 조합원들이 위 주택조합에 대한 주택건설사업계획승인처분으로 인하여 경제적 부담이 가중된다거나 지분권이 침해되는 불이익을 입게 된다고 하여도, 이는 주택조합의 조합원으로서 입게 되는 사실상·간접적·경제적 불이익에 불과하므로, 일부 조합원들에게는 사업계획승인처분의 취소를 구할 수 없다고 봄이 타당하다.[116]

다만, 사업계획승인에 포함된 권리변동계획에 위법이나 하자가 있는 경우 이는 조합원의 권리변동과 비용분담에 직접적인 불이익이 발생하게 되는 것이므로, 그 경우에는 사업계획승인처분에 대하여 전부 내지 그 일부의 무효 내지 취소를 구할 수 있다고 봄이 타당하다.

---

115) 위법한 사업계획승인 또는 건축허가임에도 불구하고 사업주체의 불이익, 건축행정상의 공익, 허가조건의 위반 정도를 비교하여 사용승인을 한 대법원 판결로는 대법원 1992. 4. 10. 선고 91누5358 사건, 대법원 1996. 9. 10. 선고 96누1399 사건, 대법원 2009. 3. 12. 선고 2008두18052 사건 등이 있고, 하급심으로는 의정부지법 2011.4.5. 선고, 2010구합5184 사건 등이 있다.

116) 대법원 1998. 8. 21. 선고 96누10379 판결 : 주택건설촉진법 제44조 제1항 소정의 설립인가를 받지 못한 주택조합의 일부 조합원들이 위 주택조합에 대한 주택건설사업계획승인처분으로 인하여 일반분양을 받는 자들에 비하여 경제적 부담이 가중되는 불이익을 입게 된다거나 이주택지에 관한 자신들의 지분권이 침해되는 불이익을 입게 된다고 하더라도, 당초 택지에 공동주택을 건축하는 데 동의하여 자신들의 지분을 출연하여 주택조합의 조합원이 된 이상, 이는 비법인사단인 주택조합의 조합원으로서 입게 되는 사실상·간접적·경제적 불이익에 불과하고 주택조합의 조합원이 아닌 독립한 제3자의 지위에서 입게 되는 불이익이라고 할 수 없을 뿐 아니라, 조합원 전체에 이익이 되는 위 승인처분을 그 조합원의 일부가 다툰다는 점에서도 그 법률상의 이익을 결한다고 할 것이므로, 위 일부 조합원들에게는 위 승인처분의 취소를 구할 원고적격이 없다.

5
리모델링 사업계획승인 및 행위허가의 취소

리모델링 사업계획승인을 받은 사업주체가 ① 사업계획승인을 받은 날부터 5년 이내에 공사를 시작하지 아니하는 경우 ② 경매·공매 등으로 인하여 대지소유권을 상실한 경우 ③ 부도·파산 등으로 공사의 완료가 불가능한 경우 사업계획승인권자는 사업계획의 승인을 취소할 수 있다. 다만 ② 또는 ③에 해당하는 경우 주택분양보증이 된 사업은 제외한다(주택법 제16조 제4항).

사업계획승인권자는 ② 또는 ③의 사유로 사업계획승인을 취소하고자 하는 경우에는 사업주체에게 사업계획 이행, 사업비 조달 계획 등 대통령령으로 정하는 내용이 포함된 사업 정상화 계획을 제출받아 계획의 타당성을 심사한 후 취소 여부를 결정하여야 한다(주택법 제16조 제5항).

시장·군수·구청장은 리모델링 사업주체가 거짓이나 그 밖의 부정한 방법으로 행위허가를 받은 경우에는 행위허가를 취소할 수 있다(주택법 제66조 제8항). 국토교통부 장관 또는 지방자치단체의 장은 리모델링 사업계획승인 또는 행위허가를 취소하려면 청문을 하여야 한다(주택법 제96조 제3호, 제4호).

6
국토교통부 질의 회신

같은 아파트 단지 내 리모델링 시
단지 내 상가건물 층수를 올려 재건축 가능여부

2019. 4. 10. 주택정비과

□ 질의요지

사업계획승인 대상인 공동주택 리모델링 사업 추진 시 같은 지번에 포함되어 있는 상가의 소유권도 확보해야 하는지 여부 및 구청장도 승인권자가 될 수 있는지

□ 회신내용

1. 공동주택 리모델링 시 상가에 대한 소유권 확보여부는 상가의 리모델링 포함여부에 따라 이루어져야 할 것으로, 상가가 리모델링에서 제외되어 존치되는 경우는 매도청구 대상에서 제외되어야 할 것으로 판단됩니다.

2. 「주택법」제15조에 따른 사업계획승인권자는 리모델링 사업장이 소재한 관할 지자체장이 될 것이며, 자치구가 아닌 행정구의 경우에는 각 광역지자체별 사무위임조례에 따라 시장·군수·구청장에게 업무를 위임하고 있는바, 위임사항은 관할 지자체로 확인하시기 바랍니다.

□ 질의요지

리모델링 시 증가하는 세대수가 30세대 이상일 경우 행위허가 및 사업계획승인 기준과 동의율 요건은 어떻게 되는지

□ 회신내용

1. 공동주택 리모델링은 「주택법」 제16조 및 같은 법 시행령 제15조에 따라 증가하는 세대수가 30세대 이상인 경우 사업계획승인권자에게 사업계획을 승인받아야 하며, 「주택법」 제42조에 따라 공동주택 리모델링을 하고자 하는 경우에는 시장·군수·구청장에게 행위허가를 받아야 합니다.

2. 사업계획승인은 일정 호수 이상의 주택건설사업을 시행하려는 자가 받아야 하는 행정절차이며, 행위허가는 공동주택의 관리에 관한 사항으로 공동주택의 입주자·사용자 또는 관리주체가 공동주택 리모델링 등의 행위를 하려는 경우 받아야 하는 행정절차입니다.

3. 「주택법」 시행령 제47조에 따라 행위허가 시 주택단지 전체를 리모델링하고자 하는 경우에는 주택단지 전체 구분소유자 및 의결권의 각 5분의 4 이상의 동의와 각 동별 구분소유자 및 의결권의 각 3분의 2 이상의 동의를 얻어야 하며, 동을 리모델링하고자 하는 경우에는 그 동의 구분소유자 및 의결권의 각 5분의 4 이상의 동의를 얻어야 합니다.

4. 「주택법」 제16조에 따른 사업계획승인 시 동의율 기준은 별도 규정하고 있지 않으나, 같은 법 시행령 제15조에 따라 증가하는 세대수가 30세대 이상인 공동주택리모델링 시 사업계획승인 및 행위허가 신청을 동시에 제출하면 될 것으로 사료됨을 알려드립니다.

공동주택 리모델링 행위허가관련 질의

2008. 6. 20. 주택반

□ 질의요지

주택법 제42조 및 동법 시행령 제47조 제4항의 규정에 의한 공동주택 리모델링 행위허가 동의 시 동의의 방법에 관해 문의드립니다. 행위허가 동의 시 동의서에 반드시 동의자의 인감도장 날인과 인감증명서의 제출이 필요한 것인지

□ 회신내용

질의의 경우는 주택법령에 규정하고 있지 않으며, 본인확인과 사업시행 중 민원발생 방지 등을 위하여 인감증명서 등을 첨부 동의서를 징구할 수 있을 것으로 보여집니다.

○○마을 리모델링 복층 건

2018. 5. 30. 주택정비과

□ 질의요지

1. 공동주택리모델링 시 3개층 중 가운데 2층 세대를 다른 곳으로 이주시키고 2층을 반으로 나누어 벽을 쌓고 한쪽은 1층에 한쪽은 2층에 계단을 만들어 복층 증축할 경우 가운데 2층 세대는 어디로 이주할 것인지 확실하지도 않고 동의하지도 않았는데 강제로 다른 곳으로 이주 권리변동되는 것이 리모델링 관련 주택법에 적법한 것인지

2. 개인 사유재산인 자기 소유 아파트 및 주소지가 본인 의사와 관계없이 변경되는 것이 리모델링 관련 주택법에 타당한지

□ 회신내용

1. 「주택법」 제66조 제2항 및 같은 법 시행령 제75조 제1항 별표4에서 주택단지 전체를 리모델링하고자 리모델링 허가를 받으려는 경우에는 리모델링 설계의 개요 등이 적혀 있는 결의서에 주택단지 전체 구분소유자 및 의결권의 각 75퍼센트 이상의 동의와 각 동별 구분소유자 및 의결권의 각 50퍼센트 이상의 동의를 받도록 규정하고 있습니다.

2. 「주택법」 제67조에서 세대수가 증가되는 리모델링을 하려는 경우에는 기존 주택의 권리변동 등에 대한 계획을 수립하여 사업계획승인 또는 행위허가를 받도록 규정하고 있으므로 리모델링 허가 동의율을 확보하여 권리변동계획을 수립할 수 있을 것으로 판단됩니다.

3. 참고로, 「주택법」 제22조 제2항 및 제3항에서 제11조 제1항에 따라 인가를 받아 설립된 리모델링주택조합은 그 리모델링 결의에 찬성하지 아니하는 자의 주택 및 토지에 대하여 「집합건물의 소유 및 관리에 관한 법률」 제48조를 준용하여 매도청구를 할 수 있도록 규정하고 있음을 알려드립니다.

4. 아울러, 귀하의 법령해석 요청에 대하여는 「법제업무 운영규정」 제26조 제8항 제7호에 따라 법령해석이 필요하지 않다고 판단되므로 법령해석을 요청하지 않을 계획임을 알려드립니다. 참고로 「법제업무 운영규정」 제26조 제9항에는 동조 제7항에 따라 법령해석 요청을 의뢰한 민원인은 법령 소관 중앙행정기관의 장이 1개월 이내에 법령해석기관에 법령해석을 요청하지 않거나, 동조 제8항 각 호에 해당하지 않음에도 불구하고 법령해석을 요청하지 않을 것을 통지한 경우에는 직접 법령해석기관에 법령해석을 요청할 수 있게 되어 있음을 알려드리니, 법령해석 요청과 관련한 보다 구체적인 사항은 법제처(☎ 044-200-6900)에 문의하여 주시기 바랍니다.

아파트리모델링조합의 매도청구 시점

2019. 1. 31. 주택정비과

□ 질의요지

공동주택 리모델링조합이 리모델링을 반대하는 구분소유자에 대하여 매도청구의 시점은 「주택법」시행령 제75조에서 정하고 있는 리모델링의 허가 요건을 갖춘 경우인지, 아니면 같은 법 제22조에 의하여 주택건설 대지면적의 95% 이상의 사용권을 확보한 경우에 구분소유자에 대하여 매도청구가 가능한 것인지

□ 회신내용

1. 「주택법」 제22조 제2항에 따르면 리모델링주택조합은 그 리모델링 결의에 찬성하지 아니하는 자의 주택 및 토지에 대하여 매도청구를 할 수 있습니다.

2. 같은 법 시행규칙 제12조 제4항 제7호에서는 리모델링 사업계획승인을 신청하는 경우 리모델링 허가 신청 시 제출하여야 하는 서류와 동일한 서류를 첨부하여 제출하여야 하는바 리모델링 허가 기준의 동의비율에 따른 입주자 동의서 및 매도청구권 행사를 입증할 수 있는 서류를 제출하도록 하고 있으므로 매도청구의 시점은 「주택법」시행령 제75조에서 정하고 있는 리모델링의 허가 요건을 갖춘 경우로 판단됩니다.

3. 참고로 사업계획승인을 받았더라도 「주택법」 제21조 제2항에 따르면 매도청구 대상자와 매도에 합의하거나 법원의 승소판결을 받은 경우에만 공사를 시작할 수 있도록 규정하고 있음을 알려드립니다.

다음 사항 중 4번 지문에 문제 있는 것에 대한 유권해석

2017. 12. 7. 주택정비과

□ 질의요지

기출문제인 "주택법령상 공동주택의 리모델링에 관한 설명" 중 "④ 주택단지 전체를 리모델링하고자 하는 경우에는 주택단지 전체의 구분소유자와 의결권의 각 3분의 2 이상의 결의 및 각 동의 구분소유자와 의결권의 각 과반수의 결의를 얻어야 한다"가 틀린 것에 해당하는지

□ 회신내용

「주택법」 제11조 제3항에서 리모델링 주택조합을 설립 시 주택단지 전체를 리모델링하고자 하는 경우에는 주택단지 전체의 구분소유자와 의결권의 각 3분의 2 이상의 결의 및 각 동의 구분소유자와 의결권의 각 과반수의 결의를 증명하는 서류를 첨부하여 관할 시장·군수·구청장의 인가를 받도록 규정하고 있으며, 「주택법 시행령」 제75조 제1항 [별표 4] 공동주택 리모델링 허가 동의비율은 주택단지 전체를 리모델링하는 경우에는 주택단지 전

체 구분소유자 및 의결권의 각 75퍼센트 이상의 동의와 각 동별 구분소유자 및 의결권의 각 50퍼센트 이상의 동의를 받도록 규정하고 있으나, 기출문제의 오류 여부는 문제 출제기관인 한국산업인력공단에서 검토하여 판단할 사항임을 알려드리니 널리 이해하여 주시기 바랍니다.

사유재산 기본권 침해

2018. 5. 1. 주택정비과

□ 질의요지

공동주택리모델링 시 가운데 층을 멸실 즉 다른 곳으로 보내고 가운데 층을 반으로 막아서 반은 위층 증축 반은 아래층 증축할 경우 가운데 층 사는 사람의 동의 없이 다른 곳으로 가라는데 사유재산 기본권 박탈, 헌법 위반이 아닌지

□ 회신내용

1. 「주택법」 제67조에서 세대수가 증가되는 리모델링을 하려는 경우에는 기존 주택의 권리변동 등에 대한 계획을 수립하여 행위허가를 받도록 규정하고 있으므로 동 규정에 따라 소유자의 동의를 받아 권리변동계획을 수립할 수 있을 것으로 판단됩니다.

2. 참고로, 「주택법」 제22조 제2항 및 제3항에서 제11조 제1항에 따라 인가를 받아 설립된 리모델링주택조합은 그 리모델링 결의에 찬성하지 아니하는 자의 주택 및 토지에 대하여 「집합건물의 소유 및 관리에 관한 법률」 제48조를 준용하여 매도청구를 할 수 있도록 규정하고 있음을 알려드립니다.[117]

---

117) 주택법이 2020. 1. 23. 개정되면서 제22조 제2항에서 '제1항에도 불구하고 제66조 제2항에 따른 리모델링의 허가를 신청하기 위한 동의율을 확보한 경우 리모델링 결의를 한 리모델링주택조합은 그 리모델링 결의에 찬성하지 아니하는 자의 주택 및 토지에 대하여 매도청구를 할 수 있다'고 규정하였다. 따라서 현재는 (회신 내용과 달리) 리모델링 행위허가 신청을 위한 동의율을 확보한 이후에 매도청구권을 행사할 수 있다.

주택조합의 사업신청 기간 만료의 법령위배

2018. 1. 29. 주택정비과

□ 질의요지

주택법 시행령 제23조 1항에 따른 2년간 사업계획승인을 신청하지 못한 리모델링 주택조합에 대한 사업계획승인

□ 회신내용

1. 「주택법 시행령」 제23조 제1항에서 주택조합은 설립인가를 받은 날부터 2년 이내에 법 제15조에 따른 사업계획승인을 신청하도록 규정하고 있습니다. 그러나 「주택법」에서는 주택조합이 설립인가를 받은 날부터 2년 이내에 사업계획승인을 신청하지 않으면 해당 권리가 소멸한다는 규정을 별도로 정하고 있지 않으며, 또한 사업계획승인 허가 거부 사유로도 규정하고 있지 않습니다.

2. 다만 「주택법」 제94조에서 국토교통부장관 또는 지방자치단체의 장은 사업주체 및 공동주택의 입주자·사용자·관리주체·입주자대표회의나 그 구성원 또는 리모델링주택조합이 이 법 또는 이 법에 따른 명령이나 처분을 위반한 경우에는 공사의 중지, 원상복구 또는 그 밖에 필요한 조치를 명할 수 있도록 규정하고 있으며, 「주택법」 제14조 제2항에서 시장·군수·구청장은 주택조합 또는 주택조합의 구성원이 제94조에 따른 명령이나 처분을 위반한 경우 등에 대하여는 주택조합의 설립인가를 취소할 수 있도록 규정하고 있습니다. 따라서 질의하신 사항에 대한 조치여부는 리모델링주택조합 설립인가권자인 해당 시장·군수·구청장이 판단할 사항임을 알려드립니다.

30세대 이상 세대수가 증가하는 리모델링주택조합이 사업계획승인을 받기 위한 조건

2019. 4. 17. 주택정비과

□ 질의요지

30세대 이상이 증가하는 리모델링 사업의 경우 사업계획승인을 받으려면 반드시 소유권을 확보하여야 하는 것인지, 75% 이상의 동의를 받아 설립된 리모델링조합이 사업에 반대하는 자들의 소유권을 확보하는 방법은 무엇인지, 법개정을 하지 않아도 30세대 이상의 세대수가 증가하는 사업이 가능한 것인지, 법개정 의사는 없는지

□ 회신 내용

1. 2012. 7. 24. 「주택법」을 일부개정하면서 세대수 증가형 리모델링을 허용하고 20세대 (현행 30세대)이상 증가하는 공동주택 리모델링을 사업계획승인 대상에 포함하면서 리모델링 사업계획승인 시 대지소유권 확보 요건에 대하여 별도 규정하지 않았으나,

2. 「주택법」 제22조 제2항에 따르면 리모델링주택조합은 그 리모델링 결의에 찬성하지 아니하는 자의 주택 및 토지에 대하여 매도청구를 할 수 있고, 같은법 시행규칙 제12조 제4항 제7호에서는 리모델링 사업계획승인을 신청하는 경우 리모델링 허가 신청 시 제출하여야 하는 서류와 동일한 서류를 첨부하여 제출하도록 하고 있으며,

3. 또한, 사업계획승인을 받았더라도 매도청구 대상자와 매도에 합의하거나 승소판결 이후 착공하도록 정하고 있으므로 세대수 증가형 리모델링 사업계획승인을 75% 이상의 입주자 동의서와 나머지 찬성하지 아니하는 세대에 대한 매도청구 행사를 입증하는 서류를 제출하는 경우 현행법령 내에서 사업추진이 가능할 것으로 판단됩니다.

2018. 6. 27. 녹색건축과

□ 질의요지

건축물의 설비기준 등에 관한 규칙 제11조(공동주택 및 다중이용시설의 환기설비기준 등) 항목에서와 같이 신축건물에만 해당되는 사항인가요? 증축, 재축, 리모델링, 대수선, 건물의 용도변경 시에는 기존에 적용되어 있지 않은 상황이라면 적용할 필요가 없는 사항인가요?

□ 회신내용

「건축물의 설비기준 등에 관한 규칙」 제11조 제1항에 따라 "신축 또는 리모델링"의 행위 허가 신청 시에만 의무대상임을 알려 드립니다. 따라서 이와 관련한 구체적인 사항은 설계 도서 등을 구비하시어 해당 허가권자인 시장·군수·구청장에게 문의하시기 바랍니다.

공동주택 리모델링 관련

2008. 12. 9. 본부

□ 질의요지

1. 증축 리모델링을 하는 경우 주택건설기준 등에 관한 기준의 주차대수 산정방법은

2. 공동주택 리모델링과 같이 하여 입주자 공유가 아닌 복리시설(상가 1개동)를 완전히 철거 후 2개동 분산배치 후 면적은 동일하게 새로이 신축하는 경우에도 상가리모델링에 해당되어 공동주택 리모델링과 같이 하여 리모델링허가를 받을 수 있는지 여부

□ 회신내용

1. 증축 리모델링 주차대수 산정은 주택건설기준등에관한규정 제27조에 따라야 할 것으로 보이나, 질의의 경우는 행위허가권자인 당해 지자체장이 주택건설기준등에 관한 규정 등 관련규정과 현장조사를 통하여 종합적으로 검토하여 최종 판단할 사항입니다.

2. 리모델링이란 건축물의 노후화 억제 또는 기능향상 등을 위하여 대수선 또는 일부증

축을 하는 것이므로, 기존 건축물을 완전히 철거하는 경우에는 리모델링에 해당하지 않은 것으로 보입니다.

리모델링 증축에 대한 타법령 적용여부

2016. 9. 6. 주택정비과

□ 질의요지

적합하게 준공된 기존 공동주택이 법령 제정·개정 등에 따라 현행 용도지역 건축제한에 맞지 않게 된 경우 「주택법」에 의한 세대수 증가형 리모델링을 「건축법」 및 「국토의 계획 및 이용에 관한 법률」의 증축에 해당하는 제한을 적용하여야 하는지

□ 회신내용

1. 공동주택 리모델링을 추진하기 위한 기준·절차 등은 「주택법」에서 정하고 있으나, 건축기준 및 용도지역의 건축제한 등과 관련된 사항은 「건축법」, 「국토의 계획 및 이용에 관한 법률」 등 관련 법령에서 정한 바에 따라야 할 사항으로 구체적인 내용은 해당 지자체에 문의하여 주시기 바랍니다.

2. 참고로 「건축법」 제5조에 따라 건축주, 설계자, 공사시공자 또는 공사감리자는 「건축법」을 적용하는 것이 매우 불합리하다고 인정되는 대지나 건축물로서 사용승인을 받은 후 15년 이상이 되어 리모델링이 필요한 건축물인 경우 「건축법」 시행령 제6조 제1항 제6호로 정하는 사항에 대하여는 「건축법」의 기준을 완화하여 적용할 것을 허가권자에게 요청할 수 있음을 알려드립니다.

공동주택 리모델링 시 필로티 및 건축심의

2008. 12. 18. 주택반

□ 질의요지

주택법에 의한 공동주택 단지 리모델링 추진을 하고 있습니다. 조합설립인가를 받고 건축심의 및 행위허가를 진행하고 있는 중으로 다음 사항에 대하여 질의드리니 상세한 답변을 요청드립니다.

1. 리모델링 인허가과정(건축심의, 행위허가 등) 진행시 아파트의 저층부의 세대를 필로티 구조로 하여 주민공용시설(분양하는 것이 아님)로 사용하는 경우 그 세대수만큼 상층부에 수직증축하는 계획을 가지고 있는데 이러한 사항이 주택법, 건축법 등 관련 법규에 위배가 되는 사항인지 설명 바랍니다.

2. 리모델링 시 세대수가 증가되지 않는 한 저층부를 주민공용시설의 필로티 구조로 하고 층수를 높여 증축하는 경우 층수 및 높이 제한을 건축심의를 통해 완화받을 수 있는지 궁금합니다. 각각의 질문에 성실한 답변 부탁드립니다.

□ 회신내용

1. 「주택법」 제42조 제2항의 규정에 의하여 공동주택을 사업계획에 따른 용도 외의 용도에 사용하는 행위, 리모델링 등의 행위를 하는 경우에는 관할 시장·군수·구청장의 허가를 받거나 신고를 하여야 한다고 규정하고 있습니다.

2. 공동주택 리모델링의 행위허가권자는 주택법, 건축법, 국토의 계획 및 이용에 관한 법률 등 관계 규정에 적합한 범위 내에서 행위허가를 하여야 하므로 보다 구체적인 사항은 설계도면 등을 첨부하여 리모델링 허가권자인 관할 지방자치단체장과 협의, 처리하여 주시기 바랍니다.

택지개발구역 내 공동주택 리모델링 사업 관련 교통영향평가 진행여부

2018. 2. 19. 생활교통과

□ 질의요지

교통개선대책 변경허용 인정범위 해석

□ 회신내용

과거에 교통영향평가를 득하였다고 하여도 공동주택 리모델링 사업 관련 연면적 140,000㎡로 개발이 진행될 경우 교통영향평가 대상임을 알려드립니다.

건축물의 설비기준 등에 관한 규칙 제11조 관련

2015. 12. 10. 녹색건축과

□ 질의요지

자연환기설비 설치 길이 산정 관련

□ 회신내용

귀하께서 언급하신 대로 100세대 이상 공동주택을 신축 또는 리모델링하는 경우에는 시간당 0.5회 이상의 환기가 이루어질 수 있도록 자연환기설비 또는 기계환기설비를 설치하여야 합니다. 따라서 자연환기설비의 설치 길이를 산정할 경우 이 기준을 적용하여 산정하여야 함을 알려드리니 참고하시기 바랍니다.

리모델링 시 바닥 차음재 시공 관련 기준 문의

2014. 4. 22. 주택건설공급과

□ 공동주택 바닥충격음 차단구조인정 및 관리기준(국토교통부고시 제2013-611호, 2014. 5. 7. 시행) 제3조에 의거, 주택법 제42조 제2항 제2호에 따른 리모델링은 추가로 증가하는 세대만 적용함을 알려 드립니다.

건축물 리모델링(대수선, 증축, 개보수 등)공사 시 친환경건축물 인증 가능여부

2009. 9. 9. 건축기획과

□ 친환경건축물 인증에 관한 규칙 제6조 제1항에 따르면 법 제65조 제3항에 따른 친환경건축물의 인증 신청은 다음 각 호의 어느 하나에 해당하는 자가 법 제11조, 제14조 또는 제20조 제1항에 따라 허가를 받았거나 신고를 한 건축물의 공사 또는 「주택법」 제16조에 따라 사업계획승인을 받은 주택건설사업을 마친 후에 할 수 있다.

1. 건축주
2. 건축물 소유자
3. 시공자(건축주나 건축물 소유자가 인증 신청을 동의하는 경우에 한정한다)

□ 이 경우 해당 건축물은 친환경건축물의 인증을 받기 전에 법 제22조에 따른 사용승인 또는 「주택법」 제29조에 따른 사용검사를 받아야 하며, 친환경건축물 인증기준 제5조(인증심사기준)에 따라 공동주택, 업무용시설, 주거복합시설, 학교시설, 판매시설, 숙박시설에 대해서만 실시하고 있는바, 기존건축물 리모델링에 대한 심사기준이 현재까지 마련되어 있지 않으며, 추후 연구용역 등을 통하여 마련할 계획임을 알려드립니다.

○○마을 리모델링 건

2018. 5. 16. 주택정비과

□ 질의요지

공동주택 리모델링 시 아래층 한세대를 이동시키고 한층을 반으로 나누어서 바닥을 뚫어서 한쪽은 위층에 한쪽은 아래층에 사용하게 하게 하는 복층구조를 만들 경우 수직증축 리모델링법에 유효한지 여부

□ 회신내용

1. 공동주택 리모델링은 「주택법」 제2조 제25호에서 각 세대의 주거전용면적의 30퍼센트 이내(85제곱미터 미만인 경우에는 40퍼센트 이내)에서 증축하는 행위, 각 세대의 증축 가능 면적을 합산한 면적의 범위에서 기존 세대수의 15퍼센트 이내에서 세대수를 증가하는 증축 행위 등으로 규정하고 있으며, 「주택법」 시행령 제75조 제1항 [별표4]의 공동주택 리모델링 허가 기준은 "내력벽 철거에 의하여 세대를 합치는 행위가 아니어야 한다"로 규정하고 있습니다.

2. 따라서 「주택법」 제2조 제25호에서 정한 범위 내에서 수직증축, 수평증축, 내력벽 철거에 의하여 세대를 합치는 행위가 이루어지지 않는 슬래브 일부 철거를 통한 복층 증축 등은 안전진단 결과 등을 토대로 해당 지자체장이 허가여부를 결정할 수 있을 것으로 판단됩니다.

□ 주택법 시행령 제4조의2에 따라 15층 이상의 공동주택 수직증축 허용범위는 기초·파일 등의 보강 가능여부 등 안전성을 고려하여 최대 3개층까지 허용합니다.

□ 따라서, 1층을 필로티로 하는 경우 최대 3개층 범위에서 가능하나, 3개층 + 1개층 필로티 증축(총 4개층)은 할 수 없습니다.

□ 또한, 필로티 설치여부와 관계없이 기존 최대층수에 추가로 수직증축되는 리모델링은 신규 리모델링 절차를 거쳐야 하지만 개정 법률 시행 당시 이미 설립인가를 받은 리모델링 주택조합이 종전의 규정에 따른 증축범위에서는 종전의 규정에 따라 리모델링을 할 수 있음을 알려드립니다.

[안전제안] 아파트 내력벽 철거 허용 조심 또 조심

2016. 1. 28. 주택정비과

□ 질의요지
공동주택 내력벽 철거 허용 금지 건의

□ 회신내용
우리부에서는 노후 공동주택 거주자들의 주거환경 개선을 위하여 공동주택 리모델링 시 합리적인 평면을 계획할 수 있도록 제도개선을 추진 중에 있으며, 안전이 확보되는 범위 내에서 세대 간 내력벽 일부 철거를 허용하는 내용으로 입법예고(2016. 2. 5.~3. 16.)하였으며 국민들로부터 충분히 의견을 듣고 시행할 계획임을 알려드립니다.[118]

---

118) 그러나 공동주택 리모델링 시 내력벽 철거는 2021. 2. 현재까지 허용되고 있지 않다.

□ 질의요지

리모델링 사업규모가 지상4층 연립주택의 1개층 2세대를 1세대로 사용하기 위해 세대 간 출입문(폭 : 1m, 높이 : 2.1m) 설치를 위해서 내력벽을 철거하고자 할 경우 「주택법」 제66 조, 「주택법」 시행령 제75조 제1항 별표4의 공동주택 리모델링의 허가 기준과 같이 세대 간 출입을 위한 개구부 설치를 위한 내력벽 철거가 관련법 규정에 위배되는지 여부

□ 회신내용

「주택법」 시행령 제75조 제1항 별표4 2.허용행위에서 공동주택의 리모델링은 주택단지별 또는 동별로 하도록 정하고 있으므로 1개층 2세대를 1세대로 사용하기 위한 내력벽 철거 행위는 「주택법」에 의한 리모델링에 해당하지 않음을 알려드립니다.

리모델링 공사의 경우 반자 높이 규정을 완화받을 수 있는지 여부

2018. 4. 18. 주택건설공급과

□ 질의요지

주택건설기준등에 관한 규정 제3장 '주택의 구조·설비등' 제13조(기준척도) '주택의 평면 및 각 부위의 치수는 국토교통부령으로 정하는 치수 및 기준척도에 적합하여야 한다. 다만, 사업계획승인권자가 인정하는 특수한 설계, 구조 또는 자재로 건설하는 주택의 경우에는 그러하지 아니한다'라는 규정 관련하여

1. 리모델링 공사의 경우 기존 구조체를 바탕으로 공사를 하는 것이고 40~50년 전에 준 공한 건축물의 경우 구조적 한계로 인해 위 국토교통부령(주택건설등에 관한 규칙)제3조 4호의 반자높이 2,200㎜를 준수하지 못하는 경우도 발생할 수 있음

2. 당현장의 경우 일부구간의 슬라브가 다른 부분의 슬라브보다 170㎜정도 다운되어있 는 구조체가 있어 170㎜ 정도의 차이로 일부 구간의 경우 위 규정 중 반자높이 2,200

㎜규정을 지키지 못하는 경우 위의 예외 규정인 특수한 구조로 건설하는 주택을 준용하여 사업계획승인권자와 협의하여 진행하면 되는 것인지

3. 기존 구조체의 한계로 인해 발생한 사안으로 구조체에 맞춰 시공하면 되는 것인지, 건축물의 피난, 방화구조등의 기준에 관한 규칙 제16조 거실의 반자는 높이 2,100㎜를 준수한다는 규정대로 시공하면 되는 것인지(당사업장은 리모델링 행위허가 시 건축법을 적용받은 현장임)

□ 회신내용
1. 「주택법」 제15조 및 같은 법 시행령 제27조에 따르면 공동주택 30세대(리모델링의 경우에는 증가하는 세대수를 기준으로 한다) 이상의 주택건설사업을 시행하려는 자는 사업계획승인권자에게 사업계획승인을 받아야 한다고 규정하고 있고,

2. '주택건설기준 등에 관한 규정' 제3조에 따르면 이 영은 법 제2조 제10호에 따른 사업주체가 법 제15조 제1항에 따라 주택건설사업계획승인을 얻어 건설하는 주택, 부대시설 및 복리시설과 대지조성사업계획의 승인을 얻어 조성하는 대지에 관하여 이를 적용한다고 규정하고 있으며,

3. 같은 기준 제7조 제11항에 따르면 법 제2조 제25호 다목에 따른 리모델링을 하는 경우에는 제9조, 제9조의2, 제14조, 제14조의2, 제15조 및 제64조를 적용하지 아니한다고 규정하고 있으나, 제13조의 규정은 예외로 규정하고 있지 않음을 알려드리오니, 보다 자세한 사항은 해당 지역의 사업계획승인권자에게 문의하시기 바랍니다.

제11장

신탁등기

—

박종국 변호사

1
신탁등기의 의의

가. 신탁등기의 의의

신탁이란 신탁을 설정하는 자(이하 "위탁자"라 한다)와 신탁을 인수하는 자(이하 "수탁자"라 한다) 간의 신임관계에 기하여 위탁자가 수탁자에게 특정의 재산(영업이나 저작재산권의 일부를 포함한다)을 이전하거나 담보권의 설정 또는 그 밖의 처분을 하고 수탁자로 하여금 일정한 자(이하 "수익자"라 한다)의 이익 또는 특정의 목적을 위하여 그 재산의 관리, 처분, 운용, 개발, 그 밖에 신탁 목적의 달성을 위하여 필요한 행위를 하게 하는 법률관계를 말한다(신탁법 제2조).

한편, 등기 또는 등록하여야 할 재산권에 대한 신탁은 이를 등기 또는 등록함으로써 제3자에게 대항할 수 있으며(신탁법 제4조 제1항), 신탁재산은 수탁자에게 이전되지만 수탁자의 개인 재산과는 구별되고 수탁자는 이것에 대하여 선량한 관리자의 주의의무를 진다(신탁법 제32조).

리모델링 사업에 있어서 신탁등기란 리모델링 사업의 원활한 추진을 위하여 조합원(위탁자겸 수익자)의 소유로 되어 있는 토지 또는 주택 등의 신탁재산을 사업시행기간 동안 사업시행자인 리모델링주택조합(수탁자)에게 관리, 처분하게 하기 위하여 위탁자 겸 수익자인 조합원과 수탁자인 조합 간의 신탁계약을 통한 소유권이전등기를 경료해 주는 것을 말한다. 신탁등기는 토지 또는 건물 소유권이전 및 신탁등기 신청의 방법으로 하고, 조합원은 위탁자 겸 수익자, 조합은 수탁자로 되며 조합은 조합원과 신탁계약서상 신탁재산과 관련된 신탁목적 범위 내에서만 권리를 행사할 수 있게 되며, 신탁의 목적을 달성할 수 없다고 판단되는 경우 신탁을 해지할 수 있는 권리를 가지게 된다.

나. 신탁등기의 필요성

종래 재건축조합에 조합원의 소유로 되어 있는 토지 또는 주택 등에 대하여 신탁등기를 하는 것이 관행으로 인식되어 일반적 절차가 되었다. 그러한 이유는 신탁등기를 하지 않을 경우, 일부 조합원의 신탁등기 미비 및 이를 조건으로 한 부당한 요구 등에 의하여 사업추진이 지연되는 경우가 발생할 수 있으므로 신탁등기에 관한 근거를 둔 것이다. 그러나 재건축조합이 사업을 추진하기 위하여 반드시 조합원의 재산권에 대하여 조합명의로 소유권이전 및 신탁해야 한다는 규정은 종전의 주택재건설촉진법 및 현행 도시정비법 어디에도 없다(종래의 경우 재건축표준규약 제37조[119]에만 규정하고 있었다).

다만, 종전 건물보다 신축건물의 면적이 증가된 경우에 대지지분의 변동에 따른 지분 배당절차가 용이한 점, 조합 앞으로 신탁등기를 하지 않을 경우 조합원 각자의 명의로 소유권을 가지고 있어 조합원들이 채무초과상태 및 신용불량상태가 되면 경매의 우려가 있고 이 경우 조합은 조합원들에게 청산금을 지급받지 못하게 될 우려가 있는 등 위험이 상존하므로 신탁등기가 필요하다는 점, 일반분양 시 조합원 전원의 명의가 아닌 조합 단일 명의로 계약 체결이 가능하며, 일반분양 시 소유권이전에 장애가 되는 모든 제한물권을 신탁등기와 함께 말소할 수 있다는 점, 신탁법상 신탁재산에 대하여는 강제집행 또는 경매를 할 수 없다는 이점 때문에 프로젝트 금융(Project Financing, PF) 기법에 따른 대출에도 유리하다는 점[120] 등 이점이 있으므로 각 조합의 상황에 맞게 신탁등기를 할 것인지 여부를 결정하고 그에 따라 운용하면 된다고 본다.

리모델링 사업의 경우 리모델링주택조합이 매도청구하여 취득한 조합명의의 주택만을 처분하고 이전등기해 주는 것이므로 재건축사업과는 달리 일반분양 시나 소유권이전등기 시 발생하는 문제점은 특별히 없으나, 아래와 같은 이유로 리모델링의 경우에도 신탁등기를 인정하는 것이 합리적이며 이를 조합규약에 명확히 규정하는 것이 좋다고 사료된다.

첫째, 공사도급계약의 담보(시공사)를 위해서이다. 리모델링공사계약의 당사자인 리모델링주택조합에게 고유한 재산이 없을 경우 리모델링 설계 및 시공 등에 따른 도급금액 지급을 담보할 방법이 없다.

둘째, 조합원 분담금 납부 이행 강제 수단으로서 조합은 조합 규약이 정하는 조합원의 현물출자 의무를 법적으로 담보하여 분담금 납부 이행을 강제할 수 있다.

---

119) 구 재건축 표준규약 제37조(부동산의 신탁)
　① 재건축 사업의 원활한 추진을 위하여 조합원은 사업 계획 승인 신청일 이전에 조합원의 소유로 되어 있는 사업시행지구 안의 토지 또는 주택 등에 대하여 조합에 신탁등기를 완료하여야 하며, 등기기간 내에 신탁등기를 이행치 않을 경우 조합은 신탁등기 이행의 소를 제기할 수 있다.
　② 조합은 신탁된 조합원의 재산권을 재건축사업시행 목적에 맞게 적합하게 행사하여야 하며 재건축사업이 종료되면 즉시 신탁을 해지하고 위탁자인 조합원에게 반환하여야 한다.
　2006. 8. 개정된 국토해양부 「주택재건축정비사업조합 표준정관」에는 부동산 신탁등기 규정이 삭제되었다.
120) 프로젝트 금융(Project Financing)의 경우 조합의 책임 아래 이주비 등 사업비를 사업계획에 포함시켜 금융기관으로부터 대여받는 경우 금융기관은 경매진행이 가능하기 때문이다.

셋째, 제3의 채권자로부터 조합원을 보호하기 위해서이다. 조합원 개인의 채권자가 신탁재산을 강제집행하거나 경매할 수 없으며, 한편으로 조합원들의 고의적인 담보권설정 및 처분을 통한 사업진행의 방해를 예방하기 위함이다.

넷째, 매도청구대상 취득주택의 처분의 용이성 차원이다. 신탁등기를 하지 아니하면 매도청구대상취득 주택의 처분 시에 조합원 전원의 동의를 받아 매도용 인감증명서를 첨부하여야 하는 어려움이 발생하나 신탁등기를 하면 수탁자인 조합 단일 명의로 계약 체결이 가능하여 처분이 용이하며 처분에 따른 수익 회수가 빠르다.

다. 신탁등기의 시기

신탁등기는 리모델링주택조합 설립인가 후 리모델링 행위허가 신청 전에 하거나 행위허가 후 이주 시에 이주비 지급과 근저당권 설정을 동시에 하는 경우가 있는데, 후자의 경우가 보다 일반화되어 있다.

조합원의 입장에서는 신탁등기가 소유권이전등기의 형식을 취함에 따라 미리 해 주지 않으려는 경향이 있고, 리모델링주택조합은 조합원 채권자의 강제집행을 예방하고 조합원들의 고의적인 담보설정 행위 등에 대처하기 위하여 되도록 조속히 신탁등기를 완료하고자 한다.

그러나 이미 리모델링주택조합이 전체 소유자의 2/3 이상의 동의를 얻어 설립인가를 득한 경우에는 리모델링에 찬성하지 않는 주택소유자들에 대한 매도청구권 행사와 신탁등기 절차를 신속히 진행할 필요가 있다. 따라서 행위허가 전이라도 신탁등기를 완료하는 것이 보다 바람직할 것이다.

2
신탁등기의 법률관계

가. 강제집행 등의 금지

(1) 강제집행 등 금지의 원칙

신탁법 제22조 제1항 본문은 신탁재산에 대하여는 강제집행, 담보권 실행 등을 위한 경매, 보전처분(이하 "강제집행등"이라 한다) 또는 국세 등 체납처분을 할 수 없다고 규정하고 있는바, 신탁법에서는 신탁재산에 대해 강제집행 또는 경매를 할 수 없도록 하고 있다. 이는 신탁법상 신탁재산이 수탁자의 고유재산으로부터 구별되어 관리될 뿐만 아니라 위탁자의 재산권으로부터도 분리되어 독립성을 갖게 되기 때문에, 수탁자 개인의 채권자가 신탁재산에 대해 강제집행하거나 경매할 수 없게 되는 것이다.

한편, 신탁법 제22조 제2항은 위탁자, 수익자나 수탁자는 제1항을 위반한 강제집행등에 대하여 이의를 제기할 수 있도록 하면서 이 경우 「민사집행법」 제48조를 준용하도록 규정하고, 같은 조 제3항에서는 위탁자, 수익자나 수탁자는 제1항을 위반한 국세 등 체납처분에 대하여 이의를 제기할 수 있도록 하면서 이 경우 국세 등 체납처분에 대한 불복절차를 준용하도록 규정하고 있는바, 신탁재산에 강제집행하거나 경매할 때에는 위탁자와 그 상속인, 수익자, 수탁자는 이의를 신청할 수 있다.[121]

(2) 예외

신탁법 제22조 제1항 단서에서는 "신탁 전의 원인으로 발생한 권리 또는 신탁사무의 처리상 발생한 권리에 기한 경우에는 그러하지 아니하다"라고 규정하고 있는바, 신탁재산에

---

121) 따라서 위법한 강제집행 또는 경매라 할지라도 당연무효는 아니고, 위탁자, 수익자, 수탁자 등이 이의 신청권만을 가지는 데에 불과하며 이의를 신청하지 않는다면 유효한 것으로 인정받을 수 있고 그 이후에는 손해배상청구나 부당이득반환청구로 해결해야만 하는 문제만 남게 된다.

대하여 절대적으로 강제집행 또는 경매를 할 수 없도록 한 것은 아니고, 신탁 전에 발생한 권리 또는 신탁사무의 처리상 발생한 권리에 대해서는 예외적으로 강제집행 또는 경매를 허용하고 있다.

여기서 '신탁 전의 원인으로 발생한 권리'라 함은 신탁 전에 이미 신탁부동산에 저당권이 설정된 경우 등 신탁재산 그 자체를 목적으로 하는 채권이 발생된 경우를 말하는 것이고, 신탁 전에 위탁자에 관하여 생긴 모든 채권이 이에 포함되는 것은 아니며,[122] '신탁사무의 처리상 발생한 권리'라 함은 수탁자가 신탁재산의 관리 또는 처분을 하는 데 발생한 권리로서 신탁재산 자체에서 연유하는 권리를 포함할 뿐만 아니라(신탁사무처리상 소요된 비용이나 신탁 후 발생한 조세채권 등), 신탁재산의 관리 또는 처분 등 신탁업무를 수행하는 수탁자의 통상적인 사업활동상의 행위로 인하여 제3자에게 손해가 발생한 경우 피해자인 제3자가 가지는 불법행위에 기한 손해배상채권도 포함되는 것으로 봄이 상당하다. 왜냐하면, 신탁자 또는 수탁자의 고유재산으로부터 신탁재산의 독립성을 보장하려는 것이 신탁법의 고유한 목적임을 감안한다 하더라도, 오늘날 수탁자의 사무가 전통적인 영역인 단순한 재산 관리의 수준을 넘어서서 활발한 대외적인 활동을 수반하기에 이른 만큼 그에 상응하여 피해자에 대한 보호방안의 필요성을 외면하기 어렵고, 다른 한편으로 대리인이나 고용인이 그 자신의 일반적인 권한 내에서 행동한 경우 본인이나 사용자에게 책임을 귀속시킬 수 있듯이 그 자신의 일반적인 권한 내에서 행동하는 수탁자는 비록 신탁자 개인에게 책임을 귀속시킬 수 있다고 보는 것이 공평에 부합한다고 할 것이기 때문이다.[123]

그리고 대법원은 "구 신탁법 제21조 제1항 단서에서 예외적으로 신탁재산에 대하여 강제집행 또는 경매할 수 있다고 규정한 '신탁사무의 처리상 발생한 권리'에 위탁자를 채무자로 하는 경우도 포함되는지 여부"와 관련하여, "신탁법 제1조 제2항의 취지에 의하면 신탁법에 의한 신탁재산은 대내외적으로 소유권이 수탁자에게 완전히 귀속되고 위탁자와 내부관계

---

122) 대법원은 "위탁자가 상속받은 재산을 신탁한 경우, 그 재산상속에 따라 위탁자에게 부과된 상속세 채권이 신탁법 제21조 제1항 소정의 '신탁 전의 원인으로 발생한 권리'에 해당하는지 여부"와 관련하여, "신탁법 제21조 제1항은 신탁재산에 대하여 신탁 전의 원인으로 발생한 권리 또는 신탁사무의 처리상 발생한 권리에 기한 경우에만 강제집행 또는 경매를 허용하고 있는바, 신탁대상 재산이 신탁자에게 상속됨으로써 부과된 국세라 하더라도 신탁법상의 신탁이 이루어지기 전에 압류를 하지 아니한 이상, 그 조세채권이 신탁법 제21조 제1항 소정의 '신탁 전의 원인으로 발생한 권리'에 해당된다고 볼 수 없다"라고 판시하고 있다(대법원 1996. 10. 15. 선고 96다17424 판결, 대법원 1987. 5. 12. 선고 86다545 판결).

123) 대법원은 '신탁재산에 기인하지 않은 불법행위로 인한 손해배상채권 중에서 그 불법행위로 증가된 신탁재산의 가치와 채권자의 손실 사이에 어떠한 대가적인 관련이 없는 경우에도 신탁재산에 대하여 강제집행이 허용되는지 여부'와 관련하여, "신탁업무를 수행하는 수탁자의 통상적인 사업활동상의 행위로 인하여 제3자에게 손해가 발생한 경우인 이상, 신탁재산에 속하는 공작물의 숨은 하자에서 생기는 불법행위에 기한 손해배상채권이나 신탁사무의 처리로서 매각한 신탁재산의 숨은 하자에 대한 담보책임과 같이 신탁재산 자체에서 연유하는 권리와 대비하여 원심이 지적하는 바와 같은 이른바 '신탁재산에 기인하지 않은 불법행위로 인한 손해배상채권' 중에서 그 불법행위로 증가된 신탁재산의 가치와 채권자의 손실 사이에 어떠한 대가적 관련이 없는 경우라 할지라도 '신탁사무의 처리상 발생한 채권'에 해당하지 않는다고 보아 신탁재산에 대하여 강제집행이 허용되지 않는다고 할 수는 없다"라고 판시하고 있다(대법원 2007. 6. 1. 선고 2005다5843 판결).

에서 그 소유권이 위탁자에게 유보되어 있는 것이 아닌 점, 신탁법 제21조 제1항은 신탁의 목적을 원활하게 달성하기 위하여 신탁재산의 독립성을 보장하는 데 입법 취지가 있는 점 등을 종합적으로 고려하면, 신탁법 제21조 제1항 단서에서 예외적으로 신탁재산에 대하여 강제집행 또는 경매할 수 있다고 규정한 '신탁사무의 처리상 발생한 권리'에는 수탁자를 채무자로 하는 것만이 포함되며, 위탁자를 채무자로 하는 것은 포함되지 않는다고 해석된다"라고 판시[124]한 바 있다.[125]

나. 신탁의 종료

신탁은 신탁의 목적을 달성하였거나 달성할 수 없게 된 경우, 신탁행위로 정한 종료사유가 발생한 경우 등에는 종료한다(신탁법 제98조). 리모델링 사업에 있어서 신탁의 종료는 '준공인가 후 리모델링 사업이 종료되는 것'을 말한다.

따라서 리모델링 사업이 종료된 경우에는 신탁의 목적을 달성한 것이므로 신탁을 해지하여야 한다. 일반적으로 준공인가 후 리모델링주택조합이 조합원으로부터 공사비와 조합운영비 등 사업에 소요된 모든 부담금을 지급받게 되면 신탁해지를 원인으로 조합원 명의로 소유권이전등기를 경료하게 된다.

다만, 신탁의 종료 이전에 신탁을 한 조합원이 조합을 상대로 신탁계약의 해지를 원인으로 하는 신탁등기말소청구소송 등을 제기할 수 있느냐의 여부가 문제되나, 리모델링 사업을 위한 신탁의 경우는 조합과 조합원 사이에 신탁행위를 통하여 리모델링 사업이 종료될 때까지 조합 앞으로 신탁하여 놓기로 하는 특별한 합의를 하였다고 봄이 상당하므로, 조합원은 특별한 사정이 없는 한 조합을 상대로 신탁해지를 원인으로 한 소유권이전등기말소(또는 소유권이전등기)청구소송을 할 수 없다고 보아야 할 것이다.

---

124) 대법원 2012. 4. 12. 선고 2010두4612 판결

125) 대법원은 위 사안에서 "체납처분으로서 압류의 요건을 규정한 국세징수법 제24조 각 항의 규정을 보면 어느 경우에나 압류의 대상을 납세자의 재산에 국한하고 있으므로, 납세자가 아닌 제3자의 재산을 대상으로 한 압류처분은 그 처분의 내용이 법률상 실현될 수 없는 것이어서 당연무효이다"라고 판시하였다.

다. 조합원의 조합에 대한 권리를 목적으로 한 보전처분

조합원의 채권자들이 채무자인 조합원이 조합(제3자)에 대하여 가지는 소유권이전등기청구권을 목적으로 가압류 또는 처분금지가처분을 신청하는 경우 보전처분의 대상이 '신탁계약의 종료로 인하여 조합원이 조합에 대하여 장차 이전받을 아파트에 대한 소유권이전등기청구권'이라면 신탁재산에 대한 강제집행에 해당한다고 볼 수 없는바, 이는 신탁법상 강제집행 금지에 해당하지 않는다고 본다.[126]

---

126) 서울고등법원 1997. 7. 29. 선고 97나13148 판결 참조.

3
신탁등기 절차 등

가. 신탁등기의 신청

위탁자(조합원)를 등기의무자로 수탁자(조합)를 등기권리자로 하여 위탁자와 수탁자가 공동으로 신탁을 원인으로 한 소유권이전등기 및 신탁등기를 신청한다(부동산등기법 제82조). 조합과 같이 위탁자가 수인인 경우 수탁자와 신탁재산인 부동산 및 신탁목적이 동일한 때에는 하나의 신청서에 의하여 신탁의 등기를 신청할 수 있다.

등기는 신탁행위가 있은 날부터 60일 이내에 신청하여야 하며 상당한 이유 없이 기간 도과 후에 등기를 신청하는 때에는 과태료를 부담한다.

신청서에는 등기의 원인 및 연월일을 'OOOO년 OO월 OO일', 등기의 목적은 '소유권이전 및 신탁'으로 한다.

나. 첨부서류

(1) 등기신청 시 일반적으로 첨부해야 할 서류

○ 등기의무자(조합원) 인감증명서(6월 이내 발급한 것)
○ 등기의무자의 권리에 관한 등기필증
○ 주소를 증명하는 서면(주민등록등본)
○ 법인이 등기권리자인 경우 등기사항전부증명서
○ 토지대장, 임야대장, 건축물대장의 등본 기타 부동산의 표시를 증명하는 서류
○ 대리인이 신청하는 경우 권한을 증명하는 서면(위임장)

(2) 신탁계약서와 신탁원부

신탁계약서와 신탁원부에는 다음의 사항 등이 포함되어야 한다(부동산등기법 제81조 제1항).

○ 위탁자, 수탁자, 수익자의 주소, 성명, 법인인 경우 명칭 및 사무소
○ 신탁관리인이 있는 경우에는 그 성명 또는 명칭과 주소 또는 사무소 소재지
○ 신탁의 목적
○ 신탁재산의 관리방법
○ 신탁의 종료사유
○ 기타 신탁의 조항

신탁계약서는 등기원인을 증명하는 서면으로 부동산등기특별조치법 제3조에 따라 검인을 받아야 한다. 신탁원부는 등기부의 일부를 구성하므로 그 기재사항은 제3자에게 대항할 수 있으며, 수개의 부동산에 대하여 하나의 신청서로 신탁등기를 하는 경우에는 매 부동산마다 신탁원부를 제출해야 한다.

(3) 제3자의 허가, 동의, 승낙서면

등기를 신청함에 있어 등기원인에 대하여 제3자의 허가, 동의, 승낙의 서면이 필요한 경우에는 이를 증명하는 서면을 첨부해야 한다. 또한 등기원인을 증명하는 서면이 주무관청의 허가, 동의, 승낙 또는 신고를 요하는 경우에는 그 서면을 제출해야 한다.

4
신탁계약서

리모델링조합과 조합원간에 체결되는 신탁계약서의 형식 및 내용은 아래와 같다.

신 탁 계 약 서

위탁자 겸 수익자(이하 '위탁자'라 함)와 수탁자는 ○○구 ○○동 ○○아파트 리모델링조합의 사업을 위한 부동산신탁계약을 아래와 같은 내용으로 체결하고 이를 각자 성실히 이행하기로 한다.

제1조(신탁의 목적)
이 신탁의 목적은 제2항 기재 부동산(이하 "신탁부동산"이라고 함)을 위탁자의 주거환경개선을 위하여 현존하는 건물을 대수선하는 등, 리모델링 사업을 위한 관리 및 처분을 목적으로 수탁자에게 신탁하고 수탁자는 이를 수탁한다.

제2조(신탁부동산의 표시)
계약서 말미 목록 기재 신탁부동산 표시와 같음

제3조(소유권이전 및 신탁등기)
신탁부동산은 신탁을 원인으로 하여 수탁자 명의로 소유권이전 및 신탁등기를 경료한다.

제4조(신탁재산의 관리 및 처분)
① 수탁자는 위탁자로부터 수탁한 신탁부동산 외에 본건 리모델링 대상 부지 내의 현존하는 기존건물 등 신탁대상 부동산 전체에 관하여 각 소유자들로부터 위탁을 받아 리모델링 사업시행을 위하여 기존 건물을 대수선하고, 그 부지에 위탁자를 위한 집합건물(아파트)과 부대시설 및 기타 복리시설 등을 증, 개축하는데 필수적으로 수반되는 토지의 취득·합병·분할·교환·기부채납 및 대물변제 등 모든 처분행위를 할 수 있으며, 또한 수탁자는 위탁자에게 공급하는 아파트(대지권포함) 이외의 잔여 아파트와 건물 및 이에 따른 토지의 지분을 자유로이 처분할 수 있다.
② 수탁자는 리모델링 사업이 모두 완료되어 위탁자의 소유로 확정되는 증·개축 아파트 및 건축면적 비율에 의한 대지권지분을 위탁자에게 이전한다.
③ 수탁자는 신탁부동산에 관하여 조합규약 및 건축허가 등에 의하여 위탁자의 소유로 확정되는 아파트 및 이에 따른 대지권 지분 이외의 나머지 잔여 건물 및 토지에 대하여는 위탁자의 승낙이나 동의 또는 별도

의 계약 체결 없이도 분양·근저당권설정·임대·매매·교환·토지의 분할·합병·기부채납 및 대물변제 등 모든 처분행위를 할 수 있다.

④ 수탁자가 위 제1항 내지 제3항의 처분행위로 발생한 수익금에 관하여는 위탁자는 권리를 주장할 수 없으며, 수탁자가 리모델링 사업 공사비 등에 충당하거나 기타 조합규약에 따라 모든 처분행위를 할 수 있다.

⑤ 수탁자가 신탁부동산의 임차인 및 점유자 등을 상대로 명도소송 등을 제기하는 경우에는 변호사를 선임하여 일체의 사항을 위임할 수 있으며, 이 경우 위탁자는 이에 따른 변호사의 보수 기타 소송에 관한 비용을 미리 수탁자에게 예치하여야 한다.

⑥ 위탁자 및 수탁자는 리모델링 사업 종료 결과, 위탁자의 소유로 확정된 면적이 건축허가 등에 따른 예정면적과 다소의 증감이 있어도 별도의 청산 절차 없이 최종적으로 확정된 면적에 대하여 일체의 이의를 제기하지 않는다.

⑦ 수탁자는 위탁자의 사정에 의하여 위탁자가 신탁재산을 제3자에게 양도하여야 할 사유가 발생한 경우에는 리모델링 사업에 특별한 지장이 없는 한, 본건 신탁계약을 해지하여 위탁자와 제3취득자간의 소유권 이전에 차질이 없도록 협조하고 위탁자는 제3취득자(양수인)명의로 소유권이전등기와 동시에 양수인으로 하여금 수탁자에게 다시 신탁등기를 이행토록 한다. 단, 이에 따른 예상비용은 이 신탁계약의 위탁자가 수탁자에게 예탁하여야 한다.

⑧ 본 신탁재산에 대하여 위탁자가 이주비 및 기타 소유권 이외의 권리말소 등 리모델링 사업과 관련 제반 비용이 필요시 위탁자의 동의하에 수탁자는 위탁자를 위하여 본 신탁재산을 수탁자와 시공회사가 지정하는 금융기관이나 시공사에 담보로 제공하여 근저당권설정등기를 할 수 있다. 단, 근저당권설정자는 위탁자 또는 수탁자, 채무자는 위탁자, 근저당권자는 시공사 또는 금융기관으로 약정한 경우에 한하며, 위탁자는 이에 동의하는 요건으로 근저당권설정계약서에 인감도장날인 및 인감증명서를 첨부하여야 한다.

제5조(신탁계약의 종료 및 신탁재산인계)

① 본건 신탁계약의 종료 시기는 리모델링이 모두 완결되어 위탁자 명의로 확정된 아파트를 위탁자에게 인계하고, 위탁자 명의로 부동산표시에 관한 등기를 경료 하는 등 사업목적이 모두 완료될 때까지로 하며, 특히 수탁자는 아파트를 위탁자에게 인계할 수 있는 제반 여건이 충족된 때에는 지체 없이 인계한다.

② 수탁자는 위탁자로부터 본건 신탁계약의 해지 또는 위탁자 등에 대한 변경의 요구가 있는 경우 관공서로부터 조합원변경인가를 불허하거나 리모델링 사업에 특별한 지장이 없는 한 이에 응하여야 한다.

제6조(기타사항)

수탁자가 할 수 있는 모든 법률행위는 법인등기사항전부증명서에 표시된 대표자(조합장)가 수행한다.

20 . . .

위탁자 겸 수익자　　○○○
　　　　　　　　　　서울 서초구 서초대로 ○○

수탁자　　　　　　　○○아파트리모델링조합
　　　　　　　　　　서울 서초구 서초대로 ○○
　　　　　　　　　　대표자 ○○○

5
신탁등기 소송

조합규약에 따른 의무로서 신탁을 원인으로 소유권이전등기청구소송이 가능하다. 이러한 경우 신탁원인 일자는 "조합정관의 효력이 발생한 날짜(통상적으로 '조합설립인가일'이 될 것이다)"가 된다. 그런데 당초 리모델링 결의에 찬성하여 조합원으로 가입하였으나 리모델링 추진과정에서 조합에 대한 불만으로 조합원의 재산을 조합 앞으로 명의를 변경하는 신탁등기를 이행하지 않는 경우가 종종 발생하는바, 이럴 경우 조합규약상의 신탁등기이행의무를 원인으로 한 소유권이전등기청구소송을 제기하고 당해 조합원이 소송 중 구분소유권을 제3자에게 양도하거나 저당권을 설정하는 경우 등에 대비하여 처분금지가처분 신청을 동시에 진행하는 것이 좋으며 명도단행 가처분도 필요하다.

다만, 신탁등기의무는 주택법령상의 의무가 아니라, 조합정관상 의무라고 할 것이므로 조합정관에 신탁등기의무에 관한 명문의 규정이 없는 이상 원칙적으로 조합원의 신탁등기의무가 없다고 할 것이다. 조합정관에 '조합원의 현물출자 의무'를 규정하고 있는 경우에는 조합의 리모델링 사업의 원활한 수행을 위하여 신탁목적으로 조합원 소유의 토지를 조합에 이전할 의무를 포함하고 있는 것이므로, 이에 근거한 조합원의 신탁등기의무가 있다.

리모델링조합의 사안은 아니지만 조합원의 신탁등기의무경료의무와 관련하여 대법원은 "재건축조합의 조합원은 조합의 재건축사업 목적 달성에 협력할 의무가 있고, 조합규약상 그 의무의 하나로 규정된 현물출자 의무는 조합의 재건축사업의 원활한 수행을 위하여 신탁 목적으로 조합원 소유의 토지를 조합에 이전할 의무를 포함하고 있는 것이며, 「집합건물의 소유 및 관리에 관한 법률」소정의 구분소유자의 경우 그들이 가지는 대지사용권은 전유부분의 처분에 따르게 되어 있고 그 전유부분과 분리하여 대지사용권을 처분할 수 없게 되어 있는데다가 재건축사업은 재건축지역 내에 있는 주택의 철거를 전제로 하는 것이어서, 조합원은 주택 부분의 철거를 포함한 일체의 처분권을 조합에 일임하였다고 보아야 하므로 대지사용권 외에 전유부분에 대한 소유 명의도 재건축조합 앞으로 신탁하여 줄 의무가 있으므로, 조합원들은 재건축조합에게 조합설립인가로써 조합규약의 효력이 발생한 날짜에 신탁을 원인으로 한 소유권이전등기절차를 이행할 의무가 있다"고 판시[127]하고 있다.

---

127) 대법원 1997. 5. 30. 선고 96다23887 판결

6
신탁등기와 취득세

> **주택법 제11조(주택조합의 설립 등)**
> ① 많은 수의 구성원이 주택을 마련하거나 리모델링하기 위하여 주택조합을 설립하려는 경우(제5
> 항에 따른 직장주택조합의 경우는 제외한다)에는 관할 특별자치시장, 특별자치도지사, 시장, 군
> 수 또는 구청장(구청장은 자치구의 구청장을 말하며, 이하 "시장·군수·구청장"이라 한다)의 인가
> 를 받아야 한다. 인가받은 내용을 변경하거나 주택조합을 해산하려는 경우에도 또한 같다.
>
> **지방세법 제7조(납세의무자 등)**
> ① 취득세는 부동산, 차량, 기계장비, 항공기, 선박, 입목, 광업권, 어업권, 양식업권, 골프회원권, 승
> 마회원권, 콘도미니엄 회원권, 종합체육시설 이용회원권 또는 요트회원권(이하 이 장에서 "부동
> 산등"이라 한다)을 취득한 자에게 부과한다.
> ⑧ 「주택법」 제11조에 따른 주택조합과 「도시 및 주거환경정비법」 제35조 제3항 및 「빈집 및 소규모
> 주택 정비에 관한 특례법」 제23조에 따른 재건축조합 및 소규모재건축조합(이하 이 장에서 "주택
> 조합등"이라 한다)이 해당 조합원용으로 취득하는 조합주택용 부동산(공동주택과 부대시설·복
> 리시설 및 그 부속토지를 말한다)은 그 조합원이 취득한 것으로 본다. 다만, 조합원에게 귀속되
> 지 아니하는 부동산(이하 이 장에서 "비조합원용 부동산"이라 한다)은 제외한다.
>
> **제9조(비과세 등)**
> ③ 신탁(「신탁법」에 따른 신탁으로서 신탁등기가 병행되는 것만 해당한다)으로 인한 신탁재산의 취
> 득으로서 다음 각 호의 어느 하나에 해당하는 경우에는 취득세를 부과하지 아니한다. 다만, 신
> 탁재산의 취득 중 주택조합등과 조합원 간의 부동산 취득 및 주택조합등의 비조합원용 부동산
> 취득은 제외한다.
> 1. 위탁자로부터 수탁자에게 신탁재산을 이전하는 경우
> 2. 신탁의 종료로 인하여 수탁자로부터 위탁자에게 신탁재산을 이전하는 경우
> 3. 수탁자가 변경되어 신수탁자에게 신탁재산을 이전하는 경우

리모델링조합이 조합원 소유의 부동산을 조합주택용 부동산으로 신탁에 의해 취득하면
서 신탁등기를 병행하는 경우, 그 중 조합원용에 해당하는 부분은 지방세법 제7조 제8항
에 의해 그 조합원이 취득하는 것으로 간주되므로 그 부분에 대해서는 제9조 제3항 본문
이 적용될 여지가 없기 때문에 리모델링조합에 대하여는 취득세를 부과할 수 없다 할 것
이다.

'구 지방세법 제110조 제1호 단서 규정의 취지와 의미 및 재건축조합이 조합원에게서 신탁에 의해 취득한 조합주택용 토지 중 조합원용이 아닌 부분에 대하여 취득세를 부과할 수 있는지 여부'와 관련하여, 대법원은 "취득세 비과세 대상에 관한 구 지방세법(1997. 8. 30. 법률 제5406호로 개정되기 전의 것) 제110조 제1호의 개정 취지 및 내용, 위 개정으로 인해 신설된 같은 법 제105조 제10항의 내용, 신탁의 법리 등에 비추어 볼 때, 개정 후 지방세법 제110조 제1호 단서는 수탁자인 주택조합과 위탁자인 조합원 사이에 이루어지는 신탁재산에 관한 형식적인 소유권이전을 종래 취득세의 비과세대상으로부터 과세대상으로 전환할 목적으로 신설된 것이 아니라, 그와 함께 신설된 제105조 제10항에 의하여 주택조합이 당해 조합원용으로 취득하는 조합주택용 부동산은 신탁의 방법에 의해 취득하는 경우에도 그 조합원이 취득한 것으로 간주되기 때문에 그 부분에 대하여는 더 이상 제110조 제1호 본문이 적용될 여지가 없게 되어 그러한 취지를 나타내기 위해 신설된 것으로 보이므로, 그 단서 규정의 '주택조합과 조합원 간의 신탁재산의 취득'이라 함은 주택조합과 조합원 간의 '모든' 신탁재산의 이전을 의미하는 것이 아니라 '제105조 제10항에 의해 조합원이 취득하는 것으로 간주되는 신탁재산의 이전'만을 의미하는 것으로 해석하여야 한다. 따라서 주택조합이 조합원 소유의 토지를 조합주택용 부동산으로 신탁에 의해 취득하면서 신탁등기를 병행하는 경우, 그 중 조합원용에 해당하는 부분은 개정 후 지방세법 제105조 제10항에 의해 그 조합원이 취득하는 것으로 간주되므로 주택조합에 대하여는 취득세를 부과할 수 없고, 조합원용이 아닌 부분은 제105조 제10항 및 제110조 제1호 단서에 해당하지 않아 제110조 제1호 본문이 적용되므로 취득세 부과대상이 되지 않는다"라고 하면서 같은 취지로 판시[128]하고 있다.[129]

---

128) 대법원 2008. 2. 14. 선고 2006두9320 판결 참조

129) 위 대법원 판결이 있기 전에 하급심은 "재건축 아파트 사용검사 시점에 재건축 조합의 실질적 또는 형식적 토지 취득행위가 존재하지 않을 뿐만 아니라, 가사 존재한다 하더라도 그 취득행위는 구 지방세법 제110조 제1호 (가)목에 해당되어 취득한 토지에 대하여 비과세된다(서울행정법원 2006. 11. 29. 선고 2004구합32135 판결)"고 판시한 경우(과세대상에 해당되지 않는다는 입장)와 "주택재건축조합이 주택재건축사업의 시행과 관련한 일반분양분 토지를 취득하는 시기는 조합원들로부터 신탁받은 토지 중 일반분양분과 조합원분양분이 확정적으로 정하여지는 시점으로서 주택재건축사업에 관한 공사를 완료하여 준공인가를 받은 이후이고, 이러한 취득은 지방세법 제110조 제1호 단서에 기하여 취득세의 과세대상이 된다고 할 것이다. 이러한 주택재건축사업 중 일반분양분의 경우에는 주택재건축조합이 사업시행자가 되어 주택사업을 진행한 후 사업비 충당 등을 위하여 비조합원에게 이를 분양하고 있는 일종의 수익사업에 해당한다 할 것이어서 이를 위한 일반분양분은 토지의 취득에 과세하는 것이 실질과세의 원칙에 위반하는 것으로 볼 수 없고, 법적 특수성을 가지는 주택재건축조합 등과 조합원간의 신탁재산 취득을 통상적인 신탁법상의 신탁에서와는 달리 비과세의 대상에서 제외하고 있다고 하여 평등의 원칙에 반한다고 할 수도 없다(서울행정법원 2005. 12. 29. 선고 2004구합 33275 판결)"는 입장(과세대상에 해당한다는 입장)으로 나뉘어 있었다.

제12장

리모델링 사업과
주민이주

박종국 변호사

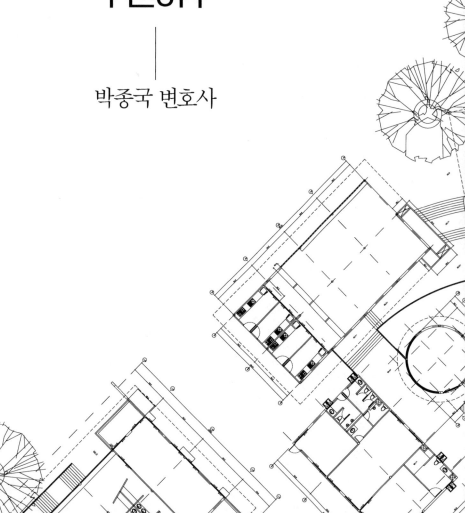

1
리모델링 사업의 주민이주

리모델링 사업의 경우 기존 건축물을 전면 철거하는 것이 아니어서 반드시 주민 이주가 필요한 것은 아니다. 일본이나 싱가포르의 경우 주민들이 거주한 상태에서 일부 증축을 시행하는 사례도 있다. 그러나 우리나라의 경우 대부분 주민 이주가 필요한 것으로 판단된다.

우선, 국내 리모델링 추진현황을 살펴보면 새로운 공간이나 설비를 부가하는 것만 아니라 기존 거주 공간 평면 자체도 재구성하는 경우가 많다. 또한 난방방식이 라지에이터 방식이 아니라 바닥 온돌배관 방식으로 되어 있어 바닥을 전면 철거하여야 하는 문제점이 있고, 거주하는 세대의 절반 이상이 세입자로 구성되어 있는 국내 현실에서 거주하에서 시행되는 리모델링은 기대하기 어렵다.

리모델링 사업의 경우 주민 이주가 불가피한 것이므로 체계적인 이주계획이 수립되지 않으면 사업기간이 장기화되어 사업기간이 짧다는 리모델링의 최대 장점도 퇴색될 수 있다. 따라서 조합원들의 이주에 따른 이주비의 조달방안과 합리적인 이주기간 설정, 세입자 이주촉진 방안 등이 필요하다.

또한 주민 이주가 지연될 경우 조합 전체의 금융비용 부담이 증가할 것이므로 일부 조합원과 세입자의 이주지연으로 인한 손해발생에 대비하여 이주시기, 이주지연에 따른 책임을 당해 조합원이 부담하는 조항 등을 규약에 명기할 필요가 있다.[130]

다만, 주택법이 2016. 1. 19. 법률 제13805호로 개정되면서 대항력 있는 세입자의 이주와 관련해서는 아래와 같은 규정이 신설되었다.

---

130) 서울서부지방법원은 "일반적으로 '리모델링'이라 함은 주택법 제42조 제2항 및 제3항의 규정에 의하여 건축물의 노후화 억제 또는 기능향상 등을 위하여 대수선 또는 동법 시행령이 정하는 범위 내에서 증축을 하는 행위를 말하는바(주택법 제2조 제13호), 재건축처럼 구건물의 철거가 전제되어 언제나 리모델링조합의 조합원의 이주가 필수불가결한 것은 아니지만, 일반적인 리모델링의 사업추진절차에 비추어 볼 때, 주택법 제42조 제2항 제2호 소정의 행위허가 전에는 리모델링 공사에 착공할 수 없으므로, 조합원의 이주가 필요한 리모델링 사업의 경우 리모델링을 위한 조합원의 이주는 당연히 위 규정에 의한 행위허가 요건이 충족되었음을 전제로 하여 이루어져야 한다'라고 판시하고 있다(서울서부지방법원 2008. 9. 18. 선고 2007나7250 판결). 위 판결에 의하면 행위허가 후에 조합원 이주가 가능하다고 할 것이다.

주택법 제76조(공동주택 리모델링에 따른 특례)
④ 임대차계약 당시 다음 각 호의 어느 하나에 해당하여 그 사실을 임차인에게 고지한 경우로서
제66조 제1항 및 제2항에 따라 리모델링 허가를 받은 경우에는 해당 리모델링 건축물에 관한 임
대차계약에 대하여 「주택임대차보호법」 제4조 제1항 및 「상가건물 임대차보호법」 제9조 제1항을
적용하지 아니한다.
  1. 임대차계약 당시 해당 건축물의 소유자들(입주자대표회의를 포함한다)이 제11조 제1항에 따
     른 리모델링주택조합 설립인가를 받은 경우
  2. 임대차계약 당시 해당 건축물의 입주자대표회의가 직접 리모델링을 실시하기 위하여 제68조
     제1항에 따라 관할 시장·군수·구청장에게 안전진단을 요청한 경우

부칙 〈법률 제13805호, 2016. 1. 19.〉
제1조(시행일)
이 법은 2016년 8월 12일부터 시행한다.

제7조(공동주택 리모델링 특례에 관한 적용례)
제76조 제4항의 개정규정은 이 법 시행 후 체결되거나 갱신된 리모델링 건축물에 관한 임대차계약
부터 적용한다.

위 규정은 공동주택 리모델링 추진과정에서 세입자의 이주 거부로 인한 사업지연을 방
지하기 위하여 임대차계약 체결 당시 리모델링주택조합 설립인가를 받는 경우 등 리모델링
추진 사실을 인지할 수 있는 상태에서 임대차계약을 체결한 경우에는 「주택임대차보호법」
및 「상가건물 임대차보호법」상의 임대차의무기간을 적용받지 아니하도록 하기 위함이
다.[131]

---

131) 위 규정의 신설로 대항력 있는 세입자의 이주 문제가 어느 정도 해결되었다고 볼 수 있으나, 리모델링조합설립인가 전에 임
대차계약이 체결된 경우에는 위 규정이 적용되지 않아 해당 세입자가 이주를 거부할 수 있는 여지가 남아 있다. 또한 행위
허가를 받은 후 이주기간이 지나서도 세입자의 임대차계약상의 임대차기간이 남아 있는 경우에 위 규정의 실효성이 있는지
도 의문이다. 입법론으로는 행위허가를 받은 후에는 세입자가 해당 리모델링 건축물을 사용·수익할 수 없도록 개정할 필
요가 있다고 본다.

2
이주비의 조달방법[132]

리모델링 사업은 조합원들이 자신이 거주하는 주택의 노후화 억제와 기능향상 등을 도모하기 위하여 시행하는 사업이다. 따라서 리모델링 사업으로 인하여 발생하는 모든 비용은 조합원들이 부담하는 것이므로 이주비 역시 조합원들이 직접 조달하는 것이 원칙이다.

기존 재건축사업의 경우에도 조합원들이 이주비를 스스로 부담하는 것이 원칙이지만 공동사업주체인 시공자에게 의존하는 것이 관행화되어 있었다. 즉, 재건축 사업계획승인 신청을 하여 행정청으로부터 승인을 받게 되면 시공자로부터 이주비를 대여받고 신탁등기 후 이주를 하는 것이 일반적인 사례였다. 이 경우 이주비는 무이자 이주비와 유이자 이주비로 구분하여 지원된다.

한편, 리모델링 사업 추진절차나 방법 등이 기존 재건축사업 추진절차나 방법 등을 그대로 따르고 있어 이주비 조달에 있어서도 기존 재건축사업에서의 이주비 조달방안이 그대로 적용될 것으로 보인다. 아래에서 리모델링 사업에 있어서의 이주비 조달방안의 유형을 살펴보기로 한다.

가. 시공자가 직접 이주비를 대여하는 방법

국제 통화기금(International Monetary Fund, IMF) 외환위기 이전의 재건축사업 추진과정에서 주로 이루어진 이주비 조달 방식으로 조합과 시공자 간의 약정에 의하여 이주비의 지원을 희망하는 조합원에게 시공자가 직접 대여하는 것이다.

시공자가 이주비를 대여할 경우, 시공자는 이주비를 지원받은 조합원의 주택 및 부속 토지를 담보로 제공받고 사업계획승인 이후에 대여하는 것이 일반적이나, 조속한 사업시행을 위해 사업계획승인 전에 이주비를 미리 지급하는 경우도 있다.

---

132) 강신은·전연규 공저 「공동주택 리모델링 해설서」 241쪽~244쪽 참고.

이 경우 보통 시공자는 금융기관에서 개발신탁을 통해 자금을 확보하고, 조합원과의 대출약정과 주택 담보를 근거로 금융기관에서 차입한 자금을 조합원에게 대여한다. 이 경우 시공자가 제공하는 무이자 이주비의 이자는 공사도급금액에 포함하여 계산하며, 유이자 분에 대해서는 시공자가 금융기관에 이자를 매월 부담하고 입주 시 조합원으로부터 원금과 이자를 받아 금융기관에 원금을 갚는다.

그런데 이 방식은 시공자가 무이자 이주비 이자를 도급공사비에 과대 계상할 우려가 있고, 국내 건설회사의 부채비율 증가 등의 문제점으로 거의 활용이 불가능한 실정이다.

나. 조합이 금융기관에서 차입하는 방법

이 방식은 이주비를 조합원이 아닌 조합이 직접 차입하는 방식이다. 경우에 따라 시공자가 보증을 서는 경우도 있다.

이 경우 시공자가 직접 대여해주는 방법에 비하여 상대적으로 낮은 금리로 이주비 조달이 가능하나, 조합원이 소유한 주택 이외에는 조합 고유의 재산이나 담보능력이 없고, 프로젝트 금융(Project Financing, PF)과 같은 금융기법이 보편화되지 않은 국내 현실에서 아직 활용되기 어렵다. 또한 시공자 입장에서도 부채비율의 문제 등으로 인하여 지급보증을 서는 것도 쉽지 않다.

다. 조합원이 금융기관에서 차입하는 방법

이 방식은 금융기관의 주택자금을 조합원이 직접 대출받는 방법으로, 조합원이 조합으로의 부동산 신탁등기 전에 소유 주택 및 토지를 담보로 제공하고 금융기관에서 이주비를 대출받게 된다. 원칙적으로는 조합원이 직접 이자를 납부하여야 하지만, 일반적으로 시공자가 무이자 이주비의 금융이자에 대해 대리지급을 약정하고 유이자 이주비의 금융이자는 매월 조합원이 직접 납부하는 경우가 많다.

이 방식은 무이자 이주비의 금융이자는 공사비로 계산하여 조합원이 매달 부담하는 이자 부담을 경감시켜주는 방식이나, 시공자 부도 등으로 인하여 무이자 이주비의 이자상환에 문제가 생길 경우 결국 조합원이 부담하여야 하는 문제가 있으며, 조합원이 유이자 이주비에 대한 이자상환을 지연할 경우에도 경매가 진행될 우려가 있다.

조합원이 직접 금융기관으로부터 이주비를 대출받는 경우에도 시공자의 지급 보증이 있을 수 있다. 물론 시공자가 지급보증을 서는 경우 대출이율은 보다 낮아질 것이나, 시공자의 입장에서는 지급보증 역시 회사의 부채비율에 영향을 끼치는 등의 문제가 있어 지급보증보다는 공사이행보증의 형식만 취하고자 할 가능성이 크다.

재건축사업의 경우 시공자 선정과정에서 약속하는 무이자 이주비의 금액이 도급공사금액과 함께 상당히 중요한 선택요소이다. 그러나 무이자 이주비를 시공자가 부담한다고 하지만 공사도급금액 안에 무이자 이주비에 대한 금융비용을 포함하여 계상하며, 일반분양을 통한 수익으로 이를 상계하는 구조로 되어 있어 무이자 이주비 이자를 시공자가 무상으로 부담하는 것은 아니다. 보다 중요한 것은 무이자 이주비 이자 계상율과 그 기간을 얼마나 설정하여 사업비에 포함시킨 것인지를 확인하여 조합원 이익이 침해되는지 여부를 판단하는 것이다.

한편, 재건축사업의 경우 무이자 이주비가 존재하고 그 이자가 사업비에 계상되는 것은 사실이지만 무이자 이주비 이자를 조합원이 전적으로 부담하는 것이 아니라 일반분양을 통한 개발이익에서 이를 공제하는 것이므로 조합원들과 일반분양자들이 나누어 부담하는 셈이다.

그런데 리모델링 사업의 경우 세대수 증가를 통한 일반분양이 이루어지는 것은 쉽지 않아 수익창출 자체가 곤란하므로 현실적으로 무이자 이주비란 존재하기 어렵다. 따라서 리모델링 사업의 경우 이주비를 조합원이 개별적으로 금융기관에서 차입하고, 이자 부담 역시 조합원이 매월 직접 금융기관에 납입하는 형태가 될 것이나, 주택법이 2013. 12. 24. 법률 제12115호로 일부개정(시행 2014. 4. 25.)되었는데, 리모델링 시 세대수 증가를 기존 세대수의 10퍼센트에서 15퍼센트로 확대하고, 최대 3개층까지 수직증축을 허용하도록 하였으므로(제2조 제15호 다목) 세대수 증가를 통한 일반분양이 활성화될 수 있다고 보이는바, 리모델링 사업의 경우에도 무이자 이주비 형태로 이루어질 수 있다고 생각된다.

제13장

건축물 철거 및 착공

—

박종국 변호사

1
철거

리모델링의 경우 철거는 행위허가를 받고 주민 이주가 이루어진 이후에야 가능하다고 할 것이고, 수직증축 리모델링의 경우 철거는 주민 이주 후 구조안전에 대한 상세확인을 위해 안전진단 실시가 이루어지고 나서야 가능하게 된다.

도시 및 주거환경정비법 시행령 제47조 제2항 제14호에 의하면 "기존주택의 철거계획서(석면을 함유한 건축자재가 사용된 경우에는 그 현황과 해당 자재의 철거 및 처리계획을 포함한다)"를 사업시행계획서에 포함·작성하여야 한다.

한편, 건축물관리법 제2조에 의하면 "해체"란 건축물을 건축·대수선·리모델링하거나 멸실시키기 위하여 건축물 전체 또는 일부를 파괴하거나 절단하여 제거하는 것을 말하고, 제30조 제1항에 의하면 관리자가 건축물을 해체하려는 경우에는 특별자치시장·특별자치도지사 또는 시장·군수·구청장의 허가를 받거나 신고를 하여야 하며, 제2항에 의하면 제1항에 따라 허가를 받으려는 자 또는 신고를 하려는 자는 건축물 해체 허가신청서 또는 신고서에 국토교통부령으로 정하는 해체계획서를 첨부하여 허가권자에게 제출하여야 한다.

리모델링 사업의 경우 사업 유형에 따라 위 건축물관리법 규정에 의한 건축물 해체 허가신청서 또는 신고서에 국토교통부령으로 정하는 해체계획서를 첨부하여 허가권자에게 제출하여야 할 것이다.

2
착공

가. 착공신고

일반적으로, 「착공」이라 함은 공사에 착수하는 것을 말하고 건축허가를 받거나 건축신고를 한 건축주가 공사계획을 신고하는 것을 「착공신고」라고 한다.

주택법 제16조 제2항에는 사업계획승인을 받은 사업주체가 공사를 시작하려는 경우에는 국토교통부령으로 정하는 바에 따라 사업계획승인권자에게 신고하여야 한다고 규정하고, 같은 법 제106조 제2항에는 주택법 제16조 제2항의 규정에 의한 신고를 하지 아니한 자는 500만 원 이하의 과태료를 부과하도록 규정하고 있다. 여기에서 착공신고 역시 건축법상 착공신고와 마찬가지로 관할 행정청에게 건축공사에 관한 정보를 제공하기 위한 것으로서 그 법적 성질은 이른바 '자기완결적 신고'라고 할 것이다. 따라서 관할 행정청은 착공신고의 요건을 갖춘 이상 착공신고를 반려할 수 없고, 가사 관할 행정청이 착공신고를 반려하더라도 사업주체의 착공신고의무는 다한 것이다.[133]

한편 주택법 제15조 제1항 및 같은 법 시행령 제27조 제1항 제2호에 의하면, 리모델링의 경우에는 증가하는 세대수가 30세대 이상인 경우에만 사업계획승인을 받도록 되어 있고 그 외에는 사업계획승인의 형태가 아닌 제66조의 규정에 의한 행위허가를 받도록 규정되어 있다. 따라서 리모델링의 경우 증가하는 세대수가 30세대 이상인 경우에는 주택법 제16조 제2항에 따라 사업계획승인권자에게 착공신고를 하면 된다고 할 것인데, 그 외의 경우에도 주택법 제16조 제2항의 규정이 적용될 수 있는지와 관련하여 논란이 있을 수 있다고 보인다.[134]

---

133) 대법원은 "행정청의 착공신고 반려행위가 항고소송의 대상이 되는지 여부"가 문제된 사안에서, "건축주 등으로서는 착공신고가 반려될 경우, 당해 건축물의 착공을 개시하면 시정명령, 이행강제금, 벌금의 대상이 되거나 당해 건축물을 사용하여 행할 행위의 허가가 거부될 우려가 있어 불안정한 지위에 놓이게 된다. 따라서 착공신고 반려행위가 이루어진 단계에서 당사자로 하여금 반려행위의 적법성을 다투어 법적 불안을 해소한 다음 건축행위에 나아가도록 함으로써 장차 있을지도 모르는 위험에서 미리 벗어날 수 있도록 길을 열어 주고, 위법한 건축물의 양산과 철거를 둘러싼 분쟁을 조기에 근본적으로 해결할 수 있게 하는 것이 법치행정의 원리에 부합한다. 그러므로 행정청의 착공신고 반려행위는 항고소송의 대상이 된다고 보는 것이 옳다"고 판시하였다(대법원 2011. 6. 10. 선고 2010두7321 판결).

134) 만약 주택법 제16조 제2항의 규정이 적용되지 않는다면 건축법 제21조 제1항에 따라 착공신고를 하여야 할 것이다.

나. 착공신고 절차 및 신청서류 등

주택법 시행규칙 제15조 제2항에 의하면, 사업주체는 주택법 제16조 제2항에 따라 공사 착수(주택법 제15조 제3항에 따라 사업계획승인을 받은 경우에는 공구별 공사착수를 말한다)를 신고 하려는 때에는 착공신고서에 아래의 도서를 첨부하여 사업계획승인권자에게 제출(전자문 서에 의한 제출을 포함한다)하여야 한다. 다만, 아래 제②항부터 제⑤항까지의 도서는 주택건 설사업의 경우에 한정한다.

---

① 사업관계자 상호 간 계약서 사본
② 흙막이 구조도면(지하 2층 이상의 지하층을 설치하는 경우에 한한다)
③ 주택법 시행령 제23조 제1항의 규정에 의하여 작성하는 설계도서 중 국토교통부장관이 정하여 고시하는 도서
④ 감리자(주택법 제43조 제1항의 규정에 의하여 주택건설공사를 감리할 자로 지정받은 자를 말한 다. 이하 같다)의 감리계획서 및 감리의견서
⑤ 주택법 시행령 제49조 제1항 제4호에 따라 감리자가 검토•확인한 예정공정표

주택법 시행규칙 제15조 제3항에 의하면, 사업계획승인권자가 착공신고서를 제출받은 때에는 착공신고필증을 신고인에게 발급하여야 한다.

다. 소유권확보 여부

주택법 제21조 제2항에 의하면, 사업주체가 제16조 제2항에 따라 신고한 후 공사를 시 작하려는 경우 사업계획승인을 받은 해당 주택건설대지에 제22조 및 제23조에 따른 매도 청구 대상이 되는 대지가 포함되어 있으면 해당 매도청구 대상 대지에 대하여는 그 대지의 소유자가 매도에 대하여 합의를 하거나 매도청구에 관한 법원의 승소판결(확정되지 아니한 판결을 포함한다)을 받은 경우에만 공사를 시작할 수 있다.

따라서 조합은 착공일정을 고려해서 매도청구를 진행하여야 하고 적어도 법원의 제1심 승소판결이 있어야만 공사를 시작할 수 있다고 보아야 한다.

라. 공사착수기간의 연장

주택법 제15조 제1항의 규정에 의하여 사업계획승인을 얻은 사업주체는 승인을 얻은 사업계획대로 사업을 시행하여야 하며 승인을 얻은 날부터 5년 이내에 공사에 착수하여야 한다.

다만, 사업계획승인권자는 「매장문화재 보호 및 조사에 관한 법률」 제11조에 따라 문화재청장의 매장문화재 발굴허가를 받은 경우, 해당 사업시행지에 대한 소유권 분쟁(소송절차가 진행 중인 경우만 해당한다)으로 인하여 공사 착수가 지연되는 경우, 주택법 제15조에 따른 사업계획승인의 조건으로 부과된 사항을 이행함에 따라 공사 착수가 지연되는 경우, 천재지변 또는 사업주체에게 책임이 없는 불가항력적인 사유로 인하여 공사착수가 지연되는 경우, 공공택지의 개발·조성을 위한 계획에 포함된 기반시설의 설치 지연으로 공사 착수가 지연되는 경우, 해당 지역의 미분양주택 증가 등으로 사업성이 악화될 우려가 있거나 주택건설경기가 침체되는 등 공사에 착수하지 못할 부득이한 사유가 있다고 사업계획승인권자가 인정하는 경우에는 사업주체의 신청을 받아 그 사유가 없어진 날부터 1년의 범위에서 공사의 착수기간을 연장할 수 있다(주택법 제16조 제1항, 주택법 시행령 제31조).

사업주체가 공사착수기간을 연장하고자 하는 때에는 착공연기신청서를 사업계획승인권자에게 제출하여야 하며(주택법 시행규칙 제15조 제1항), 사업계획승인권자는 착공연기신청서를 제출받은 때에는 착공연기확인서를 신청인에게 발부하여야 한다(주택법 시행규칙 제12조 제3항).

사업계획승인권자는 사업주체가 주택법 제16조 제1항의 규정을 위반하여 공사에 착수하지 아니하는 경우에는 그 사업계획의 승인을 취소할 수 있다(주택법 제16조 제4항). 여기에서의 '취소'는 당초에 아무런 하자 없이 성립된 유효한 사업계획승인을 그 이후에 발생한 사유로 장래에 향하여 소멸시키는 것이므로 엄밀한 의미에서 철회를 지칭한다. 따라서 취소의 소급효도 발생하지 않는다. 그리고 주택법 역시 5년의 기간 내에 '공사에 착수하지 않는 경우'에 사업계획승인을 철회할 수 있도록 규정하고 있으므로, 엄밀한 의미에서 보면 착공신고 자체와 철회권은 관련이 없다고 할 것이다. 즉, 사업계획승인권자는 사업주체가 착공신고를 하였다고 해도 사실상 공사에 착수하지 않는 한 철회권을 행사할 수 있을 것이다.

반대로 사업주체가 착공신고를 하지 않아 이로 인한 과태료를 부과받는 문제는 별론으로 하고, 사실상 공사에 착수한 이상 철회권 행사의 요건은 충족되지 않은 것이다. 또한 5년의 기간이 넘도록 공사에 착수하지 않았으나, 철회권을 행사하지 않는 사이 공사에 착수하게 되면 철회권을 행사할 수 없다.

마. 건축공사와 일조, 조망 및 소음·진동

(1) 건축공사와 일조권

건축공사를 함에 있어서 공사장 주변 주민들의 일조 침해문제가 빈번히 발생한다. 여기에서 '일조권'은 실정법상 정의된 개념은 없는데, 일반적으로 북측 건물의 거주자가 인접한 남측 토지상의 공간을 통하여 햇빛을 받고 있었는데, 남측 토지 위에 건물 기타 공작물 등이 세워짐으로써 이를 방해받는 경우에 북측 거주자가 '태양의 광선을 차단당함으로써 받는 불이익을 제거시킬 수 있는 권리'또는 '일반인이 정상적인 주거생활을 위하여 필요로 하는 햇빛을 직접적으로 확보할 수 있는 권리'라고 표현하기도 한다. 일조권을 법률적으로 인정되는 독립된 권리라고 단정할 수는 없으나, 사법상 보호되어야 할 이익 내지 권리성이 인정된다는 데에는 이견이 없어 보인다.

구체적으로, 토지 또는 건축물의 소유자들이 아무런 제한 없이 건축물에서 일조권을 향유하는 것은 우리나라 도시의 주거환경 및 건축환경 등에 비추어 더 이상 불가능하고, 인접한 토지 또는 건축물소유자들과의 관계에서 일조권을 향유할 수밖에 없다. 이로 인하여 일조권 침해 분쟁이 상린관계 분쟁의 성격을 가지게 되는 것이고, 나아가 '일조 침해의 위법성 판단'에 있어서 '수인한도론'이 중요하게 대두된다.

대법원은 '건물 신축으로 인한 일조방해행위를 사법상 위법한 가해행위로 평가하기 위한 요건'과 관련하여, "토지의 소유자 등이 종전부터 향유하던 일조이익이 객관적인 생활이익으로서 가치가 있다고 인정되면 법적인 보호의 대상이 될 수 있는데, 그 인근에서 건물이나 구조물 등이 신축됨으로 인하여 햇빛이 차단되어 생기는 그늘, 즉 일영(日影)이 증가함으로써 해당 토지에서 종래 향유하던 일조량이 감소하는 일조방해가 발생한 경우, 일조방해의 정도, 피해이익의 법적 성질, 가해 건물의 용도, 지역성, 토지이용의 선후관계, 가해 방지 및 피해 회피의 가능성, 공법적 규제의 위반 여부, 교섭 경과 등 모든 사정을 종합적으로 고려하여 사회통념상 일반적으로 해당 토지 소유자의 수인한도를 넘게 되면 그 건축행위는 정당한 권리행사의 범위를 벗어나 사법상 위법한 가해행위로 평가된다"라고 판시[135]하였고, '일조방해로 인한 불법행위가 성립되는 경우'와 관련하여, "주거의 일조는 쾌적하고 건강한 생활에 필요한 생활이익으로서 법적 보호의 대상이 되는 것이며, 어떤 토지의 거주자가 인접한 타인의 토지 위를 거쳐서 태양의 직사광선을 받고 있는데, 그 인

---

135) 대법원 2011. 4. 28. 선고 2009다98652 판결

접 토지의 사용권자가 건물 등을 건축함으로써 직사광선이 차단되는 불이익을 입게 되고, 그 일조방해의 정도가 사회통념상 일반적으로 인용하는 수인한도를 넘어서는 경우에는 그 건축행위는 정당한 권리행사로서의 범위를 벗어나거나 권리남용에 이르는 행위로서 위법한 가해행위로 평가되어 일조방해로 인한 불법행위가 성립한다"라고 판시[136]하였다.

(2) 건축공사와 조망권

조망권이란 '아름다운 자연적, 역사적 혹은 문화적 풍물, 즉 경관을 조망하여 미적 만족감이나 정신적 휴식을 향수할 수 있는 조망적 이익 혹은 환경적 이익'을 의미한다. 조망권 침해 문제는 어느 토지 또는 건물에서 향수하고 있던 주변경관에 대한 조망이익이 인접지의 건축행위로 인하여 방해받는 경우 어느 정도까지 보호할 것인지 여부와 관련되어 있다.

대법원은 '조망이익이 법적인 보호의 대상이 되기 위한 요건'과 관련하여, "어느 토지나 건물의 소유자가 종전부터 향유하고 있던 경관이나 조망이 그에게 하나의 생활이익으로서의 가치를 가지고 있다고 객관적으로 인정된다면 법적인 보호의 대상이 될 수 있다"고 판시[137]하여 일정한 경우 조망권의 권리성 내지 조망이익을 인정하고 있고, '조망이익의 침해행위가 사법상 위법한 가해행위로 평가되기 위한 요건 및 그 판단 기준'과 관련하여, "조망이익이 법적인 보호의 대상이 되는 경우에 이를 침해하는 행위가 사법상 위법한 가해행위로 평가되기 위해서는 조망이익의 침해 정도가 사회통념상 일반적으로 인용되는 수인한도를 넘어야 하고, 그 수인한도를 넘었는지 여부는 조망의 대상이 되는 경관의 내용과 피해건물이 입지하고 있는 지역에 있어서 건조물의 전체적 상황 등의 사정을 포함한 넓은 의미에서의 지역성, 피해건물의 위치 및 구조와 조망상황, 특히 조망과의 관계에서의 건물의 건축·사용목적 등 피해건물의 상황, 주관적 성격이 강한 것인지 여부와 여관·식당 등의 영업과 같이 경제적 이익과 밀접하게 결부되어 있는지 여부 등 당해 조망이익의 내용, 가해건물의 위치 및 구조와 조망방해의 상황 및 건축·사용목적 등 가해건물의 상황, 가해건물 건축의 경위, 조망방해를 회피할 수 있는 가능성의 유무, 조망방해에 관하여 가해자 측이 해의(害意)를 가졌는지의 유무, 조망이익이 피해이익으로서 보호가 필요한 정도 등 모든 사정을 종합적으로 고려하여 판단하여야 한다"라고 판시[138]하고 있다.

---

136) 대법원 2001. 6. 26. 선고 2000다44928 판결
137) 대법원 2007. 6. 28. 선고 2004다54282 판결
138) 위 대법원 판결 참조

그리고 서울중앙지방법원은 "주택은 일조 등을 이유로 남향 내지 남동향으로 짓는 것이 일반적인데 신청인들의 주택은 한강의 경관을 조망할 수 있도록 동향 내지 북향으로 되어 있고, 신청인들의 편의성이 떨어지는 산비탈 지역에 건물을 신축하고 20~30년간 거주해 온 배경에는 한강의 경관을 볼 수 있다는 것이 중요한 요인으로 작용했다. 그리고 신청인들의 주택에서 바라본 동작대교 중심의 한강의 경관은 질적으로 뛰어나므로, 신청인들이 갖는 한강에 대한 조망이익은 사회통념상 독자적인 이익으로 승인되어야 할 정도로 중요성을 갖는 법적권리이다"고 판시[139]한 바 있다.

(3) 건축공사와 소음·진동

건축공사로 유입되는 소음·진동 때문에 인근 주택의 거주자가 생활이익을 침해당하거나 인근 대지상의 학교 학생들이 적절한 환경에서 교육을 받을 권리 등을 침해당할 수 있다.

대법원은 '도로에서 유입되는 소음 때문에 인근 주택의 거주자가 사회통념상 수인한도를 넘는 생활이익의 침해를 당한 경우, 그 주택의 분양회사에게 소음으로 인한 불법행위책임을 물을 수 있는지 여부 및 분양회사가 위 소음과 관련하여 수분양자에게 책임을 부담하는지 여부'가 문제된 사안에서, "도로에서 유입되는 소음 때문에 인근 주택의 거주자에게 사회통념상 수인한도를 넘는 생활이익의 침해가 발생하였다고 하더라도, 그 주택을 건축하여 분양한 분양회사는 도로의 설치·관리자가 아니고 그 주택의 건축으로 인하여 소음이 발생하였다고 볼 수도 없으므로, 주택의 거주자들이 분양회사를 상대로 소음 때문에 발생한 생활이익의 침해를 원인으로 하는 불법행위책임을 물을 수는 없다. 다만 분양회사는 주택의 공급 당시에 주택법상의 주택건설기준 등 그 주택이 거래상 통상 소음 방지를 위하여 갖추어야 할 시설이나 품질을 갖추지 못한 경우에 집합건물의 소유 및 관리에 관한 법률 제9조 또는 민법 제580조 의 담보책임을 부담하거나, 수분양자와의 분양계약에서 소음 방지 시설이나 조치에 관하여 특약이 있는 경우에 그에 따른 책임을 부담하거나, 또는 분양회사가 수분양자에게 분양하는 주택의 소음 상황 등에 관한 정보를 은폐하거나 부정확한 정보를 제공하는 등 신의칙상의 부수의무를 게을리한 경우에 그 책임을 부담할 뿐이다"라고 판시하였다.[140]

---

139) 서울중앙지방법원 2007. 8. 20.자 2007카합1546 결정 : 한강 인근 3층 이하 주택을 보유하고 있던 자가 한강 조망권의 침해를 주장하며 제기한 공사금지가처분신청사건인데, 재판부는 '6층을 초과한 공사를 금지한다'는 결정을 하였는바, 조망이익을 이유로 한 공사금지가처분결정을 한 첫 번째 사례라고 할 것이다.

140) 대법원 2008. 8. 21. 선고 2008다9358 판결

제14장

리모델링 사업에서의
일반분양

박종국 변호사

1
일반분양의 필요성

　현행 주택법에 의한 리모델링 사업의 경우 세대수 증가를 인정하므로 원칙적으로 분양 절차가 존재할 필요가 있다. 또한 세대수 증가가 아닌 리모델링 사업이라고 하더라도 해당 사업에 전체 소유자들이 100% 동의할 것으로 기대하는 것도 비현실적이라고 할 것이다.

　주택법은 전체 소유자들의 2/3 동의로 리모델링주택조합을 설립하여 조합이 리모델링에 찬성하지 않는 주택 소유자들에게 당해 소유주택을 매도청구할 수 있도록 허용하고 있다. 따라서 리모델링주택조합은 매도청구권 행사를 통하여 불가피하게 취득한 주택을 처분하는 것이 필요하다. 한편, '일반분양 아파트 분양계약의 법적 성질'이 문제되는데, 목적물이 일정한 면적(수량)을 가지고 있다는 데 주안을 두고 대금도 면적을 기준으로 하여 정하여지는 아파트분양계약은 이른바 '수량을 지정한 매매'라 할 것이다.[141]

---

141)　대법원 2002. 11. 8. 선고 99다58136 판결

2
리모델링 사업으로 인해 증가하는 세대수가
30세대 이상인 경우

가. 주택공급에 관한 규칙 적용

주택법상 사업주체인 리모델링주택조합은 리모델링 사업으로 인해 증가하는 세대수가 30세대 이상인 경우 아래에서 정하는 바에 따라 주택을 건설·공급하여야 한다(주택법 제54조 제1항).

○ 사업주체(공공주택사업자는 제외한다)가 입주자를 모집하려는 경우 : 국토교통부령으로 정하는 바에 따라 시장·군수·구청장의 승인(복리시설의 경우에는 신고를 말한다)을 받을 것
○ 사업주체가 건설하는 주택을 공급하려는 경우 : 국토교통부령으로 정하는 입주자모집의 시기(사업주체 또는 시공자가 영업정지를 받거나 「건설기술 진흥법」 제53조에 따른 벌점이 국토교통부령으로 정하는 기준에 해당하는 경우 등에 달리 정한 입주자모집의 시기를 포함한다)·조건·방법·절차, 입주금(입주예정자가 사업주체에게 납입하는 주택가격을 말한다. 이하 같다)의 납부 방법·시기·절차, 주택공급계약의 방법·절차 등에 적합할 것, 국토교통부령으로 정하는 바에 따라 벽지·바닥재·주방용구·조명기구 등을 제외한 부분의 가격을 따로 제시하고, 이를 입주자가 선택할 수 있도록 할 것

즉, 리모델링 사업으로 인해 증가하는 세대수가 30세대 이상인 경우 주택법상 사업계획 승인을 얻어야 하고 이에 따라 건설된 주택은 주택공급에 관한 규칙에 따라 공급되어야 하며 사업주체 임의대로 공급할 수 없다. 주택공급에 관한 규칙에서도 "이 규칙은 사업주체가 법 제15조에 따라 사업계획승인을 받아 건설하는 주택 및 복리시설의 공급에 대하여 적용한다"라고 규정하고 있다(주택공급에 관한 규칙 제3조 제1항).

나. 입주자 모집 시 소유권 확보

리모델링주택조합은 착공과 동시에 입주자를 모집할 수 있고 입주자를 모집하기 위해서는 주택이 건설되는 대지(법 제15조 제3항에 따라 입주자를 공구별로 분할하여 모집한 주택 또는 이 규칙 제28조 제10항 제2호에 따라 입주자를 분할하여 모집한 주택에 입주자가 있는 경우에는 그 입주자가 소유한 토지를 제외한다. 이하 이 조에서 같다)의 소유권을 확보하여야 한다(주택공급에 관한 규칙 제15조 제1항).

다만, 법 제22조 및 제23조에 따른 매도청구소송(이하 이 호에서 "매도청구소송"이라 한다) 대상 대지로서 아래 어느 하나에 해당하는 경우에는 법 제49조에 따른 사용검사 전까지 해당 주택건설 대지의 소유권을 확보하면 된다.

○ 매도청구소송을 제기하여 법원의 승소 판결(판결이 확정될 것을 요구하지 아니한다)을 받은 경우
○ 소유자 확인이 곤란한 대지에 대하여 매도청구소송을 제기하고 법 제23조 제2항 및 제3항에 따른 감정평가액을 공탁한 경우
○ 사업주체가 소유권을 확보하지 못한 대지로서 법 제15조에 따라 최초로 사업계획승인을 받은 날 이후 소유권이 제3자에게 이전된 대지에 대하여 매도청구소송을 제기하고 법 제23조 제2항 및 제3항에 따른 감정평가액을 공탁한 경우

다. 시장·군수·구청장의 승인

리모델링주택조합은 입주자를 모집하려면 아래 서류를 갖추어 시장·군수·구청장의 승인을 받아야 한다(주택공급에 관한 규칙 제20조).

○ 입주자모집공고안
○ 제15조 및 제17조에 따른 보증서·공증서·건축공정확인서 및 대지사용승낙서(해당하는 자만 제출한다)
○ 제50조의2제1항에 따른 교육의 수료를 증명하는 서류(법 제54조의2제2항에 따른 분양대행자에게 제50조의2제1항에 따른 업무를 대행하게 하는 경우만 해당한다)

3
리모델링 사업으로 인해 증가하는 세대수가
30세대 미만인 경우

주택공급에 관한 규칙에서는 주택의 공급방법을 일반공급, 특별공급 및 단체공급을 구분하고 있는데(주택공급에 관한 규칙 제21조), 일반공급은 주택공급에 관한 규칙에서 정한 순위 및 순차에 의하여 추첨의 방법으로 공급하는 것을 말한다. 위에서 본 바와 같이 주택공급에 관한 규칙은 사업주체가 주택법 제15조 제1항의 규정에 의하여 사업계획승인을 얻어 건설하는 주택 및 복리시설의 공급에 적용토록 규정하고 있다(주택공급에 관한 규칙 제3조 제1항).

그런데 리모델링주택조합이 매도청구권 행사로 인하여 취득한 주택 등을 포함하여 증가하는 세대수가 30세대 미만인 경우 주택을 공급함에 있어서도 일반분양의 절차를 거치도록 규정할 수도 있을 것이나 이에 관한 명시적 법률 조항이 없는 현 시점에서 반드시 일반분양하여야 한다고 해석할 수는 없다. 이러한 해석론에 근거할 경우 리모델링주택조합이 매도청구권 행사로 인하여 취득한 공동주택 등을 포함하여 증가하는 세대수가 30세대 미만인 경우 분양을 언제, 어떻게 할 것인가는 전적으로 리모델링주택조합의 선택에 달렸다고 보아야 한다. 따라서 리모델링주택조합의 경우 이와 같은 사항에 대해 조합규약에 이를 명확히 규정해 놓을 필요성이 있다.

그러나 리모델링주택조합이 매도청구권 행사로 인하여 취득한 공동주택 등을 포함하여 증가하는 세대수가 30세대 미만인 경우 수의계약의 방식에 의한다면 조합 임원에 대한 불신을 초래하고 조합 운영의 투명성에 문제가 있으며, 조합원의 이익을 침해하는 사례도 발생할 수 있다. 따라서 리모델링주택조합으로서는 가급적 주택공급에 관한 규칙에서 규정한 일반분양의 절차를 준용하도록 조합규약에 정하는 것이 바람직하다고 생각된다.

제15장

리모델링과 감리

김시격 변호사

1
주택건설 공사와 감리 제도 일반

가. 감리의 의의

감리란 건설공사가 관계 법령이나 기준, 설계도서 또는 그 밖의 관계 서류 등에 따라 적정하게 시행될 수 있도록 관리하거나 시공관리·품질관리·안전관리 등에 대한 기술지도를 하는 건설사업관리 업무를 말한다(건설기술진흥법 제2조 제5호[142]).

감리자는 건설공사가 설계도서 기타 관계 서류의 내용대로 시공되고 있는지 여부를 확인하고, 품질관리·공사관리 및 안전관리 등에 대한 기술지도와 발주자의 위탁에 의하여 관계 법령에 따라 발주자로서의 감독권한을 대행하여, 건설공사의 품질 확보 및 향상에 기여한다.

나. 주택건설공사에 감리제도의 도입 배경

종전의 민간 주택건설공사의 감리는 건축법 및 건축사법에 의하여 규율되었는데, 건축주에 의하여 임의로 지정된 감리자가 건축주에 예속되어 공사의 부실을 초래하기도 하였다. 이에 따라 1994. 1. 7. 주택건설촉진법이 일부개정되면서 주택건설의 부실공사를 방지하고자 감리제도를 도입하게 되었다.

건축주가 임의로 계약을 체결한 감리자에게 감리대가를 지급하는 방식으로는 감리자가

---

142) 건설기술관리법이 2013. 5. 22. 전부개정되면서 법명이 건설기술진흥법으로 변경되었는데, 건설기술관리법에서는 감리에 대한 일반적인 정의 규정을 두지 아니하고, 감리를 설계감리·검측감리·시공감리·책임감리로 구분하고 개별 감리에 대한 정의 규정을 두었다. 건설기술진흥법은 감리를 설계감리·검측감리·시공감리·책임감리로 구분하고 있지 아니하다.
건설기술관리법에서 설계감리란 건설공사의 계획·조사 또는 설계가 관계 법령과 건설공사설계기준 및 건설공사시공기준 등에 따라 품질과 안전을 확보하여 시행될 수 있도록 관리하는 것을 의미하였고, 검측감리란 건설공사가 설계도서 및 그 밖의 관계 서류와 관계 법령의 내용대로 시공되는지 여부를 확인하는 것을 의미하였고, 시공감리란 품질관리·시공관리·안전관리 등에 대한 기술지도와 검측감리를 하는 것을 의미하였고, 책임감리란 시공감리와 관계 법령에 따라 발주청으로서의 감독권한을 대행하는 것을 의미하였다(건설기술관리법 제2조 제9호 내지 제11호).

사업주체로부터 독립하여 실질적으로 감리를 행하기 어렵고, 이는 부실공사로 이어질 우려가 있으며, 부실공사는 건축물 붕괴사고, 하자분쟁, 유지보수비의 급증, 건축물 수명단축에 의한 재건축 등 그 후유증이 심각하다. 이러한 이유로 주택건설촉진법에 주택건설사업계획승인대상인 주택의 경우에는 사업주체가 아닌 중립적인 국가기관이 감리자를 지정하고 상당한 감리비의 액수까지 정하도록 한 것이다.[143]

다. 주택건설공사와 감리의 근거 법령

주택건설공사의 감리제도는 주택법 제5절(제43조 내지 제50조), 시행령 제5절(특히 제47조 내지 제53조), 시행규칙 제5절(특히 제18조 내지 제20조),

각종 국토교통부 고시(주택건설공사 감리자 지정기준, 주택건설공사 감리업무 세부기준, 주택건설공사 감리비 지급기준,[144] 주택건설공사 감리용역 표준계약서) 등 주택법령에 따라 규율된다.

주택법령에서 정하는 사항 외에는 건축사법 또는 건설기술진흥법에서 정하는 바에 의하여 규율된다(주택법 시행령 제47조 제6항).

라. 주택건설공사의 감리 관련 용어

국토교통부장관이 고시한 주택건설공사 감리자 지정기준[145]은 감리와 관련된 주요 용어를 정의하고 있는데, 다음과 같다(감리자 지정기준 제3조).

---

143) 헌법재판소 2009. 6. 25. 선고 2007헌바39
144) 건설교통부 고시 제1998-216호 '주택건설공사 감리비 지급기준'은 2001. 9. 22. 건설교통부 고시 제2001-247호로 폐지되었고, 이후 한국건설기술관리협회, 대한건축사협회, 대한주택건설협회, 한국주택협회 및 대한주택건설협회 등이 상호협의를 거쳐 자율적으로 정하고 국토교통부장관의 승인을 받은 '주택건설공사 감리비 지급기준'이 시행되고 있다.
145) 이하에서 '감리자 지정기준'이라고만 한다.

○ "감리자"라 함은 제4조 제1항의 규정에 의한 자격[146]을 가진 자로서 주택건설공사의 감리를 하는 자를 말한다.

○ "감리원"이라 함은 제4조 제2항의 규정에 의한 자격[147]을 가진 자로서 감리자에 소속되어 주택건설공사의 감리업무를 수행하는 자를 말한다.

○ "총괄감리원"이라 함은 감리원 중 감리자를 대표하여 현장에 상주하면서 당해공사 전반에 관한 감리업무를 총괄하는 자로서 감리자가 지정하는 자를 말한다.

○ "분야별감리원"이라 함은 감리원 중 소관 분야별로 총괄감리원을 보조하여 감리업무를 수행하는 자를 말한다.

○ "상주감리원"이라 함은 감리원 중 당해 현장에 상주하여 감리하는 자를 말한다.

○ "비상주감리원"이라 함은 감리원 중 현장에 상주하지 아니하고 당해 현장의 조사 분석, 주요구조물의 기술적 검토 및 기술지원, 설계변경의 적정성 검토, 상주감리원 지원, 민원처리 지원, 행정지원 등의 감리관련 업무를 지원하는 자를 말한다.

○ "신규감리원"이라 함은 「건설기술 진흥법」 제2조 제8호 및 같은 법 시행령 제4조 별표 1에서 정하는 초급 또는 중급건설기술자로서 총 경력이 4년([부표] 제2호 나목 감리원중 분야별감리원의 "나. 경력 및 실적" 산정방법에 따라 산정한 기간을 말한다) 이하인 자를 말한다.

○ "감리자 지정권자"라 함은 법 제15조 제1항의 규정에 의하여 주택건설사업계획승인을 한 자로서 당해 주택건설공사의 감리자를 지정하는 자를 말한다.

○ "비평가대상감리원"이라 함은 「주택건설공사 감리비지급기준」(이하 "감리비지급기준"이라 한다)에 의거 산출한 감리인·월수를 충족하기 위해 배치하여야 하는 감리원 중 적격심사(평가)대상이 아닌 자를 말한다.

○ "예정가격"이란 제5조 제3항 제3호에 따른 감리대가의 97±3% 범위 내에서 산출한 15개의 복수 예비가격에서 입찰 참가업체가 입찰시 선택한 2개의 예비가격 번호 중 선택빈도가 가장 많은 4개의 번호에 해당하는 예비가격의 산출평균금액을 말한다.

○ "감리비지급기준"이란 사업주체가 감리자로 지정된 자에게 지급하는 주택건설공사 감리대가를 정할 목적으로 국토교통부장관이 마련한 기준을 말한다.

○ "건설사업관리업무"라 함은 「건설산업기본법」 제2조 제8호에 따라 건설공사에 관한 기획·타당성조사·분석·설계·조달·계약·시공관리·감리·평가·사후관리 등에 관한 관리업무의 전부 또는 일부를 수행하는 것을 말한다.

---

146) 1. 300세대 미만의 주택건설공사 : 「건축사법」에 따라 건축사업무신고를 한 자, 「건설기술 진흥법」에 따른 종합분야, 설계·사업관리의 세부분야 중 일반 또는 건설사업관리로 등록한 건설기술용역업자
　　　2. 300세대 이상의 주택건설공사 : 「건설기술 진흥법」에 따른 종합분야, 설계·사업관리의 세부분야 중 일반 또는 건설사업관리로 등록한 건설기술용역업자

147) 1. 감리업무를 총괄하는 총괄감리원은 규칙 제18조 제1항 제1호의 규정에 의한 감리원에 해당하는 자로서 제2호 나목에 해당하는 자
　　　2. 공사분야별 감리원은 규칙 제18조 제1항 제2호의 규정에 적합한 자로서 다음 각 목의 1에 적합한 자
　　　　가. 토목분야 : 「건설기술 진흥법 시행령」 별표 1제3호에 따른 토목분야의 건설기술자
　　　　나. 건축분야 : 「건설기술 진흥법 시행령」 별표 1제3호에 따른 건축분야의 건설기술자. 다만, 건축기계설비, 실내건축의 건설기술자는 제외한다.
　　　　다. 기타 설비분야 : 「건설기술 진흥법 시행령」 별표 1제3호에 따른 기계분야, 건축분야 중 건축기계설비, 전기·전자분야 중 건축전기설비 또는 안전관리분야 중 소방의 건설기술자. 다만, 전기·통신 또는 소방분야 중 「전력기술관리

마. 리모델링과 감리제도

주택법은 '사업계획승인권자가 주택건설사업계획을 승인하였을 때와 시장·군수·구청장이 리모델링의 허가를 하였을 때에는 「건축사법」 또는 「건설기술 진흥법」에 따른 감리자격이 있는 자를 대통령령으로 정하는 바에 따라 해당 주택건설공사의 감리자로 지정하여야 한다'고 규정하고 있다(주택법 제43조 제1항).

주택법은 세대수 증가형 리모델링 중 증가하는 세대수가 30세대 이상인 리모델링은 사업계획승인을 받아서, 그 이외의 리모델링은 행위허가를 받아서 리모델링을 하도록 규정하고 있으므로, 공동주택의 리모델링은 사업계획의 대상인지의 여부를 가리지 않고 주택법상 감리의 규정을 적용받아 시행된다.

법」, 「정보통신공사업법」, 「소방시설공사업법」 등 관계법령에서 정하고 있는 경우에는 그에 따른다.

2
감리자 지정

가. 개관

건축법은 건축주가 공사감리자를 지정하도록 하고 있으나[148], 주택법은 일정 규모 이상의 주택건설사업과 공동주택의 리모델링 사업에 대하여 행정청이 감리자를 지정하고 사업주체는 행정청이 지정한 감리자와 감리계약을 체결토록 하고 있다.

주택법이 건축법과 달리 사업계획승인을 하거나 행위허가를 한 행정청이 감리자를 지정하여 사업주체와 감리계약을 체결토록 하고 있는 것은, 건축주가 임의로 계약을 체결한 감리자에게 감리대가를 지급하는 방식으로는 감리자가 사업주체로부터 독립하여 실질적으로 감리를 행하기 어렵고, 이는 부실공사로 이어질 우려가 있으며, 부실공사는 건축물 붕괴사고, 하자분쟁, 유지보수비의 급증, 건축물 수명단축에 의한 재건축 등 그 후유증이 심각하기 때문이다.

사업계획승인권자가 주택건설사업계획을 승인하였을 때와 시장·군수·구청장이 리모델링의 허가를 하였을 때에는 「건축사법」 또는 「건설기술 진흥법」에 따른 감리자격이 있는 자를 대통령령으로 정하는 바에 따라 해당 주택건설공사의 감리자로 지정하여야 한다(주택법 제43조 제1항). 이 경우 당해 주택건설공사를 시공하는 자의 계열회사[149]인 자를 지정하여서는 아니 되며, 인접한 2 이상의 주택단지에 대하여는 감리자를 공동으로 지정할 수 있다(시행령 제47조 제1항). 국토교통부장관은 주택법 제43조 및 같은 법 시행령 제47조 제2항 및 제4항 제2호의 규정에 의하여 주택건설공사를 감리하는 감리자의 지정방법 등에 관하여 필요한 세부적 사항을 정한 '주택건설공사 감리자 지정기준'을 고시하였다.

---

148) 건축법 제25조 제1항 : 건축주는 대통령령으로 정하는 용도·규모 및 구조의 건축물을 건축하는 경우 건축사나 대통령령으로 정하는 자를 공사감리자(공사시공자 본인 및 「독점규제 및 공정거래에 관한 법률」 제2조에 따른 계열회사는 제외한다)로 지정하여 공사감리를 하게 하여야 한다.

149) 독점규제 및 공정거래에 관한 법 제2조 제3호에 따른 계열회사를 말한다.

나. 주택건설공사의 감리자 자격

주택건설공사를 감리할 수 있는 자는 다음과 같다. 다만, 당해 주택건설공사를 시공하는 자의 계열회사를 제외한다(감리자 지정기준 제4조 제1항).

> ○ 300세대 미만의 주택건설공사 : 「건축사법」에 따라 건축사업무신고를 한 자, 「건설기술 진흥법」에 따른 종합분야, 설계·사업관리의 세부분야 중 일반 또는 건설사업관리로 등록한 건설기술용역업자
> ○ 300세대 이상의 주택건설공사 : 「건설기술 진흥법」에 따른 종합분야, 설계·사업관리의 세부분야 중 일반 또는 건설사업관리로 등록한 건설기술용역업자

다. 주택건설공사의 감리자 지정절차

(1) 감리자 모집 공고

감리자 지정권자는 주택건설사업계획을 승인한 날부터 7일 이내에 감리자 모집공고를 하여야 한다. 감리자 모집공고는 해당 지방자치단체, 나라장터 및 한국건설기술관리협회 또는 대한건축사협회 홈페이지에 법정 공휴일을 포함하여 7일 이상 게시하여야 한다(감리자 지정기준 제5조).

(2) 감리자 지정신청

감리자로 지정받고자 하는 자는 주택건설공사 감리자 지정신청서 및 자기평가서를 전자입찰서 제출 시 첨부하여야 한다(감리자 지정기준 제6조). 사업계획승인권자는 감리자가 감리자의 지정에 관한 서류를 부정 또는 거짓으로 제출한 경우에는 감리자를 교체하고, 그 감리자에 대하여는 1년의 범위에서 감리업무의 지정을 제한할 수 있다(주택법 제43조 제2항).

(3) 적격심사

감리자 지정권자는 감리자 지정신청을 한 자에 대하여 적격심사를 하여야 한다. 다만, 다음 각 호의 1에 해당하는 자는 적격심사대상에서 제외한다(감리자 지정기준 제8조). 감리자 지정기준은 적격심사의 평가항목 및 배점기준을 표로 만들어 정하고 있다.

1. 입찰가격이 예정가격을 초과한 자
2. 감리자(감리원을 포함한다)의 자격이 없는 자

(4) 감리자의 지정

감리자 지정권자는 제8조의 규정에 의한 적격심사결과 종합평점 85점 이상인 자 중 최저가격으로 입찰한 자를 감리자로 지정하여야 한다. 최저가격으로 입찰한 감리자가 2 이상인 경우에는 당해 감리자의 사업수행능력 평가점수가 최고인 자를 지정하여야 하며, 당해 감리자의 사업수행능력 평가점수가 동일한 경우에는 추첨을 통하여 감리자를 지정한다. 감리자로 지정된 자가 감리업무를 포기한 경우에는 차순위자를 감리자로 지정할 수 있다(감리자 지정기준 제10조).

(5) 감리자 지정 통보

감리자 지정권자는 감리자를 지정한 경우에 3일 이내에 감리자 지정현황 및 감리원배치계획서 등을 감리자·사업주체·한국건설기술관리협회·대한건축사협회 및 한국건설기술인협회에 서면 또는 전자문서 등의 방법으로 통보하여야 한다(감리자 지정기준 제11조).

(6) 감리계약의 체결

감리자와 사업주체는 제1항에 따라 감리자 지정권자로부터 감리자 지정현황을 통보받은 경우 그 날로부터 5일 이내에 감리계약을 체결하여야 하며, 감리자의 귀책사유로 감리계약이 체결되지 않는 경우 감리자 지정권자는 각 협회에 그 사실을 통보하여야 한다(감리자 지정기준 제11조 제4항).

3
감리계약

가. 주택건설공사 감리용역 표준계약서

주택법은 사업주체와 감리자 간의 책임 내용 및 범위는 주택법에서 규정한 것 외에는 당사자 간의 계약으로 정하도록 하면서, 감리계약을 체결할 때 사업주체와 감리자 간에 공정하게 계약이 체결되도록 하기 위하여 국토교통부장관이 감리용역표준계약서를 정하여 보급할 수 있다고 규정하고 있다(주택법 제43조 제3항, 제4항). 이에 따라 국토교통부장관은 주택법 및 주택건설공사감리업무세부기준 등에 의하여 감리자가 공사감리업무를 수행함에 있어 사업주체와 감리자 상호 간의 권리와 의무에 관한 사항을 정한 '주택건설공사 감리용역 표준계약서[150]'를 고시하여 보급하고 있다.

주택법의 규정은 당사자 간에 공정한 계약이 체결될 수 있도록 표준계약서를 보급할 수 있다는 것이므로, 국토교통부장관이 고시한 표준계약서는 법규명령이 아니라 계약서 모델에 불과하다. 따라서 사업주체와 감리자는 표준계약서의 내용을 참고하여 감리계약을 체결하면 된다.

나. 감리계약의 법적 성질

감리자는 사업주체와 감리계약을 체결하고 사업주체의 위탁에 의하여 건설공사가 관계 법령이나 기준, 설계도서 또는 그 밖의 관계 서류 등에 따라 적정하게 시행될 수 있도록 관리하거나 시공관리·품질관리·안전관리 등에 대한 기술지도를 하게 된다.

감리계약은 건축물을 건물이 완성될 때까지 관리 및 지도 감독을 하여 일정한 일의 완성을 목적으로 하고 있는 것이므로 도급의 성격을 가지고 있으면서, 감리자는 건축주로부

---

150) 이하 '표준계약서'라고만 한다.

터 독립하여 감리업무를 수행하므로 위임계약의 성격도 가지고 있어, 그 법적 성질에 관하여 도급계약으로 보는 견해와 위임계약으로 보는 견해가 있을 수 있다. 감리계약도 감리라는 업무의 완성을 약정하고 그 결과에 대하여 보수를 지급할 것을 약정하는 것이라는 점을 강조하면 도급계약으로 보게 되고, 감리계약은 전문적 지식·능력에 의한 재량적 사무처리라는 색채가 강하고 감리자는 신뢰관계를 바탕으로 건축주로부터 의뢰받은 단계부터 공사 종료 시까지 건축주를 대신하여 그 목적 실현에 기여하기 위한 것이라는 것을 강조하면 위임계약으로 보게 된다.

감리계약을 도급계약으로 보느냐, 위임계약으로 보느냐의 차이는 하자담보 책임에 관하여 민법 제670조에 따라 1년간의 제척기간을 적용하느냐(도급계약의 경우), 아니면 일반적인 채무불이행에 관한 규정을 적용하느냐(위임계약으로 보는 경우), 감리자의 책임 없는 사유로 감리를 중단하였을 경우 민법 제686조 3항을 적용하여 감리업무의 수행비율에 따라 감리비를 지급하느냐(위임계약으로 보는 경우), 건축주가 파산하였을 경우 민법 제674조를 적용하여 감리자가 계약을 해제할 수 있느냐(도급계약으로 보는 경우), 민법 제690조를 적용하여 감리계약이 당연히 종료하느냐(위임계약으로 보는 경우)등에 있다.[151]

우리 대법원은 감리계약은 감리의 대상이 된 공사의 완성 여부, 진척 정도와는 독립된 별도의 용역을 제공하는 것을 본질적 내용으로 하는 위임계약의 성격을 갖고 있다 보면서도,[152] 감리계약의 특수성에 비추어 위임계약에 관한 민법 규정을 그대로 적용할 수 없다고 하면서 당사자 일방의 파산으로 감리계약이 당연히 종료하는 것은 아니라고 하였다.[153]

즉 대법원은 감리계약을 기본적으로 위임계약으로 보면서 특수한 경우 민법의 위임에 관한 규정을 그대로 적용할 수 없다고 하고 있으며, 대부분의 학설도 이에 동의하고 있다.

---

151) 성대현. 건축공사 감리제도의 법리에 관한 연구(박사학위 논문. 2009. 2.) 18쪽.

152) 대법원 2000. 8. 22. 선고 2000다19342 판결 : 건설공사의 감리자는 제3자적인 독립된 지위에서 부실공사를 방지할 목적으로 정기적으로 당해 공사의 품질검사, 안전검사를 실시하여 만일 부적합한 공사가 시행되고 있는 경우라면 당해 공사에 대한 시정, 재시공, 중지 요청까지도 하여야 하는 등 공사의 진행에 제동을 걸어야 할 필요도 있고, 공정이 계획대로 진행되고 있는가를 면밀히 살펴 예정된 공기를 준수하지 못할 우려가 있는 경우에는 그 원인을 분석하고 그 결과를 보고하는 사무도 담당하고 있는 것이기 때문에 공사의 진척이 부진하거나 공정이 예정대로 진행되지 않는다고 하여 그에 병행하여 아무런 감리업무를 수행하지 아니한 채 이를 그대로 방치하거나 나아가 적법한 절차를 거치지 아니한 채 함부로 감리원을 공사현장에서 철수시켜서는 아니 되는 것을 그 기본적 사무의 내용으로 하고 있으므로, 감리의 대상이 된 공사의 진행 정도와 수행할 감리업무의 내용이 반드시 비례하여 일치할 수 없는 것은 그 업무의 속성상 당연하다 할 것이고, 따라서 주택 등 건설공사감리계약의 성격은 그 감리의 대상이 된 공사의 완성 여부, 진척 정도와는 독립된 별도의 용역을 제공하는 것을 본질적 내용으로 하는 위임계약의 성격을 갖고 있다고 봄이 상당하다.

153) 대법원 2003. 1. 10. 선고 2002다11236 판결 : 민법 제690조가 위임계약의 일방 당사자의 파산을 위임계약 종료사유로 하고 있는 것은 위임계약이 당사자 사이의 신뢰관계를 바탕으로 하고 있으므로 당사자의 일방이 파산한 경우에는 그 신뢰관계를 유지하기 어렵게 된다는 데 그 기초를 두고 있다고 할 것인데, 건축공사 감리계약은 그 법률적 성질이 기본적으로 민법상의 위임계약이라고 하더라도 감리계약의 특수성에 비추어 위임계약에 관한 민법 규정을 그대로 적용할 수는 없는 것이라 할 것이다.

다. 감리계약의 종료

위임계약의 종료 사유에는 계약 일반에 공통된 것으로서 위임사무의 종료, 위임사무의 이행불능, 위임계약기간의 종료, 위임계약상의 해제조건 성취 등이 있고, 위임계약에 특유한 사유로서 위임계약의 각 당사자가 언제든지 해지할 수 있고(민법 제689조), 당사자 한쪽의 사망이나 파산으로 종료된다(민법 제690조). 그러나 감리계약의 특수성으로 인하여 위임계약의 종료에 대한 위 규정들의 적용이 제한된다.

(1) 감리업무의 종료와 감리계약의 종료

주택이 사용승인됨으로써 더 이상 당해 주택건설공사에 대한 감리를 필요로 하지 아니하는 때에 감리업무가 최종적으로 종료되고, 이로써 감리계약도 종료된다고 보아야 한다.

대법원은 '건축법에 건축사를 공사감리자로 정하고 준공신고서에 건축사의 서명을 요하도록 한 취지는, 공사감리자인 건축사의 책임과 보증 하에 준공신고를 하도록 함이 위법건축물이 건축되는 것을 방지할 수 있어 공익을 위하여 적절하다는 데 있다. 건축사의 공사감리업무는 공사감리업무를 종료하고 이를 건축주에게 보고하고 준공신고서에 서명함으로써 일단 끝난다고 하겠으나, 준공 신고된 건축물이 준공검사에 불합격되면 건축주는 공사시공자로 하여금 공사를 다시 하게 하여 준공신고를 하여야 하고, 이 재신고서에도 공사감리자인 건축사의 서명이 필요하므로 이 경우에 공사감리자의 감리업무가 최종적으로 종료되는 시기는 준공검사에 합격됨으로써 더 이상 당해 건축물에 대한 감리를 필요로 하지 아니하는 때라고 보지 않을 수 없다'고 판시하고 있다.[154]

이러한 경우 감리계약 기간이 연장되는 것이므로, 사업주체는 감리자에게 기간 연장에 따른 보수(추가 감리비)를 지급하여야 할 것이다. 사업주체와 감리자 간에 약정이 있다면 그에 따른 보수를 지급하게 될 것이고, 약정이 없다면 연장되는 기간·업무를 수행한 감리인의 수·수행한 업무의 내용 등을 고려하여 감리비가 결정될 것이다.[155]

---

154) 대법원 1992. 11. 24. 선고 91누12172 판결

155) 표준계약서는 감리 용역계약기간 변경과 관련하여 '계약사항의 변경은 상호 협의하여 결정하며, 감리원 추가배치에 의한 추가감리비는 당초 계약시 감리인·월수 대비 계약금액 기준으로 산정하며, 제3조 제3항의 규정에 의한 특별업무의 경우는 실비정산가산방식으로 정산한다'고 하고 있다(제17조 제3항).

(2) 해지에 의한 감리계약의 종료

감리계약이 해지에 의하여 종료될 수 있다는 것에는 의문이 없다. 사업계획승인권자가 감리자를 교체한 경우, 감리자가 정당한 사유 없이 감리업무의 수행에 착수하지 아니할 경우, 사업주체의 부도 등으로 사업의 계속이 가능하게 되지 않은 경우가 발생한 경우에 계약에 의하여 감리계약이 해지될 수 있을 것이다. 주택건설공사의 감리자는 사업계획승인권자의 지정에 의하여 정하여지는 것이므로, 사업계획승인권자가 감리자를 교체한 경우가 아니라면, 감리계약을 해지하였다면 사업계획승인권자에게 통지하여야 할 것이다. 그러나 주택건설공사의 감리계약이, '위임계약은 각 당사자가 언제든지 해지할 수 있다'고 규정한 민법 제689조에 의하여, 언제든지 감리계약을 자유로이 해지될 수 있느냐는 의문이 있다.

주택법이 주택건설의 부실공사를 방지하고자 사업계획승인권자가 지정한 감리자와 감리계약을 체결토록 하고, 감리자가 사업주체로부터 독립하여 실질적인 감리를 하도록 한 점에 비추어 보면, 주택건설공사의 감리계약은 각 당사자가 자유로이 해지할 수 없다고 보아야 할 것이다.

주택법은 사업계획승인권자는 일정한 사유가 있는 경우 감리자를 교체하고, 감리자를 교체하고자 하는 때에는 당해 감리자 및 시공자·사업주체의 의견을 들어야 한다고 규정하고 있는데(주택법 제43조 제2항, 시행령 제48조), 이는 사업계획승인을 받거나 행위허가를 받은 주택건설공사의 경우 사업주체와 감리자의 임의의 의사에 의한 계약 해지를 허용하지 않는다는 취지로 해석된다.

(3) 당사자의 파산

민법 제690조는 '위임은 당사자 한쪽의 사망이나 파산으로 종료된다'고 규정하여 위임계약의 일방 당사자의 파산을 위임계약 종료사유로 하고 있고, 이는 위임계약이 당사자 사이의 신뢰관계를 바탕으로 하고 있으므로 당사자의 일방이 파산한 경우에는 그 신뢰관계를 유지하기 어렵게 된다는 데 그 기초를 두고 있다고 할 것인데, 건축공사 감리계약은 그 법률적 성질이 기본적으로 민법상의 위임계약이라고 하더라도 감리계약의 특수성에 비추어 위임계약에 관한 민법 규정을 그대로 적용할 수는 없는 것이라 할 것이다.

대법원은 '공동주택건설사업의 감리계약은 당사자 사이의 신뢰관계를 기초로 하는 것이라기보다는 공동주택건설사업의 원활하고도 확실한 시공을 고려한 사업계획승인권자의 감리자 지정에 기초하고 있는 것이어서 사업주체가 파산하였다고 하여 당연히 감리계약이 종료하는 것으로 볼 이유는 없다'고 판시하였다.[156]

---

156) 대법원 2003. 1. 10. 선고 2002다11236 판결 : …공동주택건설사업계획승인을 얻은 사업주체는 사업계획승인권자가 지정한 감리자와 감리계약을 체결하도록 되어 있고, 그 지정된 감리자에게 업무상 부정행위 등이 있는 경우에 한하여 사업계획승인권자가 감리자를 교체할 수 있을 뿐 사업주체가 함부로 감리자를 교체할 수도 없도록 되어 있는 점 등에 비추어 보면, 위 법령에 따라 체결된 감리계약은 당사자 사이의 신뢰관계를 기초로 하는 것이라기보다는 공동주택건설사업의 원활하고도 확실한 시공을 고려한 사업계획승인권자의 감리자 지정에 기초하고 있는 것이어서 사업주체가 파산하였다고 하여 당연히 감리계약이 종료하는 것으로 볼 이유는 없는 것이며, 또한 민법 제690조의 위임계약 종료사유는 계약 당사자 중 일방이 그 파산 등으로 신뢰를 상실하게 된 경우에 그 계약이 종료되는 것으로 한 것이어서 위임계약의 일방 당사자가 수인인 경우에 그 중 1인에게 파산 등 위 법조가 정하는 사유가 있다고 하여 위임계약이 당연히 종료되는 것이라 할 수도 없으므로, 주택건설촉진법상의 공동사업주체가 사업계획승인권자의 감리자 지정에 따라 공동으로 감리계약을 체결한 경우 그 공동사업주체의 1인이 파산선고를 받은 것만으로 민법 제690조에 따라 감리계약이 당연히 종료된다고 볼 수 없다.

4
감리자의 업무

가. 감리자의 업무 범위

(1) 주택건설공사 감리업무 세부기준에 따른 업무 범위

주택법은 감리자의 업무로 "시공자가 설계도서에 맞게 시공하는지 여부의 확인, 시공자가 사용하는 건축자재가 관계 법령에 따른 기준에 맞는 건축자재인지 여부의 확인, 주택건설공사에 대하여 「건설기술 진흥법」 제55조에 따른 품질시험을 하였는지 여부의 확인, 시공자가 사용하는 마감자재 및 제품이 제54조 제3항에 따라 사업주체가 시장·군수·구청장에게 제출한 마감자재 목록표 및 영상물 등과 동일한지 여부의 확인, 그 밖에 주택건설공사의 시공감리에 관한 사항으로서 대통령령으로 정하는 사항"으로 규정하고(주택법 제44조 제1항), 주택법 시행령은 감리자의 업무로 "설계도서가 해당 지형 등에 적합한지에 대한 확인, 설계변경에 관한 적정성 확인, 시공계획·예정공정표 및 시공도면 등의 검토·확인, 국토교통부령으로 정하는 주요 공정이 예정공정표대로 완료되었는지 여부의 확인, 예정공정표보다 공사가 지연된 경우 대책의 검토 및 이행 여부의 확인, 방수·방음·단열시공의 적정성 확보, 재해의 예방, 시공 상의 안전관리 및 그 밖에 건축공사의 질적 향상을 위하여 국토교통부장관이 정하여 고시하는 사항에 대한 검토·확인"으로 규정하고 있는데(주택법 시행령 제49조 제1항), 국토교통부장관이 고시한 '주택건설공사 감리업무 세부기준[157]'은 다음과 같이 감리업무의 범위를 세부적으로 정하고 있다(감리업무 세부기준 제3조 제1항).

---

157) 이하 '감리업무 세부기준'이라고만 한다.

○ 설계도서가 해당 지형 등에 적합한지에 대한 확인
○ 설계변경에 관한 적정성 확인
○ 시공계획·예정공정표 및 시공도면 등의 검토·확인
○ 국토교통부령으로 정하는 주요 공정이 예정공정표대로 완료되었는지 여부의 확인
○ 예정공정표보다 공사가 지연된 경우 대책의 검토 및 이행 여부의 확인
○ 방수·방음·단열시공의 적정성 확보, 재해의 예방, 시공상의 안전관리 및 그 밖에 건축공사의 질적 향상을 위하여 국토교통부장관이 정하여 고시하는 사항에 대한 검토·확인

(2) 감리자의 특별 업무

주택건설공사 감리업무 세부기준에 의한 감리업무는 기본업무라 할 수 있고, 기본업무 이외에 사업주체 수행을 요청한 업무를 특별업무라고 할 수 있는데, '주택건설공사 감리용역 표준계약서'에는 다음과 같은 업무가 특별업무로 정하여져 있다(표준계약서 제3조 제3항).

○ 사업주체 또는 시공자의 귀책사유로 인하여 추가되는 감리업무
○ 사업주체의 요청에 의한 특허·노하우 등의 사용, 모형제작, 현장계측, 외부 전문기술자의 자문 등
○ 자재·장비등의 생산지검사를 위한 해외 및 원격지 출장
○ 사업주체의 요청에 의한 신규 주택건설사업 관련 설계도서의 검토
○ 기타 사업수행관련자(사업주체, 감리자, 시공자)가 협의하여 특별업무로 규정하는 업무

나. 감리원의 배치

(1) 감리원의 배치계획

감리자는 사업주체와 협의하여 감리원의 배치계획을 작성하거나 변경하는 경우 사업계획승인권자 및 사업주체에게 각각 이를 보고하고(주택법 시행규칙 제18조 제2항), 법이 정한 기준에 따라 감리원을 배치하여 감리를 하여야 한다.

(2) 건설사업관리를 수행하는 건설기술자의 자격 - 주택법 시행규칙 제18조 제1항

① 총괄 감리원의 자격

○ 1천세대 미만의 주택건설공사

건설기술 진흥법 시행령 별표 1 제2호에 따른 건설사업관리 업무를 수행하는 특급기술인 또는 고급기술인. 다만, 300세대 미만의 주택건설공사인 경우 건축사법에 따른 건축사 또는 건축사보로서 건설기술 진흥법 시행령 별표 1 제2호에 따른 건설사업관리 업무를 수행하는 특급기술인 또는 고급기술인에 준하는 등급에 해당하고 건설기술 진흥법 시행령 별표 3 제2호 나목에 따른 기본교육 및 전문교육을 받은 자를 포함한다.

○ 1천세대 이상의 주택건설공사

건설기술 진흥법 시행령 별표 1 제2호에 따른 건설사업관리 업무를 수행하는 특급기술인

② 공사분야별 감리원의 자격

건설기술 진흥법 시행령 별표 1 제2호에 따른 건설사업관리 업무를 수행하는 건설기술인. 공사분야별로 살펴보면 다음과 같다.

> ○ 토목분야 : 건설기술 진흥법 시행령 별표 1 제3호에 따른 토목분야의 건설기술자
> ○ 건축분야 : 건설기술 진흥법 시행령 별표 1 제3호에 따른 건축분야의 건설기술자. 다만, 건축기계설비, 실내건축의 건설기술자는 제외한다.
> ○ 기타 설비분야 : 건설기술 진흥법 시행령 별표 1 제3호에 따른 기계분야, 건축분야 중 건축기계설비, 전기·전자분야 중 건축전기설비 또는 안전관리분야 중 소방의 건설기술자. 다만, 전기·통신 또는 소방분야 중 전력기술관리법, 정보통신공사업법, 소방시설공사업법 등 관계법령에서 정하고 있는 경우에는 그에 따른다.

다만, 300세대 미만의 주택건설공사인 경우 건축사법에 따른 건축사 또는 건축사보로서 건설기술 진흥법 시행령 별표 1 제2호에 따른 건설기술인 역량지수에 따라 등급을 산정한 결과 건설사업관리 업무를 수행하는 초급 이상의 건설기술인에 준하는 등급에 해당하고 건설기술 진흥법 시행령 별표 3 제2호 나목에 따른 기본교육 및 전문교육을 받은 자를 포함한다.

(3) 감리원의 배치 기준 - 주택법 시행령 제47조 제4항

○ 국토교통부령으로 정하는 감리자격이 있는 자를 공사현장에 상주시켜 감리할 것
○ 국토교통부장관이 정하여 고시하는 바에 따라 공사에 대한 감리업무를 총괄하는 총괄감리원 1명과 공사분야별 감리원을 각각 배치할 것
○ 총괄감리원은 주택건설공사 전기간에 걸쳐 배치하고, 공사분야별 감리원은 해당 공사의 기간 동안 배치할 것
○ 감리원을 해당 주택건설공사 외의 건설공사에 중복하여 배치하지 아니할 것

다. 감리자의 업무 협조

(1) 다른 법률에 의한 감리자의 업무 협조

감리자는 다른 법률에 따른 감리자(전력기술관리법 제14조의2, 정보통신공사업법 제8조, 소방시설공사업법 제17조에 따라 감리업무를 수행하는 자)와 서로 협력하여 감리업무를 수행하여야 한다. 다른 법률에 따른 감리자는 공정별 감리계획서 등 대통령령으로 정하는 자료(공정별 감리계획서, 공정보고서, 공사분야별로 필요한 부분에 대한 상세시공도면)를 감리자에게 제출하여야 하며, 감리자는 제출된 자료를 근거로 다른 법률에 따른 감리자와 협의하여 전체 주택건설공사에 대한 감리계획서를 작성하여 감리업무를 착수하기 전에 사업계획승인권자에게 보고하여야 한다(주택법 제45조).

(2) 건축구조기술사의 업무 협조

수직증축형 리모델링의 설계자는 국토교통부장관이 정하여 고시하는 구조기준에 맞게 구조설계도서를 작성하여야 하는데(주택법 제70조), 수직증축형 리모델링(세대수가 증가되지 아니하는 리모델링을 포함)의 감리자는 감리업무 수행 중에 다음 각 호의 어느 하나에 해당하는 사항이 확인된 경우에는 해당 건축물의 리모델링 구조설계를 담당한 건축구조기술사의 협력을 받아야 한다. 다만, 구조설계를 담당한 건축구조기술사가 사망하는 등 대통령령으로 정하는 사유로 감리자가 협력을 받을 수 없는 경우에는 대통령령으로 정하는

건축구조기술사의 협력을 받아야 한다(주택법 제46조).

> 1. 수직증축형 리모델링 허가 시 제출한 구조도 또는 구조계산서와 다르게 시공하고자 하는 경우
> 2. 내력벽, 기둥, 바닥, 보 등 건축물의 주요 구조부에 대하여 수직증축형 리모델링 허가 시 제출한 도면보다 상세한 도면 작성이 필요한 경우
> 3. 내력벽, 기둥, 바닥, 보 등 건축물의 주요 구조부의 철거 또는 보강 공사를 하는 경우로서 국토교통부령으로 정하는 경우[158]
> 4. 그 밖에 건축물의 구조에 영향을 미치는 사항으로서 국토교통부령으로 정하는 경우[159]

감리자에게 협력한 건축구조기술사는 분기별 감리보고서 및 최종 감리보고서에 감리자와 함께 서명날인하여야 하며, 협력을 요청받은 건축구조기술사는 독립되고 공정한 입장에서 성실하게 업무를 수행하여야 하고, 수직증축형 리모델링을 하려는 자는 감리자에게 협력한 건축구조기술사에게 적정한 대가를 지급하여야 한다.

라. 업무수행 사항의 보고

감리자는 감리업무 수행 상황을 다음과 같은 구분에 따라 사업계획승인권자(리모델링의 허가만 받은 경우는 허가권자) 및 사업주체에게 보고하여야 하며, 감리업무를 완료한 때에는 최종보고서를 제출하여야 한다(주택법 제44조 제2항, 시행규칙 제18조 제4항).

---

158) 1. 내력벽(耐力壁), 기둥, 바닥, 보 등 건축물의 주요 구조부의 철거 공사를 하는 경우로서 철거 범위나 공법의 변경이 필요한 경우
    2. 내력벽, 기둥, 바닥, 보 등 건축물의 주요 구조부의 보강 공사를 하는 경우로서 공법이나 재료의 변경이 필요한 경우
    3. 내력벽, 기둥, 바닥, 보 등 건축물의 주요 구조부의 보강 공사에 신기술 또는 신공법을 적용하는 경우로서 법 제69조 제3항에 따른 전문기관의 안전성 검토결과 「국가기술자격법」에 따른 건축구조기술사의 협력을 받을 필요가 있다고 인정되는 경우
159) 1. 수직·수평증축에 따른 골조 공사 시 기존 부위와 증축 부위의 접합부에 대한 공법이나 재료의 변경이 필요한 경우
    2. 건축물 주변의 굴착공사로 구조안전에 영향을 주는 경우

○ 주요 공정이 예정공정표대로 완료되었는지 여부의 확인 : 예정공정표에 따른 공정 완료 예정 시기
○ 예정공정표보다 공사가 지연된 경우 대책의 검토 및 이행 여부의 확인 : 공사 지연이 발생한 때.
  이 경우 국토교통부장관이 정하여 고시하는 기준에 따라 보고해야 한다.
○ 제1호 및 제2호 외의 감리업무 수행 상황 : 분기별

마. 위반사항 발견 시의 조치

감리자는 감리업무를 수행하면서 위반사항을 발견하였을 때에는 지체 없이 시공자 및 사업주체에게 위반사항을 시정할 것을 통지하고, 7일 이내에 사업계획승인권자에게 그 내용을 보고하여야 한다.

시공자 및 사업주체는 시정 통지를 받은 경우에는 즉시 해당 공사를 중지하고 위반사항을 시정한 후 감리자의 확인을 받아야 한다.

감리자의 시정 통지에 이의가 있을 때에는 즉시 그 공사를 중지하고 사업계획승인권자에게 서면으로 이의신청을 할 수 있다. 시·도지사는 이의신청이 있는 때에는 그 이의신청을 받은 날부터 10일 이내에 그 처리결과를 회신하여야 한다. 이 경우 감리자에게도 그 결과를 통보하여야 한다(주택법 제44조 제4항, 제5항, 시행령 제50조).

사업계획승인권자는 이의신청 결과 감리자의 시정통지가 3회 이상 잘못된 것으로 판정된 경우에는 감리자를 교체하고, 그 감리자에 대하여는 1년의 범위에서 감리업무의 지정을 제한할 수 있다(주택법 제43조 제2항, 시행령 제48조 제1항 제2호).

바. 공사의 착공 및 사용승인과 감리

사업주체는 공사착수를 신고할 때에 감리계약서 사본과 감리자의 감리계획서 및 감리의견서를 첨부한 착공신고서를 사업계획승인권자에게 제출하여야 하고, 사용검사를 받거나 임시사용승인을 얻고자 하는 때에는 감리자의 감리의견서를 첨부한 사용검사(임시사용승인)신청서를 사용검사권자에게 제출하여야 한다(주택법 시행규칙 제15조, 제21조).

감리자는 사업주체가 제출하는 공사착공계(신고서)에 대하여 다음 각 호의 사항을 검토·확인한 후 서명 또는 날인한 감리계획서, 감리의견서 및 예정공정표를 첨부하여 사업주체에게 제출한다(감리업무 세부기준 제12조).

1. 사업계획승인 내용과 부합되는지 여부
2. 현장기술자(현장대리인, 안전관리자, 품질관리자 등)의 자격·경력 및 배치계획의 적정여부
3. 공정관리계획의 적정여부
4. 각종 품질보증 또는 품질시험계획서, 품질관리계획서와 안전관리계획서의 적정여부
5. 건설폐자재 재활용 및 처리계획서의 적정여부
6. 주택의 설계도서 작성기준 제4조 제1항에 따라 착공신고를 하는 경우에 제출하여야 하는 설계도서의 적정여부
7. 그 밖에 착공 시 시공자가 주의해야 하거나 사업계획승인권자가 알아야 한다고 인정되는 사항

감리자는 중간감리보고서를 제출하는 경우와 사업주체가 임시사용검사 또는 사용검사를 신청하는 경우에 해당 공사가 설계도서·공정률 및 품질관리기준 등에 따라 적합하게 시공되었는지 등에 대하여 다음의 사항을 확인한 후 감리계획서 및 감리의견서를 첨부하여야 한다(감리업무 세부기준 제24조).

(1) 사용검사를 신청하는 경우

○ 해당 주택건설공사가 설계도서(시공상세도를 포함한다)에서 정한 내용과 동일하게 시공되었는지 여부
○ 폐품 또는 발생물의 유무 및 그 처리의 적정성 여부
○ 자재사용의 적정성 여부
○ 건설공사용 시설, 잉여자재, 폐기물 및 가건물의 제거, 토석채취장 그 밖에 주변의 원상복구 정리사항
○ 제반서류 및 각종 준공필증
○ 사업계획승인을 변경할 사항에 대한 행정절차 이행어부
○ 승인된 사업계획내용 적합어부
○ 부대·복리시설 설치의 적정성 여부(규칙 별지 제23호서식에 기재할 부대·복리시설을 항목별로 확인한다)
○ 법 제48조의2에 따른 입주예정자의 사전방문 시 및 법 제48조의3에 따른 품질점검단 점검결과에 따라 조치요청한 중대한 하자에 대한 조치결과
○ 그 밖에 감리자가 필요하다고 인정하는 사항

(2) 임시사용검사신청을 하는 경우

○ 해당 주택건설공사가 설계도서(시공상세도를 포함한다)에서 정한 내용과 동일하게 시공되었는
 지 여부
○ 건설공사 시공과정에서 제반 감리기록에 대한 적정성 여부
○ 자재사용의 적정성 여부
○ 임시사용 신청부분이 구조·소방·피난 및 위생등 사용상 지장이 없는지 여부

사. 부실감리자에 대한 조치 및 감리자에 대한 실태점검

사업계획승인권자는 지정·배치된 감리자 또는 감리원(다른 법률에 따른 감리자 또는 그에게 소속된 감리원 포함)이 그 업무를 수행할 때 고의 또는 중대한 과실로 감리를 부실하게 하거나 관계 법령을 위반하여 감리를 함으로써 해당 사업주체 또는 입주자 등에게 피해를 입히는 등 주택건설공사가 부실하게 된 경우에는 그 감리자의 등록 또는 감리원의 면허나 그 밖의 자격인정 등을 한 행정기관의 장에게 등록말소·면허취소·자격정지·영업정지나 그 밖에 필요한 조치를 하도록 요청할 수 있다(주택법 제47조).

사업계획승인권자는 주택건설공사의 부실방지, 품질 및 안전 확보를 위하여 해당 주택건설공사의 감리자를 대상으로 각종 시험 및 자재확인 업무에 대한 이행 실태 등 대통령령으로 정하는 사항에 대하여 실태점검을 실시할 수 있고, 실태점검 결과 감리업무의 소홀이 확인된 경우에는 시정명령을 하거나, 감리자 교체를 하여야 한다. 사업계획승인권자는 실태점검에 따른 감리자에 대한 시정명령 또는 교체지시 사실을 국토교통부장관에게 보고하여야 하며, 국토교통부장관은 해당 내용을 종합관리하여 감리자 지정에 관한 기준에 반영할 수 있다(주택법 제48조).

5
감리자의 보수

가. 감리자의 보수청구권

사업주체와 감리자가 감리계약에서 보수에 대한 약정을 하였다면, 감리자는 사업주체에 대하여 약정에 따른 보수를 청구할 수 있다. 명시적인 보수 약정이 없었던 경우에도 계약 체결의 경위 등에 의하여 묵시적으로 보수에 대한 약정을 하였다고 인정되는 경우가 많을 것이다.

만약 보수 약정이 없었다면, 감리자가 사업주체에 대하여 감리 용역의 제공에 따른 보수를 청구할 수 있는지에 대하여는 견해의 대립이 있을 수 있다. 민법은 '수임인은 특별한 약정이 없으면 위임인에 대하여 보수를 청구하지 못한다'고 규정하여 무상위임을 원칙으로 하고 있기 때문이다(민법 제686조 제1항).

상법은 '상인이 그 영업 범위 내에서 타인을 위하여 행위를 한 때에는 이에 대하여 상당한 보수를 청구할 수 있다'고 규정하고 있다(상법 제61조). 따라서 감리자가 상인이라면 보수 약정을 하지 않았다고 하여도 보수를 청구할 수 있다.

상법은 '점포 기타 유사한 설비에 의하여 상인적 방법으로 영업을 하는 자는 상행위를 하지 아니하더라도 상인으로 본다(의제상인 또는 설비상인). 회사는 상행위를 하지 아니하더라도 상인으로 본다'고 규정하고 있다(상법 제5조). 따라서 감리자가 회사인 건설기술용역업자라면 보수에 대한 약정이 없더라도 보수를 청구할 수 있다.[160]

그러나 감리자가 건축사법에 따른 건축사 개인이라면 문제가 달라진다. 상법이 자기 명의로 상행위를 하는 자를 상인이라고 정의하면서, 상행위의 유형을 열거하고 있는데(상법 제4조, 제86조), 감리자가 제공하는 감리 용역은 상법이 열거하고 있는 상행위에 해당하지 않기 때문이다. 감리자가 상법이 규정한 의제상인 또는 설비상인에 해당하지 아니한다면 무상위임의 원칙에 따라 사업주체에 대하여 보수를 청구하지 못한다고 보아야 할 것이

---

160) 건설기술진흥법 시행령 별표 5(건설기술용역업 등록요건 및 업무범위)는 건설기술용역업자가 보유하여야 할 기술인력, 사무실, 시험실, 장비, 자본금 등을 규정하고 있는데, 규정된 요건을 갖춘 건설기술용역업자는 회사인 경우가 대부분일 것이다. 구 건설기술관리법에서는 건축감리전문회사 또는 종합감리전문회사라고 규정하여, 이들이 회사임에 의심이 없었다.

다.[161] 이 경우 감리자는 민법 제687조 및 688조[162]에 따라 감리사무의 처리에 요하는 비용의 선급을 청구할 수 있고, 감리사무의 처리에 필요비를 지출한 때에는 그 비용 및 지출일 이후의 이자를 청구할 수 있으며, 감리사무의 처리에 필요한 채무를 부담한 때에는 이를 변제하게 할 수 있다.

나. 감리비

(1) 감리대가의 결정

감리의 대가(감리비)는 감리계약에서 정해진다. 주택법은 감리계약에 따른 공사감리비를 사업계획승인권자에게 예치하고, 사업계획승인권자는 감리자에게 일정한 절차에 따라 지급한다고 규정하고 있다(주택법 제44조 제6항, 제7항). 공사감리비는 리모델링 사업주체와 감리자 사이에 체결된 감리계약에서 정해지고, 사업주체는 사업계획승인권자에게 감리비를 예치하고, 사업계획승인권자는 주택법 시행규칙이 정하는 절차에 의하여 감리비를 지급한다.

(2) 감리비 지급기준의 효력

주택건설촉진법이 시행되던 당시에는 건설교통부장관의 고시로서 '주택건설공사 감리비 지급기준'을 정하여 시행되었는데, 위 고시가 2001. 9. 22. 폐지되고 이후 감리관련단체(한

---

161) 그러나 감리사무는 감리자의 영업에 관련된 것이므로, 보수 없이 감리업무 수행하기로 하였다고 약정하였다는 것은 거래의 실정에 맞지 않으므로, 명시의 약정이 없더라도 보수를 지급하기로 하는 묵시의 합의가 있었다고 보는 것이 타당할 것이다. 대법원은 변호사 보수와 관련하여 '변호사에게 계쟁 사건의 처리를 위임함에 있어서 그 보수 지급 및 수액에 관하여 명시적인 약정을 아니하였다 하여도, 무보수로 한다는 등 특별한 사정이 없는 한 응분의 보수를 지급할 묵시의 약정이 있는 것으로 봄이 상당하다'고 판시한 바 있다(대법원 1995. 12. 5. 선고 94다50229 판결).

162) 제687조(수임인의 비용선급청구권) 위임사무의 처리에 비용을 요하는 때에는 위임인은 수임인의 청구에 의하여 이를 선급하여야 한다.
제688조(수임인의 비용상환청구권 등)
① 수임인이 위임사무의 처리에 관하여 필요비를 지출한 때에는 위임인에 대하여 지출한 날 이후의 이자를 청구할 수 있다.
② 수임인이 위임사무의 처리에 필요한 채무를 부담한 때에는 위임인에게 자기에 가름하여 이를 변제하게 할 수 있고 그 채무가 변제기에 있지 아니한 때에는 상당한 담보를 제공하게 할 수 있다.
③ 수임인이 위임사무의 처리를 위하여 과실 없이 손해를 받은 때에는 위임인에 대하여 그 배상을 청구할 수 있다.

국건설기술관리협회, 대한건축사협회)와 주택사업자단체(대한주택건설협회, 한국주택협회)가 상호 협의를 거쳐 자율적으로 정하고 국토교통부장관의 승인을 받은 '주택건설공사 감리비 지급기준'이 있을 뿐이다.

위 감리비 지급기준은 감리용역계약을 체결하면서 약정하게 될 감리비의 지급에 대한 일응의 기준이 될 수 있을 뿐이다. 사업주체는 감리자에게 감리계약상 약정한 바에 따라 감리비를 지급하면 될 것이고, 약정이 없다면 민법 위임의 절에 규정된 바에 따라 감리비를 지급하면 될 것이다.

대법원은 '주택건설공사 감리비 지급기준'과 관련하여 '사업주체는 감리자에게 건설교통부령이 정하는 절차 등에 의하여 공사감리비를 지급하여야 한다고 되어 있다. 따라서 감리비의 지급기준 등은 주택법이 규정한 바에 따라 건설교통부령의 형식으로 정해야 하므로, 건설교통부장관의 고시 형식으로 되어 있는 감리비 지급기준은 주택법 제24조 제6항이 권한행사의 절차 및 방법을 특정하여 위임한 것에 위배되어 더 이상 대외적인 구속력이 있는 법규명령으로서 효력을 가지지 못한다'고 하여(대법원 2012. 7. 5. 선고, 2010다72076 사건), 위 고시의 법규명령으로서의 효력을 부인하고 있다.[163]

다. 공사감리비의 예치 및 지급

사업주체는 해당 공사감리비를 계약에서 정한 지급예정일 14일 전까지 사업계획승인권자에게 예치하여야 한다. 감리자는 계약에서 정한 공사감리비 지급예정일 7일 전까지 사업계획승인권자에게 공사감리비 지급을 요청하여야 한다. 사업계획승인권자는 "지하 구조물 공사, 옥탑층 골조 및 승강로 공사, 세대 내부 바닥의 미장 공사, 승강기 설치 공사, 지하 관로 매설 공사 등"에 관한 감리업무 수행 상황을 확인한 후 공사감리비를 지급하여야 한다.

감리계약에서 선급금의 지급, 계약의 해제·해지 및 감리 용역의 일시중지 등의 사유 발생 시 공사감리비의 예치 및 지급 등에 관한 사항을 별도로 정한 경우에는 그 계약에 따른다.

사업계획승인권자는 공사감리비를 지급한 경우 그 사실을 즉시 사업주체에게 통보하여

---

163) 본문의 판결은 '주택건설공사 감리비 지급기준'을 건설교통부에서 제정하여 고시한 것으로 파악하고 있으나, 사건의 감리 용역계약이 체결된 2005. 5. 11.에는 민간이 정한 '주택건설공사 감리비 지급기준'이 시행되고 있었다.

야 한다.

라. 감리계약의 중도 종료와 감리비의 정산

민법 제686조 제2항은 '수임인은 보수를 받을 경우에는 위임사무를 완료한 후가 아니면 이를 청구하지 못한다. 그러나 기간으로 보수를 정한 때에는 그 기간이 경과한 후에 이를 청구할 수 있다'고 규정하고, 제3항은 '수임인이 위임사무를 처리하는 중에 수임인의 책임 없는 사유로 인하여 위임이 종료된 때에는 이미 처리한 사무의 비율에 따른 보수를 청구할 수 있다'고 규정하고 있다. 감리계약이 중도에 종료된 경우의 감리비의 정산은 민법 제686조 제2항 및 제3항에 의하여 해결하여야 한다.

감리의 보수가 기간으로 정하여져 있다면, 종료 시에 기간이 경과한 감리비와 기간이 경과하지 않은 감리비를 청구할 수 있는데, 이미 기간이 경과한 보수는 감리자의 귀책에 불문하고 청구할 수 있고, 기간이 경과하지 않은 감리비는 감리자의 책임 없는 사유로 감리계약이 종료된 경우 그때까지 처리한 감리사무의 비율에 따라 청구할 수 있다.

감리의 보수의 기간이 정하여져 있지 않다면, 감리자에게 귀책사유 없이 감리가 종료한 경우 이미 처리한 사무의 비율에 따라 보수를 청구할 수 있다.

대법원은 '기간으로 보수가 정해진 경우에는 감리업무가 실제 수행되어 온 시점에 이르기까지 그 이행기가 도래한 부분에 해당하는 약정 보수금을 청구할 수 있고, 후불의 일시불 보수 약정을 하였거나 또는 기간보수를 정한 경우에도 아직 이행기가 도래하지 아니한 부분에 관하여는 감리인에게 귀책사유 없이 감리가 종료한 경우에 한하여 이미 처리한 사무의 비율에 따른 보수를 청구할 수 있다'고 하였다.[164]

감리사무의 처리비율은 총감리계약기간에 대한 실질적인 공사착공일로부터 공사중단일까지의 감리일수 비율이나 건설공사의 공정율(기성고)에 따라 결정되는 것이 아니다. 대법원은 '감리사무의 처리비율을 정함에 있어서는 이러한 경우에 대비한 당사자의 특약이 적용될 수 있으면 그에 따르되, 그러하지 아니한 경우라면 관련 법규상의 감리업무에 관한 규정 내용, 전체 감리기간 중 실제 감리업무가 수행된 기간이 차지하는 비율, 실제 감리업무에 투여된 감리인의 등급별 인원수 및 투여기간, 감리비를 산정한 기준, 업계의 관행 및

---

164) 대법원 2001. 5. 29. 선고 2000다40001 판결

감리의 대상이 된 공사의 진척 정도 등을 종합적으로 고려하여 이를 정하는 것이 타당하다고 판시하였다.[165]

공사가 중단된 이후에도 감리자가 서류 검토, 도면 검토 등의 업무를 수행하였다면, 그 기간에 대한 감리비도 지급하여야 한다.[166] 공사가 중단된 시점까지의 공사 기성고 및 수행한 감리업무의 내용도 미미한 경우에는 감리의 감액도 가능하다고 보여진다.[167]

---

165) 대법원 2000. 8. 22. 선고 2000다19342 판결. 대법원 2006. 11. 23. 선고 2004다3925 판결

166) 대법원 2000. 8. 22. 선고 2000다19342 판결

167) 대법원 2000. 7. 4. 선고 2000다16824 판결. 고영한. 건설공사 감리에 관한 소고. 서울중앙지방법원 건설재판 실무논단 496쪽

6

부실감리 등에 대한 제재

가. 등록 말소 등의 요청

사업계획승인권자는 감리자 또는 감리원(다른 법률에 따른 감리자 또는 그에게 소속된 감리원을 포함한다)이 그 업무를 수행할 때 고의 또는 중대한 과실로 감리를 부실하게 하거나 관계 법령을 위반하여 감리를 함으로써 해당 사업주체 또는 입주자 등에게 피해를 입히는 등 주택건설공사가 부실하게 된 경우에는 그 감리자의 등록 또는 감리원의 면허나 그 밖의 자격인정 등을 한 행정기관의 장에게 등록말소·면허취소·자격정지·영업정지나 그 밖에 필요한 조치를 하도록 요청할 수 있다(주택법 제47조).

나. 벌칙 등

감리자가 주택법 제43조(주택의 감리자 지정 등), 제44조(감리자의 업무 등), 제46조(건축구조기술사와의 협력)를 위반하여 감리를 함으로써 공동주택관리법 제36조 제3항에 따른 담보책임기간에 공동주택의 내력구조부에 중대한 하자를 발생시켜 일반인을 위험에 처하게 하였다면, 고의에 의한 경우에는 10년 이하의 징역에, 업무상 과실로 인한 경우에는 5년 이하의 징역이나 금고 또는 5천만원 이하의 벌금에 처하며, 이로 인하여 사람을 죽음에 이르게 하거나 다치게 하였다면 고의에 의한 경우 무기징역 또는 3년 이상의 징역에, 업무상 과실에 의한 경우 10년 이하의 징역이나 금고 또는 1억원 이하의 벌금에 처한다(주택법 제98조, 99조).

고의로 주택법 제44조(감리자의 업무 등) 제1항에 따른 감리업무를 게을리하여 위법한 주택건설공사를 시공함으로써 사업주체 또는 입주자에게 손해를 입힌 자는 2년 이하의 징역 또는 2천만원 이하의 벌금에 처하고(주택법 제102조 제11호), 과실로 제44조 제1항에 따른 감리업무를 게을리하여 위법한 주택건설공사를 시공함으로써 사업주체 또는 입주자에게 손해를 입힌 자는 1년 이하의 징역 또는 1천만원 이하의 벌금에 처한다(주택법 제104조 제6호).

법인의 대표자나 법인 또는 개인의 대리인, 사용인, 그 밖의 종업원이 그 법인 또는 개인의 업무에 관하여 위와 같은 위반행위를 하면 그 행위자를 벌하는 외에 그 법인 또는 개인도 처벌한다. 다만, 법인 또는 개인이 그 위반행위를 방지하기 위하여 해당 업무에 관하여 상당한 주의와 감독을 게을리하지 아니한 경우에는 그러하지 아니하다(주택법 제105조).

형법의 수뢰, 사전수뢰, 제3자 뇌물제공, 수뢰 후 부정처사, 사후수뢰, 알선수뢰의 규정을 적용할 때에 감리업무를 수행하는 자는 공무원으로 본다(주택법 제97조).

주택법 제46조 제1항을 위반하여 건축구조기술사의 협력을 받지 아니한 감리자에게는 1천만원 이하의 과태료를 부과한다(제106조 제2항 제5호).

주택법 제44조 제2항에 따른 보고(업무수행 사항의 보고)를 하지 아니하거나 거짓으로 보고를 한 감리자와 제45조 제2항에 따른 보고(감리 착수 전 감리계획서 보고)를 하지 아니하거나 거짓으로 보고를 한 감리자에게는 500만원 이하의 과태료를 부과한다(주택법 제106조 제3항 제3호, 제4호).

7
감리자의 손해배상 책임

가. 감리자의 책임과 의무에 따른 책임

건설공사의 감리자는 제3자적인 독립된 지위에서 부실공사를 방지할 목적으로 당해 공사가 설계도서 기타 관계 서류의 내용에 따라 적합하게 시공되는지, 시공자가 사용하는 건축자재가 관계 법령에 의한 기준에 적합한 건축자재인지 여부를 확인하는 이외에도, 설계도서가 당해 지형 등에 적합한지를 검토하고, 시공계획이 재해의 예방, 시공상의 안전관리를 위하여 문제가 없는지 여부를 검토, 확인하여 설계변경 등의 필요 여부를 판단한 다음, 만약 그 위반사항이나 문제점을 발견한 때에는 지체 없이 시공자 및 발주자에게 이를 시정하도록 통지함으로써, 품질관리·공사관리 및 안전관리 등에 대한 기술지도를 하고, 발주자의 위탁에 의하여 관계 법령에 따라 발주자로서의 감독권한을 대행하여야 할 책임과 의무가 있다. 따라서 감리자가 이와 같은 책임과 의무를 다하지 못하여 주택건설공사에 하자가 발생하여 사업주체 또는 제3자에게 손해를 입혔다면 채무불이행 또는 불법행위로 인한 손해배상 책임을 부담한다.[168]

공사감리자가 위와 같은 감리계약상의 채무를 이행하지 아니하였는지는 당시 일반적인 공사감리자의 기술수준과 경험, 미시공 또는 변경시공 하자의 위치와 내용, 공사의 규모 등에 비추어 그러한 하자의 발견을 기대할 수 있었는지 여부에 따라 판단하여야 한다.[169]

완성된 건물이 통상 갖추어야 할 성능을 갖추지 아니한 경우, 건축 과정에서 잘못된 시공으로 이웃에 피해를 입힌 경우, 완공 후 잘못된 건축으로 사업주체나 이웃에 피해를 입힌 경우가 발생하고, 이들이 감리자가 주의의무를 다하지 못하였기 때문이라고 인정된다면, 감리자는 채무불이행 또는 불법행위로 인한 손해배상 책임을 부담하게 되는 것이다.

---

168) 대법원 2001. 9. 7. 선고 99다70365 판결
169) 대법원 2017. 12. 28. 선고 2014다229023 판결

나. 감리자와 공사시공자의 손해배상 책임의 관계

동일한 공사에서 공사감리자의 감리계약에 따른 채무불이행으로 인한 손해배상채무와 공사시공자의 도급계약에 따른 채무불이행으로 인한 손해배상채무는 서로 별개의 원인으로 발생한 독립된 채무이나 동일한 경제적 목적을 가진 채무이므로, 서로 중첩되는 부분에 관하여는 일방의 채무가 변제 등으로 소멸하면 타방의 채무도 소멸하는 이른바 부진정연대의 관계에 있다.

부진정연대채무자 중 1인이 자신의 채권자에 대한 반대채권으로 상계를 한 경우에도 채권은 변제, 대물변제, 또는 공탁이 행하여진 경우와 동일하게 현실적으로 만족을 얻어 그 목적을 달성하는 것이므로, 그 상계로 인한 채무소멸의 효력은 소멸한 채무 전액에 관하여 다른 부진정연대채무자에 대하여도 미친다고 보아야 한다.[170]

다. 감리자의 손해배상 책임 인정 사례

대법원이 건설공사 감리자의 손해배상 책임을 인정한 사례로는, 건물의 굴뚝을 외벽에 설치하지 아니하고 내벽과 외벽 사이에 굴뚝대용의 파이프를 설치하는 시공은 연탄가스 누출의 위험성이 커서 위생에 지장이 있으므로 건축법 제2조, 동법시행령 제49조에 저촉되는 시공에 해당한다 할 것이니 공사감리자 또는 그 보조자가 이를 지적하여 시정토록 하지 아니하였다면 감리상의 잘못이 있다고 한 사례,[171] 터파기작업은 설계도서상 C.I.P.공법에 의하도록 되어 있었으나, 시공자가 비용 절감을 위하여 공사감리자와 협의를 거쳐 그 설계도서와는 달리 목재토류벽 흙막이공법으로 시공함으로써, 인접한 건물의 지반침하와 기울기가 급격히 진행되어 사람이 거주할 수 없는 상황에 이르렀고, 공사 현장은 매립지로서 터파기작업으로 인하여 인근 지반의 침하가 충분히 예상되는 곳임에도 불구하고, 공사감리자가 터파기작업의 잘못된 시공으로 주변 건물들이 균열되고 인근 주민들이 공사 현장에 몰려와 공사를 방해하며 시청에 공사 중지를 요구하는 등의 민원을 제기하고 나서야 처음으로 공사 현장에 가 보고, 비로소 시공사에 대하여 터파기작업의 공사 방법을 변경할 것을 요구한 사안에서 터파기작업 시에 감리업무를 게을리한 잘못이 있다고 한 사

---

170) 대법원 2019. 4. 25. 선고 2018다47694 판결
171) 대법원 1989. 3. 14. 선고 86다카2237 판결

례,[172] 공사현장의 지형에 비추어 보아 그 설계가 시공 과정에서 뒤편 옹벽 위에 건설된 아파트의 기초에 영향을 미쳐 위험을 초래할 염려는 없는지 여부를 검토하여 설계 또는 시공방법을 변경할 필요는 없는지 여부를 판단하고 이를 시공자와 발주자에게 통지할 책임과 의무가 있었다고 할 것인데, 피고는 이에 위반하여 그 위험발생 가능성을 예견하였음에도 불구하고 시공을 강행하도록 조치한 잘못이 있다고 한 사례[173] 등이 있다.

하급심에서 건설공사 감리자의 손해배상 책임을 인정한 사례로는, 건물의 지반이 갯벌층으로 이루어진 연약지반인 관계로, 제2건물의 터파기 공사 및 제1건물의 증축과정에서 제1건물의 지반이 제2건물 방향으로 침하되면서 제1건물이 제2건물 방향으로 기우는 현상이 발생한 사안에서, 설계자이자 감리자인 피고에게 '건물신축예정지의 지질을 확인하고, 지내력을 검사하여 이 사건과 같은 지반침하가 없도록 하여야 하는 설계자로서의 의무와, 시공계획, 공사관리의 적정 여부를 확인하고, 구조물의 위치와 규격의 적정 여부를 검토하고 확인하여야 하는 공사감리자로서의 의무를 다하지 아니한 과실이 있다'고 인정한 사례[174]가 있다.

라. 표준계약서에 따른 책임

주택건설공사 감리용역 표준계약서는 '계약당사자는 이 계약에서 규정하는 책임과 의무의 위반, 부주의한 행위 또는 과실 등으로 인하여 손해를 끼친 경우에는 감리용역 계약금액의 범위 내에서 그 손해를 계약당사자에게 배상하여야 한다. 감리자는 제 손해배상책임을 보장하기 위하여 보험 또는 공제에 가입하여야 한다. 이 경우 사업주체는 보험 또는 공제 가입에 따른 비용을 용역비용에 계상하여야 한다. 감리자는 해당 주택건설공사 감리용역계약을 체결할 때에 보험증서 또는 공제증서를 사업주체에게 제출하여야 한다'고 규정하고 있다(제10조).

감리용역 표준계약서는 법규로서의 효력이 없다고 보여지므로, 사업주체와 감리자는 표준계약서와 달리 손해배상책임에 대한 약정을 할 수 있다.[175]

---

172) 대법원 1997. 8. 22. 선고 97다19670 판결
173) 대법원 2001. 9. 7. 선고 99다70365 판결
174) 인천지방법원 2004. 6. 18. 선고 2003가합2693
175) 표준계약서 중 감리용역 계약 금액의 범위 내에서 배상한다는 내용은 지나치게 감리자의 책임 범위를 축소하는 것으로 문제가 있다.

감리계약은 기본적으로 위임계약의 성격이 강하므로, 채무불이행에 대한 사업주체의 손해배상청구권은 원칙적으로 감리 종료 시부터 10년 또는 5년(상법 적용 시)이 지나면 시효로 인하여 소멸하게 된다.[176)

---

176) 윤재윤, 건설분쟁관계법(박영사, 2004. 9. 30.) 408쪽. 같은 쪽에서 '그러나 수급인의 하자담보책임이 소멸한 후까지도 감리자의 책임이 존속하게 되면 형평을 잃게 된다는 점에서 소멸시효가 완성되기 전에 수급인의 하자담보책임이 제척기간의 경과로 인하여 소멸한 경우는 그 공사 하자에 기인한 감리자의 책임도 동시에 소멸한다고 해석하는 견해도 있다'고 소개하고 있다.

8
국토교통부 질의 회신

<table>
<tr><td align="center">아파트 부대시설(주차장) 증축 시 감리
 2017. 2. 21. 주택건설공급과 </td></tr>
</table>

□ 질의요지
공동주택 행위허가 시 감리자 지정 문의

□ 회신내용

1. 「주택법」 제43조 제1항에 따라 사업계획승인권자가 제15조 제1항 또는 제3항에 따른 주택건설사업계획을 승인하였을 때와 시장·군수·구청장이 제66조 제1항에 따른 리모델링의 허가를 하였을 때에는 「건축사법」 또는 「건설기술 진흥법」에 따른 감리자격이 있는 자를 대통령령으로 정하는 바에 따라 해당 주택건설공사의 감리자로 지정하여야 한다고 규정하고 있으나, 「공동주택관리법」 제35조 및 「같은 법 시행령」 제35조(별표 3)에 따른 증축 행위허가(신고)관련 감리자 지정에 관하여는 주택법령에서 별도로 규정하고 있지 않으므로, 증축 행위허가(신고)에 대한 구체적인 사항은 시장·군수·구청장에게 문의하시기 바랍니다.

2. 주택법 시행령 26조 1항에 의한 인접한 2 이상의 주택단지에 대하여는 감리자를 공동으로 지정할 수 있다는 사항은 최초 감리자 지정 시 통합지정은 가능할 사항이나 기 지정된 감리자가 인근 지역의 감리를 통합하여 할 수는 없는 사항입니다. 기타 구체적인 사항은 해당 감리자 지정권자에게 문의하시기 바랍니다.

공동주택 감리업무 수행 시 감리사무실 제공자

2015. 7. 17. 주택건설공급과

□ 「주택법」 제24조 제8항에 따르면 사업주체와 감리자 간의 책임 내용 및 범위는 이 법에서 규정한 것 외에는 당사자 간의 계약으로 정하도록 하고 있으며, 우리부에서는 공정한 계약 체결을 위하여 주택건설공사 감리용역 표준계약서를 만들어 보급하고 있습니다. 이와 관련하여, 동 표준계약서 제12조에서는 사업주체로 하여금 사무실 등의 편의시설을 감리자에게 무상으로 제공하도록 하고 있으며, 제32조에서는 그 밖에 필요한 사항에 대하여는 계약당사자의 이익을 제한하지 아니하는 범위 내에서 특약을 따로 정할 수 있도록 하고 있습니다. 따라서, 말씀하시는 사무실 공간 등에 대하여는 사업주체와 협의하여 조정하시거나 계약사항에 따라야 할 것으로 사료됨을 말씀드립니다.

공동주택현장 감리용역계약 변경 가능 여부 질의

2016. 10. 13. 주택건설공급과

□ 질의요지
감리용역의 변경계약 요구 및 공정확인서 날인 거부에 대한 근거 문의

□ 회신내용
1. '주택건설공사 감리비 지급기준' 제4조 제1항에서 감리대가를 산출함에 있어서 적용하는 총공사비는 사업계획승인 시 제출하는 총사업비에서 대지비, 부가가치세액, 간접비 등을 제외한 것으로 규정하고 있으며, 입주자 모집공고 승인 시 공사비가 변경된 경우에는 이에 의하도록 하고 있습니다.

2. 또한, '주택건설공사 감리용역 표준계약서'상에 계약사항의 변경은 상호 협의하여 결정하도록 규정하고 있는바, 감리대가의 증액과 관련한 사항은 계약자 상호 간 협의하여 결정할 사항임을 알려 드립니다.

3. 아울러, 감리원이 '주택건설공사 감리자 지정기준' 제13조 제5항 각 호의 어느 하나에 해당하는 행위를 할 경우 사업주체 또는 시공자는 해당 감리원의 교체를 요청할 수 있도록 규정하고 있으며, '주택건설공사 감리용역 표준계약서' 제29조 제3항에 따라 당사자 간의 분쟁기간 중 용역의 수행을 중지하여서는 안 된다고 하고 있음을 알려 드리오니, 보다 자세한 사항은 해당 지역의 사업계획승인권자에게 문의하시기 바랍니다.

민간 공동주택현장에 파일공사 감리원 입회여부

2018. 2. 26. 주택건설공급과

□ 질의요지

지금까지는 파일항타공사 시 감리원이 입회를 하였는데, 2011년 8월 2일 국토부 질의회신 답변을 보면 민간이 시행하는 공동주택 건설공사에는 입회하지 않아도 된다고 나와 있음

1. 이와 관련 "책임감리현장참여자 업무지침서는 「건설기술관리법」 제27조의 규정에 따라 책임감리로 시행되는 건설공사에 적용되는 것으로서 민간이 시행하는 공동주택 건설공사는 동 지침서의 적용범위에 해당하지 않음"이라는 질의 회신 답변이 현재도 유효한지

2. 주택건설공사 감리업무 세부기준(2016. 11. 7. 개정) 제17조 3항에 매몰되는 공종 등은 그 시공과정에 감리원이 반드시 입회 확인하여야 한다고 되어 있는데, 여기서 매몰되는 공종 등이 구체적으로 어떤 공종을 의미하는지

□ 회신내용

1. 현재는 「건설공사 사업관리방식 검토기준 및 업무수행지침」(제2015-473호, 2015. 6. 30.)이 시행 중이며, 「책임감리 현장참여자 업무지침서」는 폐지되었음을 알려드립니다.

2. 아울러, 「건설공사 사업관리방식 검토기준 및 업무수행지침」 제1조에 따라 이 지침은 「건설기술 진흥법 시행령」 제55조 제1항 제3호 및 제68조 제1항 제8호에 따라 발주청

이 건설공사의 사업관리방식을 선정하기 위해 필요한 기준과, 같은 법 시행령 제59조 제5항에 따라 발주청, 시공자, 설계자, 건설사업관리용역업자 및 건설사업관리기술자가 건설사업관리와 관련된 업무를 효율적으로 수행하게 하기 위하여 업무수행의 방법 및 절차 등 필요한 세부기준, 그리고 「건설기술 진흥법」 제49조 제2항에 따라 발주청이 발주하는 건설공사의 감독업무(건설사업관리 용역에 대한 감독을 포함한다) 수행에 필요한 사항을 정하는데 목적이 있음을 알려드립니다.

3. 따라서, 귀 건설공사가 건설기술 진흥법에 따른 건설사업관리를 하는 공사일 경우에는 「건설공사 사업관리방식 검토기준 및 업무수행지침」을 따라야 하며, 타 법에 따른 감리를 하는 공사일 경우에는 해당 법령을 따라야 함을 알려드립니다.

4. 주택건설공사 감리업무 세부기준 제17조 제2항에 따르면 감리자는 시공규격 및 수량 등의 적정성 확인을 위하여 주요 공정별·단계별로 검측점검표를 작성하여야 하고, 같은 조 제3항에 따르면 감리자는 검측을 하는 경우 시공자로부터 검측요청서를 제출받아 시공 상태를 확인하여야 하나, 다만, 단계적인 검측으로는 현장 확인이 곤란한 콘크리트 타설이 이루어지는 공종, 매몰되는 공종 등은 그 시공과정에 감리원이 반드시 입회 확인하여야 하며, 건축공사표준시방서 04000 지정 및 기초공사 3.6에 따르면 시험 시공 시, 기성 콘크리트 말뚝박기에서 굴착이 소정의 깊이에 도달하였을 때 등의 경우에는 담당원이 입회하도록 되어 있는바, 감리자는 해당 공사시방서 내용 등을 고려하여 파일공사에 대해 단계별 검측점검표를 작성하고, 현지 여건상 단계적인 검측으로는 파일시공의 적정성 확인이 곤란한 경우에는 그 시공과정에 감리원이 입회하여야 할 것으로 판단되오니, 보다 자세한 사항은 해당 지역 사업계획승인권자에게 문의하시기 바랍니다.

공동주택 건설현장 감리에서 안전관리비 사용내역을 확인해야 하는지 여부

2017. 1. 10. 주택건설공급과

□ 질의요지
공동주택 건설현장 안전관리비 사용내역 확인 등의 감리업무 문의

□ 회신내용
1. 「주택법」 제15조에 따라 사업계획승인을 받은 주택건설공사의 감리자로 지정받은 자는 법 제44조, 같은 법 시행령 제47조, '주택건설공사 감리업무 세부기준' 등에 따라 감리업무를 수행하여야 하며, 기타 법에서 정하는 사항 외에 「건축사법」 또는 「건설기술 진흥법」에서 정하는 사항을 감리업무로 포함하고 있습니다.

2. 다만, 「건설기술 진흥법」 및 '건설공사 안전관리 지침'에 따라 시공자는 안전관리비 사용내역에 대하여 필요시 감리원의 확인을 받도록 하고 있는바, 이는 감리계약사항 등을 종합적으로 검토·판단하여야 할 사항이오니 보다 자세한 사항은 해당 지역의 사업계획승인권자에게 문의하시기 바랍니다.

민간발주 공동주택 건설공사 중 발파작업의 감리검측 대상 공종 여부 질의

2019. 2. 27. 주택건설공급과

□ 질의요지
민간발주 공동주택 건설공사 중 발파작업의 감리검측 대상 공종 여부 질의

□ 회신내용
1. 「주택법」 제44조 제1항에 따르면 감리자는 시공자가 설계도서에 맞게 시공하는지 여부 등을 확인하도록 규정하고 있고, '주택건설공사 감리업무 세부기준' 제17조 제1항에 따르면 감리자는 주요 공종별·단계별로 시공규격 및 수량이 설계도서 및 시공상세도 등의 내용과 일치하는지를 확인하고 다음 공정을 착수하여야 하며, 그 내용이 서로 다를 경우에는 즉시 공사를 중지하고 위반사항에 대한 시정지시를 한 후 그 이행결과

를 확인하고 공사재개를 지시하여야 한다고 규정하고 있습니다.

2. 또한, '주택건설공사 감리업무 세부기준' 제22조 제4항에 따르면 총괄감리원은 현장에 배치되는 감리원 중에 안전관리담당자를 지정하고 안전관리담당자로 지정된 감리원은 발파, 중량물 취급, 화재 및 감전 위험작업 등의 작업현장에 수시로 입회하여 시공자의 안전관리자를 지도·감독하도록 하며, 공사전반에 대한 안전관리계획의 사전검토, 실시확인 및 평가, 자료의 기록유지 등 사고예방을 위한 제반 안전관리 업무에 대하여 확인하도록 규정하고 있음을 알려드리며, 보다 자세한 사항은 해당 지역의 사업계획승인권자에게 문의하시기 바랍니다.

주택법에 의한 공동주택(재건축)현장의 감리업무

2014. 2. 21. 건설안전과

□ 질의요지

1. 주택건설공사 감리업무에 하도급 타당성 검토와 시공상세도의 검토가 포함되는지

2. 주택건설공사 감리업무 세부기준 중 건설기술관리법에서 정하는 사항은 무엇을 말하는지

3. 건설기술관리법 제27조와 같은 법 시행령 제102조 제1항 제1호제22목의 '300세대 이상의 공동주택 건설공사'는 민간주택공사도 포함되는지

□ 회신내용

1. 주택법령에서는 주택건설공사 감리자의 업무 중 하도급에 대한 적정성 여부를 검토하도록 규정하고 있지 않으므로 당사자 간의 계약내용에 따라야 하며, 시공계획의 적정성 검토·확인이 감리자 업무에 해당되므로 시공상세도 확인도 감리업무로 볼 수 있을 것입니다.

2. 주택건설공사 감리업무 중 건설기술관리법에서 정하는 사항은 해당 사업장의 공정,

여건 등을 고려하여 판단해야 할 것이오니 보다 구체적인 사항은 해당 사업 현황을 잘 알고 있는 해당 지역의 감리자 지정권자에게 문의하시기 바랍니다.

3. 건설기술관리법에 따른 전면책임감리는 같은 법 제2조 제5호 및 같은 법 시행령 제3조에 따른 발주청에서 발주하는 건설공사를 대상으로 하는 것이므로 민간주택건설공사는 전면책임감리대상에 해당되지 않음을 알려드립니다.

민영 공동주택 건설 현장의 감리업무 범위에 대한 질의
2017. 4. 18. 주택건설공급과

□ 질의요지

민영 공동주택건설 현장의 감리가 하도급에 대한 통보를 시공사로부터 제출받고 검토 및 적합 여부를 판단하는 것이 업무에 포함되는지

□ 회신내용

주택법령에서는 주택건설공사 감리자의 업무 중 하도급에 대한 적정성 여부를 검토하도록 규정하고 있지 않는바, 이는 당사자 간의 계약내용에 따라야 할 사항이오니, 보다 구체적인 사항은 해당 지역의 사업계획승인권자에게 문의하시기 바랍니다.

공동주택 거실확장(발코니)의 감리범위 및 적합성 여부
2014. 7. 14. 주택건설공급과

□ 질의요지

1. 임시사용승인을 받은 아파트도 감리대상인지

2. 입주예정자가 거실확장을 할 경우 발코니 등의 구조변경절차 및 설치기준에 적합하

게 시공할 경우 위법사항인지

3. 만약 입주예정자가 위의 규정 등에 어긋나게 확장 시공하여 부적합시공할 경우 적출 및 행정처분 주체

□ 회신내용

1. 주택법상의 임시사용승인은 일반적으로 사업승인내용대로 공사가 완료되지는 않았으나 임시사용하고자 하는 주택 또는 대지가 사업계획승인 내용에 적합하고 사용에 지장이 없는 경우에 사용검사권자가 임시적으로 사용할 수 있도록 하는 행정처분입니다.

2. 따라서, 임시사용승인을 받은 공동주택은 사용검사를 받기 전까지 감리대상으로 봄이 타당할 것입니다.

3. 임시사용승인은 건축물대장 생성 및 등기를 할 수 없어 재산권 행사가 불가하므로 임시사용승인을 받은 공동주택의 입주자가 해당 건축물에 변경을 가하는 행위는 곤란할 것으로 사료되며, 이에 대한 처벌은 민법, 부동산등기법, 주택법 등 관계법령을 종합적으로 검토, 판단하여야 할 것이오니 자세한 사항은 변호사 등 법률전문가에게 문의하시기 바랍니다.

공동주택 발코니확장에 따른 감리계약 및 업무 관련 질의의 건

2013. 12. 12. 주택건설공급과

□ 질의요지

공동주택 사업계획승인 시 발코니 확장형과 비확장형 2가지 타입을 소비자가 선택할 수 있도록 한 상태로 준공되고, 준공 시까지 발코니확장과 관련하여 사업계획승인 변경, 총사업비의 변경, 감리원배치계획 변경 및 감리계약 변경이 없는 경우 감리자의 감리용역업무 범위에 발코니 확장에 대한 감리업무가 포함되는지, 발코니 확장 공사에 따른 추가 감리비를 지급해야 하는지 및 감리자가 시공사에게 발코니 확장공사에 대한 별도 감리계약 및

기타 용역계약을 추가적으로 체결할 수 있는지

□ 회신내용

사업계획승인을 받은 주택건설공사의 감리계약은 사업주체와 체결하는 것임을 알려드리며, 발코니 확장공사가 감리업무에 포함되는지와 추가 감리비 지급여부는 설계도서, 계약서 등을 종합적으로 검토하여 판단하여야 할 것이오니 이에 대해서는 해당 지역의 감리자 지정권자에게 문의하시기 바랍니다.

공동주택 감리업무

2013. 5. 27. 주택건설공급과

□ 질의요지

감리업무 수행 중 사업주체 관계자로부터 아래와 같은 요구 등이 있습니다. ① 사업주체 주관의 매주 정기적인 회의에 참석(시공자, 감리자 등 참여) 감리업무 수행내용 보고 지시 ② 매월 초 사업주체 대표자에게 총괄감리원이 품질관리, 공정관리 내용 등 감리 수행내용을 보고 지시 ③ 사업승인권자의 권한인 감리업무 수행실태, 감리원 근무자세 등 점검·확인

상기 요구사항 등은 관련법 규정, 계약서 등 어디에도 없으며 사업주체로부터 독립하여 입주자를 대신하여 관리, 감독하는 실질적인 감리업무를 위축시키고 있습니다.

사업주체(갑)의 지위를 이용한 암묵적 요구에 무조건 따라야 하는지, 관련 규정에 의거한 제반절차대로 감리업무를 충실히 하면 되는 것인지 현명한 의견을 알려주시기 바랍니다.

□ 회신내용

주택건설공사 감리자는 주택법 제24조, 주택법 시행령 제27조 및 주택건설공사 감리업무 세부기준에 따라 감리업무를 수행하면 되는 것이며, 사업주체 등의 요구에 무조건 응할 필요는 없는 것임을 알려드립니다.

□ 질의요지

지역주택조합에서 발주한 공사의 공사비 청구를 위하여 시공사가 작성 사업주체에게 제출한 내역서 및 투입물량산출서에 대한 검토(물량 확인, 증빙자료 첨부 여부 등)업무가 주택건설공사 감리업무세부기준상의 감리자 업무에 해당되는지

□ 회신내용

1. 「주택법」 제44조 제1항에 따르면 감리자는 시공자가 설계도서에 맞게 시공하는지 여부의 확인, 시공자가 사용하는 건축자재가 관계 법령에 따른 기준에 맞는 건축자재인지 여부의 확인, 주택건설공사에 대하여 '건설기술 진흥법' 제55조에 따른 품질시험을 하였는지 여부의 확인, 시공자가 사용하는 마감자재 및 제품이 제54조 제3항에 따라 사업주체가 시장·군수·구청장에게 제출한 마감자재 목록표 및 영상물 등과 동일한지 여부의 확인, 그 밖에 주택건설공사의 시공감리에 관한 사항으로서 대통령령으로 정하는 사항을 감리자의 업무에 대하여 규정하고 있습니다.

2. 또한, '주택건설공사 감리업무 세부기준' 제14조 제5항에 따르면 사업주체 및 사업계획 승인권자가 관계기관에 제출하는 공정확인서를 감리자에게 요구하는 경우에는 감리자는 시공자에게 공사비산출내역서에 따른 공정을 제출받아 검토 후 공정확인서를 작성, 제출하도록 규정하고 있음을 알려드립니다.

□ 건설기술진흥법 시행령 제91조 제2항에 따라 한국산업표준 인증제품은 품질검사를 아니할 수 있으나, 시간경과 또는 장소 이동 등으로 재료의 품질변화가 우려되어 발주자가 품질검사가 필요하다고 인정하는 경우, 그러하지 아니하고 있음을 알려드리며, 이때 시험

을 생략할 경우에는 같은 법 시행령 제89조에 따라 품질관리계획 또는 시험계획에 명기하고, 관리하고, 한국산업표준 인증제품의 확인이 꼭 필요합니다. 시공 중 발생하는 건설사와 감리사의 공사 진행에 따른 분쟁은 인·허가기관에게 협의하여 처리하시기 바랍니다.

공동주택냉방설비감리대상여부

2017. 11. 2. 주택건설공급과

□ 질의요지

1. 시행사(시공사와 동일 회사)가 분양 촉진을 위하여 안방과 거실에 시스템 에어컨을 서비스로 설치하기로 한 경우, 시스템 에어컨 설치 공사에 대하여 설계 변경, 부하계산서 등 설계도서 검토와 자재승인, 시공 확인 등 감리업무를 수행하여야 하는지 여부

2. 거실과 주방이 칸막이가 되어 있지 않고 한 실로 구성되어 있는 상태에서 거실의 냉방 부하 계산 시 주방 면적을 제외한 거실 면적만으로 계산하여도 되는지 여부

□ 회신내용

1. 주택법 제44조 제1항에 따르면 감리자는 시공자가 설계도서에 맞게 시공하는지 여부를 확인토록 하고 있는바, 시스템 에어컨 설치 등에 대한 시공사항이 설계도서에 표시된 경우에는 감리업무 범위에 포함하여야 할 것으로 판단됨을 알려드리며, 시스템 에어컨 설치에 따른 설계변경 여부와 관련하여서는 해당 지역 사업계획승인권자에게 문의하시기 바랍니다.

2. 아울러, 냉방 부하 계산 방법에 대한 사항은 주택법령에서 규정하고 있는 사항이 아니므로 답변이 어려운 점 양해하여 주시기 바랍니다.

공동주택 승강기 설비 감리용역 수행에 관한 질의

2016. 12. 16. 주택건설공급과

□ 질의요지

주택건설공사 감리업무 수행 시 감리대상공사 범위 문의

□ 회신내용

1. '주택건설공사 감리비 지급기준' 제4조 제1항에 따라 감리대가를 산출함에 있어서 적용하는 총공사비는 사업계획승인 시 제출하는 총사업비에서 대지비, 부가가치세액, 간접비, 다른 법률의 규정에 의한 감리대상공사비 등을 제외하되, 입주자 모집공고 승인 시 공사비가 변경된 경우에는 이에 의하도록 하고 있습니다.

2. 따라서, 사업내용, 총사업비, 설계도서 등에 해당 공정이 포함되어 있음에도 불구하고 감리대가 산출, 계약과정에서 임의적으로 감리대상에서 제외할 수 없을 것이나, 질의하신 사항의 경우 오류표기 등에 관한 사실확인이 어려운바 이에 대하여는 당초 감리자 모집공고 내용, 감리대가 산출근거, 감리계약 내용 등을 종합적으로 검토, 판단하여야 할 것으로 사료되오니 보다 자세한 사항은 해당 지역의 사업계획승인권자에게 문의하시기 바랍니다.

공동주택 건설 관련 감리의 하는 역할 문의
(공동주택 폼 관련 빗살무늬 변경)

2015. 12. 4. 주택건설공급과

□ 「주택법」 제24조 제2항에 따르면 감리자는 시공자가 설계도서에 맞게 시공하는지 여부를 확인토록 하고 있는바, 질의하신 무늬에 대한 내용 등이 설계도서에 명확히 표시된 경우에는 감리업무 범위에 포함되는 것으로 봄이 타당할 것인바, 보다 자세한 사항은 해당 지역의 감리자 지정권자에게 문의하시기 바랍니다.

□ 질의요지

2008년 4월 감리자 지정기준에 의해 계약 체결된 공동주택건설공사용역으로 2008년 10월 착공 후 사업주체의 귀책사유로 인한 공사 중지로 감리원 철수(2009년 1월)하였다가 2014년 1월 공사재개 통보에 의거 감리원을 재투입(2014년 3월 예정)하고자 하는 경우 2008년 감리자 지정 당시 '신규감리원'을 변경 없이 2014년 '신규감리원'으로 재투입할 수 있는지

□ 회신내용

해당 주택건설공사 감리자 지정 당시 기준에 맞춰 신규감리원을 배치하고 평가받아 감리자로 지정받았다면 재착공시에도 해당 현장은 당초 감리원배치계획에 따라 신규감리원을 배치하여야 할 것입니다.

감리원배치와 관련한 구체적인 사항은 해당 지역의 감리자 지정권자에게 문의하시기 바랍니다.

□ 질의요지

건설사업관리 업무를 수행하는 특급기술인 또는 고급기술인과 건설기술인 역량지수에 따라 등급을 산정한 결과 건설사업관리 업무를 수행하는 특급기술인 또는 고급기술인의 차이점을 상세히 알고 싶습니다.

□ 회신내용

1. 「주택법 시행규칙」 제18조 제1항에 따르면 감리업무를 총괄하는 총괄감리원의 자격은 1천세대 미만의 주택건설공사에서 「건설기술 진흥법 시행령」 별표 1 제2호에 따른 건설사업관리 업무를 수행하는 특급기술인 또는 고급기술인으로 규정하고 있으며, 300세대 미만의 주택건설공사인 경우에는 다음의 요건을 모두 갖춘 사람을 포함하

도록 하고 있습니다.

---

1. 「건축사법」에 따른 건축사 또는 건축사보일 것
2. 「건설기술 진흥법 시행령」 별표 1 제2호에 따른 건설기술인 역량지수에 따라 등급을 산정한 결과 건설사업관리 업무를 수행하는 특급기술인 또는 고급기술인에 준하는 등급에 해당할 것
3. 「건설기술 진흥법 시행령」 별표 3 제2호 나목에 따른 기본교육 및 전문교육을 받았을 것

---

2. 아울러, 질의하신 건설사업관리 업무를 수행하는 특급기술인 또는 고급기술인과 건설기술인 역량지수에 따라 등급을 산정한 결과 건설사업관리 업무를 수행하는 특급기술인 또는 고급기술인의 차이점에 대해서는 아래 기술정책과의 답변을 참고하시기 바랍니다.

〈기술정책과 답변〉
건설기술진흥법령(건설기술인 등급인정 및 교육훈련 등에 관한 기준, 고시)에서는 건설기술인을 수행하는 업무에 따라 ① 설계·시공 등 업무를 수행하는 건설기술인, ② 건설사업관리 업무를 수행하는 건설기술인 ③ 품질관리 업무를 수행하는 건설기술인으로 구분하고 있으며(고시 별표 3), 해당 업무별 기술등급은 역량지수를 산정하여 각각 초·중·고·특급으로 구분하고 있습니다.

---

3. 따라서, 건설기술인의 모든 기술등급은 현재 건설기술인 역량지수를 통해 등급을 인정받고 있습니다.

공동주택 감리원 교체가능여부

2008. 5. 22. 주택반

□ 질의요지

1. 300세대 미만 공동주택의 감리원 교체와 관련하여 질의합니다.

2. 당초 배치된 감리원은 등급 : 감리사(학 경력), 환산경력 : 14년 9개월이며, 교체하고자 하는 감리원의 등급 : 수석감리사(건축기사), 환산경력 13년 5개월입니다.

3. 상기와 같은 경우 건설교통부 고시 제 2006-552호(2006. 12. 15)에 의한 주택건설공사 감리자 지정기준 제 13조의 2항에 의거 교체가 가능할 것으로 사료되나, 귀 부의 정확한 답변을 바랍니다.

 * 교체 시 PQ 평가기준에 의한 배점은 변동없음(배점기준 만족)

□ 회신내용

교체할 감리원의 자격은 제10조의 규정에 의하여 지정될 당시의 감리원과 동등이상(부표감리원 평가항목 중 "등급"과 "경력 및 실적"이 동등이상인 자를 말한다)의 평가점수(자격가점을 포함한다)를 만족하는 자이어야 하며 구체적인 사항은 주택법에서 감리자 지정의 권한이 이양된 해당 지방자치단체에 문의하시면 자세한 안내를 받으실 수 있을 것입니다.

공동주택 감리자 철수여부

2018. 12. 4. 주택건설공급과

□ 질의요지

착공되어 공사 중에 조합과 시공사의 분쟁으로 작업이 장기간 중지되어 조합에서는 공사 중지기간 동안 일시적으로 배치되어있는 감리원은 재개통보 시까지 전원철수를 감리회사와 감리지정권자인 군청에 공문으로 요청하였으며 현재공정은 약 6% 정도로 기초공사를 일부 시작하여 착공 초기단계입니다. 이런 경우 조합의 요청대로 감리원이 철수하면 되는지? 다른 행정절차가 필요한지요?

□ 회신내용

「주택법 시행령」제47조 제4항 제3호에 따라 총괄감리원은 주택건설공사 전 기간에 걸쳐 배치하고, 공사분야별 감리원은 해당 공사의 기간 동안 배치하도록 규정하고 있습니다.

따라서, 원칙적으로 위 규정에 따라 해당 감리원은 해당 공사기간에 대한 배치계획이 완료된 경우 철수가 가능할 것으로 판단됩니다.

또한, 주택건설공사 감리원 철수와 관련하여, 감리계약 해제 또는 해지는 주택법령, 계약서 등에서 정하고 있는 경우에 한하며, 해제 또는 해지사유에 해당하지 아니한 경우의 분쟁도 주택법령, 계약서 등에서 정하고 있는 바에 따라야 할 것입니다.

아울러, '주택건설공사 감리자 지정기준' 제4조 제2항에 따라 사업주체의 귀책사유로 인하여 착공예정일부터 2월 이상 공사착공이 지연되거나, 공사시행 중 2월 이상 공사가 중지된 경우에 감리자 지정권자로부터 별지 제5호 서식에 의한 철수 확인을 받은 경우에도 철수가 가능할 것으로 판단되오나, 보다 자세한 사항은 해당지역의 감리자 지정권자에게 문의하시기 바랍니다.

공동주택 토목감리 배치 대상인지 문의드립니다.

2015. 8. 11. 주택건설공급과

□ 「주택법 시행령」 제26조 제3항에 따라 감리자는 공사에 대한 감리업무를 총괄하는 총괄감리원 1인과 공사분야별 감리원을 각각 공사현장에 상주 배치하도록 하고 있으며, 「주택법 시행규칙」 제13조 제3항에 따라 감리자는 사업주체와 협의하여 감리원의 배치계획을 작성한 후 사업계획승인권자 및 사업주체에게 각각 보고하여야 하는바, 보다 구체적인 사항에 대하여는 해당 공사의 감리자 지정권자에게 문의하시기 바랍니다.

주택건설공사 감리자 지정기준 기술자등급 관련

2014. 6. 23. 주택건설공급과

□ 질의요지

1. 1천세대 이상 공동주택에 배치되는 신규감리원을 감리자 지정신청서상에 초급으로 기재하였으나 실제 배치는 중급건설기술자로 할 수 있는지

2. 비평가 감리원을 배치할 경우 감리자 지정신청서에 기재된 등급보다 상향하여 배치할 수 있는지

3. 비평가 감리원의 등급 상향배치가 가능할 경우 상향 배치된 감리원의 환산비 적용이 가능한지

4. 주택건설공사 감리비지급기준 환산비 관련 감리사보의 임금을 1을 기준으로 산정하도록 되어 있는데 개정된 건설기술자등급은 환산비를 어떻게 적용하여야 하는지

5. 신규감리원 초급건설기술자를 배치하였을 경우 환산비 적용 기준

□ 회신내용

1. '주택건설공사 감리자 지정기준' 제3조 제7호에서 신규감리원을 「건설기술 진흥법」 제2조 제8호 및 같은 법 시행령 제4조 별표1에서 정하는 초급 또는 중급건설기술자로서 총 경력이 4년(부표 제2호 나목 감리원중 분야별감리원의 "나. 경력 및 실적" 산정방법에 따라 산정한 기간을 말함) 이하인 자로 정의하고 있으므로, 감리자 지정신청서상에 신규감리원을 초급으로 기재하였다 하더라도 위 신규감리원 정의에 해당하는 자로 배치하는 것은 가능할 것으로 사료됩니다.

2. 질의 2, 3에 대하여

비평가 감리원을 배치할 경우 감리자 지정신청서에 기재된 등급의 감리원으로 배치하여야 하나, 지정신청서에 기재된 등급 이상의 감리원을 배치하는 것은 가능할 것이며, 이 경우 배치된 감리원에 대해 환산비는 적용하지 않는 것이 타당할 것입니다.

3. 질의 4, 5에 대하여

주택건설공사 감리비 지급기준 제7조에서 이 기준의 해석에 이의가 있을 경우에는 한국건설감리협회, 대한건축사협회, 한국주택협회 및 대한주택건설협회 등 각 협회의 임원급으로 구성된 조정위원회의 해석에 따르도록 하고 있으므로, 선생님께서 질의하신 사항에 대해서는 한국건설기술관리협회 등에 문의하시기 바랍니다.

주택법 제2조 제6호 나목(건축설비)의 전기분야 공동주택감리의
사실행위가 전력기술관리법령의 적용범위인지의 여부

2008. 8. 4. 기술정책과

□ 질의요지

건설기술관리법령에서 건축전기설비 부분의 엔지니어활동주체 또는 건축사사무소가 전력기술관리법령에 의한 관리를 의무적으로 받아야 한다고 규정하고 있는지

□ 회신내용

「건설기술관리법」 제6조의2 제1항에서는 "건설관련업체에 소속되어 건설공사 또는 건설기술용역에 종사하는 건설기술자는 국토해양부령이 정하는 바에 의하여 근무처·경력·학력 및 자격 등(이하 "근무처 및 경력 등"이라 한다)의 관리에 필요한 사항을 국토해양부장관에게 신고할 수 있다. 신고사항의 변경이 있을 때에도 또한 같다"라고 규정함으로써

우리부는 건설기술자의 경력관리제도를 의무신고가 아닌 임의신고로 운영중에 있으며, 건설기술관리법령에서 특정분야의 기술인력에게 전력기술관리법령에 의한 관리를 의무적으로 받도록 하는 것은 특별히 규정되어 있지 않습니다.

공동주택 감리업무

2017. 9. 27. 주택건설공급과

□ 질의요지

아파트 동 철근검측과 콘크리트 타설 시 슬럼프 염화물 등의 테스트를 기계 및 토목감리원이 할 수 있는지

□ 회신내용

「주택법 시행령」 제47조 제4항 제3호에 따르면 총괄감리원은 주택건설공사 전 기간에 걸쳐 배치하고, 공사분야별 감리원은 해당 공사의 기간 동안 배치토록 규정하고 있습니다. 따라서 해당 공종의 공사기간 동안에는 관련분야의 감리원이 배치되어 검측업무 등의 감리업무를 수행하여야 할 것으로 판단됨을 알려드리며, 보다 자세한 사항은 해당 지역의 사업계획승인권자에게 문의하시기 바랍니다.

공동주택 승강기 설치공사의 감리관련 문의

2013. 11. 18. 주택건설공급과

□ 질의요지

건축감리계약에 포함되어 승강기 설치공사를 건축감리업체에서 수행 시 전기감리원의 자격이 있는 감리원이 감리업무를 수행해야 하는지, 일반 기계설비 감리원이 병행하여 감리업무를 수행해야 하는지

□ 회신내용

승강기 설비공사는 승강기, 기계실내 기기, 승강로, 승강자, 카, 안전장치 등으로 분류되며, 공종별로는 기계설비공사, 전기설비공사 및 정보통신공사로 구분되는바, 승강기 설치공사시 감리원은 승강기관련 법령에 따라 각 공종에 적합한 감리원을 배치하여야 할 것으로 사료되는바, 감리원 배치와 관련한 보다 구체적인 사항은 해당 지역의 감리자 지정권자인 시장 등에게 문의하시기 바랍니다.

공동주택 구조분야 관계전문기술자 대가 관련 질의

2019. 1. 11. 주택건설공급과

□ 질의요지

공동주택 구조분야 관계전문기술자 협력 업무를 수행하기 위한 비용의 주체는 누가 되어야 하는지

□ 회신내용

'주택건설공사 감리비 지급기준' 제5조(감리대가 외의 비용부담) 각 호에서 규정하고 있는 사항 외에, 질의하신 공동주택 구조분야 관계전문기술자 협력 업무를 수행하기 위한 비용부담에 대하여는 사업주체와의 계약내용 등에 따라야 할 사항임을 알려 드립니다.

공동주택 공사 감리업무(공사참여자) 실명부 작성의 범위

2018. 4. 11. 주택건설공급과

□ 질의요지

공동주택 공사 감리업무(공사참여자) 실명부 작성의 범위에 대한 질의

□ 회신내용

1. 「주택법」 제44조 제1항에 따르면 감리자는 시공자가 설계도서에 맞게 시공하는지 여부 등을 확인하도록 규정하고 있고, '주택건설공사 감리업무 세부기준' 제17조 제1항에 따르면 "감리자는 주요 공종별·단계별로 시공규격 및 수량이 설계도서 및 시공상세도 등의 내용과 일치하는지를 확인하고 다음 공정을 착수하여야 하며, 그 내용이 서로 다를 경우에는 즉시 공사를 중지하고 위반사항에 대한 시정지시를 한 후 그 이행결과를 확인하고 공사재개를 지시하여야 한다"라고 규정하고 있습니다.

2. 또한, 같은 조 제7항에는 "감리자는 제1항에 따른 주요공종·단계별로 별지 제7호서식의 공사 참여자(기능공 포함) 실명부를 시공자로부터 제출받아 확인한 후, 이를 유지·관리하여야 한다"라고 규정되어 있습니다.

3. 따라서, 「주택법」 제44조 제1항 및 '주택건설공사 감리업무 세부기준' 별지 제7호서식 작성요령(그 밖에 공종에 대해서도 해당 업무를 구분하여 기재)에 따라 질의하신 마감공사 공종 타일, 도배, 장판, 도장 등의 공사가 설계도서에 포함되어 감리자가 확인해야 할 공종일 경우 공사참여자(기능공 포함) 실명부를 시공자로부터 제출받아 확인 후, 작성 및 유지·관리하여야 할 대상으로 판단되오나, 보다 자세한 사항은 해당 지역 사업계획 승인권자에게 문의하시기 바랍니다.

2018. 8. 14. 주택건설공급과

□ 질의요지

주택법에 해당되는 공동주택 현장입니다. 월별, 분기별 감리보고서를 제출하고 있습니다. 그런데 해당 관청에서 중간감리보고서를 제출하라고 해서 관련 법규를 검토하고 확인코자 합니다. 건축법 제25조 제6항에 중간감리보고서를 제출하여야 한다는 문구가 있으나 동법 제10항에서는 '주택법과 건설기술 진흥법에 따라 건설사업관리를 하게 하는 건축물의 공사감리는 제1항부터 제9항까지의 규정에도 불구하고 각각 해당 법령으로 정하는 바에 따른다'라고 명시되어 있습니다. 주택법 시행규칙 제18조 제3항에 따르면 '분기별로 감리업무 수행사항을 보고하여야 하며, 감리업무를 완료하였을 때에는 최종보고서를 제출하여야 한다'라고 명시되어 있습니다. 당 현장은 월별, 분기별 감리보고서를 제출하고 있으니 중간감리보고서는 제출할 의무가 없다고 보는 것이 타당한 것인지요?

□ 회신내용

1. 「주택법 시행규칙」 제18조 제3항에 따르면 "감리자는 법 제44조 제2항에 따라 사업계획승인권자(법 제66조 제1항에 따른 리모델링의 허가만 받은 경우는 허가권자를 말한다. 이하 이 조 및 제20조에서 같다) 및 사업주체에게 분기별로 감리업무 수행 상황을 보고(전자문서에 따른 보고를 포함한다)하여야 하며, 감리업무를 완료하였을 때에는 최종보고서를 제출(전자문서에 따른 제출을 포함한다)하여야 한다"라고 규정되어 있습니다.

2. 또한, '주택건설공사 감리업무 세부기준' 제24조에는 "감리자는 중간감리보고서를 제출하는 경우와 사업주체가 임시사용검사 또는 사용검사를 신청하는 경우에 해당 공사가 설계도서·공정률 및 품질관리기준 등에 따라 적합하게 시공되었는지 등에 대하여 다음 각 호의 사항을 확인한 후 감리계획서 및 감리의견서를 첨부하여야 한다"라고 규정되어 있음을 알려드립니다. 보다 자세한 사항은 해당 지역의 감리자 지정권자에게 문의하시기 바랍니다.

공동주택 감리업무 최종보고서 작성 기준

2013. 11. 28. 주택건설공급과

□ 질의요지

주택법 시행규칙 제13조에 따라 감리업무를 완료하고 최종보고서를 작성할 때 어떤 기준에 따라야 하는지

□ 회신내용

주택건설공사 감리업무 세부기준(국토부 고시) 제14조 제4항에서 감리원이 최종감리보고서를 작성할 때 각 호의 사항을 포함하도록 규정하고 있음을 알려드리며, 이 기준은 우리 부 홈페이지상의 법령정보란을 통해 확인하실 수 있습니다.

공동주택 감리보고서 제출

2016. 8. 16. 주택건설공급과

□ 질의요지

감리보고서의 제출 관련 근거 문의

□ 회신내용

1. 「주택법」 제44조에 따라 주택건설공사의 감리자로 지정된 자는 법 제44조 제2항 및 같은 법 시행규칙 제18조 제3항에 따라 사업계획승인권자 및 사업주체에게 분기별로 감리업무 수행상황을 보고하여야 하며, 감리업무를 완료하였을 때에는 최종보고서를 제출하도록 규정하고 있습니다.

2. 참고로, 법 제45조에 따라 「전력기술관리법」, 「정보통신공사업법」, 「소방시설공사업법」에 따라 감리업무를 수행하는 자는 공정별 감리계획서 등 대통령령으로 정하는 자료를 주택건설공사 감리자에게 제출하여야 하며, 주택건설공사 감리자는 제출된 자료를 근거로 다른 법률에 따른 감리자와 협의하여 전체 주택건설공사에 대한 감리계획서를 작성하여 감리업무를 착수하기 전에 사업계획승인권자에게 보고하도록 규정하고 있음을 알려 드립니다.

공동주택 현장 감리 중간, 완료 보고서 관련 질의

2019. 11. 12. 주택건설공급과

□ 질의요지

주택법을 따라 분기보고서와 최종 보고서를 제출하고 사용검사 신청을 하는 것으로 판단하였으나 사업계획승인권자의 요청으로 사용검사 신청 시 감리 중간, 완료 보고서를 제출하도록 요청받았습니다. 이 경우 감리 중간 보고서 및 완료 보고서 작성 시 감리자 확인만 들어가면 되는지, 아니면 관계전문기술자 확인 및 의견도 들어가야 하는지 및 관계전문기술자 확인 및 의견이 들어가야 할 경우 관계전문기술자는 누가 되어야 하는지

□ 회신내용

1. 「주택법 시행규칙」 제18조 제3항에 따르면 감리자는 사업계획승인권자 및 사업주체에게 분기별로 감리업무 수행사항을 보고하여야 하며, 감리업무를 완료하였을 때에는 최종보고서를 제출하여야 한다고 규정하고 있으며, '주택건설공사 감리업무 세부기준' 제4조 제2항 제2호에 따르면 감리자는 관계규정에 따른 검토·확인·날인 및 보고 등을 하여야 하며, 이에 따른 책임을 진다고 규정하고 있습니다.

2. 다만, 질의하신 감리보고서 작성 시 관계전문기술자 확인 및 의견을 포함해서 작성해야 하는지 여부에 대해서는 주택법령상 별도로 명시되어 있지 않습니다. 보다 자세한 사항은 해당 지역의 사업계획승인권자에게 문의하시기 바랍니다.

주택법의 분기별감리보고서(최종감리보고서)와
건축법의 감리중간보고서(감리완료보고서) 해석 등 4건 질의

2018. 6. 14. 주택건설공급과

□ 질의요지

주택법이 적용되는 경기도 소재의 지하○층 지상○○층에 아파트○○개동과 부대복리시설로 구성된 약○○○세대의 ○○공동주택 건설공사 현장으로서 공사수행과 관련하여 주택법 및 건축법의 적용에 대한 궁금한 점이 있어 질의드립니다.

1. 주택건설공사 감리업무 세부기준(국토교통부 고시 제2016-740호)(2016. 11. 7.) 제24조(사용 검사등 확인) 제1항 "감리자는 중간감리보고서를 제출하는 경우와 사업주체가 임시사 용검사 또는 사용검사를 신청하는 경우" 및 제1항의 1 "중간감리보고서를 제출하는 경우에는 다음 각 목(가, 나, 다, 라, 마)의 사항을 확인하여야 한다"에서 말하는 중간감리 보고서라 함은 주택법 시행규칙 제18조(감리원의 배치기준 등) 제3항 "분기별로 감리업무 수행 상황을 보고" 즉 분기별감리보고서를 의미하는지(감리업무 완료 시 최종보고서 즉 최 종감리보고서) 아니면, 건축법 제25조(건축물의 공사감리) 제6항 "공사감리자는 공사의 공 정이 대통령령으로 정하는 진도에 다다른 경우에는 감리중간보고서(공사를 완료 시 감 리완료보고서)를 국토교통부령으로 정하는 바에 따라 각각 작성하여 건축주에게 제출 하여야 하며"에서 건축법의 감리중간보고서(감리완료보고서)를 의미하는지 궁금합니다.

2. 건축법 제25조(건축물의 공사감리) 제10항 "주택법 제15조에 따른 사업계획승인 대상과 건설기술진흥법 제39조 제2항에 따라 건설사업관리를 하게 하는 건축물의 공사감리 는 제1항부터 제9항까지(제6항 감리자는 감리중간보고서 및 감리완료보고서를 건축주에게 제 출), 제11항, 제12항의 규정에도 불구하고 각각 해당 법령으로 정하는 바에 따른다" 규 정에 근거하여 주택법의 분기별감리보고서 및 최종감리보고서가 적정하게 제출되는 경우, 건축법의 감리중간보고서 및 감리완료보고서를 별도 제출하지 않아도 무방한지 궁금합니다.

3. 주택건설공사 감리업무 세부기준 제4조(감리자의 업무) 제1항 "감리자는 다음 각 호의 업무를 수행하여야 한다"의 9 "공사착공계, 중간검사신청서, 임시사용 및 사용검사신 청서 적정성 검토"에서 '중간검사신청서'라 함은 무엇을 의미하는지 궁금합니다.

4. 주택법 시행령 제49조(감리자의 업무) 제1항 4 후반부 "그 밖에 건축공사의 질적 향상 을 위하여 국토교통부 장관이 정하여 고시하는 사항에 대한 검토·확인"에서 관련 고 시가 있으면 고시 번호나 내용 등을 알고 싶습니다.

□ 회신내용
1. 「주택법 시행규칙」 제18조 제3항에 따르면 "감리자는 법 제44조 제2항에 따라 사업계 획승인권자(법 제66조 제1항에 따른 리모델링의 허가만 받은 경우는 허가권자를 말한다. 이하 이 조 및 제20조에서 같다) 및 사업주체에게 분기별로 감리업무 수행 상황을 보고(전자문 서에 따른 보고를 포함한다)하여야 하며, 감리업무를 완료하였을 때에는 최종보고서를 제

출(전자문서에 따른 제출을 포함한다)하여야 한다"라고 규정되어 있습니다. 따라서, '주택건설공사 감리업무 세부기준' 제24조에서 말하는 중간감리보고서란 분기별보고서로 봄이 타당할 것으로 판단됩니다.

2. 건축법 제25조(건축물의 공사감리) 제10항에 따르면 "「주택법」 제15조에 따른 사업계획승인 대상과 「건설기술 진흥법」 제39조 제2항에 따라 건설사업관리를 하게 하는 건축물의 공사감리는 제1항부터 제9항까지, 제11항 및 제12항의 규정에도 불구하고 각각 해당 법령으로 정하는 바에 따른다"라고 규정되어 있으므로, 주택법 제15조에 따른 사업계획승인 대상은 주택법에 따른 보고서를 작성하여야 할 것으로 판단됩니다.

3. '주택건설공사 감리업무 세부기준' 제4조 제1항 제8호의 중간검사신청서는 사업주체 및 사업계획승인권자가 관계기관에 제출하는 공정확인서 등을 의미하는 것임을 알려드리오니, 보다 구체적인 사항은 해당지역의 감리자 지정권자에게 문의하시기 바랍니다.

4. 「주택법 시행령」 제49조(감리자의 업무) 제1항 제4호 "그 밖에 건축공사의 질적 향상을 위하여 국토교통부 장관이 정하여 고시하는 사항에 대한 검토·확인"에서의 관련 고시는 '주택건설공사 감리업무 세부기준' [시행 2016. 11. 7.] [국토교통부고시 제2016-740호]임을 알려드립니다.

공동주택 감리 대상 공종

2017. 6. 27. 주택건설공급과

□ 질의요지

사업계획승인 시 사용되는 공종별 총공사비 구성현황표상 감리대상 공종 구분의 법적 근거

□ 회신내용

1. 주택건설공사 감리비 지급기준 제4조에 따르면 감리대가를 산출함에 있어서 적용하는 총공사비는 사업계획승인 시 제출하는 총사업비에서 대지비, 부가가치세액, 간접비, 다른 법률의 규정에 의한 감리대상공사비와 이에 해당하는 일반관리비 및 이윤을 제외하며,

2. 사업주체가 사업계획승인신청 시 제출하는 신청서에 총사업비 산출 총괄표(별지 제1호서식) 및 공종별 총공사비 구성 현황표(별지 제2호서식)를 포함하도록 하고 있음을 알려드립니다.

공동주택 확장공사 감리비 지급여부

2013. 11. 19. 주택건설공급과

□ 질의요지

공동주택 확장공사 시 감리대상 여부 및 시공사가 확장공사에 대한 감리비 지급 의무가 있는지

□ 회신내용

「주택법」 제24조 제2항에 따르면 감리자는 시공자가 설계도서에 맞게 시공하는지 여부를 확인토록 하고 있는바, 발코니를 확장하는 것으로 설계도서에 표시된 경우에는 감리업무 범위에 포함되는 것이며, 발코니 확장에 따른 감리비 지급여부는 공사비 증가, 감리원의 추가배치 및 업무량 증가, 사업주체와 감리자 간의 계약내용 등을 고려하여 당사자 간 협의하여 결정할 사항임을 알려드립니다.

공동주택건설 감리비 환급 여부(공사기간 단축의 경우)

2008. 5. 22.

□ 질의요지

금번 공동주택사업계획승인을 받아 주택법 제24조 및 동법시행령 제26조, 주택건설공사 감리자모집 공고를 통하여 선정된 감리업체와 계약 체결 시 사업금액 및 공사기간 등이 감리계약 금액에 반영 시 당초 공사기간이 연장될 경우 추가로 감리계약금액이 증액이 되는지 여부와 당초보다 공시기간이 단축될 경우 당초 감리계약금액에서 환급이 되는지 여부를 질의

□ 회신내용

감리기간 변동에 따른 감리비 변경에 대하여는 주택법령에 별도의 규정이 없는바 주택법 제24조 제8항에 의거 당사자 간의 계약에 의하여 처리 가능할 것입니다.

공동주택 공사 공기단축 시 감리비 감액가능 여부

2013. 5. 3. 주택건설공급과

□ '주택건설공사 감리용역표준계약서'의 제17조에 따르면 사업주체는 계약기간의 단축 또는 공사비가 절감된 경우에도 이 계약의 대가를 감액하여서는 아니 되나, 다만 국토해양부에서 정한 주택건설공사 감리비지급기준에 의한 감리인·월수는 충족되어야 한다고 규정하고 있습니다.

□ 따라서, 공사기간이 단축되는 경우 상기 조항에 따라 감리비는 감액하지 말고, 공사기간 내에 주택건설공사 감리비지급기준에 따라 산정된 감리인·월수를 배치하여야 할 것이오나, 질의의 경우에는 감리자 지정권자가 감리계약서, 감리원배치계획, 사업내용 등을 종합적으로 검토, 판단하여야 할 것이오니 보다 구체적인 사항은 해당 지역의 감리자 지정권자에게 문의하시기 바랍니다.

제16장

사용검사 및 입주 등

오동준 변호사

1
사용검사 전 점검절차

가. 주택법 개정에 따른 새로운 점검절차의 도입

사용검사 전 공동주택의 품질을 제고하기 위하여 2020. 1. 23. 법률 제16870호로 일부 개정된 주택법상 사전방문 및 품질점검단에 관한 규정이 새로이 추가되었다.

나. 사전방문

(1) 의의

사업주체는 주택법 제49조 제1항에 따른 사용검사를 받기 전에 입주예정자가 해당 주택을 방문하여 공사 상태를 미리 점검할 수 있게 하여야 한다(주택법 제48조의2 제1항).

(2) 입주예정자의 하자보수요청권

입주예정자는 사전방문 결과 하자[공사상 잘못으로 인하여 균열·침하(沈下)·파손·들뜸·누수 등이 발생하여 안전상·기능상 또는 미관상의 지장을 초래할 정도의 결함을 말한다. 이하 같다가 있다고 판단하는 경우 사업주체에게 보수공사 등 적절한 조치를 해줄 것을 요청할 수 있다(주택법 제48조의2 제2항).

(3) 하자의 범위 및 판단기준

① 하자의 범위

하자의 범위는 공동주택관리법 시행령 제37조 각 호의 구분에 따른다(주택법 시행령 제53조의2 제1항).

공동주택 관리법 시행령(대통령령 제31366호, 2021. 1. 5., 일부개정)

1. 내력구조부별 하자 : 다음 각 목의 어느 하나에 해당하는 경우
   가. 공동주택 구조체의 일부 또는 전부가 붕괴된 경우
   나. 공동주택의 구조안전상 위험을 초래하거나 그 위험을 초래할 우려가 있는 정도의 균열·침하(沈下) 등의 결함이 발생한 경우

2. 시설공사별 하자 : 공사상의 잘못으로 인한 균열·처짐·비틀림·들뜸·침하·파손·붕괴·누수·누출·탈락, 작동 또는 기능불량, 부착·접지 또는 전선 연결 불량, 고사(枯死) 및 입상(서 있는 상태) 불량 등이 발생하여 건축물 또는 시설물의 안전상·기능상 또는 미관상의 지장을 초래할 정도의 결함이 발생한 경우

다만 중대한 하자에 관하여는 주택법 시행령에서 별도로 정하고 있다(주택법 시행령 제53조의2 제4항).

---

1. 내력구조부 하자 : 다음 각 목의 어느 하나에 해당하는 결함이 있는 경우로서 공동주택의 구조안전상 심각한 위험을 초래하거나 초래할 우려가 있는 정도의 결함이 있는 경우
   가. 철근콘크리트 균열
   나. 「건축법」 제2조 제1항 제7호의 주요구조부의 철근 노출

2. 시설공사별 하자 : 다음 각 목의 어느 하나에 해당하는 결함이 있는 경우로서 입주예정자가 공동주택에서 생활하는 데 안전상·기능상 심각한 지장을 초래하거나 초래할 우려가 있는 정도의 결함이 있는 경우
   가. 토목 구조물 등의 균열
   나. 옹벽·차도·보도 등의 침하(沈下)
   다. 누수, 누전, 가스 누출
   라. 가스배관 등의 부식, 배관류의 동파
   마. 다음의 어느 하나에 해당하는 기구·설비 등의 기능이나 작동 불량 또는 파손
      1) 급수·급탕·배수·위생·소방·난방·가스 설비 및 전기·조명 기구
      2) 발코니 등의 안전 난간 및 승강기

---

② 하자의 판정기준

하자의 판정기준은 공동주택관리법 시행령 제47조 제3항에 따라 국토교통부장관이 정하여 고시한 「공동주택 하자의 조사, 보수비용 산정 및 하자판정기준」에 따른다.

(4) 하자보수의무

① 조치계획의 수립

원칙적으로 하자에 대한 조치 요청을 받은 사업주체는 대통령령으로 정하는 바에 따라 보수공사 등 적절한 조치를 하여야 한다. 이를 위하여 하자의 정도에 따라 아래와 같은 시기까지 보수공사 등의 조치를 완료하기 위한 계획(이하 "조치계획"이라 함)을 국토교통부령으로 정하는 바에 따라 수립하고, 해당 계획에 따라 보수공사 등의 조치를 완료해야 한다(주택법 시행령 제53조의2 제2항). 조치계획을 수립한 사업주체는 주택법 제48조의2에 따른 사전방문 기간의 종료일부터 7일 이내에 사용검사권자(법 제49조 제1항에 따라 사용검사를 하는 자를 말한다. 이하 같다)에게 해당 조치계획을 제출해야 한다(주택법 시행령 제53조의2 제3항).

> 1. 중대한 하자인 경우
> 사용검사를 받기 전. 다만 ① 공사 여건상 자재, 장비 또는 인력 등의 수급이 곤란한 경우, ② 공정 및 공사의 특성상 사용검사를 받기 전까지 보수공사 등을 하기 곤란한 경우, ③ 그 밖에 천재지변이나 부득이한 사유가 있는 경우에는 입주예정자와 협의(공용부분의 경우에는 입주예정자 3분의 2 이상의 동의를 받아야 한다)하여 정하는 날로 한다.
>
> 2. 그 밖의 하자인 경우
> 다음 각 목의 구분에 따른 시기. 다만, 제5항의 사유가 있거나 입주예정자와 협의(공용부분의 경우에는 입주예정자 3분의 2 이상의 동의를 받아야 한다)한 경우에는 입주예정자와 협의하여 정하는 날로 한다.
> 가. 전유부분 : 입주예정자에게 인도하기 전
> 나. 공용부분 : 사용검사를 받기 전

② 하자 여부 확인 요청

다만 입주예정자가 요청한 사항이 하자가 아니라고 판단하는 사업주체는 대통령령으로 정하는 바에 따라 사용검사권자에게 하자 여부를 확인해줄 것을 요청할 수 있다. 이 경우 사용검사권자는 공동주택 품질점검단의 자문을 받는 등 대통령령으로 정하는 바에 따라 하자 여부를 확인할 수 있다(주택법 제48조의2 제4항).

이때 사업주체는 법 제48조의2제4항 전단에 따라 하자 여부 확인을 요청하려면 사용검사권자에게 제53조의2 제3항에 따라 조치계획을 제출할 때 ① 입주예정자가 보수공사 등의 조치를 요청한 내용, ② 입주예정자가 보수공사 등의 조치를 요청한 부분에 대한 설계도서 및 현장사진, ③ 하자가 아니라고 판단하는 이유, ④ 감리자의 의견, ⑤ 그 밖에 하자가 아님을 증명할 수 있는 자료를 첨부해야 한다(주택법 시행령 제53조의3 제1항).

사용검사권자는 요청을 받은 경우 주택법 시행령 제53조의2 제1항의 판정기준에 따라 하자 여부를 판단해야 하며, 하자 여부를 판단하기 위하여 필요한 경우에는 주택법 제48조의3 제1항에 따른 공동주택 품질점검단에 자문할 수 있다. 사용검사권자는 확인 요청을 받은 날부터 7일 이내에 하자 여부를 확인하여 해당 사업주체에게 통보해야 한다(주택법 시행령 제53조의3 제2항, 제3항).

③ 조치기한

입주예정자가 조치를 요청한 하자 중 대통령령으로 정하는 중대한 하자는 대통령령으로 정하는 특별한 사유가 없으면 사용검사를 받기 전까지 조치를 완료하여야 한다(주택법 제48조의2 제3항). 이때 특별한 사유란 ① 공사 여건상 자재, 장비 또는 인력 등의 수급이 곤란한 경우, ② 공정 및 공사의 특성상 사용검사를 받기 전까지 보수공사 등을 하기 곤란한 경우, ③ 그 밖에 천재지변이나 부득이한 사유가 있는 경우 어느 하나에 해당하여 사용검사를 받기 전까지 중대한 하자에 대한 보수공사 등의 조치를 완료하기 어렵다고 사용검사권자로부터 인정받은 사유를 말한다(주택법 시행령 제53조의2 제5항).

(5) 통지

사업주체는 ① 조치를 완료한 사항, ② 조치를 완료하지 못한 경우에는 그 사유와 조치계획, ③ 사용검사권자에게 확인을 요청하여 하자가 아니라고 확인받은 사항을 서면(전자문서 및 전자거래 기본법 제2조 제1호의 전자문서를 포함)으로 알려야 한다(주택법 제48조의2 제5항, 주택법 시행령 제53조의3 제4항). 또한 조치계획에 따라 조치를 모두 완료한 때에는 사용검사권자에게 그 결과를 제출하여야 한다(주택법 제48조의2 제5항, 주택법 시행령 제53조의3 제5항).

다. 품질점검단

(1) 의의

시·도지사는 주택법 제48조의2에 따른 사전방문을 실시하고 제49조 제1항에 따른 사용검사를 신청하기 전에 공동주택의 품질을 점검하여 사업계획의 내용에 적합한 공동주택이 건설되도록 할 목적으로 주택 관련 분야 등의 전문가로 구성된 공동주택 품질점검단(이하 "품질점검단"이라 한다)을 설치·운영할 수 있다. 이 경우 시·도지사는 품질점검단의 설치·운영에 관한 사항을 조례로 정하는 바에 따라 대도시 시장에게 위임할 수 있다(주택법 제48조의3 제1항).

(2) 구성

품질점검단의 위원은 다음 각 호의 어느 하나에 해당하는 사람 중에서 시·도지사(법 제48조의3제1항 후단에 따라 권한을 위임받은 대도시 시장을 포함한다)가 임명하거나 위촉한다(주택법 시행령 제53조의4 제1항).

> 1. 「건축사법」 제2조 제1호의 건축사
> 2. 「국가기술자격법」에 따른 건축 분야 기술사 자격을 취득한 사람
> 3. 「공동주택관리법」 제67조 제2항에 따른 주택관리사 자격을 취득한 사람
> 4. 「건설기술 진흥법 시행령」 별표 1에 따른 특급건설기술인
> 5. 「고등교육법」 제2조의 학교 또는 연구기관에서 주택 관련 분야의 조교수 이상 또는 이에 상당하는 직에 있거나 있었던 사람
> 6. 건축물이나 시설물의 설계·시공 관련 분야의 박사학위를 취득한 사람
> 7. 건축물이나 시설물의 설계·시공 관련 분야의 석사학위를 취득한 후 이와 관련된 분야에서 5년 이상 종사한 사람
> 8. 공무원으로서 공동주택 관련 지도·감독 및 인·허가 업무 등에 종사한 경력이 5년 이상인 사람
> 9. 다음 각 목의 어느 하나에 해당하는 기관의 임직원으로서 건축물 및 시설물의 설계·시공 및 하자보수와 관련된 업무에 5년 이상 재직한 사람
>   가. 「공공기관의 운영에 관한 법률」 제4조의 공공기관
>   나. 「지방공기업법」 제3조 제1항의 지방공기업

공무원이 아닌 위원의 임기는 2년으로 하며, 두 차례만 연임할 수 있다. 또한 시·도지사는 위원에게 예산의 범위에서 업무수행에 따른 수당, 여비 및 그 밖에 필요한 경비를 지급할 수 있다. 다만, 공무원인 위원이 그 소관 업무와 직접적으로 관련되어 품질점검에 참여하는 경우에는 지급하지 않는다(주택법 시행령 제53조의4 제2항, 제5항).

① 위원 또는 그 배우자나 배우자였던 사람이 해당 주택건설사업의 사업주체, 시공자 또는 감리자(이하 "사업주체등"이라 하며, 이 호 및 제2호에서는 사업주체등이 법인·단체 등인 경우 그 임직원을 포함한다)이거나 최근 3년 내에 사업주체등이었던 경우, ② 위원이 해당 주택건설사업의 사업주체등의 친족이거나 친족이었던 경우, ③ 위원이 해당 주택건설사업에 대하여 자문, 연구, 용역(하도급을 포함한다), 감정 또는 조사를 한 경우, ④ 위원이 임직원으로 재직하고 있거나 최근 3년 내에 재직했던 법인·단체 등이 해당 주택건설사업에 대하여 자문, 연구, 용역(하도급을 포함한다), 감정 또는 조사를 한 경우, ⑤ 위원이나 위원이 속한 법인·단체 등이 해당 주택건설사업의 사업주체등의 대리인이거나 대리인이었던 경우, ⑥ 위원이나 위원의 친족이 해당 주택의 입주예정자인 경우에는 해당 공동주택의 품질점검에서 제척되며, 위원이 각 제척사유에 해당하는 경우에는 스스로 해당 공동주택의 품질점검에서 회피해야 한다(주택법 시행령 제53조의4 제3항, 제4항).

주택법 및 그 시행령에서 규정한 사항 외에 품질점검단의 구성·운영 등에 필요한 세부적인 사항은 해당 행정구역에 건설하는 주택단지 수 및 세대수 등의 규모를 고려하여 조례로 정한다(주택법 시행령 제53조의4 제6항).

(3) 점검대상 및 점검방법

품질점검단의 점검대상은 국가·지방자치단체, 한국토지주택공사 또는 지방공사 아닌 사업주체가 건설하는 300세대 이상인 공동주택이다(주택법 제48조의3 제2항, 주택법 시행령 제53조의5 제1항 본문). 다만 시·도지사가 필요하다고 인정하는 경우에는 조례로 정하는 바에 따라 300세대 미만인 공동주택으로 정할 수 있다(주택법 시행령 제53조의5 제1항 단서).

품질점검단은 해당 공동주택의 건축·구조·안전·품질관리 등에 대한 시공품질을 점검하여야 한다(주택법 제48조의3 제2항). 구체적으로 공동주택 관련 법령, 입주자모집공고, 설계도서 및 마감자재 목록표 등 관련 자료를 토대로 ① 공동주택의 공용부분, ② 공동주택 일부 세대의 전유부분, ③ 주택법 시행령 제53조의3제2항에 따라 사용검사권자가 하자 여부를 판단하기 위해 품질점검단에 자문을 요청한 사항 중 현장조사가 필요한 사항을 점검해야 한다(주택법 시행령 제53조의5 제2항).

(4) 점검의 효율성 제고

사업주체는 품질점검단의 점검에 협조하여야 하며 이에 따르지 아니하거나 기피 또는 방해해서는 아니 된다(주택법 제48조의3 제3항). 또한 사용검사권자는 품질점검단의 시공품질 점검을 위하여 필요한 경우에는 사업주체, 감리자 등 관계자에게 공동주택의 공사현황 등 국토교통부령으로 정하는 서류 및 관련 자료의 제출을 요청할 수 있다. 이 경우 자료 제출을 요청받은 자는 정당한 사유가 없으면 이에 따라야 한다(주택법 제48조의3 제4항).

(5) 점검결과에 대한 조치

① 점검결과의 제출 및 통보
품질점검단은 점검한 결과를 시·도지사 또는 대도시 시장과 사용검사권자에게 제출하여야 한다(주택법 제48조의3 제2항). 사용검사권자는 품질점검단으로부터 점검결과를 제출받은 때에는 점검결과에 관한 사업주체의 의견을 청취하기 위하여 사업주체에게 그 내용을 통보해야 한다(주택법 시행령 제53조의6 제1항).

② 점검결과의 보관 및 공개, 등록
사용검사권자는 제출받은 점검결과를 사용검사가 있은 날부터 2년 이상 보관하여야 하며, 입주자(입주예정자를 포함)가 관련 자료의 공개를 요구하는 경우에는 이를 공개하여야 한다(주택법 제48조의3 제5항) 또한 사용검사권자는 공동주택의 시공품질 관리를 위하여 제48조의2에 따라 사업주체에게 통보받은 사전방문 후 조치결과, 제6항 및 제7항에 따른 조치명령, 조치결과, 이의신청 등에 관한 사항을 대통령령으로 정하는 정보시스템에 등록하여야 한다(주택법 제48조의3 제8항).

③ 사업주체의 의견제출
사업주체는 제1항에 따라 통보받은 점검결과에 대하여 이견이 있는 경우 통보받은 날부터 5일 이내에 관련 자료를 첨부하여 사용검사권자에게 의견을 제출할 수 있다(주택법 시행령 제53조의6 제2항).

④ 조치명령 및 그에 따른 조치의무

사용검사권자는 품질점검단의 점검결과에 대한 사업주체의 의견을 청취한 후 하자가 있다고 판단하는 경우 보수·보강 등 필요한 조치를 명하여야 한다. 이 경우 대통령령으로 정하는 중대한 하자는 대통령령으로 정하는 특별한 사유가 없으면 사용검사를 받기 전까지 조치하도록 명하여야 한다(주택법 제48조의3 제6항). 사용검사권자는 품질점검단 점검결과 및 제출받은 의견을 검토한 결과 하자에 해당한다고 판단하는 때에는 법 제48조의3 제6항에 따라 사업주체의 의견 제출일부터 5일 이내에 보수·보강 등의 조치를 명해야 한다(주택법 시행령 제53조의6 제3항).

보수·보강 등의 조치명령을 받은 사업주체는 대통령령으로 정하는 바에 따라 조치를 하고, 그 결과를 사용검사권자에게 보고하여야 한다. 다만, 조치명령에 이의가 있는 사업주체는 사용검사권자에게 이의신청을 할 수 있다(주택법 제48조의3 제7항). 조치명령에 이의신청을 하려는 경우에는 조치명령을 받은 날부터 5일 이내에 사용검사권자에게 ① 사용검사권자의 조치명령에 대한 이의신청 내용 및 이유, ② 이의신청 내용 관련 설계도서 및 현장사진, ③ 감리자의 의견, ④ 그 밖에 이의신청 내용을 증명할 수 있는 자료를 제출해야 한다(주택법 시행령 제53조의7 제1항). 사용검사권자는 이의신청을 받은 때에는 신청을 받은 날부터 5일 이내에 사업주체에게 검토결과를 통보해야 한다(주택법 시행령 제53조의7 제2항).

2
사용검사

가. 사용검사의 의의

사업주체는 법 제15조에 따른 사업계획승인을 받아 시행하는 주택건설사업을 완료한 경우 주택에 대하여 국토교통부령으로 정하는 바에 따라 시장·군수·구청장(국가 또는 한국토지주택공사가 사업주체인 경우와 대통령령으로 정하는 경우에는 국토교통부장관을 말하며 이하 이 조에서 같음)의 사용검사를 받아야 한다(주택법 제49조 제1항 본문).

사용검사라 함은 건축물에 사람이 거주하기에 지장이 없는지 여부를 검토하여 사용을 승인해주는 행정처분으로서, 건물 사용검사처분(준공처분)은 건축허가를 받아 건축된 건물이 건축허가사항대로 건축행정목적에 적합한가 여부를 확인하고 사용검사필증을 교부하여 줌으로써 허가받은 자로 하여금 건축한 건물을 사용, 수익할 수 있게 하는 법률효과를 발생시키는 것을 말한다(대법원 1994. 1. 14., 선고 93누20481 판결 참조).

나. 사용검사의 내용

(1) 사용검사 의무자

리모델링조합 등 사업주체가 사용검사를 받아야 하는 것이 원칙이다. 다만 ① 사업주체가 파산 등으로 사용검사를 받을 수 없는 경우에는 해당 주택의 시공을 보증한 자가 잔여공사를 시공하고 사용검사를 받아야 하며, 시공보증자도 없거나 파산 등으로 시공할 수 없는 경우 입주예정자의 대표회의(이하 "입주예정자대표회의"라 한다)가 시공자를 정하여 잔여공사를 시공하고 사용검사를 받아야 한다(주택법 제49조 제3항 제1호, 주택법 시행령 제55조 제1항). 또한 ② 사업주체가 정당한 이유 없이 사용검사를 위한 절차를 이행하지 아니하는 경우에는 해당 주택의 시공을 보증한 자, 해당 주택의 시공자 또는 입주예정자가 사용검사를 받아야 하고, 이때 사용검사권자는 사업주체에게 사용검사를 받지 아니하는 정당한 이유를 제출할 것을 요청하여 7일 이내에 의견을 통지받지 못할 경우에는 사용검사를 거부하거나 지연할 수 없다(주택법 제49조 제3항 제2호, 주택법 시행령 제55조 제4항).

입주예정자대표회의가 사용검사를 받아야 하는 경우 사용검사권자는 입주예정자로 구성된 대책회의를 소집하여 그 내용을 통보하고, 건축공사현장에 10일 이상 그 사실을 공고하여야 한다. 이 경우 입주예정자는 그 과반수의 동의로 10명 이내의 입주예정자로 구성된 입주예정자대표회의를 구성하여야 한다(주택법 시행규칙 제22조).

(2) 사용검사권자

시장·군수·구청장이 사용검사권자이나, 국가 또는 한국토지주택공사가 사업주체인 경우와 주택법 제27조 제3항 각 호에 해당하여 국토교통부장관으로부터 사업계획승인을 받은 경우에는 국토교통부장관이 사용검사권자이다.

(3) 사용검사의 대상

주택건설사업 또는 대지조성사업을 완료한 경우 일괄하여 사용검사를 하는 것이 원칙이나, 대통령령으로 정하는 호수 이상의 주택단지를 공구별로 분할하여 주택을 건설·공급하는 사업계획을 승인받은 경우에는 완공된 주택에 대하여 공구별로 "분할 사용검사"를 받을 수 있다. 또한 사업계획승인 조건의 미이행, 하나의 주택단지의 입주자를 분할모집하여 전체 단지의 사용검사를 마치기 전에 입주가 필요한 경우, 그 밖에 사업계획승인권자가 동별로 사용검사를 받을 필요가 있다고 인정하는 경우에는 공사가 완료된 주택에 대하여 동별로 "동별 사용검사"를 받을 수 있다(주택법 제49조 제1항 단서).

(4) 사용검사의 절차

① 사용검사의 신청
사용검사를 받으려는 자는 주택법 시행규칙 별지 제23호 서식의 신청서에 ① 감리자의 감리의견서(주택건설사업인 경우만 해당), ② 시공자의 공사확인서(입주예정자대표회의가 사용검사 또는 임시사용승인을 신청하는 경우만 해당)를 첨부하여 사용검사권자에게 제출(전자문서에 따른 제출을 포함한다)해야 한다(주택법 시행규칙 제21조 제1항).

② 사용검사

사용검사권자는 ① 사용검사의 대상인 주택 또는 대지가 사업계획의 내용에 적합한지 여부, ② 입주예정자가 사전방문에 따라 주장하는 하자 등 법령상 사업주체가 사용검사를 받기 전까지 조치해야 하는 하자를 조치 완료했는지 여부를 확인하여야 한다(주택법 시행령 제54조 제3항). 이때 사용검사는 신청일로부터 15일 이내에 하여야 한다(주택법 시행령 제54조 제4항).

사용검사권자는 확인 결과 적합한 경우에는 사용검사를 신청한 자에게 사용검사 확인증을 발급하여야 한다(주택법 시행규칙 제21조 제3항).

(5) 사용검사의 효과

사업주체 또는 입주예정자는 사용검사를 받은 후부터 주택 또는 대지를 사용하거나 사용하게 할 수 있다(주택법 제49조 제4항 본문).

사업주체가 사용검사를 받았을 때에는 주택법 제19조 제1항에 따라 의제되는 인·허가 등에 따른 해당 사업의 사용승인·준공검사 또는 준공인가를 받은 것으로 보고, 이 경우 사용검사권자는 미리 관계 행정기관의 장과 협의하여야 한다(주택법 제49조 제2항). 이에 따라 협의 요청을 받은 관계행정기관의 장은 정당한 사유가 없으면 그 요청을 받은 날부터 10일 이내에 의견을 제시하여야 한다(주택법 시행령 제54조 제5항).

시공보증자 또는 입주예정자대표회의가 사용검사를 받은 경우에는 시공보증자 또는 세대별 입주자의 명의로 건축물관리대장 등재 및 소유권보존등기를 할 수 있다(주택법 시행령 제55조 제2항).

다. 임시사용승인

사업주체 또는 입주예정자는 주택건설사업의 경우 건축물의 동별로 공사가 완료된 경우, 대지조성사업의 경우 구획별로 공사가 완료된 경우에는 사용검사권자의 임시 사용승인을 받으면 사용검사를 받기 전이라도 주택 또는 대지를 사용하게 하거나 사용할 수 있다(주택법 제49조 제4항 단서, 주택법 시행령 제56조 제1항).

임시 사용승인을 받으려는 자는 필요한 서류를 첨부하여 사용검사권자에게 주택법 시행규칙 별지 제23호 서식의 신청서를 제출하여야 한다(주택법 시행규칙 제21조 제1항).

사용검사권자는 임시 사용승인대상인 주택 또는 대지가 사업계획의 내용에 적합하고 사용에 지장이 없는 경우에만 임시사용을 승인할 수 있다. 이 경우 임시 사용승인의 대상이 공동주택인 경우에는 세대별로 임시 사용승인을 할 수 있고(주택법 시행령 제56조 제3항), 확인 결과 사업계획의 내용에 적합한 경우 주택법 시행규칙 별지 제25호서식의 임시사용승인서를 발급하여야 한다(주택법 시행규칙 제21조 제2항).

라. 사용검사 등의 특례에 따른 하자보수보증금 면제

사업주체의 파산 등으로 입주예정자가 사용검사를 받을 때에는 공동주택관리법 제38조 제1항에도 불구하고 입주예정자의 대표회의가 사용검사권자에게 사용검사를 신청할 때 하자보수보증금을 예치하여야 한다(주택법 제50조 제1항). 이러한 경우 2015년 12월 31일 당시 사업계획승인을 받아 사실상 완공된 주택에 사업주체의 파산 등으로 사용검사를 받지 아니하고 무단으로 점유하여 거주하는 입주예정자가 2016년 12월 31일까지 사용검사권자에게 사용검사를 신청할 때에는 아래와 같이 무단거주한 기간에 비례하여 하자보수보증금을 면제하여야 한다.

```
○ 무단거주한 날부터 1년이 지난 때 : 10퍼센트
○ 무단거주한 날부터 2년이 지난 때 : 35퍼센트
○ 무단거주한 날부터 3년이 지난 때 : 55퍼센트
○ 무단거주한 날부터 4년이 지난 때 : 70퍼센트
○ 무단거주한 날부터 5년이 지난 때 : 85퍼센트
○ 무단거주한 날부터 10년이 지난 때 : 100퍼센트
```

이때 무단거주한 날은 주민등록 신고일이나 전기, 수도요금 영수증 등으로 확인하여 주택에 최초로 입주예정자가 입주한 날을 기산일로 한다(주택법 제50조 제2, 3항). 입주예정자 대표회의가 하자보수보증금을 예치한 경우 공동주택관리법 제36조 제3항에 따른 담보책임기간은 하자보수보증금을 면제받은 기간만큼 줄어드는 것으로 본다(주택법 제50조 제5항).

무단거주자가 사용검사를 받았을 때에도 사업계획승인에 따라 의제되는 인·허가등에 따른 해당 사업의 사용승인·준공검사 또는 준공인가를 받은 것으로 본다(주택법 제50조 제4항).

3
입주(인도)

리모델링주택조합은 사용검사필증을 교부받게 되면 조합원들과 일반 분양자들이 즉시 입주할 수 있도록 입주예정기간을 정하여야 한다. 이 경우 리모델링주택조합은 시공자와의 도급금액을 확정·정산하여야 하며 이를 토대로 조합원들의 최종분담금을 통지하여 동 금액의 수납과 함께 입주를 허용토록 하여야 한다.

한편, 리모델링으로 인하여 재입주하는 경우 새로이 입주자대표회의를 구성하고 관리규약을 제정하여야 하는지 문제이나, 이는 리모델링 사업의 종류를 나누어 살펴볼 필요가 있다. 먼저 리모델링 사업이 세대수 증가가 없는 경우에는 기존 조합원들이 당초 소유 주택으로 재입주함에 따라 특별히 관리규약을 새로이 작성하거나 입주자대표회의를 다시 구성할 필요는 없다고 볼 여지가 크지만, 세대수 증가형 리모델링이나 수직 층축형 리모델링의 경우에는 구성원의 변동이 있기 때문에 관리규약을 새로이 작성하거나 입주자대표회의를 새로이 구성할 필요가 있다고 본다.

4
대지지분과 공용면적에 대한 특례

가. 대지지분에 대한 특례규정

우선 주택법 제76조 제1항은 "공동주택의 소유자가 리모델링에 의하여 전유부분(「집합건물의 소유 및 관리에 관한 법률」제2조 제3호[177]에 따른 전유부분을 말한다. 이하 이 조에서 같다)의 면적이 늘거나 줄어드는 경우에는 「집합건물의 소유 및 관리에 관한 법률」제12조[178] 및 제20조 제1항[179]에도 불구하고 대지사용권은 변하지 아니하는 것으로 본다. 다만, 세대수 증가를 수반하는 리모델링의 경우에는 권리변동계획에 따른다"고 규정하고 있다.

리모델링을 통한 증축이 허용됨에 따라 각 세대의 전용면적뿐만 아니라 공용면적, 분양면적 모두 달라질 수 있는데, 증축으로 인한 면적 변동은 각 세대의 평형에 따라 달라지며, 각 동이 계단실형이냐 복도형이냐에 따라 또는 주택단지 내에서의 각 동의 위치에 따라 다를 수 있으며, 세대수가 증가하는 경우에는 더욱 그러하다.

이 경우 리모델링 공사 후 전용면적 비율로 다시 대지지분을 조정하게 된다면 법리상으로는 대지지분이 늘어나는 세대가 대지지분이 줄어드는 세대의 지분을 이전받는 형식이 될 것인데, 각종 세금 부과 문제가 발생하고 등기부상 지분정리를 위한 복잡한 절차를 거치게 될 것이다.

이러한 행정절차상의 번잡뿐만 아니라 대지지분 조정을 둘러싼 조합원간의 정산 문제 등이 대두되어 리모델링 추진이 사실상 어려워지며, 동별 리모델링도 불가능하게 될 우려

---

177) 집합건물의 소유 및 관리에 관한 법률
  제2조 (정의) 이 법에서 사용하는 용어의 뜻은 다음과 같다.
  3. "전유부분(專有部分)"이란 구분소유권의 목적인 건물부분을 말한다.

178) 집합건물의 소유 및 관리에 관한 법률
  제12조 (공유자의 지분권)
  ① 각 공유자의 지분은 그가 가지는 전유부분의 면적 비율에 따른다.
  ② 제1항의 경우 일부공용부분으로서 면적이 있는 것은 그 공용부분을 공용하는 구분소유자의 전유부분의 면적 비율에 따라 배분하여 그 면적을 각 구분소유자의 전유부분 면적에 포함한다.

179) 집합건물의 소유 및 관리에 관한 법률
  제20조 (전유부분과 대지사용권의 일체성)
  ① 구분소유자의 대지사용권은 그가 가지는 전유부분의 처분에 따른다.

가 있는바, 이러한 문제점을 방지하고자 주택법에서는 리모델링을 통한 주택면적의 증감이 발생하더라도 대지지분권의 변동은 없는 것으로 보도록 특례규정을 둠으로써 동별 리모델링과 주택단지 리모델링 모두 가능할 수 있도록 정책적으로 배려하고 있다.

나. 공용면적에 대한 특례규정

주택법 제76조 제2항은 "공동주택의 소유자가 리모델링에 의하여 일부 공용부분(「집합건물의 소유 및 관리에 관한 법률」 제2조 제4호[180])에 따른 공용부분을 말한다. 이하 이 조에서 같다)의 면적을 전유부분의 면적으로 변경한 경우에는 「집합건물의 소유 및 관리에 관한 법률」 제12조[181])에도 불구하고 그 소유자의 나머지 공용부분의 면적은 변하지 아니하는 것으로 본다"라고 규정하고 있다.

그러나 위 특례조항에도 불구하고, 위의 대지사용권 및 위의 공용부분의 면적에 관하여는 소유자가 「집합건물의 소유 및 관리에 관한 법률」 제28조[182])에 따른 규약으로 달리 정한 경우에는 그 규약에 따른다(주택법 제48조 제3항).

---

180) 집합건물의 소유 및 관리에 관한 법률
　　제2조 (정의) 이 법에서 사용하는 용어의 뜻은 다음과 같다.
　　4. "공용부분"이란 전유부분 외의 건물부분, 전유부분에 속하지 아니하는 건물의 부속물 및 제3조 제2항 및 제3항에 따라 공용부분으로 된 부속의 건물을 말한다.

181) 집합건물의 소유 및 관리에 관한 법률
　　제12조 (공유자의 지분권)
　　① 각 공유자의 지분은 그가 가지는 전유부분의 면적 비율에 따른다.
　　② 제1항의 경우 일부공용부분으로서 면적이 있는 것은 그 공용부분을 공용하는 구분소유자의 전유부분의 면적 비율에 따라 배분하여 그 면적을 각 구분소유자의 전유부분 면적에 포함한다.

182) 집합건물의 소유 및 관리에 관한 법률
　　제28조 (규약)
　　① 건물과 대지 또는 부속시설의 관리 또는 사용에 관한 구분소유자들 사이의 사항 중 이 법에서 규정하지 아니한 사항은 규약으로써 정할 수 있다.
　　② 일부공용부분에 관한 사항으로써 구분소유자 전원에게 이해관계가 있지 아니한 사항은 구분소유자 전원의 규약에 따로 정하지 아니하면 일부공용부분을 공용하는 구분소유자의 규약으로써 정할 수 있다.
　　③ 제1항과 제2항의 경우에 구분소유자 외의 자의 권리를 침해하지 못한다.
　　④ 특별시장·광역시장·특별자치시장·도지사 및 특별자치도지사(이하 "시·도지사"라 한다)는 이 법을 적용받는 건물과 대지 및 부속시설의 효율적이고 공정한 관리를 위하여 대통령령으로 정하는 바에 따라 표준규약을 마련하여 보급하여야 한다.

다. 세대수 증가형 리모델링에 관한 특례

권리변동계획에 따라 소유권이 이전되는 토지 또는 건축물에 대한 권리의 확정 등에 관하여는 「도시 및 주거환경정비법」 제87조를 준용한다. 이 경우 "토지 등 소유자에게 분양하는 대지 또는 건축물"은 "권리변동계획에 따라 구분소유자에게 소유권이 이전되는 토지 또는 건축물"로, "일반에게 분양하는 대지 또는 건축물"은 "권리변동계획에 따라 구분소유자 외의 자에게 소유권이 이전되는 토지 또는 건축물"로 본다(주택법 제76조 제6항). 따라서 대지 또는 건축물을 분양받을 자에게 도시정비법 제86조 제2항에 따라 소유권을 이전한 경우 종전의 토지 또는 건축물에 설정된 지상권·전세권·저당권·임차권·가등기담보권·가압류 등 등기된 권리 및 「주택임대차보호법」 제3조 제1항의 요건을 갖춘 임차권은 소유권을 이전받은 대지 또는 건축물에 설정된 것으로 보고(도시정비법 제87조 제1항), 제1항에 따라 취득하는 대지 또는 건축물 중 권리변동계획에 따라 구분소유자에게 소유권이 이전되는 토지 또는 건축물은 「도시개발법」 제40조에 따라 행하여진 환지로 보고(도시정비법 제87조 제2항), 도시정비법 제79조 제4항에 따른 보류지와 권리변동계획에 따라 구분소유자 외의 자에게 소유권이 이전되는 토지 또는 건축물은 「도시개발법」 제34조에 따른 보류지 또는 체비지로 본다(도시정비법 제87조 제3항).

이는 주택법 개정에 따라 세대수 증가형 리모델링이 허용되었음에도 권리변동계획의 효과에 대해서는 별다른 규정을 두지 아니하여 리모델링조합원의 종전 구분소유목적물에 대하여 저당권 등 담보물권이 설정되어 있던 경우에는 리모델링 후 증가된 일반분양분에도 존속하게 되고, 주택법 및 주택공급에 관한 규칙상 제한물권의 제한 없는 소유권을 확보하지 못한 경우에는 입주자를 모집할 수 없다는 문제를 해소하기 위하여 2020. 1. 23. 주택법 개정에 따라 신설된 규정이다. 이로써 조합원인 종전 구분소유자 소유의 구분소유건물에 관하여 설정된 저당권은 리모델링 후 조합원이 분양받은 구분소유건물에 관하여 그대로 설정된 것으로 보며, 새로이 증축되어 일반분양되는 구분소유건물은 사업시행자인 조합이 저당권 제한 없는 완전한 소유권을 취득하게 되므로 주택공급에 관한 규칙상 입주자모집의 조건을 충족하게 된다.

5
권리의 확정

　도시정비법은 준공인가고시 후 대지확정측량을 하고 토지의 분할절차를 거쳐 관리처분계획에서 정한 사항을 분양받을 자에게 통지하고 대지 또는 소유권을 이전해야 하며, 그 내용에 따라 지방자치단체의 공보에 고시한 다음 날 대지 또는 건축물을 분양받을 자가 그 대지 또는 건축물의 소유권을 취득하도록 정함으로써 일괄적인 권리의 확정기준을 정하고 있다(도시정비법 제86조). 또한 이전고시는 그 효력을 갖게 된 이후부터는 조합설립인가, 사업시행계획, 관리처분계획 등 사업시행 과정에서의 각종 처분의 하자를 다툴 수 있는 소의 이익을 상실시켜 정비사업의 공익적·단체법적 성격과 이미 형성된 법률관계를 유지하는 법적 안정성을 보호하는 중요한 역할을 가진다. 그러나 주택법에서는 이러한 이전고시 또는 그에 준하는 절차나 기준에 대해서는 별도로 정하지 않고 있으므로 주택법에 따른 리모델링 후 구분소유건물을 분양받은 자가 언제 그 소유권을 취득하게 되는 것인지 문제된다.

　2021. 1. 23. 주택법 개정으로 신설된 제76조 제6항에 의하면 권리변동계획에 따라 조합원인 구분소유자가 취득하는 구분건물은 도시개발법 제40조에 따라 행해진 환지로, 일반분양자가 취득하는 구분건물은 도시개발법 제34조에 따른 보류지 또는 체비지로 간주되는바, 이러한 권리변동의 법적 성질에 기초하여 판단한다면 도시개발법 제42조 제4항, 제5항[183]에 따라 환지처분이 공고된 날의 다음 날 리모델링된 구분소유건물의 소유권을 취득하게 된다고 볼 수 있다. 그러나 환지처분의 방식, 절차, 내용에 대해서는 도시개발법 및 그 시행령에서 정하고 있을 뿐이고, 주택법상 이러한 규정들을 준용하는 규정은 존재하지 않으므로 리모델링의 권리변동계획에 관하여 이전고시에 준하는 환지처분의 공고가 허용

---

183) 도시개발법[법률 제16568호, 2019. 8. 27., 타법개정]
　　제42조(환지처분의 효과)
　　④ 제28조에 따른 환지 계획에 따라 환지처분을 받은 자는 환지처분이 공고된 날의 다음 날에 환지 계획으로 정하는 바에 따라 건축물의 일부와 해당 건축물이 있는 토지의 공유지분을 취득한다. 이 경우 종전의 토지에 대한 저당권은 환지처분이 공고된 날의 다음 날부터 해당 건축물의 일부와 해당 건축물이 있는 토지의 공유지분에 존재하는 것으로 본다.
　　⑤ 제34조에 따른 체비지는 시행자가, 보류지는 환지 계획에서 정한 자가 각각 환지처분이 공고된 날의 다음 날에 해당 소유권을 취득한다. 다만, 제36조 제4항에 따라 이미 처분된 체비지는 그 체비지를 매입한 자가 소유권이전등기를 마친 때에 소유권을 취득한다.

된다고 보기 어렵다. 결국 현재로서는 주택법에 따른 리모델링 시 그 권리변동계획에 따른 권리의 확정에 관하여는 향후 입법을 통하여 주택법에 권리의 확정방법, 기준시점 등을 명확히 정할 필요가 있다.

6
사업완료 후 등기 및 공부정리

가. 개요

주택법에 따른 리모델링의 경우, 특히 세대수 증가형 리모델링의 경우에는 대지지분의 분리처분 가부, 건물의 동일성 여부, 대지지분의 분할 등으로 인하여 종전 건축물을 모두 철거하여 신축하는 정비사업보다 훨씬 그 권리변동이 복잡하고 다양함에도 불구하고 사업완료에 따른 등기를 위한 등기규칙을 정하지 아니하였는바, 현재는 실무상 부동산등기규칙에 따라 리모델링에 따른 권리변동내역을 등기하고 있다.

나. 실무상 등기방법 등

리모델링 후 사용검사까지 받게 된 후에는 권리변동계획에 따라 분양절차를 거친 후 그에 따른 등기를 마치게 된다. 그런데 세대수 증가형 리모델링의 경우 권리변동계획에 따라 종전 대지지분 일부를 증가된 구분소유건물에 대한 대지지분으로 이전하여야 하므로, 이를 위한 전제로 분리처분할 수 없도록 정해진 대지권등기를 말소하기 위한 대지권변경등기를 한다. 이후 조합원 분양분에 대해서는 조합 명의로 마쳐진 신탁등기를 말소한 후 리모델링에 의하여 직권으로 변경된 건축물대장에 따라 건물에 관한 표시변경등기를 하며, 일반 분양분에 대해서는 증가된 구분소유건물이 신탁재산의 관리, 처분, 운용, 개발에 따라 수탁자인 리모델링조합이 취득한 신탁재산으로서 조합 명의로 건물에 관한 소유권보존등기와 동시에 신탁등기를 하고 이후 수분양자에게 이전등기를 마치면서 신탁등기를 말소한다. 최종적으로 건물과 대지권의 분리처분가능규약을 폐지하는 규약을 첨부하여 대지권을 새로이 발생시키는 변경등기를 하여야 한다(부동산등기규칙 제86조 제2항).

도시정비법이나 도시개발법상 사업완료 이후 권리변동내역을 일괄적으로 처리할 수 있도록 등기규칙을 따로 정하고 있는바, 향후 리모델링 사업에 관해서도 별도로 등기규칙을 제정함으로써 간명한 등기가 가능하도록 정리할 필요성이 있다.

7
국토교통부 질의 회신

건축물 유지관리 점검 제도 관련 질의(건축법 35조)

2016. 5. 19. 녹색건축과

□ 질의요지

건축물 유지관리점검과 관련하여 리모델링 후 사용승인을 받은 경우에는 점검 기준일이 어떻게 되는지

□ 회신내용

1. 「건축법」시행령 제23조의2(정기점검 및 수시점검 실시) 제1항 각 호의 어느 하나에 해당하는 건축물의 소유자나 관리자는 해당 건축물의 사용승인일을 기준으로 10년이 지난 날부터 2년마다 한 번 정기점검을 실시하여야 합니다.

2. 다만, 당해 건축물이 「건축법」에 의한 리모델링 또는 「주택법」에 의한 리모델링(이하 "리모델링")으로 사용승인(사용검사)을 받은 경우에는, 그 리모델링을 통해 건축물 전체가 현행 기준에 적합하게 된 경우에 한하여, 리모델링의 사용승인일 기준 10년이 지난 날을 점검기준일로 볼 수 있습니다.

3. 따라서 질의하신 건축물의 리모델링이 「건축법」 및 「주택법」에 따른 리모델링에 해당하는지 여부 등 더 자세한 사항은 허가권자에 문의하여 주시기 바랍니다.

리모델링의 사용검사일로 건축물대장상 사용승인일 변경 가부

2018. 1. 4. 주택정비과

□ 질의요지

아파트 리모델링조합을 구성하여 1개층 증축형 리모델링 사업을 진행하여 사용검사를 받았을 때 건축물대장상의 사용승인일을 리모델링 사업 사용검사일로 변경이 가능한지

□ 회신내용

「주택법」에 따른 공동주택 리모델링은 기존 건축물의 노후화 억제 또는 기능향상 등을 도모하는 대수선·증축 행위로서 건축물의 신축이 아니므로 질의하신 건축물대장상의 당초 사용승인일을 리모델링 사업 사용검사일로 변경은 곤란할 것으로 판단됨을 알려드립니다.

제17장

하자보수 등

―

오동준 변호사

1
장기수선계획

가. 의의

① 300세대 이상의 공동주택, ② 승강기가 설치된 공동주택, ③ 중앙집중식 난방방식 또는 지역난방방식의 공동주택, ④ 건축법 제11조에 따른 건축허가를 받아 주택 외 시설과 주택을 동일 건축물로 건축한 건축물의 공동주택을 건설·공급하는 사업주체 또는 주택법에 따라 리모델링을 하는 자는 대통령령으로 정하는 바에 따라 그 공동주택의 공용부분에 대한 장기수선계획을 수립하여 주택법 제49조에 따른 사용검사를 신청할 때에 사용검사권자에게 제출하고, 사용검사권자는 이를 그 공동주택의 관리주체에게 인계하여야 한다. 이 경우 사용검사권자는 사업주체 또는 리모델링을 하는 자에게 장기수선계획의 보완을 요구할 수 있다(공동주택관리법 제29조 제1항).

나. 수립기준 및 내용

장기수선계획을 수립하는 자는 국토교통부령이 정하는 기준에 따라 장기수선계획을 수립하되, 당해 공동주택의 건설에 소요된 비용을 감안하여야 한다(공동주택관리법 시행령 제30조). 이때 국토교통부령이 정하는 기준은 공동주택관리법 시행규칙 별표1의 '장기수선계획의 수립기준'을 말한다(공동주택관리법 시행규칙 제7조 제1항).

■ 공동주택관리법 시행규칙 [별표 1] <개정 2019. 1. 16.>

장기수선계획의 수립기준(제7조 제1항 및 제9조 관련)

1. 건물외부

구분	공사종별	수선방법	수선주기 (년)	수선율 (%)	비 고
가. 지붕	1) 모르타르 마감	전면수리	10	100	시멘트액체방수
	2) 고분자도막방수	전면수리	15	100	
	3) 고분자시트방수	전면수리	20	100	
	4) 금속기와 잇기	부분수리	5	10	
		전면교체	20	100	
	5) 아스팔트 슁글 잇기	부분수리	5	10	
		전면교체	20	100	
나. 외부	1) 돌 붙이기	부분수리	25	5	
	2) 수성페인트칠	전면도장	5	100	
다. 외부 창·문	출입문(자동문)	전면교체	15	100	

2. 건물내부

구분	공사종별	수선방법	수선주기 (년)	수선율 (%)	비 고
가. 천장	1) 수성도료칠	전면도장	5	100	
	2) 유성도료칠	전면도장	5	100	
	3) 합성수지도료칠	전면도장	5	100	
나. 내벽	1) 수성도료칠	전면도장	5	100	
	2) 유성도료칠	전면도장	5	100	
	3) 합성수지도료칠	전면도장	5	100	
다. 바닥	지하주차장 (바닥)	부분수리	5	50	
		전면교체	15	100	
라. 계단	1) 계단논슬립	전면교체	20	100	
	2) 유성페인트칠	전면도장	5	100	

3. 전기·소화·승강기 및 지능형 홈네트워크 설비

구분	공사종별	수선방법	수선주기 (년)	수선율 (%)	비고
가. 예비전원(자가발전) 설비	1) 발전기	부분수선	10	30	
		전면교체	30	100	
	2) 배전반	부분교체	10	10	
		전면교체	20	100	
나. 변전설비	1) 변압기	전면교체	25	100	고효율에너지 기자재 적용
	2) 수전반	전면교체	20	100	
	3) 배전반	전면교체	20	100	
다. 자동화재감지설비	1) 감지기	전면교체	20	100	
	2) 수신반	전면교체	20	100	
라. 소화설비	1) 소화펌프	전면교체	20	100	
	2) 스프링클러 헤드	전면교체	25	100	
	3) 소화수관(강관)	전면교체	25	100	
마. 승강기 및 인양기	1) 기계장치	전면교체	15	100	
	2) 와이어로프, 쉬브(도르레)	전면교체	5	100	
	3) 제어반				
	4) 조속기	전면교체	15	100	
	5) 도어개폐장치	전면교체	15	100	
		전면교체	15	100	
바. 피뢰설비 및 옥외전등	1) 피뢰설비	전면교체	25	100	
	2) 보안등	전면교체	25	100	고휘도방전램프 또는 LED 보안등 적용
사. 통신 및 방송설비	1) 엠프 및 스피커	전면교체	15	100	
	2) 방송수신 공동설비	전면교체	15	100	
아. 보일러실 및 기계실	동력반	전면교체	20	100	
자. 보안·방범시설	1) 감시반 (모니터형)	전면교체	5	100	
	2) 녹화장치	전면교체	5	100	
	3) 영상정보처리기기 및 침입탐지시설	전면교체	5	100	
차. 지능형 홈네트워크 설비	1) 홈네트워크기기	전면교체	10	100	
	2) 단지공용시스템 장비	전면교체	20	100	

4. 급수·가스·배수 및 환기설비

구분	공사종별	수선방법	수선주기 (년)	수선율 (%)	비고
가. 급수설비	1) 급수펌프	전면교체	10	100	고효율에너지 기자재 적용(전동기 포함)
	2) 고가수조 (STS, 합성수지)	전면교체	25	100	
	3) 급수관(강관)	전면교체	15	100	
나. 가스설비	1) 배관	전면교체	20	100	
	2) 밸브	전면교체	10	100	
다. 배수설비	1) 펌프	전면교체	10	100	
	2) 배수관(강관)	전면교체	15	100	
	3) 오배수관(주철)	전면교체	30	100	
	4) 오배수관(PVC)	전면교체	25	100	
라. 환기설비	환기팬	전면교체	10	100	

5. 난방 및 급탕설비

구분	공사종별	수선방법	수선주기 (년)	수선율 (%)	비고
가. 난방설비	1) 보일러	전면교체	15	100	고효율에너지 기자재 적용(전동기 포함)
	2) 급수탱크	전면교체	15	100	
	3) 보일러수관	전면교체	9	100	밸브류 포함
	4) 난방순환펌프	전면교체	10	100	
	5) 난방관(강관)	전면교체	15	100	
	6) 자동제어 기기	전체교체	20	100	
	7) 열교환기	전면교체	15	100	
나. 급탕설비	1) 순환펌프	전면교체	10	100	고효율에너지 기자재 적용(전동기 포함)
	2) 급탕탱크	전면교체	15	100	
	3) 급탕관(강관)	전면교체	10	100	

6. 옥외 부대시설 및 옥외 복리시설

구분	공사종별	수선방법	수선주기 (년)	수선율 (%)	비고
옥외부대시설 및 옥외 복리 시설	1) 아스팔트포장	부분수리	10	50	
		전면수리	15	100	
	2) 울타리	전면교체	20	100	
	3) 어린이놀이시설	부분수리	5	20	
		전면교체	15	100	
	4) 보도블록	부분수리	5	10	
		전면교체	15	100	
	5) 정화조	부분수리	5	15	
	6) 배수로 및 맨홀	부분수리	10	10	
	7) 현관입구·지하주차장 진입로 지붕	전면교체	15	100	
	8) 자전거보관소	전면교체	10	100	
	9) 주차차단기	전면교체	10	100	
	10) 조경시설물	전면교체	15	100	
	11) 안내표지판	전면교체	5	100	

7. 월간 세대별 장기수선충당금 산정방법

$$\text{월간 세대별 장기수선충당금} = \frac{\text{장기수선계획기간 중의 수선비총액}}{\text{총공급면적} \times 12 \times \text{계획기간(년)}} \times \text{세대당 주택공급면적}$$

다. 검토 및 조정

입주자대표회의와 관리주체는 장기수선계획을 3년마다 검토하고, 필요한 경우 이를 국토교통부령으로 정하는 바에 따라 조정하여야 하며, 수립 또는 조정된 장기수선계획에 따라 주요시설을 교체하거나 보수하여야 한다. 이 경우 입주자대표회의와 관리주체는 장기수선계획에 대한 검토사항을 기록하고 보관하여야 한다(공동주택관리법 제29조 제2항). 관리주체는 장기수선계획을 검토하기 전에 해당 공동주택의 관리사무소장으로 하여금 국토교통부령으로 정하는 바에 따라 시·도지사가 실시하는 장기수선계획의 비용산출 및 공사방법 등에 관한 교육을 받게 할 수 있다(공동주택관리법 제29조 제4항).

입주자대표회의와 관리주체는 주요시설을 신설하는 등 관리여건상 필요하여 전체 입주자 과반수의 서면동의를 받은 경우에는 3년이 지나기 전에 장기수선계획을 조정할 수 있다(공동주택관리법 제29조 제3항).

2
장기수선충당금

가. 장기수선충당금의 적립

관리주체는 장기수선계획에 따라 공동주택의 주요시설의 교체 및 보수에 필요한 장기수선충당금을 해당 주택의 소유자로부터 징수하여 적립하여야 한다(공동주택관리법 제30조 제1항). 이때 제1항에 따른 주요 시설의 범위, 교체·보수의 시기 및 방법 등에 필요한 사항은 공동주택관리법 시행규칙 [별표1] '장기수선계획의 수립기준'에 따른다(공동주택관리법 제30조 제3항, 공동주택관리법 시행규칙 제9조). 장기수선충당금의 적립금액은 장기수선계획으로 정한다. 이 경우 국토교통부장관이 주요시설의 계획적인 교체 및 보수를 위하여 최소 적립금액의 기준을 정하여 고시하는 경우에는 그에 맞아야 한다(공동주택관리법 시행령 제31조 제3항).

장기수선충당금의 요율은 해당 공동주택의 공용부분의 내구연한 등을 고려하여 관리규약으로 정한다(공동주택관리법 시행령 제31조 제1항). 다만 건설임대주택을 분양전환한 이후 관리업무를 인계하기 전까지의 장기수선충당금 요율은 「민간임대주택에 관한 특별법 시행령」 제43조 제3항 또는 「공공주택 특별법 시행령」 제57조 제4항에 따른 특별수선충당금 적립요율에 따른다(공동주택관리법 시행령 제31조 제2항).

장기수선충당금은 ①「주택법」 제49조에 따른 사용검사(공동주택단지 안의 공동주택 전부에 대하여 같은 조에 따른 임시 사용승인을 받은 경우에는 임시 사용승인을 말한다)를 받은 날, ②「건축법」 제22조에 따른 사용승인(공동주택단지 안의 공동주택 전부에 대하여 같은 조에 따른 임시 사용승인을 받은 경우에는 임시 사용승인을 말한다)을 받은 날의 구분에 따른 날부터 1년이 경과한 날이 속하는 달부터 매달 적립한다(공동주택관리법 시행령 제31조 제5항).

공동주택 중 분양되지 아니한 세대의 장기수선충당금은 사업주체가 부담하며, 공동주택의 소유자는 장기수선충당금을 사용자가 대신하여 납부한 경우에는 그 금액을 반환하여야 한다. 또한 관리주체는 공동주택의 사용자가 장기수선충당금의 납부확인을 요구하는 경우에는 지체 없이 확인서를 발급해 주어야 한다(공동주택관리법 시행령 제31조 제6항, 제7항, 제8항).

나. 장기수선충당금의 사용

장기수선충당금의 사용은 장기수선계획에 따른다. 다만, 해당 공동주택의 입주자 과반수의 서면동의가 있는 경우에는 ① 공동주택관리법 제45조에 따른 하자분쟁조정 등의 비용, ② 동법 제48조에 따른 하자진단 및 감정에 드는 비용, ③ 위 각 비용을 청구하는데 드는 비용으로 사용할 수 있다.

관리주체는 ① 수선공사(공동주택 공용부분의 보수·교체 및 개량을 말한다. 이하 이 조에서 같다)의 명칭과 공사내용, ② 수선공사 대상 시설의 위치 및 부위, ③ 수선공사의 설계도면 등, ④ 공사기간 및 공사방법, ⑤ 수선공사의 범위 및 예정공사금액, ⑥ 공사발주 방법 및 절차 등이 포함된 장기수선충당금 사용계획서를 장기수선계획에 따라 작성하고 입주자대표회의의 의결을 거쳐 사용하여야 한다.

3
하자담보책임

가. 일반론

건축물의 하자에 대한 권리보호방안으로 입법화된 구 주택법과 집합건물법은 각각의 법령에서 하자담보책임을 규율하여 하자담보책임 관련 법률의 적용 및 그 내용의 해석과 관련하여 복잡한 문제를 야기해 왔다. 2015. 8. 11. 공동주택관리법(법률 제13474호)이 제정되면서 주택법상 하자 관련 규정이 삭제되고 이를 공동주택관리법에서 규율하게 되었으나 여전히 집합건물법상 하자 규정은 존재하는바, 이하에서 공동주택관리법과 집합건물법상 하자담보책임에 관한 내용을 살펴본 후 하자담보책임 이원화에 따른 법적 문제가 무엇인지 본다.

나. 공동주택관리법과 집합건물법의 하자담보책임 내용

(1) 공동주택관리법

① 하자담보책임

○ 의의

주택법에 따른 리모델링을 수행한 시공자는 공동주택의 하자에 대하여 수급인으로서 담보책임을 진다(법 제36조 제1항). 공동주택관리법상 이러한 하자담보책임에 관한 규정은 부칙 제17조에서 정한 경과조치에 따라 공동주택관리법 시행일인 2016년 8월 12일 이후 사용검사 또는 사용승인을 받은 공동주택에 적용되는 것으로 해석된다.[184]

---

184) 이범상. 공동주택관리법. 대한변협신문. 608호, 620호 : "2005년 5월 26일 법률 제7520호로 개정된 주택법 시행 이전에 사용검사 등을 얻은 공동주택은 개정법률 제46조의 개정규정에도 불구하고 종전의 규정에 따른다고 규정한 공동주택관리법 부칙 제17조의 반대해석상, 2005년 5월 26일 이후 사용검사 등을 받은 공동주택은 법률 제7520호로 개정된 주택법 제46조의 개정규정을 적용한다고 보아야 하고, 마찬가지로 공동주택관리법이 시행된 2016년 8월 12일 이후에 사용검사 등을 받은 공동주택은 공동주택관리법을 적용받는다고 보아야"한다.

○ 담보책임기간

　담보책임기간은 하자의 중대성, 시설물의 사용 가능 햇수 및 교체 가능성 등을 고려하여 공동주택의 내력구조부별 하자에 대해서는 10년, 시설공사별 하자에 대해서는 시행령 별표4에 따른다.

■ **공동주택관리법 시행령 [별표 4] <개정 2021. 1. 5.>**

시설공사별 담보책임기간(제36조 제1항 제2호 관련)

구분		
시설공사	세부공종	기간
1. 마감공사	가. 미장공사 나. 수장공사(건축물 내부 마무리 공사) 다. 도장공사 라. 도배공사 마. 타일공사 바. 석공사(건물내부 공사) 사. 옥내가구공사 아. 주방기구공사 자. 가전제품	2년
2. 옥외급수·위생 관련 공사	가. 공동구공사 나. 저수조(물탱크)공사 다. 옥외위생(정화조) 관련 공사 라. 옥외 급수 관련 공사	3년
3. 난방·냉방·환기, 공기조화 설비공사	가. 열원기기설비공사 나. 공기조화기기설비공사 다. 덕트설비공사 라. 배관설비공사 마. 보온공사 바. 자동제어설비공사 사. 온돌공사(세대매립배관 포함) 아. 냉방설비공사	3년
4. 급·배수 및 위생 설비공사	가. 급수설비공사 나. 온수공급설비공사 다. 배수·통기설비공사 라. 위생기구설비공사 마. 철 및 보온공사 바. 특수설비공사	3년

5. 가스설비공사	가. 가스설비공사 나. 가스저장시설공사	3년
6. 목공사	가. 구조체 또는 바탕재공사 나. 수장목공사	3년
7. 창호공사	가. 창문틀 및 문짝공사 나. 창호철물공사 다. 창호유리공사 라. 커튼월공사	3년
8. 조경공사	가. 식재공사 나. 조경시설물공사 다. 관수 및 배수공사 라. 조경포장공사 마. 조경부대시설공사 바. 잔디심기공사 사. 조형물공사	3년
9. 전기 및 　　전력설비공사	가. 배관·배선공사 나. 피뢰침공사 다. 동력설비공사 라. 수·변전설비공사 마. 수·배전공사 바. 전기기기공사 사. 발전설비공사 아. 승강기설비공사 자. 인양기설비공사 차. 조명설비공사	3년
10. 신재생 에너지 　　설비공사	가. 태양열설비공사 나. 태양광설비공사 다. 지열설비공사 라. 풍력설비공사	3년
11. 정보통신공사	가. 통신·신호설비공사 나. TV공청설비공사 다. 감시제어설비공사 라. 가정자동화설비공사 마. 정보통신설비공사	3년
12. 지능형 홈네트워크 설비 공사	가. 홈네트워크망공사 나. 홈네트워크기기공사 다. 단지공용시스템공사	3년
13. 소방시설공사	가. 소화설비공사 나. 제연설비공사 다. 방재설비공사 라. 자동화재탐지설비공사	3년
14. 단열공사	벽체, 천장 및 바닥의 단열공사	3년

15. 잡공사	가. 옥내설비공사(우편함, 무인택배시스템 등) 나. 옥외설비공사(담장, 울타리, 안내시설물 등), 금속공사	3년
16. 대지조성공사	가. 토공사 나. 석축공사 다. 옹벽공사(토목옹벽) 라. 배수공사 마. 포장공사	5년
17. 철근콘크리트공사	가. 일반철근콘크리트공사 나. 특수콘크리트공사 다. 프리캐스트콘크리트공사 라. 옹벽공사(건축옹벽) 마. 콘크리트공사	5년
18. 철골공사	가. 일반철골공사 나. 철골부대공사 다. 경량철골공사	5년
19. 조적공사	가. 일반벽돌공사 나. 점토벽돌공사 다. 블록공사 라. 석공사(건물외부 공사)	5년
20. 지붕공사	가. 지붕공사 나. 홈통 및 우수관공사	5년
21. 방수공사	방수공사	5년

※ 기초공사·지정공사 등 「집합건물의 소유 및 관리에 관한 법률」 제9조의2제1항 제1호에 따른 지반공사의 경우 담보책임기간은 10년

하자담보책임의 존속기간의 법적 성질과 관련하여 판례는 공동주택관리법의 문언에 비춰볼 때 제척기간으로 보기는 어려우며 하자발생기간으로 보아야 한다고 판시하고 있다(대법원 2006. 6. 16. 선고 2005다25632 판결). 이와 같이 공동주택관리법상 하자담보책임기간은 하자의 발생기간을 의미하므로, 하자담보책임기간 내에 발생한 하자에 대하여는 담보책임기간이 경과한 날로부터 비로소 소멸시효가 진행되어 그로부터 하자담보추급권이 민사채권일 경우 10년, 상사채권일 경우 5년의 경과로 소멸하게 된다. 이 경우 사업주체의 공동주택의 건축 또는 분양은 상행위에 해당하기 때문에 통상적으로 '5년의 상사소멸시효'가 적용된다. 이에 따라 위 담보책임기간 내에 발생한 하자에 대하여 그 기간이 경과하더라도 5년의 소멸시효기간 이전까지는 하자담보책임이 존속하게 된다.

위와 같은 담보책임기간은 전유부분의 경우 입주자에게 인도한 날, 공용부분의 경우 주택법 제49조에 따른 사용검사일(공동주택의 전부에 대해서 임시 사용승인을 받은 경우에는 그 임시 사용승인일을 말하고, 분할 사용검사나 동별 사용검사를 받은 경우에는 그 분할 사용검사일 또는

동별 사용검사일을 말함) 또는 건축법 제22조에 따른 공동주택의 사용승인일로부터 기산한 다(법 제36조 제3항). 사업주체가 해당 공동주택의 전유부분을 입주자에게 인도한 때에는 국토교통부령으로 정하는 바에 따라 주택인도증서를 작성하여 관리주체에게 인계하여야 한다. 이 경우 관리주체는 30일 이내에 공동주택관리정보시스템에 전유부분의 인도일을 공개하여야 한다(시행령 제36조 제4항).

○ 하자의 범위

하자담보책임의 대상이 되는 하자는 공사상 잘못으로 인하여 균열·침하·파손·들뜸·누수 등이 발생하여 건축물 또는 시설물의 안전상·기능상 또는 미관상의 지장을 초래할 정도의 결함을 말한다(법 제36조 제4항). 하자의 범위는 다음 각 호의 구분에 따른다(시행령 제37조).

---

1. 내력구조부별 하자 : 다음 각 목의 어느 하나에 해당하는 경우
   가. 공동주택 구조체의 일부 또는 전부가 붕괴된 경우
   나. 공동주택의 구조안전상 위험을 초래하거나 그 위험을 초래할 우려가 있는 정도의 균열·침하 (沈下) 등의 결함이 발생한 경우

2. 시설공사별 하자 : 공사상의 잘못으로 인한 균열·처짐·비틀림·들뜸·침하·파손·붕괴·누수·누출·탈락, 작동 또는 기능불량, 부착·접지 또는 전선 연결 불량, 고사(枯死) 및 입상(서 있는 상태) 불량 등이 발생하여 건축물 또는 시설물의 안전상·기능상 또는 미관상의 지장을 초래할 정도의 결함이 발생한 경우

이러한 하자의 조사방법 및 기준, 하자 보수비용의 산정방법 등에 관하여는 「공동주택 하자의 조사, 보수비용 산정 및 하자판정기준」(국토교통부 고시 제2020-858호)에서 정한 기준을 준용할 수 있도록 개정되어 2021. 12. 9.부터 시행될 예정이다.

○ 하자보수

사업주체(「건설산업기본법」 제28조에 따라 하자담보책임이 있는 자로서 제36조 제1항에 따른 사업주체로부터 건설공사를 일괄 도급받아 건설공사를 수행한 자가 따로 있는 경우에는 그 자를 말한다. 이하 이 장에서 같다)는 담보책임기간에 하자가 발생한 경우에는 해당 공동주택의 ① 입주자, ② 입주자대표회의, ③ 관리주체(하자보수청구 등에 의하여 입주자 또는 입주자대표회의를 대행하는 관리주체를 말함), ④ 집합건물법에 따른 관리단(①내지 ④를 이하 "입주자대표회의등"이라 함) 및 ⑤ 공공임대주택의 임차인 또는 임차인대표회의(이하 "임차인등"이라 함)의 청구에 따라 그 하자를 보수하여야 하며(법 제37조 제1항), 입주자대표회의등과 임차인등은 담보책임

기간 내에 사업주체에게 하자보수를 청구하여야 한다(시행령 제38조 제1항). 시장·군수·구청장은 입주자대표회의등 및 임차인등이 하자보수를 청구한 사항에 대하여 사업주체가 정당한 사유 없이 따르지 아니할 때에는 시정을 명할 수 있다(법 제37조 제4항).

전유부분의 경우 입주자 또는 공공임대주택의 임차인이, 공용부분의 경우 입주자대표회의 또는 공공임대주택의 임차인대표회의, 관리주체(하자보수청구 등에 관하여 입주자 또는 입주자대표회의를 대행하는 관리주체를 말함), 집합건물법에 따른 관리단이 청구하여야 한다. 입주자는 하자보수의 청구를 관리주체가 대행하도록 하거나 입주자대표회의 등에게 청구하도록 요청할 수 있다(시행령 제38조 제2항).

사업주체는 하자보수를 청구받은 날(법 제48조 제1항 후단에 따라 하자진단결과를 통보받은 때에는 그 통보받은 날을 말한다)부터 15일 이내에 그 하자를 보수하거나 ① 하자부위, 보수방법 및 보수에 필요한 상당한 기간(동일한 하자가 2세대 이상에서 발생한 경우 세대별 보수 일정을 포함한다), ② 담당자 성명 및 연락처, ③ 그 밖에 보수에 필요한 사항을 명시한 하자보수계획(이하 "하자보수계획"이라 한다)을 입주자대표회의등 또는 임차인등에 서면(「전자문서 및 전자거래 기본법」 제2조 제1호에 따른 정보처리시스템을 사용한 전자문서를 포함)으로 통보하고 그 계획에 따라 하자를 보수하여야 한다. 다만, 하자가 아니라고 판단되는 사항에 대해서는 그 이유를 서면으로 통보하여야 한다(시행령 제38조 제3항). 하자보수를 실시한 사업주체는 하자보수가 완료되면 즉시 그 보수결과를 하자보수를 청구한 입주자대표회의등에게 통보하여야 한다(시행령 제38조 제4항).

○ 손해배상

사업주체는 담보책임기간에 공동주택에 하자가 발생한 경우에는 하자 발생으로 인한 손해를 배상할 책임이 있다. 이 경우 손해배상책임에 관하여는 민법 제667조를 준용한다(법 제37조 제2항).

○ 안전진단

시장·군수·구청장은 담보책임기간에 공동주택의 구조안전에 중대한 하자가 있다고 인정하는 경우에는 한국건설기술연구원 등 안전진단기관에 의뢰하여 안전진단을 할 수 있다(법 제37조 제3항, 시행령 제40조 제1항). 이때 안전진단에 드는 비용은 사업주체가 부담한다. 다만, 하자의 원인이 사업주체 외의 자에게 있는 경우에는 그 자가 부담한다(시행령 제40조 제2항).

② 하자보수보증금

○ 예치 및 보관

사업주체는 대통령령으로 정하는 바에 따라 하자보수를 보장하기 위하여 하자보수보증금을 담보책임기간(보증기간은 공용부분을 기준으로 기산한다) 동안 예치하여야 한다(공동주택관리법 제38조 제1항). 이에 따라 사업주체는 하자보수보증금을 은행에 현금으로 예치하거나 주택도시기금법에 따른 주택도시보증공사 등이 취급하는 보증으로서 하자보수보증금 지급을 보장하는 보증에 가입하여야 한다. 이 경우 그 예치명의 또는 가입명의는 사용검사권자로 하여야 한다(공동주택관리법 시행령 제41조 제1항). 다만 사용검사권자는 입주자대표회의가 구성된 때에는 지체 없이 제1항에 따른 예치명의 또는 가입명의를 해당 입주자대표회의로 변경하고 입주자대표회의에 현금 예치증서 또는 보증서를 인계하여야 한다(공동주택관리법 시행령 제41조 제3항). 입주자대표회의는 인계받은 현금 예치증서 또는 보증서를 해당 공동주택의 관리주체(의무관리대상 공동주택이 아닌 경우에는 집합건물법에 따른 관리인을 말한다)로 하여금 보관하게 하여야 한다(공동주택관리법 시행령 제41조 제4항). 사업주체는 주택법에 따른 사용검사 신청서 등을 사용검사권자에게 제출할 때 현금 예치증서 또는 보증서를 함께 제출하여야 한다(공동주택관리법 시행령 제41조 제2항).

○ 범위 및 사용용도

주택법 제66조에 따라 리모델링을 하는 경우 허가신청서 또는 신고서에 기재된 해당 공동주택 총 사업비의 100분의 3을 하자보수보증금으로 예치하여야 한다(공동주택법 시행령 제42조 제1항 제3호).

입주자대표회의등은 제1항에 따른 하자보수보증금을 제39조에 따른 하자심사·분쟁조정위원회의 하자 여부 판정 등에 따른 하자보수비용 등 대통령령으로 정하는 용도로만 사용하여야 하며, 의무관리대상 공동주택의 경우에는 하자보수보증금의 사용 후 30일 이내에 그 사용내역을 국토교통부령으로 정하는 바에 따라 시장·군수·구청장에게 신고하여야 한다(공동주택관리법 제38조 제2항). 이때 대통령령으로 정하는 용도란 입주자대표회의가 직접 보수하거나 제3자에게 보수하게 하는 데 사용되는 경우로서 하자보수와 관련된 ① 하자보수판정서(재심의 결정서 포함) 정본에 따라 하자로 판정된 시설공사 등에 대한 하자보수비용, ② 하자분쟁조정위원회가 송달한 조정서 정본에 따른 하자보수비용, ③ 법원 재판결과에 따른 하자보수비용, ④ 하자진단의 결과에 따른 하자보수비용을 말한다(공동주택관리법 시행령 제43조).

하자보수보증금을 예치받은 자(이하 "하자보수보증금의 보증서 발급기관"이라 한다)는 하자보수보증금을 의무관리대상 공동주택의 입주자대표회의에 지급한 날부터 30일 이내에 지급 내역을 국토교통부령으로 정하는 바에 따라 관할 시장·군수·구청장에게 통보하여야 한 다(공동주택관리법 제38조 제3항).

○ 청구 및 관리

입주자대표회의는 사업주체가 하자보수를 이행하지 아니하는 경우에는 ① 하자여부판 정서나 판결문 등 서류, ② 하자보수비용 및 산출명세서를 첨부하여 하자보수보증서 발급 기관에 하자보수보증금의 지급을 청구할 수 있다(공동주택관리법 시행령 제44조 제1항). 청구 를 받은 하자보수보증서 발급기관은 청구일부터 30일 이내에 하자보수보증금을 지급하여 야 한다. 다만, 제43조 제1호 및 제4호의 경우 하자보수보증서 발급기관이 청구를 받은 금 액에 이의가 있으면 하자분쟁조정위원회에 분쟁조정을 신청한 후 그 결과에 따라 지급하 여야 한다(공동주택관리법 시행령 제44조 제2항).

하자보수보증서 발급기관은 제2항에 따라 하자보수보증금을 지급할 때에는 ① 의무관리 대상 공동주택의 경우 입주자대표회의의 회장의 인감과 법 제64조 제5항에 따른 관리사 무소장의 직인을 복수로 등록한 금융계좌, ② 의무관리대상이 아닌 공동주택의 경우 집합 건물법에 따른 관리인의 인감을 등록한 금융계좌(같은 법에 따른 관리위원회가 구성되어 있는 경우에는 그 위원회를 대표하는 자 1명과 관리인의 인감을 복수로 등록한 계좌)로 이체하는 방법으 로 지급하여야 하며, 입주자대표회의는 그 금융계좌로 해당 하자보수보증금을 관리하여야 한다(공동주택관리법 시행령 제44조 제3항). 입주자대표회의는 위와 같은 방법으로 하자보수보 증금을 지급받기 전에 미리 하자보수를 하는 사업자를 선정하여서는 아니 된다(공동주택관 리법 시행령 제44조 제4항).

입주자대표회의는 하자보수보증금을 사용한 때에는 그 날부터 30일 이내에 그 사용명세 를 사업주체에게 통보하여야 한다(공동주택관리법 시행령 제44조 제5항).

○ 반환

입주자대표회의는 사업주체가 예치한 하자보수보증금을 다음 각 호의 구분에 따라 순차 적으로 사업주체에게 반환하여야 한다(공동주택관리법 시행령 제45조 제1항).

1. 다음 각 목의 구분에 따른 날(이하 이 조에서 "사용검사일"이라 한다)부터 2년이 경과된 때 : 하자보수보증금의 100분의 15

    가. 「주택법」 제49조에 따른 사용검사(공동주택단지 안의 공동주택 전부에 대하여 같은 조에 따른 임시 사용승인을 받은 경우에는 임시 사용승인을 말한다)를 받은 날

    나. 「건축법」 제22조에 따른 사용승인(공동주택단지 안의 공동주택 전부에 대하여 같은 조에 따른 임시 사용승인을 받은 경우에는 임시 사용승인을 말한다)을 받은 날

2. 사용검사일부터 3년이 경과된 때 : 하자보수보증금의 100분의 40

3. 사용검사일부터 5년이 경과된 때 : 하자보수보증금의 100분의 25

4. 사용검사일부터 10년이 경과된 때 : 하자보수보증금의 100분의 20

위와 같이 하자보수보증금을 반환할 경우 하자보수보증금을 사용한 경우에는 이를 포함하여 제1항 각 호의 비율을 계산하되, 이미 사용한 하자보수보증금은 반환하지 아니한다(공동주택관리법 시행령 제45조 제2항).

③ 하자심사 및 분쟁조정

공동주택관리법은 소송으로 인한 시간적 경제적 부담을 최소화하기 위하여 하자심사 및 분쟁조정과 관련하여 국토교통부에 하자심사·분쟁조정위원회[185]를 설치하도록 하여 하자 판정[186], 하자담보책임 등에 대한 분쟁 조정 등의 사무를 담당하도록 하고 조정이 성립한 경우[187] 조정서의 내용에 대해 재판상 화해의 효력을 인정하고 있으며, 위원회 위원에 대한 제척, 기피제도 등이 마련되어 있어 당사자는 공정한 조정을 기대하기 어려운 경우 해당 위원에 대한 기피 신청을 할 수 있다(공동주택관리법 제39조 내지 제51조).

한편 하자심사·분쟁조정위원회는 하자심사와 분쟁조정에 있어서 국토교통부 고시인 「공동주택 하자의 조사, 보수비용 산정 및 하자판정기준」(이하 "하자판정기준 고시"라 함)을 판단 기준으로 삼고 있다.

공동주택관리법 개정(2020. 12. 8. 공포, 2021. 12. 9. 시행)으로 하자심사·분쟁조정위원회에 적용되는 하자판정기준 고시를 사업주체 등의 하자 조사방법 및 기준, 하자 보수비용 산정방법 등에 준용할 수 있도록 함으로써 관련 분쟁을 예방하고자 하였다. 또한 하자심사·분쟁조정위원회[188]에 재정기능을 신설하고 재정을 전문적으로 다루는 분과위원회[189]를 두도

---

185) 하자심사·분쟁조정위원회 제도는 구 주택법 제46조의2 등에 따라 도입됨(2008. 3. 개정, 2008. 6. 시행)

186) 하자로 판정받은 하자를 보수하지 않는 경우 1천만원 이하의 과태료가 부과됨(공동주택관리법 제102조 제2항 제5호)

187) '위원회에서 제시한 조정안을 당사자가 수락한 경우'와 '조정과정에서 당사자 간 합의에 의해 조정된 경우'가 있음

188) 60명 이내(개정 전 50명)의 위원으로 전체위원회 구성, 위원 중 판사, 검사 또는 변호사의 직에 6년 이상 재직한 사람을 9명(개정 전 7명) 이상 두도록 함

189) 5명의 위원으로 구성하되 위원 중 판사, 검사 또는 변호사의 직에 6년 이상 재직한 사람이 1명 이상 포함되도록 함

록 하였다. 현재 분쟁조정은 하자심사·분쟁조정위원회의 조정안을 일방이 수락하지 않으면 조정이 성립되지 않으나, 분쟁재정은 하자심사·분쟁조정위원회가 재정기관이 되어 준사법적 절차에 따라 분쟁해결을 위한 결정을 내리는 것으로, 당사자 일방이 일정 기한(재정문서 송달된 날부터 60일) 내에 소송을 제기하지 않으면 재정 결과대로 확정된다.

(2) 집합건물법

집합건물법은 분양자와 시공자는 구분소유자에 대하여 담보책임을 지도록 규정하고 있다(법 제9조 제1항). 집합건물의 수분양자가 집합건물을 양도한 경우 수분양자로부터 매수한 전득자도 하자담보청구권자인지 여부가 문제나, 양도 당시 양도인이 집합건물법 제9조에 따른 하자담보추급권을 행사하기 위하여 유보하였다는 등의 특별한 사정이 없는 한 현재의 집합건물의 구분소유자에게 귀속한다고 보아야 할 것이다(대법원 2003. 2. 11. 선고 2001다47333 판결 등 참조). 집합건물법상 담보책임의 법적 성질과 관련하여 판례는 민법상 도급인의 담보책임에 관한 규정을 준용하도록 한 것이라고 하고 있다(대법원 2008. 12. 11. 선고 2008다12439 판결). 또한, 집합건물법은 민법 제667조 및 제668조를 준용하도록 규정하고 있기 때문에 판례의 태도에 따라 도급계약에 따른 '수급인의 도급인에 대한 하자담보책임'으로 해석하여야 한다.

구분소유자의 범위에는 구분소유자 개인과 건물에 대하여 구분소유관계가 성립되면 구분소유자 전원을 구성원으로 하여 건물과 그 대지 및 부속시설의 관리에 관한 사업의 시행을 목적으로 설립된 관리단 모두를 포함한다. 다만, 하자보수를 갈음한 손해배상청구권은 집합건물의 수분양자 내지는 현재의 구분소유자에게 귀속하는 것이므로 관리단이 구분소유자들에게서 그 권리를 양수하였다는 등의 특별한 사정이 없는 한 하자담보추급권을 가진다고 할 수 없다(대법원 2011. 12. 13. 선고 2011다80531 판결). 그리고 시공자가 분양자에게 부담하는 담보책임에 관하여 다른 법률에 특별한 규정이 있으면 시공자는 그 법률에서 정하는 담보책임의 범위에서 구분소유자에게 담보책임을 진다고 규정하고 있다(법 제9조 제2항). 여기에서 말하는 다른 법률은 공동주택관리법, 건설산업기본법, 국가를 당사자로 하는 계약에 관한 법률 등을 말한다. 시공자의 담보책임 중 손해배상책임은 분양자에게 회생절차 개시 신청, 파산 신청, 해산, 무자력(無資力) 또는 그 밖에 이에 준하는 사유가 있는 경우에만 지며, 시공자가 이미 분양자에게 손해배상을 한 경우에는 그 범위에서 구분소유자에 대한 책임을 면(免)하도록 규정하고 있다(법 제9조 제3항). 분양자와 시공자의 담보책임에 관하여 매수인에게 불리한 특약은 효력이 없다(법 제9조 제4항).

하자담보책임 기간과 관련하여 "집합건물법"은 ① 건물의 주요구조부 및 지반공사의 하자인 경우 10년, ② 기산일(전유부분 : 구분소유자에게 인도한 날, 공용부분 : 주택법에 따른 사용검사일 또는 건축법에 따른 사용승인일) 이전 발생한 하자인 경우 5년, ③ 기산일 이후 발생한 하자 중 ㉠ 대지조성공사, 철근콘크리트공사, 철골공사, 조적공사, 지붕 및 방수공사의 하자 등 건물의 구조상 또는 안전상의 하자는 5년, ㉡ 건축설비 공사, 목공사, 창호공사 및 조경공사의 하자 등 건물의 기능상 또는 미관상의 하자는 3년, ㉢ 마감공사의 하자 등 하자의 발견·교체 및 보수가 용이한 하자는 2년이라고 정하고 있다.

하자담보책임의 존속기간의 법적 성질과 관련하여 판례는 제척기간으로 이해하면서도(대법원 2010. 1. 14. 선고 2008다88368 판결, 대법원 2012. 3. 22. 선고 2010다28840 전원합의체 판결 등), 하자보수에 갈음하는 손해배상청구권은 소멸시효의 규정이 적용된다고 보고 있다(대법원 2011. 10. 13. 선고 2011다10266 판결, 대법원 2012. 11. 15. 선고 2011다56491 판결 등). 하자담보책임의 존속기간은 제척기간으로서 재판상 또는 재판 외의 권리행사기간이나, 하자보수에 갈음하는 손해배상청구권은 소멸시효의 규정이 적용된다.

다. 이원화에 따른 문제[190]

(1) 집합건물법과 주택법, 공동주택관리법의 입법연혁

1984. 4. 10. 제정 법률인 (구) 「집합건물법」 제9조 제1항에서는 "…건물을 건축하여 분양한 자의 담보책임에 관하여는 민법 제667조 내지 제671조의 규정을 준용한다"고 규정하고 있다. 그러면서 같은 법률 부칙 제6조에서는 "집합주택의 관리방법과 기준에 관한 주택건설촉진법의 특별한 규정은 그것이 이 법에 저촉하여 구분소유자의 기본적인 권리를 해하지 않는 한 효력이 있다"고 규정하였다.

2005. 5. 26. 주택법 제46조를 개정하여 "…담보책임에 관하여 민법 제667조 내지 제671조의 규정을 준용하도록 한 집합건물의 소유 및 관리에 관한 법률 제9조의 규정에도 불구하고…대통령령으로 정하는 하자가 발생한 때에는 공동주택의 입주자 등 대통령령이 정하는 자의 청구에 따라 그 하자를 보수하여야 한다"고 규정하였다. 또한, 부칙 제3조에서 "이

---

190) 홍성진, 「공동주택관리법과 집합건물법의 하자담보책임 정합성 확보 방안 연구」, 토지공법연구 제91집, 사단법인 한국토지공법학회, 2020.

법 시행 전의 공동주택의 담보책임 및 하자보수에 관하여 제46조를 적용"하도록 하였다.

2005. 5. 26. 「집합건물법」 부칙(법률 제3725호, 1984. 4. 10) 제6조를 개정하여 "집합주택의 관리방법과 기준에 관한 주택법의 특별한 규정은 그것이 이 법에 저촉하여 구분소유자의 기본적인 권리를 해하지 않는 한 효력이 있다. 다만, 공동주택의 담보책임 및 하자보수에 관하여는 주택법 제46조의 규정이 정하는 바에 따른다"로 규정하였다.

2008. 7. 31. 헌법재판소는 2005. 5. 26. 개정된 주택법 부칙 제3조에 대하여 "신법이 시행되기 전에 하자가 발생해 구법에 의하면 10년의 하자담보기간 내이지만 신법에 의할 때는 1년 내지 4년의 하자담보기간이 이미 경과된 경우 신법을 소급적용하면 이미 발생한 하자담보청구권을 소급적으로 박탈하는 결과가 되므로 당사자의 신뢰보호원칙에 위배된다"고 하면서 위헌결정을 하였다.

2012. 12. 18. 「집합건물법」을 개정하여 주택법과의 관계를 법률 조문으로 승격하여 "집합주택의 관리 방법과 기준, 하자담보책임에 관한 주택법의 특별한 규정은 이 법에 저촉되어 구분소유자의 기본적인 권리를 해치지 아니하는 범위에서 효력이 있다"고 규정하였다. 그리고 현행 하자담보책임에 관한 내용을 신설하였다. 나아가 종전 법률 제3725호 부칙 제6조 단서의 "공동주택의 담보책임 및 하자보수에 관하여는 주택법 제46조의 규정이 정하는 바에 따른다"의 내용을 삭제하였다.

2016. 8. 12. 과거 주택법에서 공동주택의 관리에 관한 사항을 규율하기 위하여 공동주택관리법(법률 제13474호)을 분법 시행하였다. 특히, 제4조 다른 법률과의 관계에서 "공동주택의 관리에 관하여 이 법에서 정하지 아니한 사항에 대하여는 주택법을 적용한다"고 규정하였다.

(2) 판례의 태도

2005. 5. 26. 주택법 및 집합건물법 부칙 제6조 개정 이전의 법률에 따라 판단한 판례는 주택법령에 따른 하자보수보증에도 불구하고 집합건물법 제9조 제1항에 따라 하자담보추급권을 행사할 수 있다고 판시하였다(대법원 2016. 6. 23. 선고 2013다66287 판결).

2005. 5. 26. 주택법 및 집합건물법 부칙 제6조 개정 이후의 법률에 따라 판단한 판례는 집합건물법(1984. 4. 10.) 부칙 제6조의 규정에 따라 담보책임기간 안에 하자가 발생한 때에 한하여 주택법을 우선적용하도록 판시하고 있다(대법원 2012. 7. 12. 선고 2010다108234 판결).

헌법재판소 2008. 7. 31. 자 2005헌가16 결정 이후의 판례는 집합건물법 부칙 제6조는 2005. 5. 26. 이후 사용검사 또는 사용승인을 받은 공동주택에 대해서만 적용된다고 판시하고 있다(대법원 2011. 3. 24. 선고 2009다34405 판결).

다만 2012. 12. 18. 집합건물법 개정 이후 공동주택관리법으로 분법 시행된 이후의 공동주택관리법과 집합건물법에 따른 하자담보책임의 관계에 대해서 명확하게 판시한 판례는 아직 존재하지 않는다.

(3) 해석에 따른 문제점

판례는 과거 주택법상의 하자담보책임기간이 집합건물법에 비하여 비교적 단기로 규정되어 있었기 때문에 입주자 보호를 위하여 과거 주택법과 집합건물법상 하자담보책임의 관계를 집합건물법의 담보책임에 따라 해결하는 것으로 이해된다.

그러나 공동주택관리법과 집합건물법의 법원을 살펴볼 때, 양 법률은 공법과 사법의 영역으로 그 영역을 달리하고 있으며, 2016. 8. 12. 공동주택관리법이 분법 시행되면서 오늘날 하자담보책임기간은 동일하게 규율되고 있다. 특히, 2017. 4. 18. 공동주택관리법을 개정하여 손해배상책임의 요건을 '공동주택의 내력구조부에 중대한 하자가 발생한 경우'에서 '공동주택에 하자가 발생한 경우'로 강화하였고, 손해배상책임에 대해서는 민법 제667조를 준용하도록 규정하였다. 결국 입주자를 위한 하자담보책임의 정도에 대해서는 공동주택관리법과 집합건물법은 동일하다고 할 것이다. 그럼에도 중앙부처의 입장에서 시간을 달리하여 계속적인 법률 개정을 함으로써 오히려 수범자인 입주자로 하여금 법률의 적용, 하자담보책임의 내용에 대한 혼란만 가중시키고 있다.

또한 시공자의 하자담보책임 정도에 대해서는 또 다른 해석의 문제가 발생하고 있다. 공동주택관리법 제37조 제1항에 따르면 사업주체로부터 건설공사를 일괄 도급받아 건설공사를 수행한 자(시공자)가 있는 경우에는 그 시공자가 사업주체로 의제되어 시공자가 직접 입주자등에 대하여 하자보수 의무를 진다. 이에 비하여 집합건물법에 의하면 하자담보책임 중 하자보수의무는 분양자(시행자)와 시공자가 공동으로 지고(단, 시공자는 수급인으로서의 담보책임 범위로 제한된다) 하자담보책임 중 손해배상의무는 원칙적으로 분양자가 지고 분양자에게 무자력 등의 사유가 있을 경우 보충적으로 시공자가 책임을 지게 된다. 이에 따라 ① 공동주택관리법 제37조 제1항과 집합건물법 제9조 제1항을 비교하여 볼 때 공동주택관리법 제37조 제1항의 공사도급계약을 체결한 '시공자'가 있을 경우, 제36조 제1항의 사업주체(시행자)는 손해배상책임을 전혀 지지 않는 것인지 여부, ② 공동주택관리법 제37조 제1항과 집합건물법 제9조 제3항을 비교하여 볼 때, 공동주택관리법 제37조 제1항의 '시공자'의 손해배상책임은 사업주체(시행자)에 무자력 등의 사유가 있을 경우만 지게 되는 것인지,

이와 관계없이 항상 책임을 지는 것인지 여부, ③ 공동주택관리법 제37조 제1항의 '시공자'와 제36조 제1항의 사업주체(시행자)가 함께 손해배상책임을 진다면, '시공자'와 '시행자'의 손해배상책임의 관계는 어떠한지 여부에 관한 문제가 야기된다. 이에 대하여 현재 법제로서는 하자담보책임에 있어 공동주택관리법에 따른 시공자는 집합건물법에 비하여 사업주체가 무자력이 아니더라도 항상 하자담보책임을 부담하는 무거운 책임을 부담하게 되는 것으로 해석될 수밖에 없다고 보인다.

결국 하자담보책임에 관한 법률의 이원화로 인하여 발생하는 문제는 우선적으로 업무시설(오피스텔), 근린생활시설, 공장 등을 제외한 의무관리대상 공동주택의 관리에 대해서는 공동주택관리법이 적용되고, 업무시설 등에는 집합건물법이 적용된다고 해석함으로써 이원화에 따른 혼란, 입주자의 신뢰보호의 문제를 최소화하는 한편 최종적으로는 공동주택관리법의 개정을 통하여 집합건물법에 따른 사업주체의 무자력 등의 사유가 있는 경우에만 시공자가 손해배상책임을 지도록 함으로써 입주자 등의 보호 및 시공자의 담보책임에 대한 적정한 비례관계를 유지하여야 할 것으로 사료된다.

4
국토교통부 질의 회신

하자담보책임기간

2017. 6. 12. 주택건설공급과

□ 질의요지

1. 공동주택 신축이 아닌 기존 공동주택에 대한 보수나 추가공사에 대하여는 공동주택 관리법령을 적용하지 않고 건설산업기본법 제28조(건설공사 수급인 등의 하자담보책임)과 건설산업기본법 시행령 제30조(하자담보책임기간)을 적용하여야 하는 것 아닌지

2. 공동주택관리법령을 적용하여야 한다면 건설산업기본법 제28조(건설공사 수급인 등의 하자담보책임)과 건설산업기본법 시행령 제30조(하자담보책임기간)은 어느 경우에 적용되는 것인지

□ 회신내용

1. 「공동주택관리법」 제36조에 따라 사업주체(「건축법」 제11조에 따른 건축허가를 받아 분양을 목적으로 하는 공동주택을 건축한 건축주 및 제35조 제1항 제2호에 따른 행위와 「주택법」 제66조 제1항에 따른 리모델링을 수행한 시공자를 포함한다)는 하자담보책임기간(2년~10년) 이내에 공사상의 잘못으로 인한 하자발생 시 입주자대표회의 등의 요청에 따라 그 하자를 보수토록 규정하고 있습니다.

2. 따라서 기존 공동주택에 대한 보수나 추가공사의 경우 증축, 재축, 대수선, 리모델링 등의 시설공사에 대해서는 「공동주택관리법」상 하자담보책임기간을 적용하며, 그 이외의 공사는 「건설산업기본법」의 발주자와 수급인 간의 하자담보책임기간을 적용해야 함을 알려드립니다.

제18장

조합의 해산

홍석진 변호사

1
조합의 해산

「주택법」 제11조 제1항은 많은 수의 구성원이 주택을 마련하거나 리모델링하기 위하여 주택조합을 설립하려는 경우 관할 시장·군수·구청장의 인가를 받아야 한다고 규정하고 있고(다만, 직장주태조합의 경우는 제외), 인가받은 내용을 변경하거나 주택조합을 해산하려는 경우에도 인가를 받아야 한다고 규정하고 있는데, 이에 비추어 보면 리모델링주택조합은 설립하려는 경우뿐만 아니라 해산하려는 경우에도 시장·군수·구청장의 해산에 관한 인가를 받아야 한다.

리모델링주택조합이 해산을 하기 위해서는 반드시 총회에서 조합해산의 결의 및 해산 시의 회계보고의 의결을 거쳐야 한다(주택법 시행규칙 제7조 제5항 제8호).

「주택법」 제11조 제1항에 따라 주택조합의 해산의 인가를 받으려는 자는 인가신청서에 조합원의 동의를 얻은 정산서를 첨부하여 주택의 소재지를 관할하는 시장·군수 또는 구청장에게 제출하여야 한다(주택법 시행령 제20조 제1항 제3호).

시장·군수 또는 구청장은 「주택법」 제11조 제1항에 따라 주택조합의 해산을 인가하였을 때에는 주택조합설립인가대장에 이를 기재하고, 인가필증을 회수하여야 한다(주택법 시행규칙 제7조 제7항).

리모델링주택조합이 해산결의를 한 때에는 청산의 목적범위 내에서만 권리가 있고 의무를 부담하고, 규약에서 달리 정한 바가 없으면 해산결의 당시의 임원이 청산인이 되며, 청산인은 조합의 현존 사무의 종결, 채권의 추심 및 채무의 변제, 잔여재산의 처분 등 기타 청산에 필요한 사항의 업무를 성실히 수행하여야 한다.

제19장

벌칙 및 과태료

홍석진 변호사

1
시공사 선정 관련

　주택법 제66조 제3항을 위반하여 리모델링주택조합이 설립인가를 받기 전에 또는 입주자대표회의가 소유자 전원의 동의를 받기 전에 시공자를 선정한 자 및 시공자로 선정된 자, 주택법 제66조 제4항을 위반하여 경쟁입찰의 방법에 의하지 아니하고 시공자를 선정한 자 및 시공자로 선정된 자는 3년 이하의 징역 또는 3천만원 이하의 벌금에 처한다(주택법 제101조).

2
설계자 · 시공자 · 감리자 · 사업시행자 관련

가. 설계자 · 시공자 · 감리자 · 사업시행자 관련 벌칙

주택법 제33조[191], 제43조[192], 제44조[193],

---

191) 제33조(주택의 설계 및 시공)
　① 제15조에 따른 사업계획승인을 받아 건설되는 주택(부대시설과 복리시설을 포함한다. 이하 이 조, 제49조, 제54조 및 제61조에서 같다)을 설계하는 자는 대통령령으로 정하는 설계도서 작성기준에 맞게 설계하여야 한다.
　② 제1항에 따른 주택을 시공하는 자(이하 "시공자"라 한다)와 사업주체는 설계도서에 맞게 시공하여야 한다.

192) 제43조(주택의 감리자 지정 등)
　① 사업계획승인권자가 제15조 제1항 또는 제3항에 따른 주택건설사업계획을 승인하였을 때와 시장·군수·구청장이 제66조 제1항 또는 제2항에 따른 리모델링의 허가를 하였을 때에는 「건축사법」 또는 「건설기술 진흥법」에 따른 감리자격이 있는 자를 대통령령으로 정하는 바에 따라 해당 주택건설공사의 감리자로 지정하여야 한다. 다만, 사업주체가 국가·지방자치단체·한국토지주택공사·지방공사 또는 대통령령으로 정하는 자인 경우와 「건축법」 제25조에 따라 공사감리를 하는 도시형 생활주택의 경우에는 그러하지 아니하다.
　② 사업계획승인권자는 감리자가 감리자의 지정에 관한 서류를 부정 또는 거짓으로 제출하거나, 업무 수행 중 위반사항이 있음을 알고도 묵인하는 등 대통령령으로 정하는 사유에 해당하는 경우에는 감리자를 교체하고, 그 감리자에 대하여는 1년의 범위에서 감리업무의 지정을 제한할 수 있다.
　③ 사업주체(제66조 제1항 또는 제2항에 따른 리모델링의 허가만 받은 자도 포함한다. 이하 이 조, 제44조 및 제47조에서 같다)와 감리자 간의 책임 내용 및 범위는 이 법에서 규정한 것 외에는 당사자 간의 계약으로 정한다.
　④ 국토교통부장관은 제3항에 따른 계약을 체결할 때 사업주체와 감리자 간에 공정하게 계약이 체결되도록 하기 위하여 감리용역표준계약서를 정하여 보급할 수 있다.

193) 제44조(감리자의 업무 등)
　① 감리자는 자기에게 소속된 자를 대통령령으로 정하는 바에 따라 감리원으로 배치하고, 다음 각 호의 업무를 수행하여야 한다.
　　1. 시공자가 설계도서에 맞게 시공하는지 여부의 확인
　　2. 시공자가 사용하는 건축자재가 관계 법령에 따른 기준에 맞는 건축자재인지 여부의 확인
　　3. 주택건설공사에 대하여 「건설기술 진흥법」 제55조에 따른 품질시험을 하였는지 여부의 확인
　　4. 시공자가 사용하는 마감자재 및 제품이 제54조 제3항에 따라 사업주체가 시장·군수·구청장에게 제출한 마감자재 목록표 및 영상물 등과 동일한지 여부의 확인
　　5. 그 밖에 주택건설공사의 시공감리에 관한 사항으로서 대통령령으로 정하는 사항
　② 감리자는 제1항 각 호에 따른 업무의 수행 상황을 국토교통부령으로 정하는 바에 따라 사업계획승인권자(제66조 제1항 또는 제2항에 따른 리모델링의 허가만 받은 경우는 허가권자를 말한다. 이하 이 조, 제45조, 제47조 및 제48조에서 같다) 및 사업주체에게 보고하여야 한다.
　③ 감리자는 제1항 각 호의 업무를 수행하면서 위반사항을 발견하였을 때에는 지체 없이 시공자 및 사업주체에게 위반사항을 시정할 것을 통지하고, 7일 이내에 사업계획승인권자에게 그 내용을 보고하여야 한다.
　④ 시공자 및 사업주체는 제3항에 따른 시정 통지를 받은 경우에는 즉시 해당 공사를 중지하고 위반사항을 시정한 후 감리자의 확인을 받아야 한다. 이 경우 감리자의 시정 통지에 이의가 있을 때에는 즉시 그 공사를 중지하고 사업계획승인권자에게 서면으로 이의신청을 할 수 있다.
　⑤ 제43조 제1항에 따른 감리자의 지정 방법 및 절차와 제4항에 따른 이의신청의 처리 등에 필요한 사항은 대통령령으로 정한다.
　⑥ 사업주체는 제43조 제3항의 계약에 따른 공사감리비를 국토교통부령으로 정하는 바에 따라 사업계획승인권자에게 예치하여야 한다.

제46조[194] 또는 제70조[195]를 위반하여 설계·시공 또는 감리를 함으로써 공동주택관리법 제36조 제3항에 따른 담보책임기간에 공동주택의 내력구조부에 중대한 하자를 발생시켜 일반인을 위험에 처하게 한 설계자·시공자·감리자·건축구조기술사 또는 사업주체는 10년 이하의 징역에 처한다(주택법 제98조 제1항).

주택법 제98조 제1항의 죄를 범하여 사람을 죽음에 이르게 하거나 다치게 한 자는 무기징역 또는 3년 이상의 징역에 처한다(주택법 제98조 제2항).

업무상 과실로 주택법 제98조 제1항의 죄를 범한 자는 5년 이하의 징역이나 금고 또는 5천만원 이하의 벌금에 처한다(주택법 제99조 제1항).

업무상 과실로 주택법 제98조 제2항의 죄를 범한 자는 10년 이하의 징역이나 금고 또는 1억원 이하의 벌금에 처한다(주택법 제99조 제2항).

---

⑦ 사업계획승인권자는 제6항에 따라 예치받은 공사감리비를 감리자에게 국토교통부령으로 정하는 절차 등에 따라 지급하여야 한다.

194) 제46조(건축구조기술사와의 협력)
　① 수직증축형 리모델링(세대수가 증가되지 아니하는 리모델링을 포함한다. 이하 같다)의 감리자는 감리업무 수행 중에 다음 각 호의 어느 하나에 해당하는 사항이 확인된 경우에는 「국가기술자격법」에 따른 건축구조기술사(해당 건축물의 리모델링 구조설계를 담당한 자를 말하며, 이하 "건축구조기술사"라 한다)의 협력을 받아야 한다. 다만, 구조설계를 담당한 건축구조기술사가 사망하는 등 대통령령으로 정하는 사유로 감리자가 협력을 받을 수 없는 경우에는 대통령령으로 정하는 건축구조기술사의 협력을 받아야 한다.
　　1. 수직증축형 리모델링 허가 시 제출한 구조도 또는 구조계산서와 다르게 시공하고자 하는 경우
　　2. 내력벽(耐力壁), 기둥, 바닥, 보 등 건축물의 주요 구조부에 대하여 수직증축형 리모델링 허가 시 제출한 도면보다 상세한 도면 작성이 필요한 경우
　　3. 내력벽, 기둥, 바닥, 보 등 건축물의 주요 구조부의 철거 또는 보강 공사를 하는 경우로서 국토교통부령으로 정하는 경우
　　4. 그 밖에 건축물의 구조에 영향을 미치는 사항으로서 국토교통부령으로 정하는 경우
　② 제1항에 따라 감리자에게 협력한 건축구조기술사는 분기별 감리보고서 및 최종 감리보고서에 감리자와 함께 서명날인하여야 한다.
　③ 제1항에 따라 협력을 요청받은 건축구조기술사는 독립되고 공정한 입장에서 성실하게 업무를 수행하여야 한다.
　④ 수직증축형 리모델링을 하려는 자는 제1항에 따라 감리자에게 협력한 건축구조기술사에게 적정한 대가를 지급하여야 한다.
195) 제70조(수직증축형 리모델링의 구조기준) 수직증축형 리모델링의 설계자는 국토교통부장관이 정하여 고시하는 구조기준에 맞게 구조설계도서를 작성하여야 한다.

나. 주택법 제102조

다음 어느 하나에 해당하는 자는 2년 이하의 징역 또는 2천만원 이하의 벌금에 처한다.

제12조 제2항[196])에 따른 서류 및 관련 자료를 거짓으로 공개한 주택조합의 발기인 또는 임원(제3호).

제12조 제3항[197])에 따른 열람·복사 요청에 대하여 거짓의 사실이 포함된 자료를 열람·복사하여 준 주택조합의 발기인 또는 임원(제4호).

제15조 제1항[198])·제3항 또는 제4항에 따른 사업계획의 승인 또는 변경승인을 받지 아니

---

196) 제12조 (실적보고 및 관련 자료의 공개)
　　② 주택조합의 발기인 또는 임원은 주택조합사업의 시행에 관한 다음 각 호의 서류 및 관련 자료가 작성되거나 변경된 후 15일 이내에 이를 조합원이 알 수 있도록 인터넷과 그 밖의 방법을 병행하여 공개하여야 한다.
　　　1. 조합규약
　　　2. 공동사업주체의 선정 및 주택조합이 공동사업주체인 등록사업자와 체결한 협약서
　　　3. 설계자 등 용역업체 선정 계약서
　　　4. 조합총회 및 이사회, 대의원회 등의 의사록
　　　5. 사업시행계획서
　　　6. 해당 주택조합사업의 시행에 관한 공문서
　　　7. 회계감사보고서
　　　8. 분기별 사업실적보고서
　　　9. 제11조의2 제4항에 따라 업무대행자가 제출한 실적보고서
　　　10. 그 밖에 주택조합사업 시행에 관하여 대통령령으로 정하는 서류 및 관련 자료

197) 제12조 (실적보고 및 관련 자료의 공개)
　　③ 제2항에 따른 서류 및 다음 각 호를 포함하여 주택조합사업의 시행에 관한 서류와 관련 자료를 조합원이 열람·복사 요청을 한 경우 주택조합의 발기인 또는 임원은 15일 이내에 그 요청에 따라야 한다. 이 경우 복사에 필요한 비용은 실비의 범위에서 청구인이 부담한다.
　　　1. 조합원 명부
　　　2. 주택건설대지의 사용권원 및 소유권 확보 비율 등 토지 확보 관련 자료
　　　3. 그 밖에 대통령령으로 정하는 서류 및 관련 자료

198) 제15조 (사업계획의 승인)
　　① 대통령령으로 정하는 호수 이상의 주택건설사업을 시행하려는 자 또는 대통령령으로 정하는 면적 이상의 대지조성사업을 시행하려는 자는 다음 각 호의 사업계획승인권자(이하 "사업계획승인권자"라 한다. 국가 및 한국토지주택공사가 시행하는 경우와 대통령령으로 정하는 경우에는 국토교통부장관을 말하며, 이하 이 조, 제16조부터 제19조까지 및 제21조에서 같다)에게 사업계획승인을 받아야 한다. 다만, 주택 외의 시설과 주택을 동일 건축물로 건축하는 경우 등 대통령령으로 정하는 경우에는 그러하지 아니하다.
　　　1. 주택건설사업 또는 대지조성사업으로서 해당 대지면적이 10만제곱미터 이상인 경우 : 특별시장·광역시장·특별자치시장·도지사 또는 특별자치도지사(이하 "시·도지사"라 한다) 또는 「지방자치법」 제175조에 따라 서울특별시·광역시 및 특별자치시를 제외한 인구 50만 이상의 대도시(이하 "대도시"라 한다)의 시장
　　　2. 주택건설사업 또는 대지조성사업으로서 해당 대지면적이 10만제곱미터 미만인 경우 : 특별시장·광역시장·특별자치시장·특별자치도지사 또는 시장·군수
　　③ 주택건설사업을 시행하려는 자는 대통령령으로 정하는 호수 이상의 주택단지를 공구별로 분할하여 주택을 건설·공급할 수 있다. 이 경우 제2항에 따른 서류와 함께 다음 각 호의 서류를 첨부하여 사업계획승인권자에게 제출하고 사업계획 승인을 받아야 한다.
　　　1. 공구별 공사계획서　　　2. 입주자모집계획서　　　3. 사용검사계획서
　　④ 제1항 또는 제3항에 따라 승인받은 사업계획을 변경하려면 사업계획승인권자로부터 변경승인을 받아야 한다. 다만, 국토교통부령으로 정하는 경미한 사항을 변경하는 경우에는 그러하지 아니하다.

하고 사업을 시행하는 자(제5호), 이 경우 그 위반행위로 얻은 이익의 50퍼센트에 해당하는 금액이 2천만원을 초과하는 자는 2년 이하의 징역 또는 그 이익의 2배에 해당하는 금액 이하의 벌금에 처한다.

고의로 주택법 제44조 제1항에 따른 감리업무를 게을리하여 위법한 주택건설공사를 시공함으로써 사업주체 또는 입주자에게 손해를 입힌 자(제11호).

제49조 제4항[199]을 위반하여 주택 또는 대지를 사용하게 하거나 사용한 자(제66조 제7항에 따라 준용되는 경우[200]를 포함한다)(제12호).

다. 주택법 제104조

다음 어느 하나에 해당하는 자는 1년 이하의 징역 또는 1천만원 이하의 벌금에 처한다.

제12조 제1항[201]을 위반하여 실적보고서를 작성하지 아니하거나 제12조 제1항 각 호의 사항을 포함하지 않고 작성한 주택조합의 발기인 또는 임원(제1의3호).

제12조 제2항[202]을 위반하여 주택조합사업의 시행에 관련한 서류 및 자료를 공개하지 아

---

199) 제49조(사용검사 등)
　　④ 사업주체 또는 입주예정자는 제1항에 따른 사용검사를 받은 후가 아니면 주택 또는 대지를 사용하게 하거나 이를 사용할 수 없다. 다만, 대통령령으로 정하는 경우로서 사용검사권자의 임시 사용승인을 받은 경우에는 그러하지 아니하다.

200) 제66조(리모델링의 허가 등)
　　⑦ 공동주택의 입주자·사용자·관리주체·입주자대표회의 또는 리모델링주택조합이 제1항 또는 제2항에 따른 리모델링에 관하여 시장·군수·구청장의 허가를 받은 후 그 공사를 완료하였을 때에는 시장·군수·구청장의 사용검사를 받아야 하며, 사용검사에 관하여는 제49조를 준용한다.

201) 제12조(실적보고 및 관련 자료의 공개)
　　① 주택조합의 발기인 또는 임원은 다음 각 호의 사항이 포함된 해당 주택조합의 실적보고서를 국토교통부령으로 정하는 바에 따라 사업연도별로 분기마다 작성하여야 한다.
　　　1. 조합원(주택조합 가입 신청자를 포함한다. 이하 이 조에서 같다) 모집 현황
　　　2. 해당 주택건설대지의 사용권원 및 소유권 확보 현황
　　　3. 그 밖에 조합원이 주택조합의 사업 추진현황을 파악하기 위하여 필요한 사항으로서 국토교통부령으로 정하는 사항

202) 제12조(실적보고 및 관련 자료의 공개)
　　② 주택조합의 발기인 또는 임원은 주택조합사업의 시행에 관한 다음 각 호의 서류 및 관련 자료가 작성되거나 변경된 후 15일 이내에 이를 조합원이 알 수 있도록 인터넷과 그 밖의 방법을 병행하여 공개하여야 한다.
　　　1. 조합규약
　　　2. 공동사업주체의 선정 및 주택조합이 공동사업주체인 등록사업자와 체결한 협약서
　　　3. 설계자 등 용역업체 선정 계약서
　　　4. 조합총회 및 이사회, 대의원회 등의 의사록
　　　5. 사업시행계획서
　　　6. 해당 주택조합사업의 시행에 관한 공문서
　　　7. 회계감사보고서
　　　8. 분기별 사업실적보고서

니한 주택조합의 발기인 또는 임원(제2호).

제12조 제3항[203]을 위반하여 조합원의 열람·복사 요청을 따르지 아니한 주택조합의 발기인 또는 임원(제3호).

제14조 제4항[204]에 따른 시정요구 등의 명령을 위반한 자(제4의2호).

제14조의 3 제1항[205]에 따른 회계감사를 받지 아니한 자(4의4호).

제14조의 3 제2항[206]을 위반하여 장부 및 증빙서류를 작성 또는 보관하지 아니하거나 거짓으로 작성한 자(제4의5호).

과실로 주택법 제44조 제1항에 따른 감리업무를 게을리하여 위법한 주택건설공사를 시공함으로써 사업주체 또는 입주자에게 손해를 입힌 자(제6호).

주택법 제44조 제4항을 위반하여 시정 통지를 받고도 계속하여 주택건설공사를 시공한 시공자 및 사업주체(제7호).

제46조 제1항에 따른 건축구조기술사의 협력, 제68조 제5항[207]에 따른 안전진단기준, 제69조 제3항[208]에 따른 검토기준 또는 제70조[209]에 따른 구조기준을 위반하여 사업주체,

---

9. 제11조의2제4항에 따라 업무대행자가 제출한 실적보고서
10. 그 밖에 주택조합사업 시행에 관하여 대통령령으로 정하는 서류 및 관련 자료

203) 제12조(실적보고 및 관련 자료의 공개)
③제2항에 따른 서류 및 다음 각 호를 포함하여 주택조합사업의 시행에 관한 서류와 관련 자료를 조합원이 열람·복사 요청을 한 경우 주택조합의 발기인 또는 임원은 15일 이내에 그 요청에 따라야 한다. 이 경우 복사에 필요한 비용은 실비의 범위에서 청구인이 부담한다. 〈개정 2020. 1. 23.〉
1. 조합원 명부
2. 주택건설대지의 사용권원 및 소유권 확보 비율 등 토지 확보 관련 자료
3. 그 밖에 대통령령으로 정하는 서류 및 관련 자료

204) 제14조(주택조합에 대한 감독 등)
④ 시장·군수·구청장은 모집주체가 이 법을 위반한 경우 시정요구 등 필요한 조치를 명할 수 있다.

205) 제14조의3(회계감사)
① 주택조합은 대통령령으로 정하는 바에 따라 회계감사를 받아야 하며, 그 감사결과를 관할 시장·군수·구청장에게 보고하여야 한다.

206) 제14조의3(회계감사)
② 주택조합의 임원 또는 발기인은 계약금등(해당 주택조합사업에 관한 모든 수입에 따른 금전을 말한다)의 징수·보관·예치·집행 등 모든 거래 행위에 관하여 장부를 월별로 작성하여 그 증빙서류와 함께 제11조에 따른 주택조합 해산인가를 받는 날까지 보관하여야 한다. 이 경우 주택조합의 임원 또는 발기인은 「전자문서 및 전자거래 기본법」 제2조 제2호에 따른 정보처리시스템을 통하여 장부 및 증빙서류를 작성하거나 보관할 수 있다.

207) 제68조(증축형 리모델링의 안전진단)
⑤ 제2항 및 제4항에 따라 안전진단을 의뢰받은 기관은 국토교통부장관이 정하여 고시하는 기준에 따라 안전진단을 실시하고, 국토교통부령으로 정하는 방법 및 절차에 따라 안전진단 결과보고서를 작성하여 안전진단을 요청한 자와 시장·군수·구청장에게 제출하여야 한다.

208) 제69조(전문기관의 안전성 검토 등)
③ 제1항 및 제2항에 따라 검토의뢰를 받은 전문기관은 국토교통부장관이 정하여 고시하는 검토기준에 따라 검토한 결과를 대통령령으로 정하는 기간 이내에 시장·군수·구청장에게 제출하여야 하며, 시장·군수·구청장은 특별한 사유가 없는 경우 이 법 및 관계 법률에 따른 위원회의 심의 또는 허가 시 제출받은 안전성 검토결과를 반영하여야 한다.

209) 제70조(수직증축형 리모델링의 구조기준)

입주자 또는 사용자에게 손해를 입힌 자(제8호).

제48조 제2항[210]에 따른 시정명령에도 불구하고 필요한 조치를 하지 아니하고 감리를 한 자(제9호).

제66조 제1항 및 제2항[211]을 위반한 자(제10호).

제93조 제1항[212]에 따른 검사 등을 거부·방해 또는 기피한 자(제12호).

제94조[213]에 따른 공사 중지 등의 명령을 위반한 자(제13호).

라. 주택법 제106조 1항

다음 어느 하나에 해당하는 자에게는 2천만원 이하의 과태료를 부과한다.

제48조의 2 제1항[214]을 위반하여 사전방문을 실시하게 하지 아니한 자(제1호).

제48조의3 제3항[215]을 위반하여 점검에 따르지 아니하거나 기피 또는 방해한 자(제2호).

다음 어느 하나에 해당하는 자에게는 1천만원 이하의 과태료를 부과한다.

수직증축형 리모델링의 설계자는 국토교통부장관이 정하여 고시하는 구조기준에 맞게 구조설계도서를 작성하여야 한다.

210) 제48조(감리자에 대한 실태점검 등)
② 사업계획승인권자는 실태점검 결과 제44조 제1항에 따른 감리업무의 소홀이 확인된 경우에는 시정명령을 하거나, 제43조 제2항에 따라 감리자 교체를 하여야 한다.

211) 제66조(리모델링의 허가 등)
① 공동주택(부대시설과 복리시설을 포함한다)의 입주자·사용자 또는 관리주체가 공동주택을 리모델링하려고 하는 경우에는 허가와 관련된 면적, 세대수 또는 입주자 등의 동의 비율에 관하여 대통령령으로 정하는 기준 및 절차 등에 따라 시장·군수·구청장의 허가를 받아야 한다.
② 제1항에도 불구하고 대통령령으로 정하는 기준 및 절차 등에 따라 리모델링 결의를 한 리모델링주택조합이나 소유자 전원의 동의를 받은 입주자대표회의(「공동주택관리법」 제2조 제1항 제8호에 따른 입주자대표회의를 말하며, 이하 "입주자대표회의"라 한다)가 시장·군수·구청장의 허가를 받아 리모델링을 할 수 있다.

212) 제93조(보고·검사 등)
① 국토교통부장관 또는 지방자치단체의 장은 필요하다고 인정할 때에는 이 법에 따른 인가·승인 또는 등록을 한 자에게 필요한 보고를 하게 하거나, 관계 공무원으로 하여금 사업장에 출입하여 필요한 검사를 하게 할 수 있다.

213) 제94조(사업주체 등에 대한 지도·감독)
국토교통부장관 또는 지방자치단체의 장은 사업주체 및 공동주택의 입주자·사용자·관리주체·입주자대표회의나 그 구성원 또는 리모델링주택조합이 이 법 또는 이 법에 따른 명령이나 처분을 위반한 경우에는 공사의 중지, 원상복구 또는 그 밖에 필요한 조치를 명할 수 있다.

214) 제48조의2(사전방문 등)
① 사업주체는 제49조 제1항에 따른 사용검사를 받기 전에 입주예정자가 해당 주택을 방문하여 공사 상태를 미리 점검(이하 "사전방문"이라 한다)할 수 있게 하여야 한다.

215) 제48조의3(품질점검단의 설치 및 운영 등)
③ 사업주체는 제2항에 따른 품질점검단의 점검에 협조하여야 하며 이에 따르지 아니하거나 기피 또는 방해해서는 아니 된다.

제13조 제4항²¹⁶⁾을 위반하여 겸직한 자(제4호).

제46조 제1항²¹⁷⁾을 위반하여 건축구조기술사의 협력을 받지 아니한 자(제5호).

다음 어느 하나에 해당하는 자에게는 5백만원 이하의 과태료를 부과한다.

제12조 제4항²¹⁸⁾에 따른 서류 및 자료를 제출하지 아니한 주택조합의 발기인 또는 임원 (제1호).

제16조 제2항²¹⁹⁾에 따른 신고를 하지 아니한 자(제2호).

제44조 제2항²²⁰⁾에 따른 보고를 하지 아니하거나 거짓으로 보고를 한 감리자(제3호).

제45조 제2항²²¹⁾에 따른 보고를 하지 아니하거나 거짓으로 보고를 한 감리자(제4호).

제48조의2 제3항²²²⁾을 위반하여 보수공사 등의 조치를 하지 아니한 자(제4의2호).

---

216) 제13조(조합임원의 결격사유 등)
④ 주택조합의 임원은 다른 주택조합의 임원, 직원 또는 발기인을 겸할 수 없다.

217) 제46조(건축구조기술사와의 협력)
① 수직증축형 리모델링(세대수가 증가되지 아니하는 리모델링을 포함한다. 이하 같다)의 감리자는 감리업무 수행 중에 다음 각 호의 어느 하나에 해당하는 사항이 확인된 경우에는 「국가기술자격법」에 따른 건축구조기술사(해당 건축물의 리모델링 구조설계를 담당한 자를 말하며, 이하 "건축구조기술사"라 한다)의 협력을 받아야 한다. 다만, 구조설계를 담당한 건축구조기술사가 사망하는 등 대통령령으로 정하는 사유로 감리자가 협력을 받을 수 없는 경우에는 대통령령으로 정하는 건축구조기술사의 협력을 받아야 한다.
1. 수직증축형 리모델링 허가 시 제출한 구조도 또는 구조계산서와 다르게 시공하고자 하는 경우
2. 내력벽(耐力壁), 기둥, 바닥, 보 등 건축물의 주요 구조부에 대하여 수직증축형 리모델링 허가 시 제출한 도면보다 상세한 도면 작성이 필요한 경우
3. 내력벽, 기둥, 바닥, 보 등 건축물의 주요 구조부의 철거 또는 보강 공사를 하는 경우로서 국토교통부령으로 정하는 경우
4. 그 밖에 건축물의 구조에 영향을 미치는 사항으로서 국토교통부령으로 정하는 경우

218) 제12조(실적보고 및 관련 자료의 공개)
④ 주택조합의 발기인 또는 임원은 원활한 사업추진과 조합원의 권리 보호를 위하여 연간 자금운용 계획 및 자금 집행 실적 등 국토교통부령으로 정하는 서류 및 자료를 국토교통부령으로 정하는 바에 따라 매년 정기적으로 시장·군수·구청장에게 제출하여야 한다.

219) 제16조(사업계획의 이행 및 취소 등)
② 사업주체가 제1항에 따라 공사를 시작하려는 경우에는 국토교통부령으로 정하는 바에 따라 사업계획승인권자에게 신고하여야 한다.

220) 제44조(감리자의 업무 등)
② 감리자는 제1항 각 호에 따른 업무의 수행 상황을 국토교통부령으로 정하는 바에 따라 사업계획승인권자(제66조 제1항 또는 제2항에 따른 리모델링의 허가만 받은 경우는 허가권자를 말한다. 이하 이 조, 제45조, 제47조 및 제48조에서 같다) 및 사업주체에게 보고하여야 한다.

221) 제45조(감리자의 업무 협조)
② 다른 법률에 따른 감리자는 공정별 감리계획서 등 대통령령으로 정하는 자료를 감리자에게 제출하여야 하며, 감리자는 제출된 자료를 근거로 다른 법률에 따른 감리자와 협의하여 전체 주택건설공사에 대한 감리계획서를 작성하여 감리업무를 착수하기 전에 사업계획승인권자에게 보고하여야 한다.

222) 제48조의2(사전방문 등)
③ 제2항에 따라 하자(제4항에 따라 사용검사권자가 하자가 아니라고 확인한 사항은 제외한다)에 대한 조치 요청을 받은 사업주체는 대통령령으로 정하는 바에 따라 보수공사 등 적절한 조치를 하여야 한다. 이 경우 입주예정자가 조치를 요청한 하자 중 대통령령으로 정하는 중대한 하자는 대통령령으로 정하는 특별한 사유가 없으면 사용검사를 받기 전까지 조치를 완료하여야 한다.

제48조의2 제5항을[223] 위반하여 조치결과 등을 입주예정자 및 사용검사권자에게 알리지 아니한 자(제4의3호).

제48조의3 제4항 후단[224]을 위반하여 자료제출 요구에 따르지 아니하거나 거짓으로 자료를 제출한 자(제4의4호).

제48조의3 제7항[225]을 위반하여 조치명령을 이행하지 아니한 자(제4의5호).

제93조 제1항[226]에 따른 보고 또는 검사의 명령을 위반한 자(제7호).

---

223) 제48조의2(사전방문 등)
　　⑤ 사업주체는 제3항에 따라 조치한 내용 및 제4항에 따라 하자가 아니라고 확인받은 사실 등을 대통령령으로 정하는 바에 따라 입주예정자 및 사용검사권자에게 알려야 한다.

224) 제48조의3(품질점검단의 설치 및 운영 등)
　　④ 사용검사권자는 품질점검단의 시공품질 점검을 위하여 필요한 경우에는 사업주체, 감리자 등 관계자에게 공동주택의 공사현황 등 국토교통부령으로 정하는 서류 및 관련 자료의 제출을 요청할 수 있다. 이 경우 자료제출을 요청받은 자는 정당한 사유가 없으면 이에 따라야 한다.

225) 제48조의3(품질점검단의 설치 및 운영 등)
　　⑦ 제6항에 따라 보수·보강 등의 조치명령을 받은 사업주체는 대통령령으로 정하는 바에 따라 조치를 하고, 그 결과를 사용검사권자에게 보고하여야 한다. 다만, 조치명령에 이의가 있는 사업주체는 사용검사권자에게 이의신청을 할 수 있다.

226) 제93조(보고·검사 등)
　　① 국토교통부장관 또는 지방자치단체의 장은 필요하다고 인정할 때에는 이 법에 따른 인가·승인 또는 등록을 한 자에게 필요한 보고를 하게 하거나, 관계 공무원으로 하여금 사업장에 출입하여 필요한 검사를 하게 할 수 있다.

3
부정행위 금지 관련

제77조[227]를 위반하여 부정하게 재물 또는 재산상의 이익을 취득하거나 제공한 자(주택법 제102조 제18호). 이 경우 그 위반행위로 얻은 이익의 50퍼센트에 해당하는 금액이 2천만원을 초과하는 자는 2년 이하의 징역 또는 그 이익의 2배에 해당하는 금액 이하의 벌금에 처한다.

---

227) 제77조(부정행위 금지)
　　공동주택의 리모델링과 관련하여 다음 각 호의 어느 하나에 해당하는 자는 부정하게 재물 또는 재산상의 이익을 취득하거나 제공하여서는 아니 된다.
　　1. 입주자
　　2. 사용자
　　3. 관리주체
　　4. 입주자대표회의 또는 그 구성원
　　5. 리모델링주택조합 또는 그 구성원

4
양벌규정 및 벌칙 적용 시 공무원 의제

법인의 대표자나 법인 또는 개인의 대리인, 사용인, 그 밖의 종업원이 그 법인 또는 개인의 업무에 관하여 제98조의 위반행위를 하면 그 행위자를 벌하는 외에 그 법인 또는 개인에게도 10억원 이하의 벌금에 처한다. 다만, 법인 또는 개인이 그 위반행위를 방지하기 위하여 해당 업무에 관하여 상당한 주의와 감독을 게을리하지 아니한 경우에는 그러하지 아니하다(주택법 제105조 제1항).

법인의 대표자나 법인 또는 개인의 대리인, 사용인, 그 밖의 종업원이 그 법인 또는 개인의 업무에 관하여 제99조, 제101조, 제102조 및 제104조의 어느 하나에 해당하는 위반행위를 하면 그 행위자를 벌하는 외에 그 법인 또는 개인에게도 해당 조문의 벌금형을 과(科)한다. 다만, 법인 또는 개인이 그 위반행위를 방지하기 위하여 해당 업무에 관하여 상당한 주의와 감독을 게을리하지 아니한 경우에는 그러하지 아니하다(주택법 제105조 제2항).

주택법 제44조 및 제45조에 따라 감리업무를 수행하는 자는 형법 제129조부터 제132조까지의 규정을 적용할 때에는 공무원으로 본다(주택법 제97조 제1호).